Ludwig Wittgenstein
Ein biographisches Album

Ludwig Wittgenstein
Ein biographisches Album

Herausgegeben von Michael Nedo

C. H. BECK

Mit 516 Abbildungen

© Verlag C. H. Beck oHG, München 2012
Gesetzt aus der Janson Text und der Univers
Satz und Gestaltung: Shoko Mugikura, Berlin und Michael Nedo, Cambridge
Reproduktion: Repro Ludw_g, Zell am See
Druck und Bindung: Offizin Andersen Nexö Leipzig GmbH, Zwenkau
Umschlagentwurf: www.kunst-oder-reklame.de
Umschlagabbildung: Ludwig Wittgenstein, September 1947,
Aufnahme von Ben Richards unter Anleitung von Ludwig Wittgenstein
© Wittgenstein Archive, Cambridge
Gedruckt auf säurefreiem, alterungsbeständigem Papier
(hergestellt aus chlorfrei gebleichtem Zellstoff)
Printed in Germany
ISBN 978 3 406 63987 6

www.beck.de

Dem Andenken meines Freundes
Michele Ranchetti gewidmet

INHALT

9	Vorwort	
12	Dank	
13	Gestaltung	
17	Kindheit und Jugend, die Familie	1889–1906
74	Studienjahre: Berlin, Manchester, Cambridge	1906–1914
136	Soldat, *Logisch-Philosophische Abhandlung*	1914–1919
168	Volksschullehrer, Gärtner, Architekt	1919–1928
258	Cambridge: Research Fellow, Dozent	1929–1935
322	Rußland, Frankreich, Norwegen, Irland	1935–1938
352	Englischer Staatsbürger, Professor	1938–1947
390	Irland, Amerika, Norwegen, Cambridge	1947–1951

ANHANG

425	Chronik
439	Werk
443	Textnachweise
451	Quellen
453	Bildnachweise

INDEX

455	Personenregister
460	Orts- und Sachregister

VORWORT

Das zentrale Anliegen des *Biographischen Albums* ist es, den für das Verständnis von Wittgensteins Philosophie so wichtigen Zusammenhang zwischen seinem Leben und seinem Werk aufzuzeigen.

Mit dem *Biographischen Album* möchte ich einen möglichst unmittelbaren und unvoreingenommenen Einblick in das Leben und Werk Wittgensteins geben. Der Leser soll die Bezüge zwischen seiner Biographie, seinem geistigen und persönlichen Umfeld und dem Werk selbst erkunden und sich sein eigenes Bild machen können.

Die Gestalt des *Albums* als Verbindung von Bildern und Texten erfordert ein gleichzeitiges Lesen und Schauen. Die sich gegenseitig bereichernden Zeugnisse, die Texte und Bilder sowie die erläuternden Bildunterschriften und Ergänzungstexte ermöglichen es dem Leser, Wittgenstein und sein Werk selber kennenzulernen. Der Leser ist zugleich Betrachter: die Texte offenbaren die Bildlichkeit der Sprache Wittgensteins, während die Bilder durch die Zitate ihren besonderen Sinn erhalten.

Das *Biographische Album* folgt in seiner Form Wittgensteins Begriff eines Albums. Er verwendet diesen zur Beschreibung sowohl seines Werks als auch seines Lebens: 1943 vergleicht er seine philosophischen Schriften, die *Philosophischen Untersuchungen*, die keine Bilder enthalten, mit einem Album von Landschaftsskizzen; in den dreißiger Jahren legt er ein Photoalbum an, in dem er anhand von Bildern sein Leben erzählt.

Die Doppelseiten des *Biographischen Albums* sind, bezogen auf ihren jeweiligen Inhalt, in sich abgeschlossen, so wie die einzelnen philosophischen Bemerkungen Wittgensteins in sich vollständig sind. Die Abfolge der Seiten des *Albums* ist nicht in erster Linie chronologisch; sie orientiert sich vielmehr an Wittgensteins Arbeitsweise, die dadurch charakterisiert ist, daß, wie er im Vorwort zu den *Philosophischen Untersuchungen* schreibt, seine „Gedanken von einem Gegenstand zum andern in einer natürlichen und lückenlosen Folge fortschreiten". Ihre formale Entsprechung finden diese Gedankenschritte in Folgen von Bemerkungen, und diese wiederum vergleicht er (ebenfalls im Vorwort zu den *Philosophischen Untersuchungen*) mit Bildern:

Die philosophischen Bemerkungen dieses Buches sind gleichsam eine Menge von Landschaftsskizzen, die auf diesen langen und verwickelten Fahrten entstanden sind.

Die gleichen Punkte, oder beinahe die gleichen, wurden stets von neuem von verschiedenen Richtungen her berührt und immer neue Bilder entworfen. Eine Unzahl dieser waren verzeichnet, oder uncharakteristisch, mit allen Mängeln eines schwachen Zeichners behaftet. Und wenn man diese ausschied, blieb eine Anzahl halbwegser übrig, die nun so angeordnet, oftmals beschnitten, werden mußten, daß sie dem Betrachter ein Bild der Landschaft geben konnten. — So ist also dieses Buch eigentlich nur ein Album.

Wittgensteins philosophische Bemerkungen, die er durch Leerzeilen voneinander trennt, werden vielfach als Aphorismen gelesen. Tatsächlich aber sind diese formal getrennten Bemerkungen, wie auch die „Gedanken" im *Biographischen Album*, auf vielfältige Weise miteinander vernetzt, und zwar nicht nur innerhalb eines Manuskripts, sondern auch zwischen den Manuskripten. Dies hänge, schreibt Wittgenstein im August 1938 in einem Vorwortentwurf zu einer frühen Fassung der *Philosophischen Untersuchungen*,

mit der Natur des Gegenstandes selbst zusammen. Dieser Gegenstand [der philosophischen Spekulation] zwingt uns, das Gedankengebiet kreuz und quer, nach allen Richtungen hin zu durchreisen; daß die Gedanken in ihm in einem verwickelten Netz von Beziehungen zueinander stehen.

Wittgenstein schrieb seine primären Manuskripte gleichsam als Tagebuch, also mit regelmäßigen Datumsangaben; lediglich seine Notizbücher, in denen er seine Gedanken *in statu nascendi* notiert, und seine Typoskripte sowie die Ab- und Reinschriften der primären Manuskripte sind nicht bzw. nicht fortlaufend datiert. Diese Datierungen und der Umstand, daß Wittgensteins „Schreibbücher" zumeist schwere, fest gebundene Geschäftsbücher sind, viele im Format von Kontorbüchern, lassen seine Schriften auch als eine Art Buchführung seines Lebens erscheinen, wobei Wittgensteins „Leben" mit seinem „Denken" gleichgesetzt werden kann. Auffallend ist dabei aber, daß Wittgenstein in seinen philosophischen „Tagebüchern", auch in den widrigsten Lebensumständen, kaum einen direkten Bezug zu seinem Leben herstellt, sondern allein die Ergebnisse seines Nachdenkens notiert. Er erläutert dies am 24. Januar 1948:

Ich habe kein Recht, der Öffentlichkeit ein Buch zu geben, worin einfach die Schwierigkeiten, die ich empfinde ausgedrückt und durchgekaut sind. Denn diese Schwierigkeiten sind zwar für mich interessant, der in ihnen steckt, aber nicht notwendigerweise für die Menschheit./Andern./ Denn sie sind Eigentümlichkeiten *meines* Denkens, bedingt durch *meinen* Werdegang. Sie gehören, sozusagen, in ein Tagebuch, nicht in ein Buch. Und wenn dies Tagebuch auch einmal für jemand interessant sein könnte, so kann ich's doch nicht veröffentlichen. Nicht meine Magenbeschwerden sind interessant, sondern die Mittel – if any – die ich gegen sie gefunden habe.

Wittgenstein, der für seine Leser ein Tagebuch als irrelevant ablehnt, hinterließ in seinem Werk, aus dem er nahezu alles entfernte, was er nicht veröffentlicht sehen wollte, viele Bemerkungen mit autobiographischem Charakter. Über diese Fragmente einer Autobiographie, die den Ausgangspunkt der vorliegenden Biographie bilden, schreibt er am 28. Dezember 1929 im Manuskriptband *IV. Philosophische Bemerkungen*:

> Etwas in mir spricht dafür meine Biographie zu schreiben und zwar möchte ich mein Leben einmal klar ausbreiten um es klar vor mir zu haben und auch für andere. Nicht so sehr, um darüber Gericht zu halten als um jedenfalls Klarheit und Wahrheit zu schaffen.

Im Juli 1931 reflektiert Wittgenstein im Manuskriptband *VI. Philosophische Bemerkungen* über die Schwierigkeiten, die eigene „Natur" objektiv darzustellen:

> In meiner Autobiographie müßte ich trachten mein Leben ganz wahrheitsgetreu darzustellen und zu verstehen. So darf meine unheldenhafte Natur nicht als ein bedauerliches Accidens erscheinen, sondern eben als eine wesentliche Eigenschaft (nicht eine Tugend). Wenn ich es durch einen Vergleich klar machen darf: Wenn ein „Straßenköter" seine Biographie schriebe, so bestünde die Gefahr
> A) daß er entweder seine Natur verleugnen, oder
> B) einen Grund ausfindig machen würde auf sie stolz zu sein, oder C) die Sache so darstellte als sei diese seine Natur eine nebensächliche Angelegenheit. Im ersten Falle lügt er, im zweiten ahmt er eine nur dem Naturadel natürliche Eigenschaft, den Stolz nach der ein vitium splendidum ist das er ebensowenig wirklich besitzen kann, wie ein krüppelhafter Körper natürliche Gracie. Im dritten Fall macht er gleichsam die sozialdemokratische Geste, die die Bildung über die rohen Eigenschaften des Körpers stellt, aber auch das ist ein Betrug. Er ist was er ist und das ist zugleich wichtig und bedeutsam aber kein Grund zum Stolz anderseits immer Gegenstand der Selbstachtung. Ja ich kann den Adelsstolz des Andern und seine Verachtung meiner Natur anerkennen, denn ich erkenne ja dadurch nur meine Natur an und den andern der zur Umgebung meiner Natur, die Welt, deren Mittelpunkt dieser vielleicht häßliche Gegenstand, meine Person, ist.

Bemerkungen dieser Art aus den nachgelassenen Schriften Wittgensteins, zusammen mit Bemerkungen allgemeiner Natur, in denen er zumeist über seine philosophischen Gedanken reflektiert, die er, ebenso wie die autobiographischen, häufig in seiner sogenannten Geheimschrift schreibt, bilden den Kern des *Biographischen Album*s. Sie werden ergänzt durch Auszüge aus den „Familienerinnerungen" der Schwester Hermine und aus Wittgensteins Briefwechsel mit Geschwistern, Freunden, Schülern und Kollegen sowie deren Erinnerungen und Gesprächsaufzeichnungen.

Auch das Bildmaterial des *Biographischen Albums* basiert auf authentischen Quellen, etwa den Photoalben der Familie.

Bereits der Großvater Hermann Christian Wittgenstein zeigte reges Interesse an dem damals neuen Medium der Photographie. Dies belegen zahlreiche Familienphotos, aufgenommen mit den jeweils neuesten Apparaten und Methoden, sowie Aufnahmen von bekannten Photographen. Zum Beispiel beauftragte er Julia Margaret Cameron, seinen Adoptivsohn, den Geiger Joseph Joachim, zu porträtieren.

Ludwigs Lieblingstante Clara protegierte den k. u. k. Hof-Photographen Moritz Nähr, mit dem Wittgenstein während seiner Zeit als Volksschullehrer und Architekt eine Reihe photographischer Experimente unternahm. Davon stehen einige in engem Zusammenhang mit seiner philosophischen Arbeit, zum Beispiel sein Experiment zu Galtons Komposit-Photographie, aus dem er seinen Begriff der „Familienähnlichkeit" entwickelte. Hierzu kommen Wittgensteins eigene und von Freunden angefertigte Aufnahmen aus dem Wittgenstein-Archiv sowie Bilder von Dokumenten, Gegenständen, Institutionen und Orten, etwa Postkarten, die in einem unmittelbaren Bezug zum Leben und zur Person Wittgensteins stehen.

Bei der Behandlung und bei der Anordnung der Bilder im *Biographischen Album* habe ich mich von Wittgensteins eigenem Photoalbum leiten lassen, einem Schreibbuch in der Art und vom Format seiner Taschennotizbücher: 160 × 95 mm, mit 148 linierten Seiten und 103 Photos auf 62 Doppelseiten. Auch in diesem „Album" sind die Bilder weder chronologisch noch personenbezogen angeordnet. Dabei legt Wittgenstein großen Wert auf die Plazierung der Photos auf den Seiten sowie auf das Format der Bilder. Oft beschneidet er die Photos, manche auf sehr kleine Größen; ebenso wichtig sind ihm Tönung und Textur der Bilder. Die Zusammenhänge zwischen den Bildern auf den einzelnen Seiten des Albums (und zwischen den aufeinanderfolgenden Seiten) sind nicht sofort ersichtlich: Wittgenstein stellt komplexe Beziehungen dar, so wie er sie in seinem philosophischen Werk mit dem Begriff der „Familienähnlichkeit" erläutert.

Bis auf drei Ausnahmen sind die Bilder in Wittgensteins Photoalbum auf den Rectoseiten eingeklebt. Die frei gebliebenen, linierten Versoseiten des Albums repräsentieren das Nicht-Geschriebene, das gedankliche Narrativ zu den bebilderten Seiten, das sich der Betrachter denken muß, so wie sich der Leser seines philosophischen „Albums", der *Philosophischen Untersuchungen*, die „Landschaftsskizzen", welche seine philosophischen Bemerkungen repräsentieren, vorstellen muß. Demzufolge beziehen sowohl die *Philosophischen Untersuchungen* als auch Wittgensteins Photoalbum ihre Spannung aus dem impliziten Zusammenspiel von Texten und Bildern: Sind die *Philosophischen Untersuchungen* eine Aufforderung zum Hinzu-Sehen der „Landschaftsskizzen", so ist sein Photoalbum eine Aufforderung zum Hinzu-Denken der Bilderzählung. In beiden Fällen wird so die Frage aufgeworfen: Was sehe ich?

Wittgenstein denkt in Bildern, das ist das Poetische an seinem Schreiben. Wenn er sagt, Philosophie müsse gedichtet werden, dann hat er offenbar als Modell für seine philosophische Methode die Gedichtform vor Augen, im Sinne des gestalteten Übergangs von der Sprache zum Bild. So sinniert er am 31. Oktober 1946:

> O, warum ist mir zumute, als schriebe ich ein Gedicht, wenn ich Philosophie schreibe? Es ist hier, wie wenn hier ein Kleines wäre, was eine herrliche Bedeutung hat. Wie ein Blatt, oder eine Blume.

Die Schwester Hermine gibt in ihren Erinnerungen ein Beispiel für Wittgensteins ausgeprägt bildhafte Denk- und Redeweise:

> [Da] wir Geschwister uns sehr oft durch Vergleiche miteinander verständigen, sagte ich ihm damals anläßlich eines langen Gesprächs: wenn ich mir ihn mit seinem philosophisch geschulten Verstand als Volksschullehrer vorstellte, so schiene es mir, als wollte jemand ein Präzisionsinstrument dazu benützen, um Kisten zu öffnen. Darauf antwortete mir Ludwig mit einem Vergleich, der mich zum Schweigen brachte. Er sagte nämlich: „Du erinnerst mich an einen Menschen, der aus dem geschlossenen Fenster schaut und sich die sonderbaren Bewegungen eines Passanten nicht erklären kann; er weiß nicht, welcher Sturm draußen wütet und daß dieser Mensch sich vielleicht nur mit Mühe auf den Beinen hält."

Nicht nur in Gesprächen, auch beim Schreiben, verwendet Wittgenstein Bilder und Analogien, um seine philosophischen Argumente zu verdeutlichen. Dazu notiert er am 22. November 1931:

> Der Zweck des guten Ausdrucks und des guten Gleichnisses ist, daß es die augenblickliche Übersicht erlaubt.

Im *Biographischen Album* wird durch die Konfrontation von Bildern und Texten die poetische Dimension der Philosophie Wittgensteins veranschaulicht: sein gleichnishaftes Denken und sein Schreiben in Metaphern, Allegorien und Bildern.

In einer Vorlesung erläutert Wittgenstein im Jahre 1933 seine philosophische Methode am Beispiel seiner Untersuchungen des „Landes" der Sprache und dessen „Geographie", der Grammatik:

> There is a truth in Schopenhauer's view that philosophy is an organism, and that a book on philosophy, with a beginning and end, is a sort of contradiction. One difficulty with philosophy is that we lack a synoptic view. We encounter the kind of difficulty we should have with the geography of a country for which we had no map, or else a map of isolated bits. The country we are talking about is language, and the geography its grammar. We can walk about the country quite well, but when forced to make a map, we go wrong. A map will show different roads through the same country, any one of which we can take, though not two, just as in philosophy we must take up problems one by one though in fact each problem leads to a multitude of others. We must wait until we come round to the starting point before we can proceed to another section, that is, before we can either treat of the problem we first attacked or proceed to another. In philosophy matters are not simple enough for us to say "Let's get a rough idea", for we do not know the country except by knowing the connections between the roads. So I suggest repetition as a means of surveying the connections.

Das Organische der Philosophie Wittgensteins zeigt sich in seinen Schriften: Bis auf die *Logisch-Philosophische Abhandlung* und den ersten Teil der *Philosophischen Untersuchungen* sind all seine Manuskripte gleichsam Fragmente, das heißt, Texte ohne Anfang und ohne Ende. Dagegen bestimmen die vielfältigen und immer wieder neu zu entdeckenden Vernetzungen seiner philosophischen Bemerkungen innerhalb und zwischen den einzelnen Manuskripten, und damit die vielen Wiederholungen, sein Werk. Ein Konzept für ein dieser Struktur gemäßes, organisches Buch beschreibt er im August 1938 in einem Entwurf zu einem Vorwort:

> Ich beginne diese Veröffentlichung mit dem Fragment meines letzten Versuchs, meine philosophischen Gedanken in eine Reihe zu ordnen. Dies Fragment hat vielleicht den Vorzug, verhältnismäßig leicht einen Begriff von meiner Methode vermitteln zu können. Diesem Fragment will ich eine Masse von Bemerkungen in mehr oder weniger loser Anordnung folgen lassen. Die Zusammenhänge der Bemerkungen aber, dort, wo ihre Anordnung sie nicht erkennen läßt, will ich durch eine Numerierung erklären. Jede Bemerkung soll eine laufende Nummer und außerdem die Nummern solcher Bemerkungen tragen, die zu ihr in wichtigen Beziehungen stehen.

Die Wiederholungen, das wiederholte Abschreiten von Wegen, die bereits früher begangen wurden, das Offenbaren von sich immer wieder ändernden Perspektiven und von immer neuen Verbindungen zwischen den Wegen sind das eigentliche, das organische Prinzip, welches Wittgensteins philosophischer Methode zugrunde liegt. Es sind die Wege selbst und die Vielfalt der Verbindungen zwischen denselben, die von Bedeutung sind und nicht – wie in der Wissenschaft üblich – deren Ziele. Das erläutert er im Vorwort zu den *Philosophischen Untersuchungen* in bezug auf sein frühes Werk, die *Logisch-Philosophische Abhandlung* ein zwar mehrdimensionales, aber kein organisches Buch:

> [Daß] ich jene alten Gedanken und die neuen zusammen veröffentlichen sollte: daß diese nur durch den Gegensatz und auf dem Hintergrund

meiner älteren Denkweise ihre rechte Beleuchtung erhalten könnten.

Und so wie man früher begangene Wege im Begehen neuer Wege zwar in einem anderen Licht sieht, aber doch nicht verwirft, so hat Wittgenstein mit den *Philosophischen Untersuchungen* – entgegen mancher Lehrmeinung – auch nicht die Gedanken seiner *Logisch-Philosophischen Abhandlung* verworfen. Der Unterschied zwischen Wittgensteins Früh- und Spätwerk ist der zwischen einer „Abhandlung" unter dem, wie er es nennt, „Vorurteil der Kristallreinheit der Logik" und einer vorurteilsfreien „Untersuchung". Der Titel, den er für das geplante Buch vorgesehen hatte (das bis heute so nicht erschienen ist), verdeutlicht diesen Zusammenhang:

Philosophische Untersuchungen der Logisch-Philosophischen Abhandlung entgegengestellt.

Wittgensteins philosophische Methode der Wiederholung als Mittel zur Erkundung der Verknüpfungen zwischen den Wegen in der „Landschaft" der Sprache und ihrer „Geographie", der Grammatik, ist auch die Methode des *Biographischen Albums*: Es erstellt gleichsam eine Karte von Wittgensteins Leben und Werk.

Das *Biographische Album* zeigt eine Vielzahl von Wegen durch Wittgensteins Leben; dem Leser vermitteln die Verknüpfungen zwischen diesen Wegen einen Überblick: So werden wichtige Personen in Wittgensteins Leben unter sich ändernden Perspektiven und in verschiedenen Lebensabschnitten beleuchtet, ähnlich den Wiederholungen zur Erkundung der Verknüpfungen zwischen seinen philosophischen Wegen. Dieses Wiederholungsprinzip, das Wandern und Immer-wieder-Zurückkehren zu früheren Themen in neuem Licht, ist charakteristisch auch für seine Biographie: Immer wieder kehrt er an Schlüsselorte zurück – Wien, die Hochreith, Cambridge, Skjolden und Dublin.

Das Vor- und Zurückblättern im *Album* ist in diesem Sinne auch das Mittel für den Leser die Vielfalt der Verknüpfungen in Wittgensteins Biographie zu erkunden.

Entscheidend aber ist, daß am Ende die Darstellung für sich selbst spricht und daß der Zusammenhang zwischen Wittgensteins Leben und Werk so unmittelbar deutlich wird, wie er es im Herbst 1929 ausgedrückt hat, als er offenbar daran dachte, seine Biographie zu schreiben:

Ich muß aus meinem Tagebuch, wenn es in Ordnung sein soll, quasi eben ins Freie – in das Leben – treten und weder wie aus einem Kellerloch ans Licht steigen, noch wie von einem höheren Ort wieder auf die Erde herunterspringen müssen.

DANK

Mein Dank gilt allen, die mir bei der Arbeit geholfen haben, besonders meinem Freund Michele Ranchetti, mit dem ich 1983 die Suhrkamp-Biographie, *Ludwig Wittgenstein – Sein Leben in Bildern und Texten*, herausgegeben habe. Ich bedanke mich bei allen, die mir für die Arbeit großzügig Informationen und persönliches Material zur Verfügung gestellt haben, im Besonderen bei:

Wittgensteins literarischen Erben, den Verwaltern seines nachgelassenen Werks: Elizabeth Anscombe, Rush Rhees und Georg Henrik von Wright. Sie haben mir das für diese Arbeit unerläßliche uneingeschränkte Studium aller nachgelassenen Schriften Wittgensteins sowie den Zugang zu Briefen und anderen Dokumenten ermöglicht; sie haben mich bei meiner Arbeit sowohl an der Biographie als auch der Edition von Wittgensteins Schriften in der *Wiener Ausgabe* immer wieder und auf vielerlei Weise unterstützt und beraten.

Wittgensteins Nichte Clara Sjögren, die noch kurz vor ihrem Tod im Oktober 1978 die umfangreichen Familienalben mit erklärenden Anmerkungen versehen hat. Ohne ihre Hilfe und später die ihrer Tochter Katarina Eisenburger sowie die von Wittgensteins Neffen Thomas Stonborough wäre die ausführliche und umfassende Darstellung der Geschichte der Familie Wittgenstein, zumal die von Ludwig Wittgensteins Kindheit, nicht möglich gewesen.

Ben Richards, der mir in einer Geste der Verehrung für seinen Freund Ludwig Wittgenstein Photographien, Briefe und anderes persönliches Material zur Verfügung stellte, darunter Wittgensteins Photographien und dessen Photoalbum. Bens eigene Aufnahmen von Wittgenstein sowie Aufnahmen von den gemeinsamen Reisen, die vielen Briefe Wittgensteins an ihn und seine ausführlichen Berichte ergeben ein besonders lebendiges und unmittelbares Bild von Ludwig Wittgenstein.

Ferry Radax, der mir seine in mehrjähriger Arbeit für seinen Fernsehfilm über Wittgenstein zusammengetragene, umfangreiche Materialsammlung überlassen hat, insbesondere die reichhaltigen Informationen zu Wittgensteins Zeit als Volksschullehrer.

Für die typographische Gestaltung des vorliegenden Albums gilt mein Dank Shoko Mugikura sowie für ihre Arbeit beim Layout und bei der Gestaltung des Bandes; desgleichen bedanke ich mich bei Joseph Kohlmaier und Polimekanos. Besonders bedanke ich mich bei Isabelle Weiss für die Transkription der Manuskripte und das Lektorat.

Cambridge, im März 2012   Michael Nedo

GESTALTUNG

Im *Biographischen Album* werden die Abbildungen im Farbton der Originale wiedergegeben, viele als Objekte freigestellt.

Bildnummern und Bildtitel sind in der serifenlosen Schrift **Univers Bold** gesetzt, ergänzende Texte hierzu sowie Erklärungen zu den Abbildungen in der serifenlosen Univers Light.

Grundschrift des *Biographischen Albums* ist die Antiqua Janson Text. Zitate werden im Vorwort durch Einzug gekennzeichnet. Ergänzungstexte zu den Zitaten sind in der serifenlosen Schrift Univers Light gesetzt. Den Zitaten, die nicht aus Wittgensteins Werk stammen, werden Quellenangaben, Jahreszahlen und weitere Hinweise vorangestellt. Im Unterschied hierzu beginnen die Zitate aus Wittgensteins Werk mit einem Anfangsbuchstaben in **Bold** und enden (mit wenigen Ausnahmen) mit einer Datumsangabe. Die Zitate sind durch Leerzeilen voneinander getrennt; jedes Zitat beginnt stumpf auf einer neuen Zeile. Leerzeilen innerhalb von Wittgensteins Zitaten werden durch eingezogene Bindestriche gekennzeichnet; Anmerkungen des Herausgebers stehen in eckigen Klammern.

Die Auswahl der Zitate zu den einzelnen Bildern folgt inhaltlichen, nicht zeitlichen Kriterien; auch das Verhältnis der Zitate untereinander ist ein inhaltliches und kein zeitliches: Das erste Bild des *Biographischen Albums*, welches Wittgenstein in seinem ersten Lebensjahr zeigt, ist zum Beispiel mit einer Bemerkung verknüpft, die Wittgenstein acht Tage vor seinem Tod geschrieben hat. So umschließen das erste Bild und das erste Zitat gleichsam sein ganzes Leben.

Zitate aus Wittgensteins Manuskripten werden philologisch getreu wiedergegeben, einschließlich der zum Teil französierenden Schreibweise des Wiener Bildungsbürgertums um die Wende vom 19. zum 20. Jahrhundert, zum Beispiel „Portrait" statt Porträt oder „Contradiction" statt Kontradiktion.

Wittgenstein schreibt seine Philosophie in Form von Bemerkungen, Abschnitten die er durch Leerzeilen voneinander trennt. Absätze innerhalb dieser Bemerkungen sind in den Manuskripten durch Einzug gekennzeichnet. Diese Darstellungsform wird im *Album* beibehalten.

Auszeichnungen in den Zitaten in der Form einfacher Unterstreichungen sind *kursiv* gesetzt, mehrfache Unterstreichungen in KAPITÄLCHEN, gewellt unterstrichene Textteile – Formulierungen, die Wittgenstein nochmals überdenken wollte – in Univers Light.

Eine Besonderheit in Wittgensteins Manuskripten sind die Gedankenstriche: Neben den üblichen, parenthetisch gebrauchten, verwendet Wittgenstein einen längeren Gedankenstrich zur Visualisierung des Endes eines Gedankens. Gelegentlich verwendet er einen extrem langen Gedankenstrich anstelle einer Ellipse, zum Beispiel „setze so fort —". Besonders auffällig aber ist Wittgensteins Verwendung des extralangen Gedankenstrichs für das Nicht-Schreibbare oder für das Noch-nicht-Geschriebene bzw. das Nicht-Sagbare, zum Beispiel als Emotionsstrich zur Verwundung des Bruders Paul, am 28. Oktober 1914:

Die arme, arme Mama!!! — — —

oder am 1. November 1914:

Bin aber nicht mutlos weil ich *das Hauptproblem* immer im Auge habe. — — —.

Bemerkenswert ist auch Wittgensteins Groß- und Kleinschreibung: so schreibt er zum Beispiel nominalisierte Verben klein, wenn er den verbalen Charakter betont und groß, wenn er das Verb substantivisch gebraucht.

Auch seine Interpunktion folgt nicht immer den gebräuchlichen Regeln: Sie ist äußerst sparsam und hat mehr Ähnlichkeit mit einer musikalischen Notation, d. h. sie folgt eher dem Sprechrhythmus als den Regeln der Zeichensetzung.

Was Wittgensteins Denk- und Schreibweise einzigartig macht, ist sein Anspruch, daß Philosophie eigentlich nur „gedichtet" werden könne, sowie sein Ringen um den richtigen Ausdruck oder, wie er es nennt, „das Ankämpfen gegen die Grenzen der Sprache". Dabei brechen seine Sätze immer wieder in eine Art Mehrstimmigkeit auf, die er in Form von offenen, unentschiedenen Varianten und von Einschüben darstellt; letztere sind im *Biographischen Album* durch Schrägstriche bzw. vertikale Striche markiert. Dieses musikalische, mehrstimmige oder mehrdimensionale Kompositionsprinzip bestimmt das gesamte Werk Wittgensteins. Am 10. November 1931 schreibt er dazu:

Das Verstehen eines Satzes der Wortsprache ist dem Verstehen eines musikalischen Themas (oder Musikstückes) viel verwandter als man glaubt.

Im Anhang zum *Biographischen Album* finden sich:
1. eine **Chronik**, eine nach Jahren gegliederte Kurz-Biographie;
2. ein chronologisches Verzeichnis von Wittgensteins nachgelassenem **Werk** und den darauf basierenden Veröffentlichungen;
3. **Textnachweise** zu den Zitaten im *Album*;
4. eine Bibliographie von publizierten **Quellen** der Zitate;
5. **Bildnachweise**;
6. ein **Index**: ein Personen-, Orts- und Sachregister.

Denken wir uns ein Theater, der Vorhang ginge auf und wir sähen einen Menschen allein in seinem Zimmer auf und ab gehen, sich eine Zigarette anzünden, sich niedersetzen u.s.f. so daß wir plötzlich von außen einen Menschen sähen wie man sich sonst nie selbst sehen kann; wenn wir quasi ein Kapitel einer Biographie mit eigenen Augen sähen, – das müßte unheimlich und wunderbar zugleich sein. Wunderbarer als irgend etwas was ein Dichter auf der Bühne spielen oder sprechen lassen könnte. Wir würden das Leben selbst sehen. —
22. August 1930

**1 Ludwig Josef Johann Wittgenstein,
geboren am 26. April 1889 in Wien**

„L.W." ist mein Name. Und wenn es jemand bestritte, würde ich sofort unzählige Verbindungen schlagen, die ihn sichern.
21. April 1951

Warum sollte dem Menschen sein Name nicht heilig sein können. Ist er doch einerseits das wichtigste Instrument das ihm gegeben wird, anderseits wie ein Schmuckstück das ihm bei der Geburt umgehangen wird.
20. Juni 1931

2 Ludwig im ersten Lebensjahr

3 Ludwig im dritten Lebensjahr mit der Schwester Helene, „Lenka"

Wer ein Kind mit Verständnis schreien hört, der wird wissen, daß andere seelische Kräfte, furchtbare, darin schlummern, als man gewöhnlich annimmt. Tiefe Wut und Schmerz und Zerstörungssucht.
11. September 1929

4 Erste erhaltene Schreibversuche

Die Philosophen sind oft wie kleine Kinder die zuerst mit ihrem Bleistift beliebige Striche auf ein Papier kritzeln und nun/dann/ den Erwachsenen fragen „was ist das?" — Das ging so zu: Der Erwachsene hatte dem Kind öfters etwas vorgezeichnet und gesagt: „das ist ein Mann", „das ist ein Haus" u.s.w.. Und nun macht das Kind auch Striche und fragt: was ist nun *das*?
27. Oktober 1931

5/6 Die Urgroßeltern

Moses Mayer aus Laasphe im Wittgensteiner Land in Westfalen und seine Frau Bernardine, geb. Simon

Auf Grund der Napoleonischen Dekrete nimmt Moses Mayer 1808 den Namen Wittgenstein an und zieht nach Korbach in Hessen, einer Stadt am Schnittpunkt der Handelswege Köln–Leipzig und Frankfurt–Bremen. 1188 hatte Korbach das Stadtrecht erhalten, seit 1469 war die Stadt Mitglied des Hansebunds. Am Ende des Dreißigjährigen Krieges weitgehend zerstört, kam Korbach erst gegen Ende des 18. Jahrhunderts wieder zu bescheidenem Wohlstand.

Hermine Wittgenstein:
Hermann Wittgenstein und seine Familie waren Wollgroßhändler und standen hauptsächlich mit England in Geschäftsverbindung. Der Name Wittgenstein ist ein angenommener, die Familie hieß ursprünglich Mayer und war in ihrem Wohnort Korbach im Fürstentum Waldeck sehr angesehen wegen ihrer Wohltätigkeit; ein Altersheim z. B., das ein Mitglied der Familie gegründet hatte, trug den Namen „Mayer'sches Altersheim". Wann und von welchem Vorfahren der Name geändert wurde, weiß ich nicht. Hermann Wittgenstein hatte als Mitglied seiner Firma oft zu reisen, Güter aufzusuchen wo Schafzucht betrieben wurde, sei es in Ungarn oder Polen, Wollmärkte zu besuchen etc. Das gab ihm Gelegenheit, manches von der Welt zu sehen. Durch seinen Fleiß war es ihm möglich geworden, seiner Frau ein behagliches Dasein zu bieten, und die Ehe wurde eine sehr glückliche.
   In Gohlis bei Leipzig, wo das Ehepaar Wittgenstein bis zum Jahre 1851 wohnte, wurden den Beiden zehn Kinder geboren, eine große Aufgabe für meine Großmutter, die ihre Pflichten sehr ernst nahm. –

7 Der Großvater Hermann Christian Wittgenstein (1802–1878)

Hermine Wittgenstein über die Großeltern:
Ernst und Energie sind deutlich auf dem Gesicht des Mannes zu lesen, die Frau sieht sanft aus, aber sanft war meine Großmutter nicht; sie war energisch und eher scharf, auch scharfblickend […]

**8 Die Großmutter Franziska, „Fanny"
Wittgenstein, geb. Figdor (1814–1890)**
mit den drei ältesten Kindern, Anna, Marie und
Paul; Aquarell von Leopold Fischer, 1845

Fanny Figdor über ihren späteren Mann in
einem Brief an eine Freundin, 1838:
Sein Äußeres machte auf mich gar keinen
angenehmen Eindruck, da er einen strengen,
kalten, ja sogar schroffen Ausdruck im Gesicht
hat. Das Gespräch über die ernsthaftesten
Gegenstände hinzugerechnet und Du kannst
Dir denken, wie sonderbar mich diese
Erscheinung berühren mußte, im Vergleich
mit unseren, nur auf der Oberfläche der Dinge
schwimmenden Herren.

Als beide [Wittgenstein und sein hol-
ländischer Geschäftsfreund Nellison] das
zweitemal kamen, war Wittgenstein viel
liebenswürdiger und zuvorkommender und
mir *zusagender*. […]

Wittgenstein besuchte uns nach dieser
Partie einmal nachmittags, näherte sich mir
immer mehr und thaute auf im buchstäblich-
sten Sinn des Wortes. Ein paar Tage nachher
kömmt Wittgenstein zum ersten Male ohne
seinen Begleiter und zwar zum Speisen. Das
war mir rein unbegreiflich; denke Dir meine
Überraschung als mir Nanette, als er fort war
anvertraute, er habe an demselben Vormittag
mit dem Papa gesprochen und förmlich um
mich angehalten. Nun kam es denn auf meine
Stimme an, – und ich fühlte zum ersten Mal
kein positives Widerstreben. […]

Die übrigen Mitglieder der Familie spricht
er an, denn er hat viel savoir vivre und er hat,
(nicht nur nach meinem Urtheil) viel Verstand.
Er ist ein Mann von fünf bis sechsunddreißig
Jahren und durchaus nicht hübsch.

9 Die elf Geschwister Wittgenstein *senior*
die Kinder von Hermann Christian und Fanziska Wittgenstein; stehend von links: Fine, Karl, Milly, Lydia, Louis, Clara, Bertha, Paul; sitzend von links: Anna, Clothilde, Marie

Hermine Wittgenstein:
In Österreich [die Familie lebte davor in Sachsen] wurde das elfte Kind geboren und diese elf Kinder sind: mein Vater Carl, geb. 1847, seine Schwestern Anna, geb. 1840, Marie, geb. 1841, Bertha, geb. 1844, Fine, geb. 1848, Clara, geb. 1850, Lydia, geb. 1851, Milly, geb. 1854, und Clothilde, geb. 1855, und seine Brüder Paul, geb. 1842, und Louis, geb. 1845. Das gab eine Reihe der verschiedenartigsten Individualitäten, die sich schon frühzeitig zeigten […]

Testament von Hermann Christian Wittgenstein:
Nach zurückgelegtem siebenzigsten Lebensjahr ist es nicht sowohl die Unsicherheit der Lebensdauer im Allgemeinen, als die Sicherheit eines verhältnismäßig nahen Todes, welche mich die nachstehenden Bestimmungen als meinen letzten Willen treffen läßt. Vorher danke ich meinem Schöpfer, daß dies unter Verhältnissen geschieht, die mir die Sorge um meine Familie, insoweit es sich um eine bescheidene Existenz handelt, abnehmen und so meinen Heimgang wesentlich erleichtern werden.

    Ich habe unter andern sorgenvollen Umständen meine Carriere begonnen; auf eigene Kraft angewiesen, war ich nie kleinmütig, habe nie um die Gunst eines Menschen geworben, oder sie empfangen und bestrebt es den Bessern gleich zu thun, war ich niemals von ihnen verachtet.

    Ich danke meiner lieben Frau und meinen lieben Kindern für das, was sie zur Verschönerung meines Lebens beigetragen haben, bitte sie die gewohnte Eintracht und Liebe als ein ehrenvolles Denkmal für mich zu bewahren und testiere wie folgt […]

Karl mußte die Schule verlassen, nachdem er in einem Aufsatz die Unsterblichkeit der Seele bezweifelt hatte, zu der Zeit im katholischen Österreich eine Straftat.

Karl Wittgenstein, autobiographische Notizen: 1864 Consilium abeundi. Hätte privat weiterstudieren sollen bis zur Matura. Im Januar 1865 von Hause durchgegangen. Zwei Monate in der Krugerstraße zur Miete gewohnt. Von Hause mitgenommen eine Geige und 200 Gulden, die der Schwester Anna gehörten. Durch eine Zeitungsnotiz auf einen jungen Studenten aufmerksam geworden, der eine Unterstützung suchte und diesem etwas Geld dafür gegeben, daß er mir seinen Paß überließ. […]

    In Hamburg eingeschifft. April 1865 ohne Geld New York angekommen. Sofort als Kellner in der Restauration Banks Broadway New York eingetreten auf Empfehlung eines Mitreisenden. Nach vierzehn Tagen eine Stelle als Violinspieler angenommen und jeden Abend mit einem gewissen Perathoner, einem Tiroler Schullehrer, der Klavier spielte, in öffentlichen Lokalen gespielt. Zu einer kleinen Minstrel-Truppe engagiert. Bei dem Chef dieser Truppe, dem Besitzer eines Canalbootes gewohnt. Nach der Ermordung des Präsidenten Lincoln April 1865 alle Belustigungen, öffentliche Musik etc. untersagt, die Minstrel-Truppe aufgelöst.

    Als Steuermann mit dem Canalboot eine Ladung gepreßtes Heu nach Washington gebracht. In Washington Barkeeper geworden in einer Bar, die eine Abteilung für Weiße und eine andere für Schwarze hatte. Zuerst in der weißen Abteilung, dann wegen Verwendbarkeit zur Niggerbar. Haupttätigkeit das Auseinanderkennen der Neger, wissen wer gezahlt hat und wer nicht. Der Besitzer der Bar selbst konnte sich die Physiognomien nicht merken. Dort der erste bessere Verdienst.

    Im November frisch ausstaffiert nach New York zurück und von dort zum ersten Mal Nachricht nach Hause geschickt.

10 Schloß Kaunitz in Laxenburg bei Wien

Hermine Wittgenstein:
Die Familie Wittgenstein bewohnte damals ein ehemalig Kaunitzsches Schloß in Laxenburg (dasselbe, das viel später noch mein Onkel Paul und meine Tante Clara besaßen und bewohnten). Während des Krieges wurde ein sächsisches Regiment in Laxenburg einquartiert und den Offizieren ein Flügel dieses Schloßes zugewiesen. […]

    Der Flügel des Laxenburger Schloßes, in dem seinerzeit die sächsischen Offiziere untergebracht waren, wurde im Jahre 1872 einem Major von Bruckner als Dienstwohnung zugewiesen, während der übrige größere Teil des Schloßes von Wittgensteins bewohnt wurde. Die junge Frau des Majors machte der Frau Wittgenstein Besuch und Tante Clara beschreibt in einem Brief an eine Schwester sehr humorvoll die Staatsvisite, die ihre Mutter in Erwiderung machte und die selbstbewußte Würde, in der sich die beiden Damen überboten. Dann fährt sie fort: „. . . . Ganz entzückt ist Mama aber von der jüngeren Schwester der Majorin. Klug, heiter, musikalisch, spielt beneidenswert vom Blatt . . . . ." Diese jüngere Schwester war Poldy Kalmus, nachmals meine Mutter, und ihr Klavierspiel brachte sie mit Carl zusammen, der mit Freude und Temperament die Geige spielte.

11 Die Tante Clara Wittgenstein in Ludwig Wittgensteins Photoalbum

Karl Wittgenstein:
Ternitz 27. April 1872
Herzliebes Schwesterlein
Möchtest so gut sein
Fräulein Poldy zu fragen,
Ob es ihr würde behagen
Montag Abend's mit mir
zu spielen am Clavier.
Und sagt sie Dir „Ja"
Gleich schreib mir's Clarà
Denn Warten tut weh
Deinem Bruder Carl. Adie

Hermann Christian Wittgenstein:
Geehrtes Fräulein!
Mein Sohn Carl ist von seiner frühesten Jugend an, im Gegensatz zu seinen Geschwistern, seine eigenen Wege und schließlich nicht zu seinem besonderen Nachteil gegangen. Auch um meine Einwilligung zu seiner Verlobung mit Ihnen, geehrtes Fräulein, hat er mich erst gebeten, als er auf der Reise zu Ihnen vorgesprochen hatte.

Da er so voll Ihres Lobes ist, in das auch seine Schwestern mit Wärme einstimmen, so habe ich mich nicht für berechtigt gehalten, ihm irgend welche Schwierigkeiten zu machen und wünsche ich von Herzen, daß Ihre und seine Wünsche und Hoffnungen auf eine glückliche Zukunft in Erfüllung gehen mögen. Dieser Ausdruck meiner aufrichtigen Gesinnungen wolle Ihnen genügen, bis mir Gelegenheit geboten sein wird, Sie persönlich kennen zu lernen.
Ihr ergebener
H. Wittgenstein
Wien, den 16. September 1873
Fräulein Leopoldine Calmus, Wohlgeb.

**12 Die Mutter Leopoldine, „Poldy"
Wittgenstein, geb. Kalmus (1850–1926)**

13 Der Vater Karl Wittgenstein (1847–1913)
Photo aus einem Amulett der Mutter

Fanny Wittgenstein an ihre Schwiegertochter:
Carl hat ein gutes Herz, hellen Verstand, aber er ist zu früh aus dem Elternhaus gekommen.
    Die endgültige Erziehung, Regelmäßigkeit, Ordnung, Selbstbeherrschung, das, hoffe ich, wird er durch Ihren liebevollen Umgang lernen. So segne Gott dies Bündnis, wie ich als Mutter es von ganzem Herzen segne!

14 Karl Wittgenstein
rechts außen, mit Freunden und Arbeitskollegen;
Eisen & Stahlwerke: Neuberg-Mariazell, 1866/68

Karl Wittgenstein, autobiographische Notizen:
Nach Deutsch-Kreuz zur Ökonomie bis zum Herbst 1867. Nach Wien an die Technik. Nur Vormittag an der Technik, am Nachmittag in der Fabrik der Staatsbahn gearbeitet, 1858–69 bei Sigl (Maschinenfabrik) schon mit kleinem Gehalt als Zeichner. 1869 – Mitte 1870 als Assistent in Neuberg und Maria-Zell angestellt. Herbst 1870 in Triest beim Schiffbau Adriatico Navale. Winter 1870 bis Frühjahr 1871 bei einem Zivil-Ingenieur in Wien angestellt, als Fachmann im Turbinenbau, von dem ich beinahe nichts verstand. Frühjahr 1871 zur ungarischen Nordostbahn engagiert. Bis Herbst 1872 abwechselnd auf der Strecke, hauptsächlich Szatmar, oder im Bureau Budapest beschäftigt. 1872 nach Ternitz, wo Paul Kupelwieser Direktor war, um Pläne für das Teplitzer Walzwerk zu zeichnen. […]

Herbst 1873 nach Teplitz als Ingenieur zum Bau des Walzwerks. September 1873 verlobt (ungefähr 1200 fl Gehalt jährlich) und am 14. Februar 1874 geheiratet. […]

Im Herbst 1874 meine Stellung niedergelegt wegen Streitigkeiten zwischen dem Präsidenten des Verwaltungsrates Direktor Pechar und Direktor Paul Kupelwieser. Ohne Stellung in Eichwald bei Teplitz gewohnt. Am 1. Dezember 1874 erstes Kind Mining zur Welt gekommen. […]

Im Sommer 1875 nach Wien gezogen; infolge Zeitungsnotiz als Ingenieur bei Zivil-Ingenieur Prohaska eingetreten.

15 Der Vater mit fünfzig Jahren auf dem Höhepunkt seiner Karriere

im Vordergrund, in der Mitte sitzend, mit seinen Direktoren und Kollegen aus der Großindustrie

Karl Wittgenstein, autobiographische Notizen:
Im Jahre 1876 ist der Präsident Pechar zurückgetreten und ich wurde in den Direktionsrat des Teplitzer Walzwerks gewählt mit kommerzieller Tätigkeit in Wien. Karl Wolfrum und Wessely, die schon seit der Gründung des Unternehmens im Jahre 1872 Verwaltungsräte waren, hatten meine Wahl durchgesetzt. Sie hatten mich kennen gelernt als ich noch Ingenieur des Teplitzer Walzwerks gewesen war.

1877 hat Paul Kupelwieser seine Stelle als Direktor des Teplitzer Walzwerks aufgegeben und ich wurde, – wieder auf Vorschlag von Wolfrum und Wessely – Direktor mit Sitz in Wien.

Hermine Wittgenstein:
Seine hervorragende Menschenkenntnis befähigte ihn, sich mit einem Stab ausgezeichneter Mitarbeiter zu umgeben, die unter ihm sein Lebenswerk nach allen Richtungen hin ausbauten und dabei ihre eigenen speziellen Begabungen walten ließen. So führte z. B. der Generaldirektor der Alpine-Montangesellschaft, von Hall, eine ausgezeichnete Berechnungsart ein, die in jedem Augenblick die Arbeitsweise eines Betriebs als rationell oder unrationell aufzeigte, und ein so geführter Betrieb war natürlich allen anderen überlegen. Heute, mehr als ein halbes Jahrhundert später, ist diese Berechnungsweise vermutlich Gemeingut geworden, aber damals nach der kaum erfolgten Belebung der vegetierenden Großindustrie bedeutete sie einen großen Schritt auf dem Weg zur Rationalisierung und zum Erfolg.

16 Die Mutter mit dem ersten Kind, Hermine, „Mining"

17 Die Großmutter Marie Kalmus, geb. Stallner (1825–1921)

Hermine Wittgenstein:
Als der Entschluß gefaßt war nach Wien zu ziehen, fuhr mein Vater dorthin, um eine Wohnung zu suchen. Meine Mutter hatte ihm völlig freie Hand gelassen, nur zwei dringende Bitten hatte sie ausgesprochen: die Zimmer sollten alle in *einem* Stockwerk liegen […] und die Wohnung sollte nicht weit entfernt vom Parkring liegen, wo die Mutter wohnte. Diese litt ja sehr unter der Trennung von ihrer Lieblingstochter, von der sie früher liebevollst verwöhnt worden war, und die Tochter freute sich schon darauf, jede freie Minute der Mutter widmen zu können. Als mein Vater nach Eichwald zurückkam, war er etwas kleinlaut und sagte seiner Frau, *ganz* nach ihrem Wunsch sei die Wohnung wohl nicht! Er hatte nämlich in seiner Vorliebe für Schlösser so ziemlich das Gegenteiligste und das Unpraktischste gemietet, das in Wien zu haben war: ein reizendes kleines zweistöckiges Schlößchen neben dem Meidlinger Eingang zum Schönbrunner Park gelegen und im Volksmund die „Xaipe-Villa" geheißen, wegen der Inschrift „XAIPE", die es in griechischen Lettern trägt.

Meidling war damals, als es nur durch den Stellwagen mit der inneren Stadt verbunden war, fast so weit vom Parkring entfernt wie heute etwa Baden von Wien. Die Zimmer lagen *nicht* in einem Stockwerk, und die Beaufsichtigung des einen Dienstmädchens war noch mehr erschwert durch die Anziehung, die die prächtigen Gestalten der zwei beim Parktor aufgestellten Burggendarmen ausübten. Die Zimmer gruppierten sich um einen unbewohnbaren hohen Saal, der durch fast zwei Stockwerke ging, wie das bei österreichischen Schlössern oft der Fall ist, und als das erste Weihnachtsfest in der neuen Wohnung gefeiert werden sollte, war es der Wunsch meines Vaters, den Christbaum in diesem Saal aufzustellen. Es war zwar als einzige Heizungsmöglichkeit nur ein hoher Marmorkamin vorhanden, mein Vater heizte aber schon einige Tage und Nächte vorher mit so großer Energie, daß der Fußboden vor dem Kamin zu rauchen begann; die Kälte war trotzdem stärker als er, er mußte auf den Saal verzichten. In diesem Schlößchen, von dem ich keine Erinnerung bewahre, wohnten wir vier Jahre, und meine beiden Brüder Hans und Kurt wurden dort geboren.

18 Die Villa XAIPE
neben dem Schloßpark Schönbrunn in Wien

Hermine Wittgenstein:
Als Poldy Kalmus sich verlobte, war ihr Vater schon gestorben und sie lebte mit ihrer Mutter in sehr behaglichen Verhältnissen ein sehr ruhiges Leben. Mit ihrer Heirat war ihre Ruhe allerdings dahin, denn Ruhe und Carl Wittgenstein waren zwei einander ausschließende Begriffe.

32 Kindheit und Jugend, die Familie

19–25 Die Geschwister Wittgenstein mit ihren wendischen Ammen
Kurt (1878–1918), Helene, „Lenka" (1879–1956), Rudi (1881–1904), Margarete, „Gretl" (1882–1958), Hans (1877–1902), Paul (1887–1961), Ludwig (1839–1951)

Hermine Wittgenstein:
Dabei konnte meinem Vater auch oft ein ganz gehöriger Schalk im Nacken sitzen, der zu seiner sonstigen energischen Geradheit kaum zu passen scheint, dessen Eingebungen ihm selbst aber bis ins Alter den größten Spaß bereiteten, ich meine seine Freude an „Aufsitzern" aller Art, eine kleine Geschichte aus der Ternitzer Zeit wird das gut illustrieren. Von einigen jungen Leuten war ein Picknick verabredet worden, zu dem jeder Teilnehmer Butterbrot, Wurst, kaltes Fleisch etc. beisteuern sollte. Der junge Ingenieur Wittgenstein erschien aber auf dem Picknickplatz scheinbar ohne etwas mitzubringen und behauptete, seine Freunde würden ihn schon ernähren, was diese natürlich rundweg abschlugen; er wurde nur von allen Seiten seiner Faulheit wegen gehänselt. Als es ans Essen ging, zog er – ein Glas Senf aus der Tasche und stellte es vor sich hin. Senf schmeckt zu Wurst und kaltem Fleisch ausgezeichnet, und Jeder hätte gerne etwas Senf gehabt, Wittgenstein tauschte ihn aber nur gegen andere Ware und schließlich hatte er mehr als die Andern und Spaß hatte er ihnen obendrein gemacht. Bei ähnlichen „echt Carl'schen Ideen" pflegte seine Mutter lächelnd mit dem Finger drohend zu sagen: „Der Carl hat eine *Wendin* zur Amme gehabt!"

Wir sehen ein kompliziertes Netz von Ähnlichkeiten, die einander übergreifen und kreuzen. Ähnlichkeiten im Großen und Kleinen.
Ich kann diese Ähnlichkeiten nicht besser charakterisieren, als durch das Wort „Familienähnlichkeiten"; denn so übergreifen und kreuzen sich die verschiedenen Ähnlichkeiten unter den Gliedern einer Familie/die zwischen den Gliedern einer Familie bestehen/: Wuchs, Gesichtszüge, Augenfarbe, Gang, Temperament, etc., etc.. — Und ich werde sagen: die ‚Spiele' bilden eine Familie.
November 1936

26/27 Der Vater Karl Wittgenstein

Hermine Wittgenstein:
Er war ein kräftiger, wohl gebauter Mann, guter Fechter und Reiter, ein Mann, dem man die Energie und Unerschrockenheit auf hundert Schritte ansah. Er hatte ein schönes, männliches Gesicht, ohne im geringsten das zu sein, was man mit einem leisen Beigeschmack einen „schönen Mann" nennt und er war ausgezeichnet angezogen, ohne eine Spur von Dandyhaftigkeit, dazu wirkte er viel zu imponierend. Seine Reitkunst ließen sogar Offiziere gelten. Wie es ihm möglich war, als Zivilist die Kaisermanöver in Totis mitzureiten – allerdings in angemessener Entfernung – weiß ich nicht, aber er tat es, und zwar, wie mir erzählt wurde, sehr zum Erstaunen des alten Kaisers.

28 Die Fackel
1899 von Karl Kraus gegründete und herausgegebene Zeitschrift. Die Schwester Gretl hatte *Die Fackel* in der Familie eingeführt. Wittgenstein ließ sich später Exemplare nach England und Norwegen schicken.

Das Exemplar zum 50. Todestag von Johann Nestroy aus Wittgensteins Besitz enthält auf der letzten, markierten Seite den Satz aus Nestroys *Schützling*, den Wittgenstein später als Motto für seine *Philosophischen Untersuchungen* verwendet
Überhaupt hat der Fortschritt das an sich, daß er viel größer ausschaut, als er wirklich is.

Karl Kraus, *Die Fackel*, Nr. 31, Februar 1900:
Ja, hat man bisher die Schädlichkeit der Sippe, gegen die die Kohlenarbeiter jetzt kämpfen, nicht gekannt? Oder hat man geglaubt, die Rothschild, Gutmann, Wittgenstein würden plötzlich aus der Art schlagen und Menschenwohl über Capitalsprofit stellen? Wenn Herr Rothschild ein wohlthätiges Institut mit ein paar tausend Gulden unterstützt, wenn Frau Gutmann als Patronesse in den Ballsaal einzieht, in dem zu wohlthätigem Zweck getanzt wird, dann ist es an der Zeit, davon zu sprechen, daß die verbrecherische Ausbeutung von hunderttausend Menschen diesen Leuten die Mittel bietet, mit deren tausendstem Theil sie hundert Menschen zu Hilfe kommen. Wenn Herr Wittgenstein die Eintrittskarte zum Deutschen Schulvereinsfest mit tausend Kronen bezahlt, dann hat man der Öffentlichkeit zu sagen, daß der Herr, der da mit einem Lumpengeld dem Deutschthum helfen will, sammt seinen auch-deutschen Kumpanen durch Hungerlöhne, von denen der höher cultivierte deutsche Arbeiter nicht leben kann, die deutsche Arbeiterschaft aus angestammten Gebieten treibt, die Slavisierung Österreichs wirksamer fördert, als zehn Sprachenverordnungen vermöchten. Jetzt aber, sage ich, handelt es sich nicht um eine Capitalistengruppe, sondern um das Vorgehen der Regierung, die endlich sich entschlossen hat, gegen deren Übergriffe einzuschreiten.

Ich glaube daß es heute ein Theater geben könnte wo mit Masken gespielt würde. Die Figuren wären eben stylisierte Menschen. Typen. In den Schriften Kraus's ist das deutlich zu sehen. Seine Stücke könnten, oder müßten, in Masken aufgeführt werden. Dies entspricht natürlich einer gewissen Abstraktheit dieser Produkte. Und das Maskentheater ist, wie ich es meine, überhaupt der Ausdruck eines spiritualistischen Charakters. Es werden daher (auch) vielleicht nur die Juden zu diesem Theater neigen.
1931

29 Die Eltern

Hermine Wittgenstein:
Was wir Kinder von Jugend auf stark empfanden, war eine merkwürdige Erregtheit in unserem Elternhaus, ein Mangel an Entspanntheit, der nicht allein von der Aufgeregtheit meines Vaters herrührte. Auch meine Mutter war sehr erregbar, wenn sie auch ihrem Mann und ihrer Mutter gegenüber die freundliche Ruhe nie verlor, oder wahrscheinlich gerade deshalb, denn der fortgesetzte Zwang auf der einen Seite mußte ein Auslassen der Nerven auf der anderen bewirken. Sehr wichtig in diesem Zusammenhang scheint mir nun Folgendes: So glücklich, ja unendlich glücklich die Ehe meiner Mutter war, so war es doch die Ehe einer ausgesprochen zum *Dulden* geborenen Frau mit einem ausgesprochen zum energischen *Handeln* geborenen Mann. […]

Es war tragisch, daß unsere Eltern, trotz ihres großen sittlichen Ernstes und ihres Pflichtgefühls, mit ihren Kindern keine Einheit zu bilden vermochten, tragisch, daß mein Vater Söhne bekommen hat, die von ihm selbst so verschieden waren, als hätte er sie aus dem Findelhaus angenommen! Es muß ihm eine bittere Enttäuschung gewesen sein, daß keiner von ihnen in seine Fußstapfen treten und an seinem Lebenswerk weiter arbeiten wollte. Eine der größten Verschiedenheiten aber, und die tragischste, war der Mangel an Lebenskraft und Lebenswillen seiner Söhne in ihrer Jugend, und diesem Mangel wurde durch die unnormale Erziehung noch Vorschub geleistet.

30/31 Die Geschwister
Aufnahmen mit einer der ersten Sofortbildkameras (Blechbildphotographie/Ferrotypie); links: Helene, Rudi, Hermine, Ludwig, Gretl, Paul, Hans, Kurt; rechts: Helene, Hermine, Gretl, Kurt, Rudi, Hans

Hermine Wittgenstein:
Ich erinnere mich nun weiter, daß Hans, das „musikalische Phänomen", […] Geigenunterricht bekam und mit neun Jahren jeden Sonntag in der Peterskirche beim Hochamt die Geige mitspielte. […]

Das wirkliche Talent von Hans lag aber auf dem Gebiet des Klavierspielens, und es ist gewiß höchst bedauerlich, daß er nicht in dieser Richtung ausgebildet wurde.

Gerade das aber konnte für meinen Vater nicht in Betracht kommen, im Gegenteil, das übergroße Interesse seines ältesten Sohnes an Musik war ihm sehr wenig erfreulich, und es wurden daher die Äußerungen dieses Interesses mehr oder weniger vor ihm geheim gehalten. Was ich schon einmal sagte, muß ich wiederholen: der einzige Beruf, der meinem Vater wirklich erstrebenswert erschien, war der Doppelberuf des Technikers und Kaufmanns, daher sollte natürlich sein ältester Sohn diesen Beruf ergreifen […]

Hans wurde also frühzeitig in die Fremde geschickt, und zwar in verschiedenartige Fabriksbetriebe in Böhmen, Deutschland, England, in denen er gewiß nichts für sein Leben Wichtiges lernte. Er wußte vermutlich kaum, was er überhaupt dort sollte, denn er war weder durch ein technisches Studium dafür vorbereitet, noch durch ein Talent dafür vorbestimmt, im Gegenteil, sein eigenes Interesse galt im höchsten Maße ganz anderen Dingen. Wie sollte daraus etwas Gedeihliches entstehen? Ich weiß nur, daß er sich gleich in der ersten kleinen Fabrikstadt ein Streichquartett zusammenstellte, daß er viel Klavier spielte und daß, wenn er auf Urlaub nach Hause kam, die Atmosphäre zwischen ihm und unserem Vater eine wenig behagliche war.

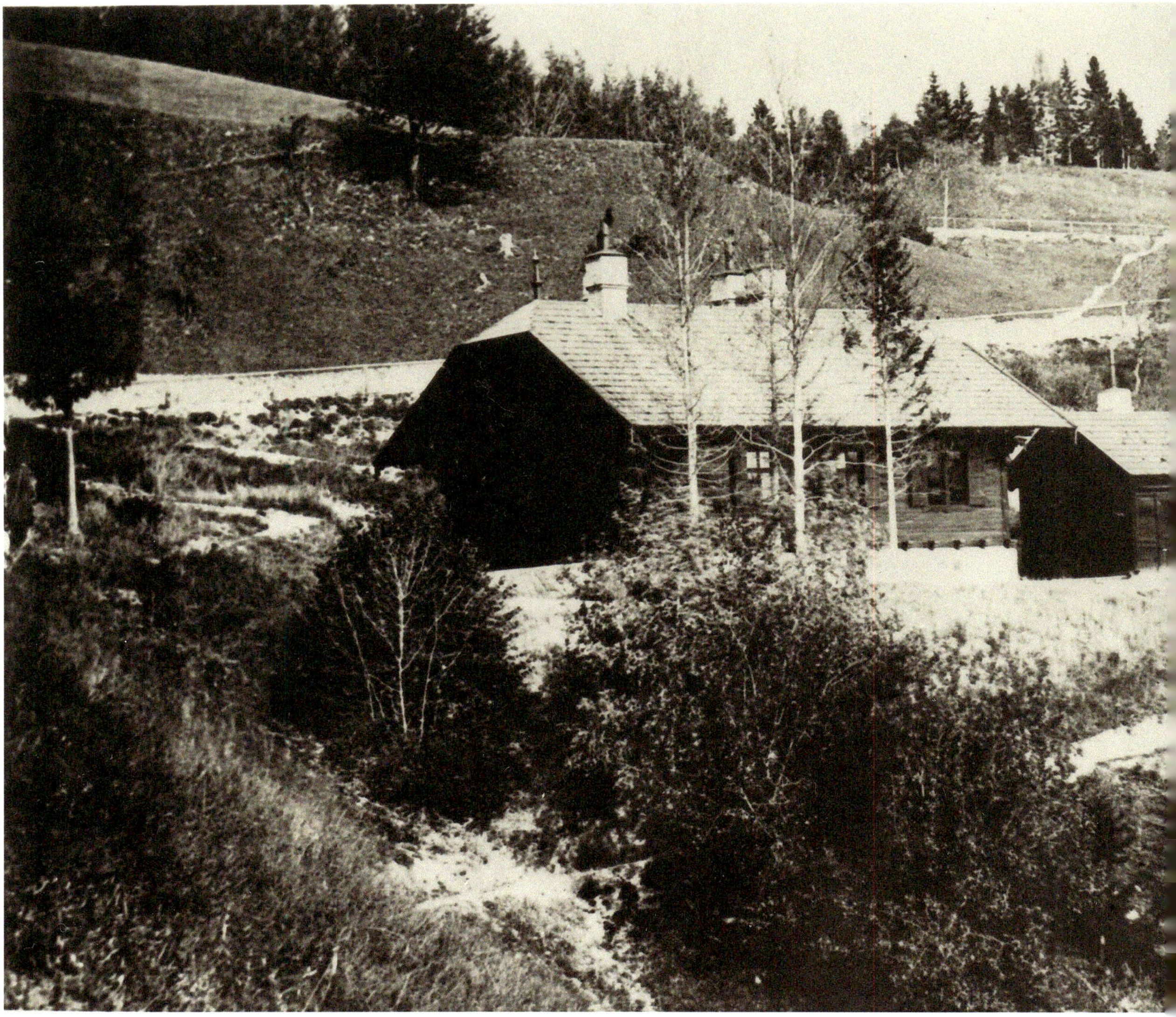

32 Die Hochreith

Hermine Wittgenstein:

[1894] beschloß mein Vater, sich ein Gut im Mittelgebirge zu kaufen, um sein Bedürfnis nach körperlicher Anstrengung auf eine Weise befriedigen zu können, die auch seiner Frau Freude machte. Es wurden Güter für ihn gesucht, aber keines der ihm vorgeschlagenen wollte ihm gefallen; da wurde er durch Zufall auf ein gänzlich herabgewirtschaftetes, abgeholztes, aber herrlich gelegenes Bauernanwesen aufmerksam gemacht. Der Besitzer, der „Hochreiter", so war der Hausname, – mußte es verkaufen, er hatte sich selbst durch seine schwere Trunksucht so weit gebracht. Das Bauernhaus lag ziemlich hoch, ganz in der Nähe eines Bergüberhanges; dieser bildet die Wasserscheide zwischen dem Traisental mit den schönen Bergen Gippel und Göller und dem Schwarzatal, zu dem der Schneeberg gehört.

33 Die Hochreith im Gewitter
photographiert vom Bruder Rudi

Ich lese in Renan Peuple d'Israël: „La naissance, la maladie, la mort, le délire, la catalepsie, le sommeil, les rêves frappaient infiniment, et, même aujourd'hui, il n'est donné qu'à un petit nombre de voir clairement que ces phénomènes ont leurs causes dans notre organisation." Im Gegenteil es besteht gar kein Grund sich über diese Dinge zu wundern; weil sie so alltäglich sind. Wenn sich der primitive Mensch über sie wundern *muß*, wievielmehr der Hund und der Affe. Oder nimmt man an daß die Menschen quasi plötzlich aufgewacht sind und diese Dinge die schon immer da waren plötzlich bemerkten und begreiflicherweise erstaunt waren? — Ja, etwas ähnliches könnte man sogar annehmen; aber nicht daß sie diese Dinge zum erstenmal wahrnahmen sondern daß sie plötzlich anfingen sich über sie zu wundern. Das aber hat wieder nichts mit ihrer Primitivität zu tun. Es sei denn daß man es primitiv nennt sich nicht über die Dinge zu wundern, dann aber sind gerade die heutigen Menschen und Renan selbst primitiv wenn er glaubt die Erklärung der Wissenschaft könne das Staunen heben.

Als ob der Blitz heute alltäglicher oder weniger staunenswert wäre als vor 2000 Jahren.

Zum Staunen muß der Mensch – und vielleicht Völker – aufwachen. Die Wissenschaft ist ein Mittel um ihn wieder einzuschläfern.
5. November 1930

34 Ludwig Wittgenstein mit fünf Jahren

Laß nur die Natur sprechen und über der Natur kenne nur *ein* Höheres, aber nicht das was die anderen denken könnten.
September 1929

35 Paul und Ludwig auf der Hochreith

Hermine Wittgenstein:
[F]ür uns Kinder [wäre gewiß] der allernormalste Unterricht, der Besuch einer öffentlichen Schule, das Beste gewesen. Mich hätte das z. B. aus meinem verträumten Egoismus, der mich förmlich hermetisch gegen meine Umwelt abschloß, herausgerissen. Meinem sehr schwer zu behandelnden Bruder Hans hätte es Disziplin beigebracht und so fort – und auf jeden Fall hätten wir „das Lernen" gelernt und eine Zeiteinteilung bekommen.

Bei einigen meiner jüngeren Geschwister hätte es vielleicht aufgedeckt, was sie lernen und *nicht* lernen konnten, aber da war es auch wieder merkwürdig, wie meine Mutter reagierte, wenn ihr etwas über ihre Kinder oder Angestellten gesagt wurde.

Sieh Dir die Menschen an: Der eine ist Gift für den andern. Die Mutter für den Sohn, und umgekehrt, etc. etc. Aber die Mutter ist blind und der Sohn ist es auch. Vielleicht haben sie schlechtes Gewissen, aber was hilft ihnen das? Das Kind ist böse, aber niemand lehrt es anders sein, und die Eltern verderben es nur durch ihre dumme Zuneigung; und wie sollen sie es verstehen, und wie soll das Kind es verstehen? Sie sind sozusagen *alle* böse und *alle* unschuldig.
1950

36 Die Geschwister
von links: die Schwestern Hermine, Helene und Margarete, davor die Brüder Paul und Ludwig

Schon lange war es mir bewußt, daß ich ein Buch schreiben könnte „Was für eine Welt ich vorfand.".
[...]
In dem Buch „Die Welt, welche ich vorfand" wäre auch über meinen Leib zu berichten und zu sagen welche Glieder meinem Willen unterstehen etc. Dies ist nämlich eine Methode das Subjekt zu isolieren oder vielmehr zu zeigen daß es in einem wichtigen Sinne kein Subjekt gibt: Von ihm allein nämlich könnte in diesem Buche *nicht* die Rede sein. —
23. Mai 1915

Das Kind lernt eine Menge Dinge glauben. D.h. es lernt z.B. nach diesem Glauben handeln. Es bildet sich nach und nach ein System von Geglaubtem heraus, und darin steht manches unverrückbar fest, manches ist mehr oder weniger beweglich.
Was feststeht, tut dies nicht, weil es an sich offenbar oder einleuchtend ist, sondern es wird von dem, was darum herumliegt, festgehalten.
1950

Wir lernen als Kinder Fakten, z.B. daß jeder Mensch ein Gehirn hat, und wir nehmen sie gläubig hin. Ich glaube, daß es eine Insel, Australien, gibt von der und der Gestalt usw. usw., ich glaube, daß ich Urgroßeltern gehabt habe, daß die Menschen, die sich für meine Eltern ausgaben, wirklich meine Eltern waren, etc.. Dieser Glaube mag nie ausgesprochen, ja der Gedanke, daß es so ist, nie gedacht werden.
1950

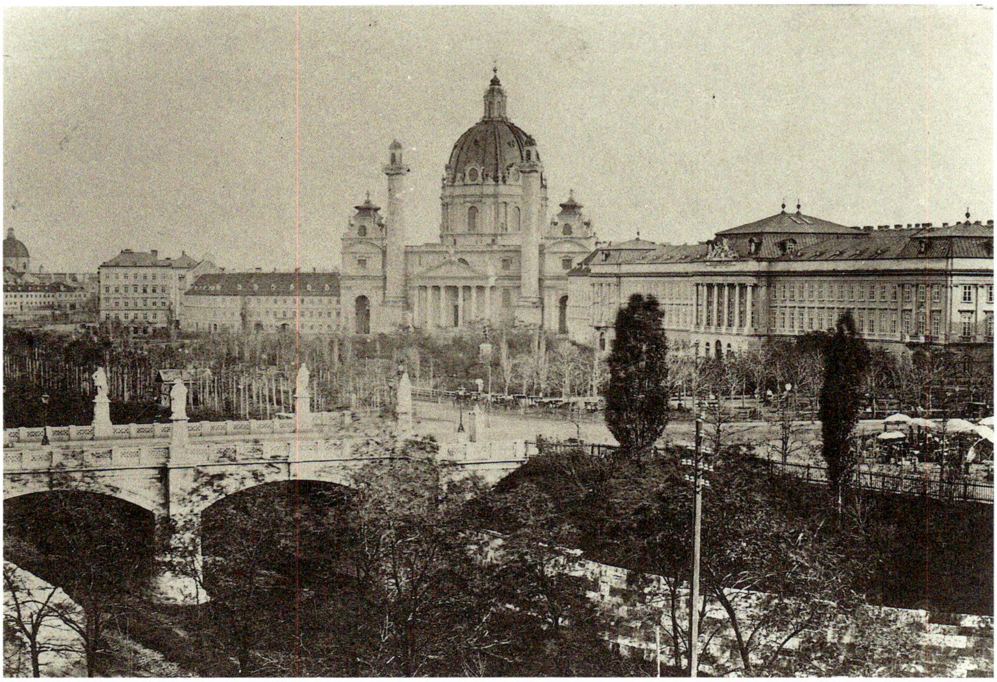

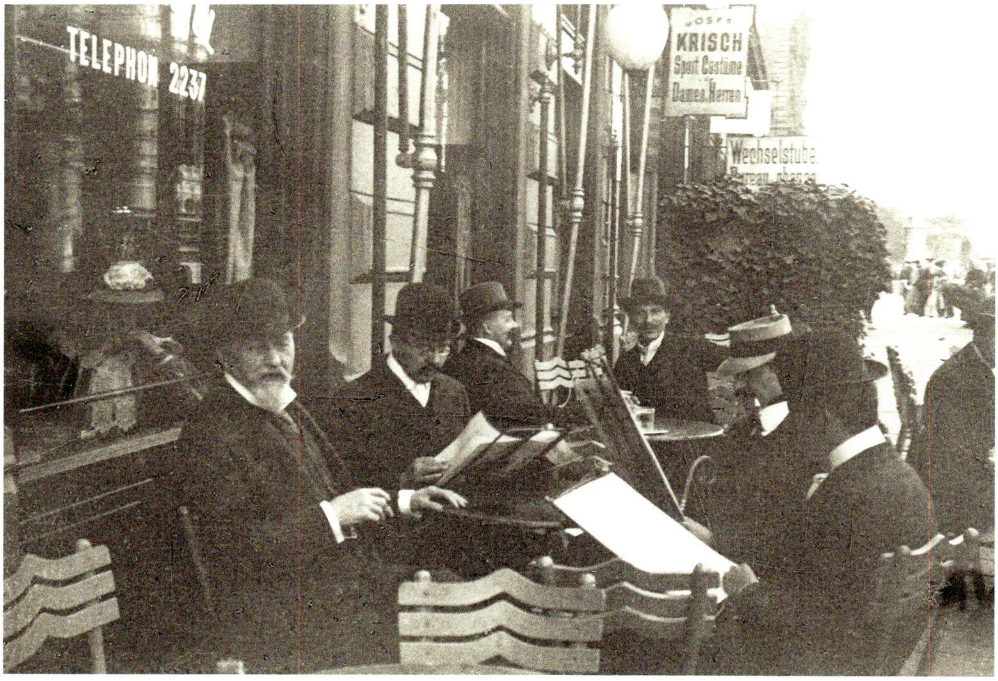
TELEPHON 2237
KRISCH
Wechselstube

37 Der Karlsplatz in Wien
vor dem Umbau durch Otto Wagner, 1895–1902,
mit der Elisabethbrücke über die noch offene
Wien und der Karlskirche im Hintergrund

Otto Wagner in *Die Groszstadt*, 1911:
Eines aber wird unbedingt bei jeder Grozstadt-
regulierung zur Hauptsache werden müssen:
Kunst und Künstler zu Worte kommen zu
lassen, den die Schönheit vernichtenden
Einfluß des Ingenieurs für immer zu brechen
und die Macht des Vampyrs „Spekulation", der
heute die Autonomie der Grozstädte nahezu il-
lusorisch macht, auf das Engste einzudämmen.

38 In einem Wiener Straßencafé
von links: die Architekten und Mitbegründer
der Wiener Secessionsbewegung Otto Wagner
(1841–1918) und Josef Hoffmann (1870–1956)
und der Maler Koloman Moser (1868–1918),
der 1905 zusammen mit Josef Hoffmann
und Fritz Wärndorfer die Wiener Werkstätte
gegründet hatte

**39 Von Karl Wittgenstein adaptiertes
Wiener Stadtpalais**
hinter der Karlskirche, Alleegasse 16, seit 1921
Argentinierstraße; das im Zweiten Weltkrieg
beschädigte Gebäude wurde in den fünfziger
Jahren abgerissen

Der Geist dieser Zivilisation, dessen Ausdruck die Industrie, Architektur, Musik, der
Faschismus und Sozialismus unserer Zeit ist,
ist dem Verfasser fremd und unsympathisch.
Dies ist kein Werturteil. Nicht, als ob er
glaubte daß was sich heute als Architektur
ausgibt, Architektur wäre, und nicht als ob
er dem, was moderne Musik heißt, nicht das
größte Mißtrauen entgegenbrächte (ohne ihre
Sprache zu verstehen), aber das Verschwinden
der Künste rechtfertigt kein absprechendes
Urteil über eine Menschheit. Denn echte und
starke Naturen wenden sich eben in dieser Zeit
von dem Gebiet der Künste ab, und anderen
Dingen zu, und der Wert des Einzelnen
kommt irgendwie zum Ausdruck. Freilich
nicht wie zur Zeit einer großen Kultur. Die
Kultur ist gleichsam eine große Organisation
die jedem der zu ihr gehört seinen Platz
anweist an dem er im Geist des Ganzen arbeiten kann und seine Kraft kann mit großem
Recht an seinem Erfolg im Sinne des Ganzen
gemessen werden. Zur Zeit der Unkultur aber
zersplittern sich die Kräfte und die Kraft des
Einzelnen wird durch entgegengesetzte Kräfte
und Reibungswiderstände verbraucht und
kommt nicht in der Länge des durchlaufenen
Weges zum Ausdruck sondern vielleicht nur
in der Wärme die er beim Überwinden der
Reibungswiderstände erzeugt hat.
6. November 1930

46 Kindheit und Jugend, die Familie

40 Der Rote Salon in der Alleegasse

Hermine Wittgenstein:
Daß man meinem Vater auch schon von weitem Freigebigkeit und gute Trinkgelder ansah, klingt spaßhaft, weist aber doch auch auf einen ganz bestimmten Charakterzug hin, die Hauptsache war nämlich die Freundlichkeit, mit der alles gegeben wurde. Und da fällt mir eine kleine Geschichte ein, die mir der Inhaber einer großen Möbeltischlerei [Thonet] einmal erzählte: er hatte in seiner Jugend als Geselle in dem Haus Alleegasse 16 gearbeitet, das mein Vater damals eben gekauft hatte und adaptieren ließ. Mein Vater kam fast täglich ins Haus, um sich von dem Fortgang der Arbeiten zu überzeugen und gab plötzlich dem jungen Gesellen, den er bei der Arbeit beobachtet hatte, eine so große Summe in die Hand, daß dieser sie unmöglich für ein Geschenk ansehen konnte, sondern erstaunt fragte, wie er sie seinem Meister verrechnen solle. Darauf sagte mein Vater, sie gehöre ihm als Lohn für seinen Fleiß und als Ansporn; er solle sie als Anfang eines Kapitals in die Sparkasse legen, dann werde er es zu etwas Ordentlichem bringen. „Ordnung ist Reichtum" soll mein Vater hinzugesetzt haben.

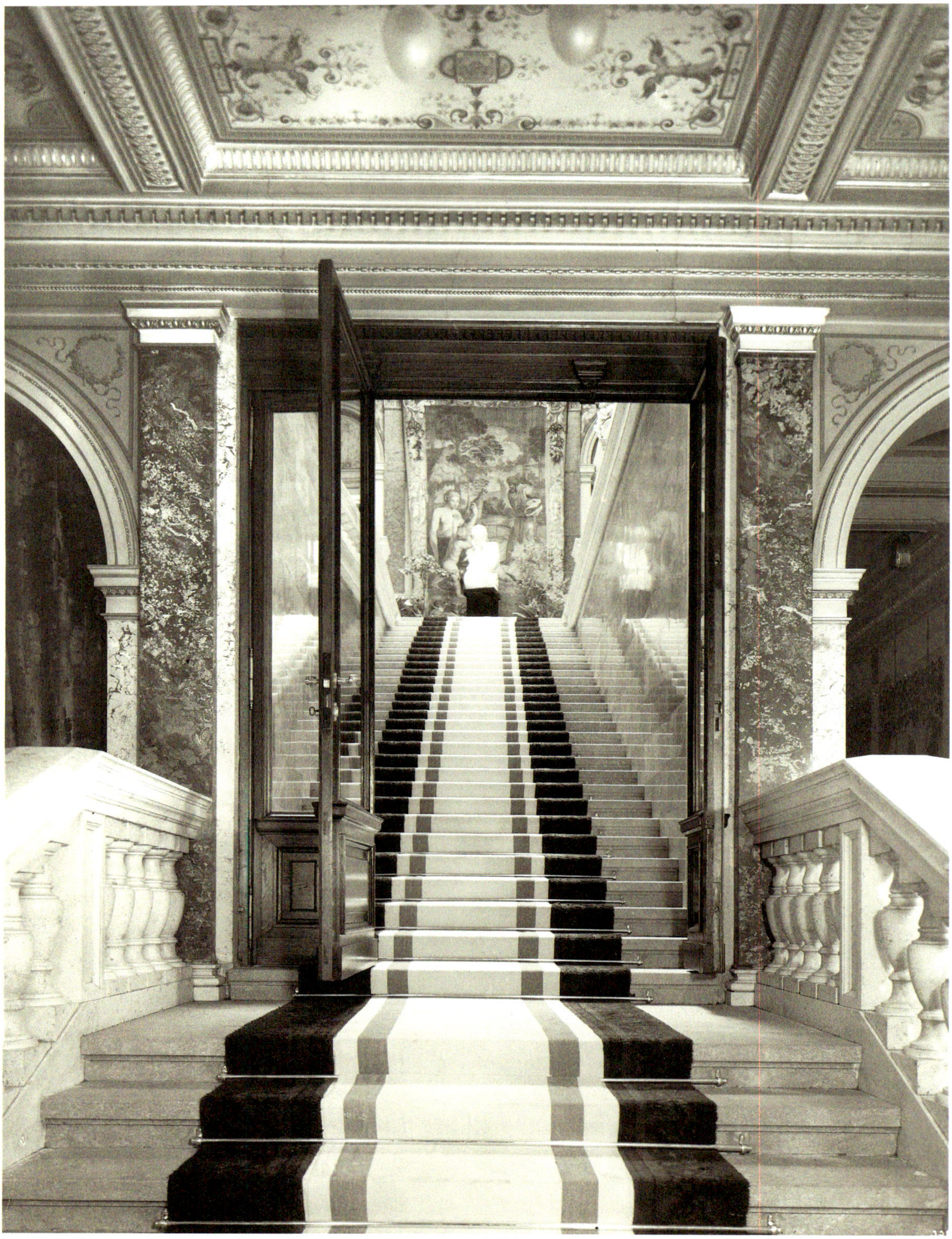

41 Treppenaufgang in der Alleegasse

42 Die Schwester Hermine, „Mining"

Hermine Wittgenstein:
Zum Souper war in zwei Zimmern gedeckt worden, im großen Speisezimmer für die Ehrengäste, im kleineren, danebenliegenden Rauchzimmer für die Jugend; während wir jungen Paare dort gerade unsere Plätze suchten, erschien mein Vater in der Tür, schickte seine Blicke umher und ergriff mich am Arm: eine Dame fehlte bei den Ehrengästen und deren Platz sollte ich einnehmen. Was das für mich bedeutete, läßt sich nicht schildern. Ich siebzehnjähriges Nichts, ich saß Brahms gegenüber, neben einem der ausübenden Künstler, ich hörte die Tischreden, die ernst oder humorvoll, nie aber „salzlos" über den Tisch flogen und ebenso erwidert wurden, wie das damals bei solchen Anlässen Sitte war, ich war gewählt worden vor so viel älteren und bedeutenderen Mädchen! War denn so etwas Schönes möglich? So selig aufgeregt war ich, daß mir nach dem Souper, – glücklicherweise in der Einsamkeit – schlecht wurde; aber das schien mir erst recht etwas Besonderes, ein sichtbares Zeichen des unsichtbaren Unerhörten!

In der Rückerinnerung an eine Persönlichkeit wie Brahms wird jede Kleinigkeit wertvoll! So erinnere ich mich jetzt daran, daß Brahms einmal bei uns zu einem Mittagessen geladen war, und daß er meiner damals neunjährigen Schwester Gretl, die den Kopf voll kurzer krauser Locken trug, bei der Begrüßung mit der Hand in die Locken fuhr. Auf die Bemerkung meiner Mutter, die Frisur sei so gewählt, weil die Haare nicht wachsen wollten, behauptete Brahms ganz ernsthaft, dagegen helfe nur Champagner. Der Champagner wurde also aus dem Keller geholt und Brahms goß feierlich einige Tropfen auf den Kinderkopf. Ich denke auch noch mit Freude daran, wie Gretl und ich einige Jahre später Brahms zu einer musikalischen Veranstaltung in unserem Hause an der Eingangstür erwarteten, wie er uns beide je an einer Hand nahm und wie wir stolz und glücklich so mit ihm die große Treppe zum Musikzimmer hinaufstiegen. Im Stiegenhaus, das in gleicher Höhe mit diesem Raum eine Art Foyer bildet, hörte sich Brahms dann, allein und gänzlich in Ruhe gelassen, die Musik an, und dort konnte ihn mein Onkel Paul unbemerkt beobachten, um später seine Züge in einer lebensgroßen Zeichnung festzuhalten.

43 Der Musiksalon in der Alleegasse

Hermine Wittgenstein:
Wir Kinder wuchsen wirklich von Musik umgeben auf und lernten die Kompositionen der großen Meister im aufnahmefähigsten Alter kennen. Wir hörten sie außerdem noch von den ernstesten Künstlern auf die vortrefflichste Weise vorgetragen. Einzelne der Künstler, die in unserem Hause verkehrten, standen ja der Zeit der späten Klassiker gar nicht so ferne, – von der Romantikerzeit gar nicht zu reden. Joachim [der Violinist Joseph Joachim, ein Vetter der Großmutter Franziska Wittgenstein, geborene Figdor] hat noch Musiker gekannt, die Beethoven spielen gehört hatten!

44 Johannes Brahms (1833–1897)

Widmung an Wittgensteins Großeltern:
In freundlichem Gedenken. — J. Br.

Hermine Wittgenstein:
Joachim hatte der Familie Wittgenstein mit großer Wärme den jungen Johannes Brahms empfohlen. Er schrieb, daß Brahms auf dem Gebiete der Musik schon Großes geleistet habe und noch viel Größeres verspreche und schlug vor, die Tochter Anna bei ihm Klavierstunden nehmen zu lassen, was auch geschah. Sie war allerdings nicht genügend musikalisch begabt, um aus diesen Klavierstunden den völligen künstlerischen Nutzen ziehen zu können, aber sie besaß Fleiß und auch musikalisches Verständnis, daneben großen persönlichen Charme, und Brahms blieb bis an ihr Lebensende mit ihr befreundet.

Wittgenstein an die Schwester Helene, 4. Februar 1947:
Ich habe lange keine Musik mehr gehört.
   Gerne möchte ich wieder Schumann Quartette hören. Neulich fiel mir der Anfang des einen ein – die Introduktion – und ich war sehr entzückt. *Leider* spielt zwei Stockwerke unter meinen Zimmern jemand Klavier und ich werde von dem elenden Geklimper (meist Beethoven) *sehr* gestört. Seltsamerweise hindert es mich manchmal geradezu am Atmen; es ist ein abscheuliches Gefühl. „Es stinkt Musik herauf" hat der Labor gesagt, aber ein wirklicher Gestank wäre mir *weit* lieber. —

45 Felix Mendelssohn (1809–1847)
Gemälde von Horace Vernet, 1831

Zwischen Brahms und Mendelssohn herrscht entschieden eine gewisse Verwandtschaft; und zwar meine ich nicht die welche sich in einzelnen Stellen in Brahmsschen Werken zeigt, die an Mendelssohnsche Stellen erinnern sondern man könnte die Verwandtschaft von der ich rede dadurch ausdrücken daß man sagt, Brahms tue das mit ganzer Strenge was Mendelssohn mit halber getan hat. Oder: Brahms ist oft fehlerfreier Mendelssohn.
1931

Die Tragödie besteht darin daß sich der Baum nicht biegt sondern bricht. Die Tragödie ist etwas unjüdisches. Mendelssohn ist wohl der untragischste Komponist. Das tragische Festhalten, das trotzige Festhalten an einer tragischen Situation in der Liebe erscheint mir immer meinem Ideal ganz fremd. Ist mein Ideal darum schwächlich? Ich kann und ich soll es nicht beurteilen. Ist es schwächlich so ist es schlecht. Ich glaube ich habe im Grunde ein sanftes und ruhiges Ideal. Aber Gott behüte mein Ideal vor der Schwäche und Süßlichkeit!
September 1929

Hermine Wittgenstein:
Im Jahre 1843 nahm das Ehepaar Wittgenstein den zwölfjährigen Joseph Joachim, einen Vetter Fannys, nach Leipzig und in ihr Haus, um den hochbegabten Knaben die letzte geigerische Ausbildung an dem von Felix Mendelssohn gegründeten Konservatorium angedeihen zu lassen. Der weitblickende Hermann Wittgenstein brachte den Knaben direkt zu Felix Mendelssohn, der damals auf der Höhe seines kurzen, strahlenden Ruhmes stand und dessen Kreis fast alle großen Musiker seiner Zeit umfaßte. Auf die erstaunte Frage Mendelssohns, was er den kleinen Geiger denn lehren soll? antwortete Hermann W. einfach: „Er soll Ihre Luft atmen!"

Felix Mendelssohn an Hermann Christian Wittgenstein:
London, den 27. V. 1844
Verehrter Herr Wittgenstein!
Ich kann's nicht unterlassen wenigstens mit einigen Worten Ihnen zu sagen, welch einen unerhörten, beispiellosen Erfolg unser lieber Joseph gestern Abend im philharmonischen Konzert durch seinen Vortrag des Beethovenschen Violinkonzertes gehabt hat. […] Haben Sie Dank, daß Sie und Ihre Gemahlin die Ursache waren, diesen vortrefflichen Knaben in unsere Gegend zu bringen; haben Sie Dank für alle Freude, die er *mir* namentlich gemacht hat, und erhalte ihn der Himmel nur in guter fester Gesundheit, alles andere, was wir für ihn wünschen, wird dann nicht ausbleiben – oder vielmehr es kann nicht ausbleiben, denn er braucht nicht mehr ein trefflicher Künstler und ein braver Mensch zu *werden*, er ist es schon so sicher wie es je ein Knabe seines Alters sein kann oder gewesen ist. […]

Der Hauptzweck, der bei seinem ersten Aufenthalt in England nach meiner Meinung zu erreichen war, ist hierdurch auf's vollständigste erreicht. […] Nun wünsche ich was Sie wissen: daß er bald zu vollkommener Ruhe und gänzlicher Abgeschiedenheit vom äußerlichen Treiben zurückkehre, daß er die nächsten zwei bis drei Jahre nur dazu anwende, sein Inneres in jeder Beziehung zu bilden, sich dabei in allen Fächern seiner Kunst zu üben, in denen es ihm noch fehlt, ohne das zu vernachlässigen, was er schon erreicht hat. Fleißig zu componieren, noch fleißiger spazieren zu gehen und für seine körperliche Entwicklung zu sorgen, um dann in drei Jahren ein so gesunder Jüngling an Körper und Geist zu sein, wie er jetzt ein Knabe ist.

46 Joseph Joachim (1831–1907)
Widmung an Ludwigs Schwester Helene:
Der lieben Lenka zu
freundschaftlichem Gedenken
von
Joseph Joachim
Januar 1905

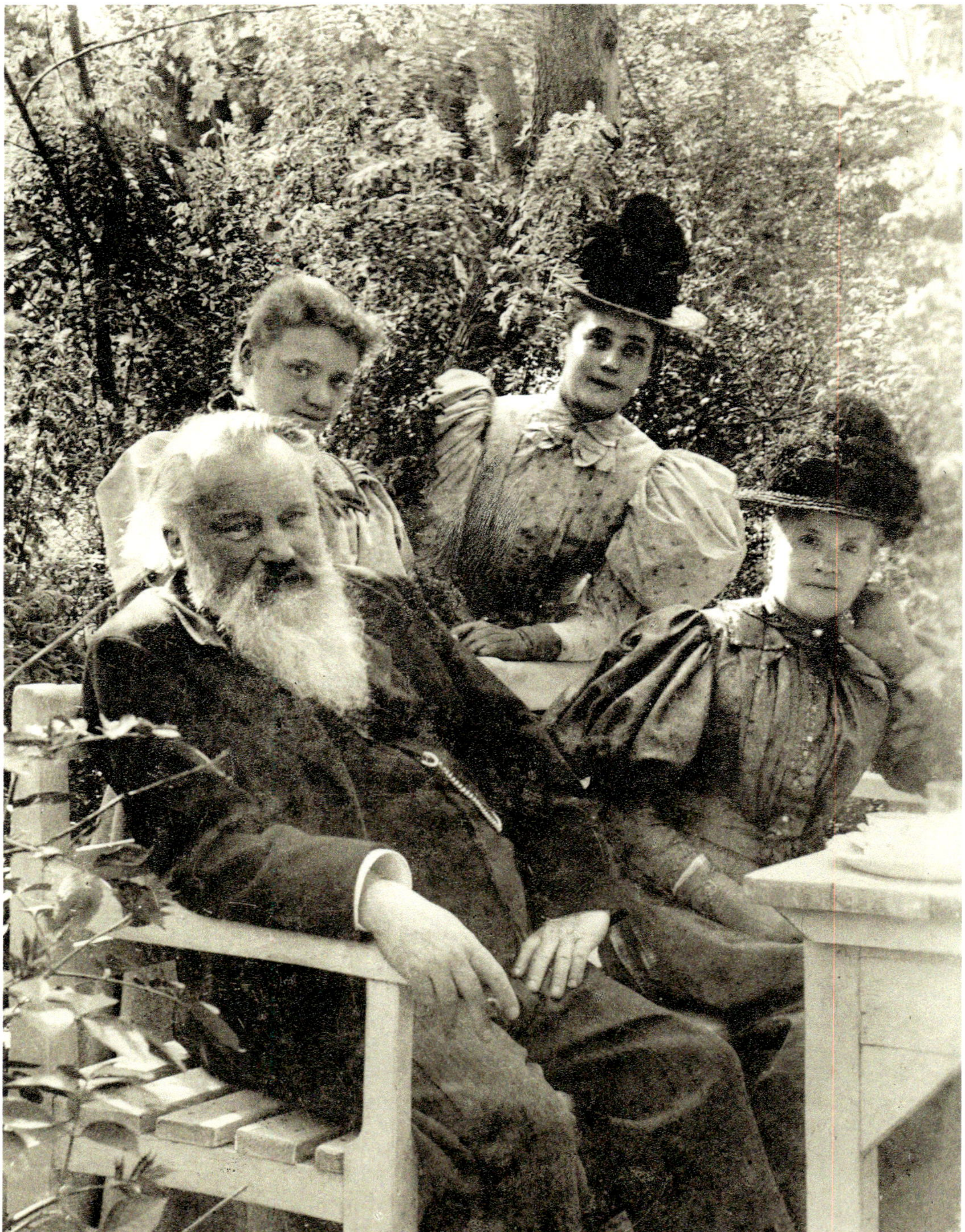

47 Johannes Brahms
mit der Violinistin Marie Soldat-Röger und
Ludwigs Tanten Hedwig Oser und Anna Franz

Hermine Wittgenstein:
Mein Vater hatte erfahren, daß Brahms sich
wünschte, sein Klarinetten-Quintett, das kurz
vorher seine erste öffentliche Aufführung in
Wien erlebt hatte, in einem kleinen musikalischen Kreis zu hören. Das Rosé-Quartett
hatte mit dem Klarinettisten Steiner, den
Brahms sehr schätzte, das Werk gebracht, und
das herrliche Quintett wurde also von diesen
Künstlern in einer Abendgesellschaft bei uns
vor Brahms gespielt.
    So eine musikalische Abendgesellschaft
in der „Alleegasse" […] war immer etwas sehr
Festliches, fast Feierliches, und die schöne
Musik war die Hauptsache.

Die Werke der großen Meister sind Sterne/
„Sonnen"/, die um uns her auf- und untergehen. So wird die Zeit für jedes große Werk
wiederkommen, das jetzt untergegangen ist.
13. September 1931

In den Zeiten der stummen Filme hat man alle
Klassiker zu den Filmen gespielt aber nicht
Brahms und Wagner.
    Brahms nicht weil er zu abstrakt ist. Ich
kann mir eine aufregende Stelle in einem Film
mit Beethovenscher oder Schubertscher Musik
begleitet denken und könnte eine Art Verständnis für die Musik durch den Film bekommen. Aber nicht ein Verständnis Brahmsscher
Musik. Dagegen geht Bruckner zu einem Film.
1934

Ich glaube, das gute Österreichische (Grillparzer, Lenau, Bruckner, Labor) ist besonders
schwer zu verstehen. Es ist in gewissem Sinne
subtiler als alles andere, und seine Wahrheit ist
nie auf Seiten der Wahrscheinlichkeit.
7. November 1929

48 Josef Labor (1842–1924)
Der blinde Organist und Komponist aus Böhmen
war der Familie Wittgenstein eng verbunden.

Not funk but funk conquered is what is
worthy of admiration and makes life worth
having been lived. Der Mut, nicht die Geschicklichkeit; nicht einmal die Inspiration, ist
das Senfkorn, was zum großen Baum empor
wächst. Soviel Mut, soviel Zusammenhang
mit Leben und Tod. (Ich dachte an Labors
und Mendelssohns Orgelmusik.) Aber dadurch, daß man den Mangel an Mut in einem
Andern einsieht, erhält man selbst nicht Mut.
4. Februar 1940

Denke dran, wie man von Labors Spiel gesagt
hat „Er spricht". Wie eigentümlich! Was
war es, was einen in diesem Spiel so an ein
Sprechen gemahnt hat? Und wie merkwürdig,
daß diese/die/ Ähnlichkeit mit dem Sprechen
nicht etwas uns Nebensächliches, sondern
etwas Wichtiges und Großes ist! — Die Musik,
und gewiß manche Musik, möchten wir eine
Sprache nennen; manche Musik aber gewiß
nicht. (Nicht, daß damit ein Werturteil gefällt
sein muß!)
11. Mai 1947

49 Die Hochreith, 1909
Aquarell von Franz König Hausmaler der
Wittgensteins und Lehrer von Hermine

HOCHREITH

58 Kindheit und Jugend, die Familie

50 Ludwig mit seinem Pferd Monokel
ein Geschenk vom Bruder Kurt

51 Ludwig auf der Hochreith
photographiert vom Bruder Rudi

Tiere kommen auf den Zuruf ihres Namens. Ganz wie Menschen.
15. Januar 1948

Wenn ein Löwe sprechen könnte, wir könnten ihn nicht verstehen.
11. November 1948

Wenn Menschen eine Blume oder ein Tier häßlich finden so stehen sie immer unter dem Eindruck, es sei ein Kunstprodukt. „Es schaut so aus wie . . ." heißt es dann. Das wirft ein Licht auf die Bedeutung der Worte „häßlich" und „schön".
2. Juli 1931

Wenn ein Tier ursprünglich verehrt, dann/ später/ für unrein geachtet wird, ist das nicht der Vorgang, wenn wir eine Gewohnheit als Fehler ablegen und dann ängstlich hassen?
2. Juli 1931

Das Philosophische Ich ist nicht der Mensch, nicht der Menschliche Körper oder die Menschliche Seele mit den Psychologischen Eigenschaften, sondern das Metaphysische Subjekt die Grenze (nicht ein Teil) der Welt. Der Menschliche Körper aber, *mein* Körper ins Besondere, ist ein Teil der Welt unter anderen Teilen der Welt unter Tieren, Pflanzen, Steinen etc. etc.

Wer das einsieht, wird seinem Körper oder dem Menschlichen Körper nicht eine Bevorzugte Stelle in der Welt einräumen wollen.

Er wird Menschen und Tiere ganz naiv als ähnliche und zusammengehörige Dinge betrachten.
2. September 1916

Ich hatte die Mausefalle in der Kammer gespannt auf einer Stellage stehen; darunter stand ein Sack mit Holz. Plötzlich hörte ich ein Schreien und Quieken in der Kammer ich dachte eine Maus habe sich gefangen und ging mit dem Stock hinein in Angst, aber mit der Absicht die Maus schnell zu töten um sie nicht leiden zu lassen. Ich fürchtete mich aber sie auch nur zu sehen. Als ich in die Kammer kam stand die Falle nicht mehr auf dem Brett und ich zog den Sack vor um zu sehen, wo sie liege, da schrie es im Sack. Ich räumte nun das Holz aus dem Sack denn ich konnte in ihm nichts sehen. Und ich tat es äußerst vorsichtig weil ich mich vor der Maus fürchtete, fürchtete vielleicht gebissen zu werden. Als ich mehrere Stücke Holz entfernt hatte sah ich: eine Meise hatte sich gefangen, sie war beim Fenster hereingeflogen und hatte am Käse in der Falle gepickt. Sie lebte noch blutete aber etwas am Kopf. Ich befreite sie so schnell ich konnte und sie flog auf stieß sich am Fenster, an der Decke und flog endlich beim Fenster hinaus. Daß sie den Schlag der Falle aushalten konnte ist unbegreiflich, aber sie flog davon. Ich ging in die Stube zurück und schämte mich meiner Feigheit.
18. Oktober 1937

**52 Kinder, Kindeskinder und Eingeheiratete
auf der silbernen Hochzeit der Eltern**
am 23. Mai 1899 auf dem Familiensitz in
Neuwaldegg bei Wien; vorn, links der Bildmitte,
Ludwig Wittgenstein im Matrosenanzug

53 Silberne Hochzeit der Eltern
stehend, links der Bildmitte, der Vater; sitzend, rechts der Bildmitte, die Mutter; ganz rechts Max und Helene Salzer mit der Tochter „Mariechen"

Wenn wir den Satz mit einem Bild vergleichen, so müssen wir bedenken, ob mit einem Porträt (einer historischen Darstellung) oder mit einem Genrebild. Und beide Vergleiche haben Sinn.

Wenn ich ein Genrebild anschaue, so ‚sagt' es mir etwas, auch wenn ich keinen Augenblick glaube (mir einbilde), die Menschen, die ich darin sehe, seien wirklich, oder es habe wirkliche Menschen in dieser Situation gegeben. Denn wie, wenn ich fragte: „*Was* sagt es mir denn?"
1933

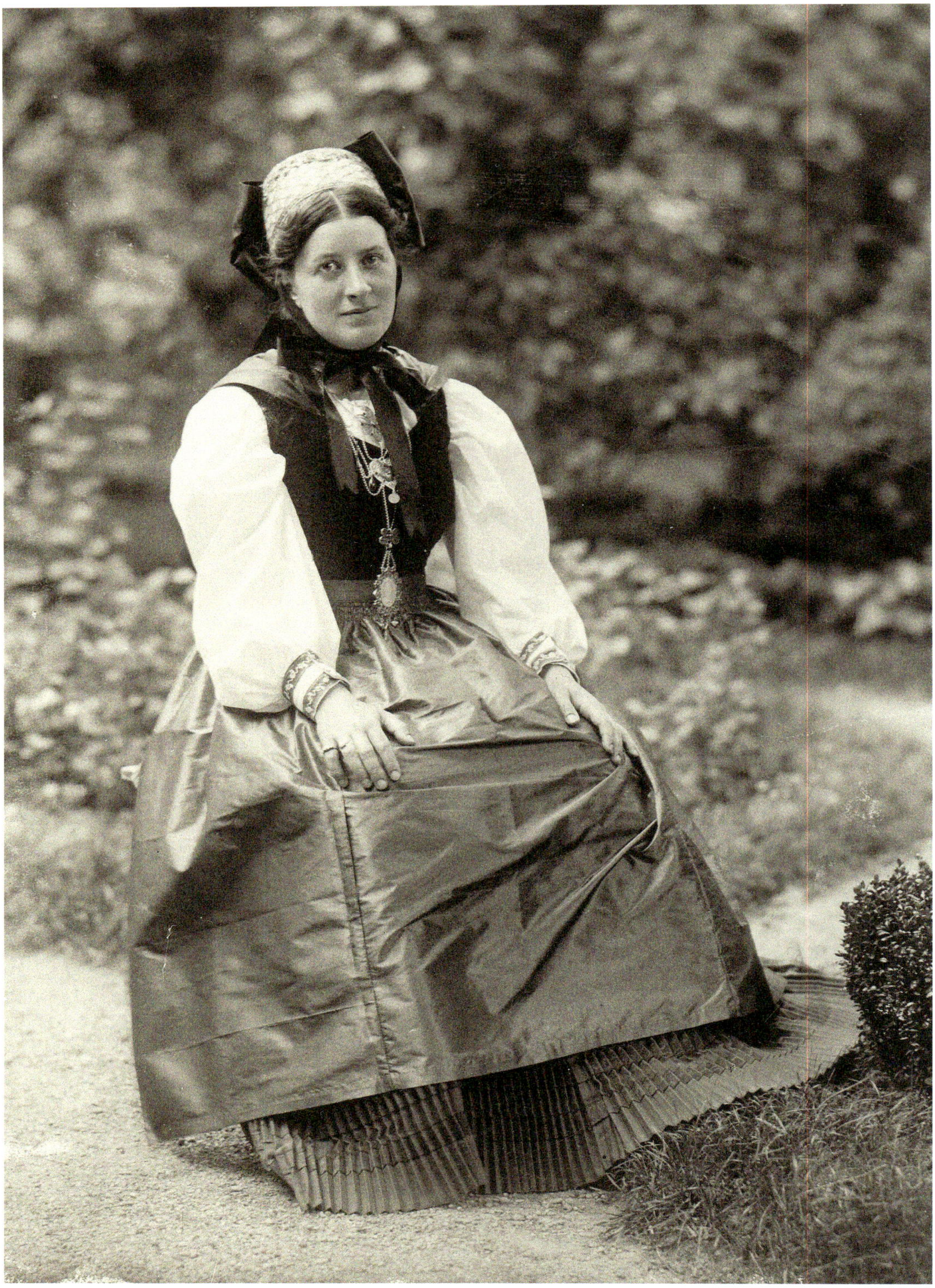

54 Die Schwester Hermine in der Tracht einer wendischen Amme

55 Ludwig Wittgenstein mit elf Jahren

Hermine Wittgenstein über die Mutter:
Etwas verstehen heißt nämlich, die Ursachen der Erscheinungen kennen, einen Menschen verstehen wollen heißt versuchen, die Ursachen seines Handelns zu ergründen. Gerade das aber war meiner Mutter gänzlich fremd, sie konnte einzig und allein die größte Nachsicht mit den Fehlern und Schwächen ihrer Mitmenschen haben und klaglos unter denselben leiden, nie aber den Versuch machen, die Ursachen zu verstehen oder die daraus resultierenden Situationen zu beeinflussen. Ja, wenn wir Kinder später ebenso verständnislos von ihr verlangten, sie solle den Menschen oder Dingen in kritischer Weise auf den Grund gehen, wurde sie nur erregt und unglücklich und nannte es „Haarspaltereien". […]

Ich glaube, es liegt auf der Hand, daß meine Mutter, mit dieser merkwürdigen Unklarheit behaftet, keine Pädagogin sein konnte. Es fehlte ihr aber auch noch etwas Bestimmtes, und da ich mich ihr in diesem Punkt so ähnlich fühle, kann ich, glaube ich, darüber sprechen: sie hatte keine Einsicht in den Pflichtenkreis ihrer Angestellten, mit Ausnahme etwa von Hauspersonal, und konnte daher ihre Angestellten weder anlernen noch überwachen. Daher hatten wir durch einundzwanzig Jahre eine gänzlich unfähige, alte grantige Kinderfrau im Hause, die uns Kinder, wie wir der Reihe nach durch ihre Hände gingen, weder beschäftigte noch erzog, ja nicht einmal körperlich gut pflegte. Wir hatten aber auch Lehrer, bei denen man nichts lernte, so wie meine Mutter später „Stützen der Hausfrau!" hatte, die höchstens sich selber stützten.

Hermine Wittgenstein:
Als z. B. mein siebenjähriger Bruder Rudi die Prüfung über die erste Volksschulklasse ablegen sollte, zeigte er sich so unglücklich und geschreckt, daß die prüfende Lehrerin zu meiner Mutter sagte: „das ist aber ein nervöses Kind, auf das sollten Sie achtgeben!" Diesen Ausspruch habe ich oft mit Spott als etwas Unsinniges wiederholen hören, denn daß eines ihrer Kinder wirklich übernervös sein sollte, kam für meine Mutter gar nicht in Frage, sie hielt das für ausgeschlossen.

56 Wiener Künstler in der Secession
Vorbereitung zur Klinger-Ausstellung im Frühjahr 1902; von links: Anton Stark, Gustav Klimt (im Sessel), Koloman Moser (vor Klimt, mit Hut), Adolf Böhm, Maximilian Lenz (liegend), Ernst Stöhr (mit Hut), Wilhelm List, Emil Orlik (sitzend), Maximilian Kurzweil (mit Mütze), Leopold Stolba, Carl Moll (liegend), Rudolf Bacher; Aufnahme Moritz Nähr

57 Die Wiener Secession 1899
im Hintergrund links die Akademie der Künste

Hermine Wittgenstein:
Sehr viel hat mein Vater auch für junge bildende Künstler getan, er schickte sie auf Reisen, kaufte ihre Werke oder erteilte ihnen Aufträge. Zur Zeit meiner Jugend verkehrten viele junge Maler bei uns, sie erzählten uns begeistert von künstlerisch Interessantem, das anderswo geschaffen wurde, und klagten bitter über das stagnierende Kunstleben Wiens. In Wien merkte man nämlich nichts von dem großen Wandel, der sich in Frankreich in Bezug auf Naturanschauung und Naturdarstellung vollzogen hatte, nichts von Impressionismus und Plein-air, die dort schon zwei Jahrzehnte vorher das Publikum und die Kritik tatsächlich in wilden Aufruhr versetzt hatten. In Wien gaben nur die alten Künstler von Ruf den Ton an, ließen in den Ausstellungen keine neue Kunstrichtung zu Wort kommen, und die Jungen, darüber erbittert, schlossen sich endlich zu einer selbständigen Künstlervereinigung, der „Secession", zusammen, die vorzüglich das Neue pflegen wollte. Die junge Vereinigung suchte Gönner und fand in meinem Vater, der ihr als Stifter beitrat, den Mann nach ihrem Herzen. [...] Sie hat ihn aber auch geehrt, indem sie einzig seinen Namen als *Gönner* neben den beiden Namen Rudolf von Alt und Theodor Hörmann als *Künstler* im Vorraum ihres Ausstellungsgebäudes anbringen ließ.

58 Karl Wittgenstein mit seiner Frau Leopoldine in Ägypten

59 Gustav Klimt (1862–1918)
Aufnahme Moritz Nähr

Neue Freie Presse, Wien, 21. Januar 1913:
Karl Wittgenstein als Kunstfreund
Bekannt ist seine Intervention anläßlich des Streites um die im Auftrage der Regierung von Klimt für das Universitätsgebäude verfertigten großen Gemälde „Medizin", „Philosophie" und „Jurisprudenz". Die Sezessionsbewegung stand damals in ihren ersten Anfängen und hatte in Klimt ihren bedeutendsten Repräsentanten in Österreich. Den Professorenkreisen und der Unterrichtsverwaltung erschien die Auffassung Klimts zu naturalistisch, und sie erhoben Bedenken gegen die Widmung der Gemälde für die Universität. Die Anhänger der Sezession entwickelten eine leidenschaftliche Agitation für Klimt, und der Streit entbrannte in beiden Lagern sehr heftig. Inmitten dieser Bewegung entschloß sich Wittgenstein zum Ankauf der Gemälde. […]

Er kam zur Kunst nicht auf dem Wege über die Kunstgeschichte und nicht durch die Achtung vor staatlich oder akademisch geeichten Autoritäten. Er verstand das Leben und Wirken als einen Kampf, und so war ihm auch in der Kunst nichts sympathischer als die Auseinandersetzung zwischen künstlerischen Energien. So läßt es sich vielleicht erklären, daß Karl Wittgenstein der vornehmste Mäzen jener jungen Künstlergeneration wurde, die im Jahre 1897 daranging, nach dem Muster der anderen europäischen Kunststädte eine Sezession zu gründen […]

Von dieser Zeit an trat er mit den Künstlern selbst in ein intimeres Verhältnis und wußte sie sowohl in seinem Palais in der Alleegasse wie auch in seinem Blockhaus am Hochreith zu heiter verbrachten Tagen und Abenden zu vereinigen.

60 Die Quelle des Übels, 1897
Ölgemälde von Giovanni Segantini

Hermine Wittgenstein:
Mein Vater hatte große Freude an Bildern, eine Freude, die sich mit der Zeit verstärkte und verfeinerte, und er hat sich nach und nach, – mit meiner Hilfe, das muß ich gestehen, – eine kleine, aber schöne und vor allem einheitliche Sammlung von Bildern aus der Zeit von 1870 bis 1910 angelegt. Den Anfang machte „Die Quelle des Übels" von Segantini, und ich erinnere mich genau, wie sehr ihm die Erwerbung dieses Bildes, das die Sezession in ihrer ersten, Aufsehen erregenden internationalen Ausstellung zeigte, am Herzen lag. Wenn er mir auch meistens freie Hand beim Kaufen von Bildern ließ, – er nannte mich im Scherz seinen Kunstdirektor – so war doch sein Geschmack auch maßgebend. Ein sehr schönes Goya-Porträt z. B., das mich entzückte, hat er abgelehnt, und zwar ganz mit Recht, es wäre aus der Sammlung „herausgefallen", wie man zu sagen pflegt. Diese Bildersammlung […] war durch Plastiken von Max Klinger, Rodin, Mestrovic schön ergänzt, und es war mein Bestreben und meine Beglückung, jedes einzelne der Kunstwerke möglichst schön zur Geltung zu bringen. Viele von den Künstlern waren uns auch persönlich bekannt oder befreundet, wie z. B. Rudolf von Alt, von dessen Hand ich prächtige Werke aus allen seinen Perioden besitze, die mir als Österreicherin ganz besonders zu Herzen sprechen. […]

Sonderbarerweise scheint mir für alle unsere Bilder eine gewisse ernste Ruhe in der Komposition charakteristisch, ein Betonen der Senkrechten und Waagrechten, das ich „ethisch" nennen möchte.

61/62 Margarete Wittgenstein als Malerin

Photomontage der Schwester Hermine:
Greti Wittgenstein
malt das
„Mädchen im Schilfe"
für die
Pariser Weltausstellung
Juni 1900

Hermine Wittgenstein:
In ihrer Jugend und auch als junge Frau interessierte sie alles ziemlich wahllos und alles mußte probiert werden; […]
　[V]on der Hand Gretls [existieren] nicht nur ganz *eigenartige Zeichnungen*, um welche Künstler sie beneiden könnten, sondern sie hat auch *Gelegenheitsdichtungen* von solcher Poesie oder von so schlagendem Witz geschrieben, daß man sie immer wieder mit Hochgenuß lesen kann […]

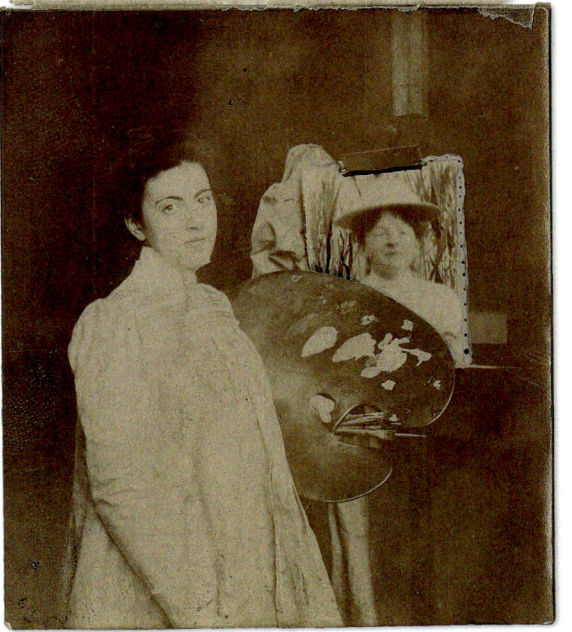

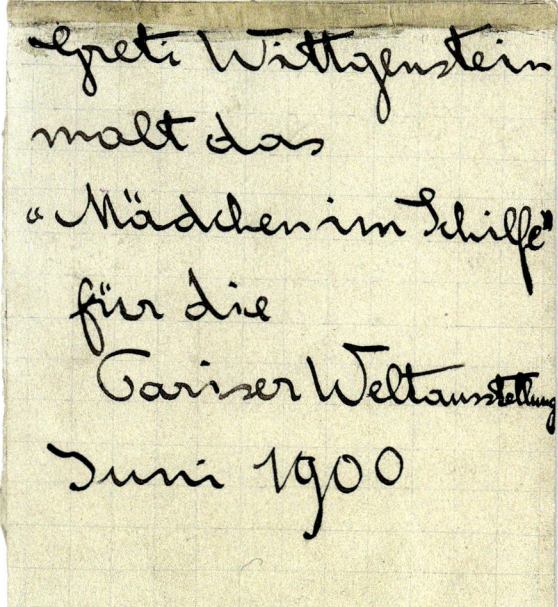

63 Margarete Stonborough
Hochzeitsbild von Gustav Klimt, 1905
ein Geschenk des Vaters

Ein Kleid muß dem Körper schöntun.
11. September 1929

Hermine Wittgenstein über die Schwester Margarete:
Schon in ihrer Jugend war ihr Zimmer die verkörperte Auflehnung gegen alles Hergebrachte und das Gegenteil eines sogenannten Jungmädchenzimmers, wie es das meinige lange Zeit war. Gott weiß woher sie alle die interessanten Gegenstände nahm, mit denen sie es schmückte. Sie strotzte von Ideen und vor allem konnte sie was sie wollte und wußte was sie wollte. Da sie sich keine modernen Handzeichnungen kaufen konnte, kopierte sie sehr geschickt mit Farbstiften gute Zeichnungen aus der ersten modernen Zeitschrift, der „Jugend", die damals noch ausgezeichnet war, und rahmte die Kopien ein. Und obwohl weibliche Handarbeiten nicht ihre Force waren, entwarf sie für sich selbst die merkwürdigsten Stickereien, z. B. um nur eine zu nennen, die anatomische Darstellung eines menschlichen Herzens mit den Kranzgefäßen und Arterien, aber nicht naturalistisch, sondern rein als Ornament empfunden.

64 Margarete Wittgenstein, verehelichte Stonborough, 1904

65 Der Rote Salon in der Alleegasse
Klimts Porträt in der rechten Ecke des Raums; links, im Vordergrund die *Kauernde* von Max Klinger

66 Ludwig mit elf Jahren an seiner Drechselbank

Hermine Wittgenstein:
In seiner Jugend zeigte Ludwig, im Gegensatz zu Paul, den die *Natur* mit Blumen, Tieren, Landschaften übermäßig anzog, großes *technisches* Interesse. Die Konstruktion einer Nähmaschine war ihm z. B. schon mit zehn Jahren so klar, daß er aus Holzstäbchen, Draht usw. ein kleines Modell herstellen konnte, das tatsächlich einige Stiche nähte. Natürlich mußte er dazu die große Nähmaschine in allen ihren Teilen und Stichphasen genau studieren, was die alte Hausnäherin mit argwöhnischem Mißvergnügen verfolgte.

67/68 Bücher aus der Bibliothek des Vaters
Zwei Bücher, die der junge Ludwig Wittgenstein mit großem Interesse gelesen hat: eine erste allgemeine Theorie des Maschinenbaus von Franz Reuleaux und die antiken Konstruktionen Herons von Alexandrien zur Luft- und Wasserkunst. Auf das erste bezieht sich Wittgenstein 1933 in seiner Philosophie; die Konstruktionen Herons waren Vorbild für die Entwicklung seines Flugmotors.

Hermine Wittgenstein:
Daß wir nicht in eine öffentliche Schule geschickt wurden, war sehr bedauerlich, und schuld daran war eine heftige Abneigung, die mein Vater dagegen gefaßt hatte. Er hatte nämlich aus seinem eigenen Jugendleben folgenden Schluß gezogen: – Das einzige, was ein Mensch wirklich mit Anstrengung lernen muß, ist die lateinische Sprache und die Mathematik. Diese beiden Disziplinen bilden den Geist genugsam, und alles andere, wie Geographie, Geschichte usw. fliegt einem später durch Lektüre in hinreichendem Maße zu. Es hat also gar keinen Sinn, im Gymnasium oder einer anderen Schule viele Stunden des Tages zu vergeuden, viel besser ist es, spazieren zu gehen oder Sport zu betreiben. –

Hermine Wittgenstein über ihre Brüder:
Zwei Söhne, Hans und Rudi, sind noch zu seinen [des Vaters] Lebzeiten freiwillig aus der Welt gegangen, und zwei andere, Paul und Ludwig, waren so nahe daran, dasselbe zu tun, daß es vielleicht nur einem Zufall zu danken ist, wenn sie in dieser Welt geblieben und später mit dem Leben fertig geworden sind.

Mein Vater mußte schließlich einsehen lernen, daß das, was für ihn selbst gut gewesen war, für seine Söhne verhängnisvoll sein konnte, und die beiden jüngsten Söhne, Paul und Ludwig, wurden plötzlich ins Gymnasium geschickt. [...]

Mit vierzehn Jahren sollte er [Ludwig] an eine öffentliche Schule kommen, er besaß aber infolge des sonderbaren Unterrichtsplanes meines Vaters nicht die nötige Vorbildung für ein Wiener Gymnasium und kam nach kurzem ergänzenden Unterricht an das Realgymnasium nach Linz. Einer seiner Mitschüler erzählte mir viel später, daß Ludwig ihnen allen wie aus einer fremden Welt herabgeschneit vorgekommen war. Er hatte ganz andere Lebensformen als sie, redete z.B. seine Mitschüler mit „Sie" an, schon das allein wirkte wie eine Barrière; auch seine Interessen, seine Lektüre etc. waren gänzlich von den ihrigen verschieden. Vermutlich war er etwas älter als die Buben seiner Klasse und jedenfalls ungleich reifer und ernster. Vor allem aber war er seelisch ungeheuer empfindlich, und ich kann mir denken, daß auch seine Mitschüler ihm gewiß aus einer anderen Welt zu stammen schienen, aus einer schrecklichen!

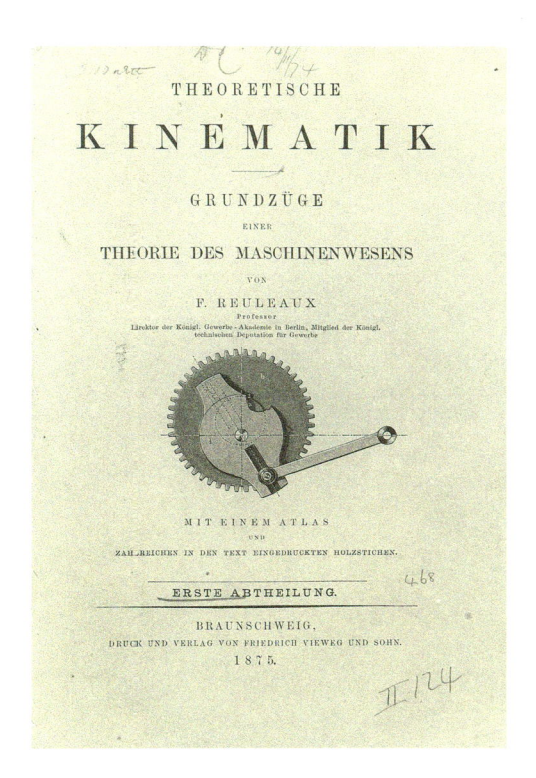

69 Der Bruder Hans
Am 2. Mai 1902 berichtet eine Wiener Zeitung vom Verschwinden Hans Wittgensteins; erst im Oktober 1903 erklärt die Familie Hans für tot, durch Selbstmord.

Hermine Wittgenstein:
Ob Hans in seiner Kunst wirklich glücklich geworden wäre, ist natürlich unmöglich zu sagen. Bei all seinem großen Talent und seinem herrlichen Spiel lag doch in den späteren Jahren [...] oft eine Beimischung von Gewaltsamkeit und Verkrampftheit in der Wiedergabe der Musikstücke, eine Verkrampftheit, die auch sein ganzes Wesen schon frühzeitig, schon in den Knabenjahren ergriffen hatte. In der Dumpfheit meiner Jugend schien mir diese Sonderbarkeit nur vage mit der ganzen Atmosphäre des Elternhauses zusammenzuhängen, und ein Teil davon hatte wohl auch darin seine Ursache, der größere Teil aber bewies, wie mir das später klar wurde, schon irgend eine krankhafte Erscheinung und ein Fehlen des gesunden jugendlichen Lebensgefühls bei meinem Bruder Hans.

70 Der Bruder Rudi

Aus einer Berliner Tageszeitung, 3. Mai 1904:
Der 23 Jahre alte Student der Chemie Rudolf Wittgenstein, in Berlin Uhlandstraße 170, der Sohn eines Kaufmanns aus Wien, kam gestern Abend um 9.45 Uhr in eine Gastwirtschaft in der Brandenburgstraße und bestellte Milch mit zwei Gläsern. Nachdem er eine Weile sehr verstört dagesessen hatte, ließ er dem Klavierspieler eine Flasche Selters geben und erbat sich dafür sein Lieblingslied „Verlassen bin ich". Während der Musiker dieses spielte, nahm der Student Cyankali und sank auf seinem Stuhl zusammen. Der Wirt holte drei Ärzte aus der Nachbarschaft, aber sie konnten nicht mehr helfen, der Vergiftete starb unter ihren Händen. Wittgenstein hinterließ mehrere Abschiedsbriefe. Seinen Eltern schrieb er, daß er sich das Leben genommen habe, weil ein Freund von ihm gestorben sei [...]

71 Die Familie beim Mittagstisch auf der Hochreith
von links: die Hausdame Rosalie Herrmann, Mining, die Großmutter Kalmus, Paul, Gretl und Ludwig

Es wird jetzt für mich eine *enorm* schwere Zeit kommen denn ich bin jetzt tatsächlich wieder so verkauft und verraten wie seinerzeit in der Schule in Linz. Nur eines ist nötig: alles was einem geschieht betrachten können; SICH SAMMELN! Gott helfe mir!
25. August 1914

Des Schülers		Schulgeld zahlend oder befreit mit Erlaß		Kategorie des Eintrittes
Familienname	Wittgenstein	I. Sem.	zahlend	II
Vorname	Ludwig	II. Sem.	do	
Tag und Jahr der Geburt	26. Apr. 1889	Stipendium Name, Betrag, Verleihung		Auszug aus dem von außen mitgebrachten Zeugnis
Geburtsort	Wien			
Vaterland	Niederösterreich			
Religionsbekenntnis	r. Kath.			
Muttersprache	Deutsch			

	Des Vaters (der Mutter)	Des Vormundes	Des verantwortlichen Aufsehers
Name	Karl Wittgenstein		Josef Strigl
Stand	Rentner		k.k. Prof.
Wohnort (Wohnung)	Wien, IV Alleg. 16		Waltherstr. 15

	I. Semester	II. Semester	Anmerkungen
Allgemeine Fortgangsklasse	erste	erste	Wurde bei der am 14. Juli 1906 abgehaltenen Maturitäts-prüfung für reif erklärt. Linz, den 14. Juli 1906 D. J. Frey
Sittliches Betragen	lobenswert	lobenswert	
Fleiß	befriedigend	befriedigend	
Leistungen in den einzelnen Unterrichtsgegenständen.			
Religionslehre	vorzüglich	lobenswert	
Deutsche Sprache als Unterrichtssprache	genügend	genügend	
Französische Sprache	genügend	befriedigend	
Englische Sprache	befriedigend	lobenswert	
Geschichte	befriedigend	befriedigend	
Mathematik	befriedigend	befriedigend	
Naturgeschichte (Min. Geol.)	befriedigend	genügend	
Physik	befriedigend	befriedigend	
Chemie	—	—	
Elemente der darstellenden Geometrie	genügend	genügend	
Freihandzeichnen	genügend	genügend	
Turnen	befreit	befreit	
Praktische chemische Übungen			
Stenographie (Abteilung)			
Gesang			
Äußere Form der schriftlichen Arbeiten	ohne Sorgfalt	ohne Sorgfalt	
Zahl der versäumten Lehrstunden	35	14	
Davon ohne Rechtfertigung	0	0	
Erhielt ein Zeugnis über das	I. Semester ddo. 10.2.1906 z. 24	II. Semester ddo. 10.7.1906 z. 24	

72 Wittgensteins Maturazeugnis
Oberrealschule Linz, 1906

73 Ludwig Boltzmann (1844–1906)
Lithographie von Rudolf Frenzel, 1898

Wittgenstein wollte bei dem Physiker Ludwig Boltzmann in Wien studieren. Nach dessen Freitod entschied sich Wittgenstein zu einem Ingenieurstudium in Berlin.

Wer so dogmatisiert weiß seinem Satz nicht den richtigen Platz zu geben (das ist so, als wollte ich daß einer Präsident bei einer Sitzung ist, wüßte aber nicht, wie ich ihm die richtige Stellung das richtige Ansehen geben sollte. Denn er kann nicht etwa statt jedes der Mitglieder sprechen, er kann nicht auf allen Stühlen sitzen; sondern nur auf *einem*, aber auf dem einen an der Spitze). Was ich hier sage, ist eigentlich, was Boltzmann über die Stellung des mechanischen Modells, etwa in der Theorie der Elektrizität, sagt.
19. August 1931

74 Wittgensteins Exemplar von Boltzmanns *Populären Schriften*

Es ist, glaube ich, eine Wahrheit darin wenn ich denke, daß ich eigentlich in meinem Denken nur reproduktiv bin. Ich glaube ich habe nie eine Gedankenbewegung *erfunden*, sondern sie wurde mir immer von jemand anderem gegeben und ich habe sie nur sogleich leidenschaftlich zu meinem Klärungswerk aufgegriffen. So haben mich |Boltzmann Hertz Schopenhauer| Frege, Russell, |Kraus, Loos| |Weininger| Spengler, Sraffa beeinflußt. Kann man als ein Beispiel jüdischer Reproduktivität Breuer und Freud heranziehen? – Was ich erfinde, sind neue *Gleichnisse*.
1931

75 Die Technische Hochschule in Berlin-Charlottenburg

Hermine Wittgenstein:
Nach der Matura ging Ludwig an die Technische Hochschule in Berlin und beschäftigte sich dann viel mit flugtechnischen Fragen und Versuchen. Zu dieser Zeit oder etwas später ergriff ihn plötzlich die Philosophie, d.h. das Nachdenken über philosophische Probleme, so stark und so völlig gegen seinen Willen, daß er schwer unter der doppelten und widerstreitenden inneren Berufung litt und sich wie zerspalten vorkam.

N° der Matrikel	Datum	Akten N°	Name	Religion	Geburtsort. Tag und Jahr	Staatsangehörigkeit
18077	23. 10. 06	837	Kaiser, Fritz	iv.	Cöln-Ehrenfeld 22. 6. 83.	Preußen
8	"	540	Zion, Ernst	iv.	Allenstein 25. 2. 87	"
9	"	541	Zabecki, Sigismund	kath.	Kijeff 24. 2. 86.	Österreich
18080	"	542	Loesch, Filip	iv.	Berlin 3. 11. 86.	Preußen
1	"	12	Quensell, Hermann	iv.	Goslar 2. 2. 85	"
2	"	1305	von Skene, Philipp	iv.	Breslau 21. 1. 84	"
3	"	570	Wittgenstein, Ludwig	kath.	Wien 26. 4. 89.	Österreich
4 / 15315	"	420	Kuhl, Konrad	iv.	Stettin 2. 9. 1885	Preußen
5 / 15561	"	730	Brockardt, Paul	iv.	Coburg 8. 1. 1882	Cob. Goth.
6 / 14755	"	572	Kohlmeyer, Ernst	luth.	Hamburg 24. 1. 1884	Hamburg

76 Matrikelbuch der Technischen Hochschule Berlin-Charlottenburg, 23. Oktober 1906

Wir fühlen, daß selbst, wenn alle *möglichen* wissenschaftlichen Fragen beantwortet sind, unsere Lebensprobleme noch gar nicht berührt sind. Freilich bleibt dann eben keine Frage mehr; und eben dies ist die Antwort.
August 1918

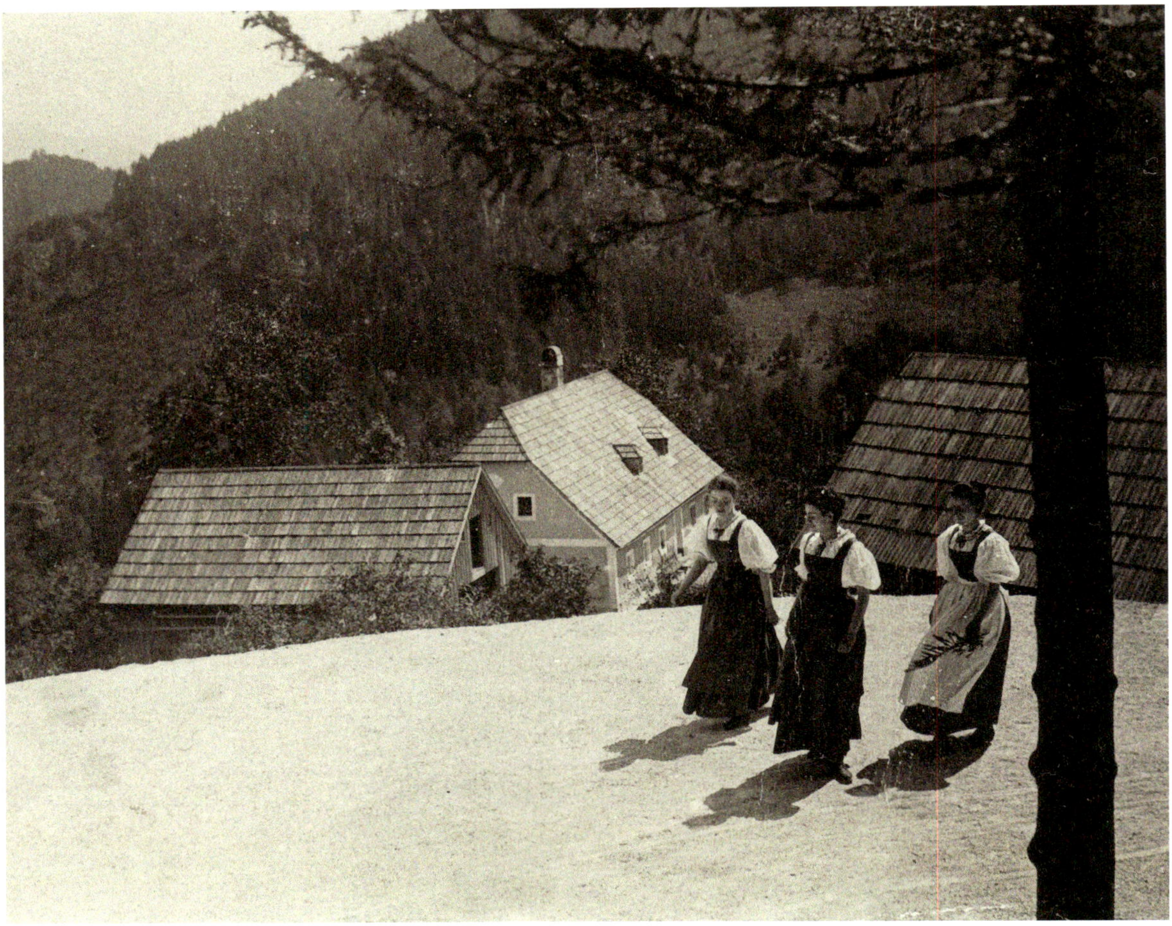

77 Die Schwestern auf der Hochreith

78 Ludwig Wittgenstein junior

79 Ludwig Wittgenstein senior
Ludwigs Onkel „Louis"

Hermine Wittgenstein:
Für Menschen vom Typus meines Onkels Louis Wittgenstein [...] hatte man im alten, guten, noch nicht durch den Weltkrieg zerstörten Österreich den Ausdruck „Grand-Seigneur" und dieses Wort, das eine ganze versunkene Kulturperiode hervorzaubert, scheint mir wie ein gemeinsames Band die Vorzüge und die Schwächen meines Onkels zu umschließen. Auch die letzteren hatten etwas Unbekümmertes, Großzügiges an sich; ich rechne dazu sogar seine unbegreifliche Eigenschaft, wichtige Entscheidungen, Versprechen, Verfügungen etc. bloß auf losen Zetteln zu notieren. Er wollte sich wohl nicht gleich völlig binden, wollte sich noch eine Revision seiner Entschlüsse vorbehalten, und in manchen Fällen mag sich ein Zögern auch als richtig erwiesen haben. Als Ganzes gesehen aber war diese Eigentümlichkeit verwerflich und sie hat seinen Erben schwer zu schaffen gemacht!

Ich habe einmal, und vielleicht mit Recht, gesagt: Aus der früheren Kultur wird ein Trümmerhaufen und am Schluß ein Aschenhaufen werden; aber es werden Geister über der Asche schweben.
11. Januar 1930

80 Ludwig mit dem Bruder Paul

Aus den Aufzeichnungen von Maurice O'Connor Drury, 1936:
Today he talked to me about his brother Paul Wittgenstein, the pianist. He said that his brother had the most amazing knowledge of music. On one occasion some friends played a few bars of music from any one of a number of composers, from widely different periods, and his brother was able without a mistake to say who the composer was and from which work it was taken. On the other hand he did not like his brother's interpretation of music. Once when his brother was practising the piano and Wittgenstein was in another room of the house, the music suddenly stopped and his brother burst into the room saying, "I can't play when you are in the house. I feel your scepticism seeping under the door."

81 Der Bruder Kurt

Hermine Wittgenstein:
Gerade dieser Bruder schien uns so wenig verkrampft, so harmlos heiter veranlagt! Sogar aus seiner besonders natürlich-reizenden Musikalität glaubten wir das herauszulesen, und doch muß ich denken, daß auch er den Keim des Ekels vor dem Leben in sich trug. So stehe ich vor der traurigen, für mich unlösbaren Frage: ist er nicht schließlich doch – der typische wohlhabende Junggeselle ohne ernste Pflichten – an dem Mangel des „harten Muß" gestorben, das mein Vater seinen Söhnen so gerne gegeben hätte und das sich nicht künstlich erzeugen läßt?

82 Das Gasthaus „Grouse Inn" in Glossop
Wittgensteins Unterkunft während seiner
Drachenflugexperimente in Derbyshire

Rush Rhees, Erinnerungen an Wittgenstein:
When he left the Technische Hochschule in
Berlin he went to the College of Technology
in Manchester (I think this was on the
advice of his father) still to study engineering; and in particular certain problems in
aero-engineering. This was in 1908, and he
continued in Manchester until the end of 1911.
When he first came he began a series of experiments with kites, near Glossop, a small town or
village on the edge of the Derbyshire moores,
where, in all conscience, there is wind enough,
generally. (He stayed at an inn in Glossop,
and he told me that his room was bitterly
cold, and the fire in it was small, but he was
unused to landladies and to the English, and
it never occurred to him that he could ask for
more coal.)

83/84 Wittgenstein und William Eccles
bei Drachenflugexperimenten in Glossop

William Eccles für Wittgensteins Neffen,
Thomas Stonborough:
Wittgenstein and myself with a kite of his.
Taken at Glossop whilst I was on
the kite-flying job.
It shows the house "The Grouse Inn"
where we stayed.

Man kann/Jemand könnte/ eine Flugmaschine
erdichten, ohne es mit ihren Einzelheiten genau
zu nehmen. Ihr Äußeres mag man/er/ sich
sehr ähnlich dem eines richtigen Aeroplanes
vorstellen, und ihre Wirkungen malerisch
beschreiben. Es ist auch nicht klar, daß so eine
Erfindung/Erdichtung/ wertlos sein muß.
Vielleicht spornt sie Andere zu einer anderen
Art von Arbeit an. — Ja, während diese, sozusagen von fern her, die Vorbereitungen treffen,
zum Bauen eines Aeroplanes, der wirklich
fliegt, beschäftigt Jener sich damit, zu träumen,
wie dieses Aeroplan aussehen muß, und was er
leisten wird. Über den Wert dieser Tätigkeiten
ist damit noch *nichts* gesagt. Die des Träumers
mag wertlos sein – und auch die andere.
22. Oktober 1946

Wittgenstein & myself with a kite of his. Taken at Glossop whilst I was on the kite-flying job.
It shows the house "The Grouse Inn" where we stayed.

85–88 Der erste erhaltene Brief an die Schwester Hermine, 20. Oktober 1908

Die schlechte Orthographie meiner Jugendjahre bis etwa ins 18te oder 19te hängt mit meinem ganzen übrigen Charakter (der Schwäche im Lernen) zusammen.
23. Juni 1931

als ihn so gleichgültig zu sehen wurde ich immer aufgeregter und es war ein Glück für mich, dass der Assistent plötzlich weggerufen wurde, so dass ich zu mir kam und rasch wegging. Zufälligerweise wurde an diesem Abend die Meistersingerouvertüre in Manchester gegeben und so blieb ich den Abend in Manchester und hörte ein wunderschönes Conzert unter Richters Leitung, welches mich ganz nüchtern machte. Den vorigen Sonnabend lud mich der Observer ein mit ihm den Sonntag bei seiner Familie zu verbringen. Ich war dort und wurde mit einer geradezu fabelhaften Liebenswürdigkeit behandelt so dass ich wirklich nicht weiss, was ich dagegen tun kann

Hier ist es schon sehr kalt und ich werde die Frage der Heizung bald ernstlich erwägen müsse. Mama schreibt mir dass Grossmama bei Euch wohnt; das wird Dir wahrschein. ln recht beim malen stören. Jetzt grüsse mir bitte alle und sei bestens gegrüsst von Deinem treuen
Bruder
Ludwig

89/90 Wittgensteins Flugmotor
Patentschrift aus der British Library, London

William Eccles und Wolfe Mays, Erinnerungen an Wittgenstein:
When he first came to Manchester, Wittgenstein was very wealthy, and though he never lived ostentatiously he did not hesitate to get anything he wanted. On one Sunday morning in Manchester in 1910, for example, he decided he would like to go to Blackpool, and W. and W. Eccles went off together to the railway station, though he was told there was no suitable train. This did not deter him, he said he would see about ordering a special train, still possible in those days. He was dissuaded from doing this, and they took a taxi to Liverpool instead and had a trip on the ferry there before returning to Manchester. […]

He used to ignore the midday meal break and carry on till evening and in his lodgings his pastime was to relax in a bathful of very hot water. He had great musical appreciation, and only for the more profound composers: Wagner, Beethoven, Brahms, etc. I used to attend the Hallé concerts with him occasionally where he used to sit through the concert without speaking a word, completely absorbed.

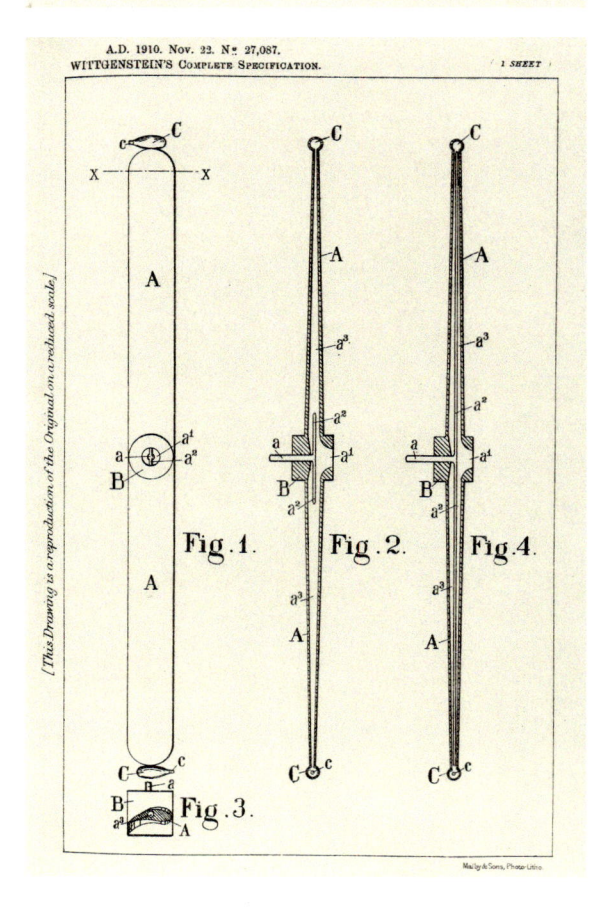

91 Wittgensteins Konstruktionszeichnung einer variablen Brennkammer für seinen Flugmotor

Ludwig Boltzmann, *Über Luftschiffahrt*, Vortrag in der Gesellschaft Deutscher Naturforscher und Ärzte, Wien 1894, erschienen in *Populäre Schriften*, 1905:
Es ist unglaublich, wie einfach und natürlich jedes Resultat scheint, wenn es einmal gefunden ist, und wie schwierig, so lange der Weg unbekannt ist, der dazu führt. So wird auch die Lenkung der Aëroplane einst von Handwerkern mit Leichtigkeit vollzogen werden; nur von einem Genius ersten Ranges kann sie gefunden werden. Und dieser Erfinder muß nicht nur ein Genius sein, sondern auch ein Held; nicht mit leichter Mühe können dem neu zu bezwingenden Elemente seine Geheimnisse abgerungen werden. Nur wer den persönlichen Mut besitzt, sein Leben dem neuen Elemente anzuvertrauen, und mit List, allmählich alle seine Tücken zu überwinden, hat Aussicht, den Drachen zu erlegen, der heute noch den Schatz dieser Erfindung der Menschheit entzieht.

Wittgenstein an Paul Engelmann, 16. Januar 1918:
Wenn Sie nun sagen, daß ich keinen Glauben habe, so haben Sie *ganz recht*, nur hatte ich ihn auch früher nicht. Es ist ja klar, daß der Mensch der, so zu sagen, eine Maschine erfinden will um anständig zu werden, daß dieser Mensch keinen Glauben hat. Aber was soll ich tun?

92 Porträt aus dem Jahre 1910

mit einer Widmung für den Freund Eccles:
Vieles giebt uns die Zeit, und sie nimmt's auch, aber der Besseren frohe Neigung sei auch Dir froher Besitz.

Johann Wolfgang von Goethe 1796 im Gedicht *Die vier Jahreszeiten*, 1815 schrieb er die Zeilen in das Stammbuch seines Sohnes August:
Vieles gibt uns die Zeit und nimmts auch,
    aber der Bessern
Holde Neigung, sie sei ewig Dir froher Genuß.

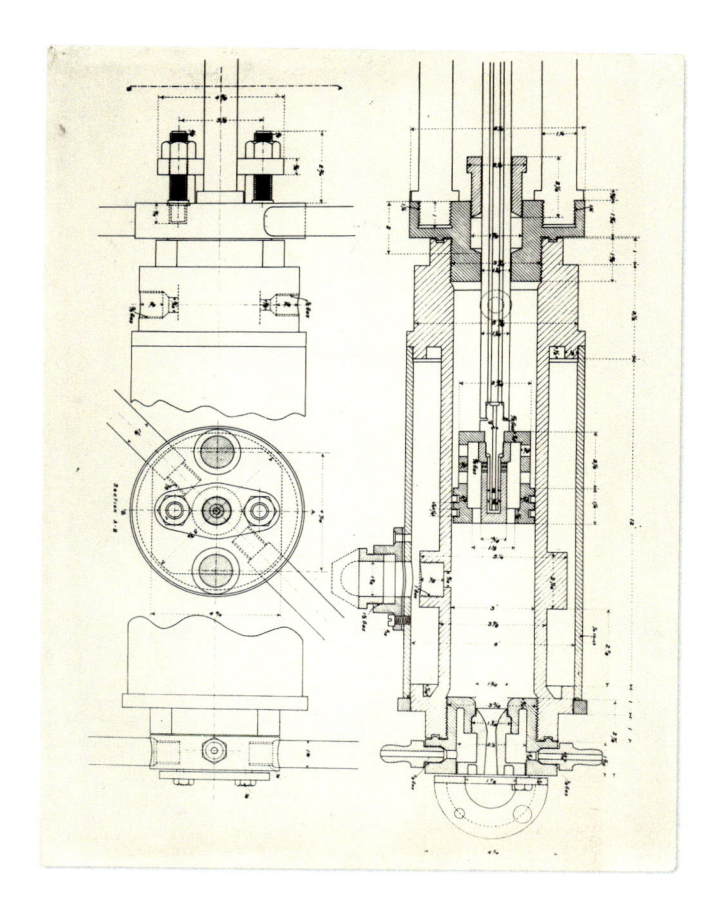

93 Stadtzentrum von Cambridge
der Marktplatz und die Universitätskirche
Great St Mary

Hermine Wittgenstein:
[Ludwig] schrieb damals [in Manchester] an einer philosophischen Arbeit und faßte schließlich den Entschluß, den Plan dieser Arbeit einem Professor Frege in Jena zu zeigen, der ähnliche Fragen behandelte. Ludwig befand sich in diesen Tagen fortwährend in einer unbeschreiblichen, fast krankhaften Aufregung, und ich befürchtete sehr, daß Frege, von dem ich wußte, daß er ein alter Mann sei, nicht die Geduld und das Verständnis aufbringen werde, um so auf die Sache einzugehen, wie es der ernste Fall erheischte. Ich war daher während Ludwigs Reise zu Frege in großer Sorge und Angst, es ging aber weit besser als ich dachte. Frege bestärkte Ludwig in seinem philosophischen Suchen und riet ihm, nach Cambridge als Schüler zu einem Professor Russell zu gehen, was Ludwig auch tat.

Von seinem ersten Besuch bei Gottlob Frege berichtet Wittgenstein seinem Schüler, Peter Geach:

I wrote to Frege, putting forward some objections to his theories, and waited anxiously for a reply. To my great pleasure, Frege wrote and asked me to come and see him.

When I arrived I saw a row of boys' school caps and heard a noise of boys playing in the garden. Frege, I learned later, had had a sad married life – his children had died young, and then his wife; he had an adopted son, to whom I believe he was a kind and a good father.

I was shown into Frege's study. Frege was a small, neat man with a pointed beard, who bounced around the room as he talked. He absolutely whiped the floor with me, and I felt very depressed; but at the end he said "You must come again", so I cheered up.

94 Trinity College Cambridge
das Hauptportal, Winter 1911

Mathematische Probleme bei der Entwicklung des Flugmotors verschieben Wittgensteins Interessen zu den Grundlagen der Mathematik und zur Philosophie. Auf den Rat von Gottlob Frege, den Wittgenstein im Sommer 1911 in Jena besucht hat, entscheidet er sich zu einem Studium bei Bertrand Russell in Cambridge.

Im Herbst 1911 – noch immer in Manchester immatrikuliert und unentschieden zwischen der Aeronautik und Philosophie – kommt Wittgenstein nach Cambridge, um Russell zu treffen. Russell bittet Wittgenstein, in Cambridge zu bleiben. Am 1. Februar 1912 wird Wittgenstein als „advanced student" im Trinity College aufgenommen.

95 Titelblatt der Erstausgabe der *Principia Mathematica*

96 Alfred North Whitehead (1861–1947)
Bleistiftzeichnung von Paul Drury, 1928

Russell an Lady Ottoline Morrell
17. März 1912:
He is the ideal pupil – he gives passionate admiration with vehement and very intelligent dissent. […]

He spoke with intense feeling about the *beauty* of the big book, said he found it like music. He is not a flatterer, but a man of transparent and absolute sincerity. […]

He is far more terrible with Christians than I am.

Russell glaubte, Wittgenstein bewunderte seine *Principia Mathematica*, tatsächlich waren es aber Russells *Principles of Mathematics* von 1903, die Wittgenstein so beeindruckt hatten.

Dieses Buch und Gottlob Freges zweiter Band der *Grundgesetze der Arithmetik*, erschienen im gleichen Jahr, begründen die sogenannte „neue" Logik; beide Autoren verweisen jeweils auf das Werk des andern. Über Frege und Russell und auch Boltzmann fand Wittgenstein schließlich den Weg in die Philosophie. Bereits 1909 hatte Wittgenstein in Manchester einen für Russell unlösbaren Widerspruch gelöst, auf den Russell im Vorwort zu seinen *Principles* verweist:
In the case of classes, I must confess, I have failed to perceive any concept fulfilling the conditions requisite for the notion of *class*. And the contradiction discussed in Chapter X. proves that something is amiss, but what this is I have hitherto failed to discover.

Durch Russell, aber besonders durch Whitehead, ist in die Philosophie eine Pseudoexaktheit gekommen, die die schlimmste Feindin wirklicher Exaktheit ist. Am Grund liegt hier der Irrtum, ein Kalkül könne die metamathematische Grundlage der Mathematik sein.
17. November 1933

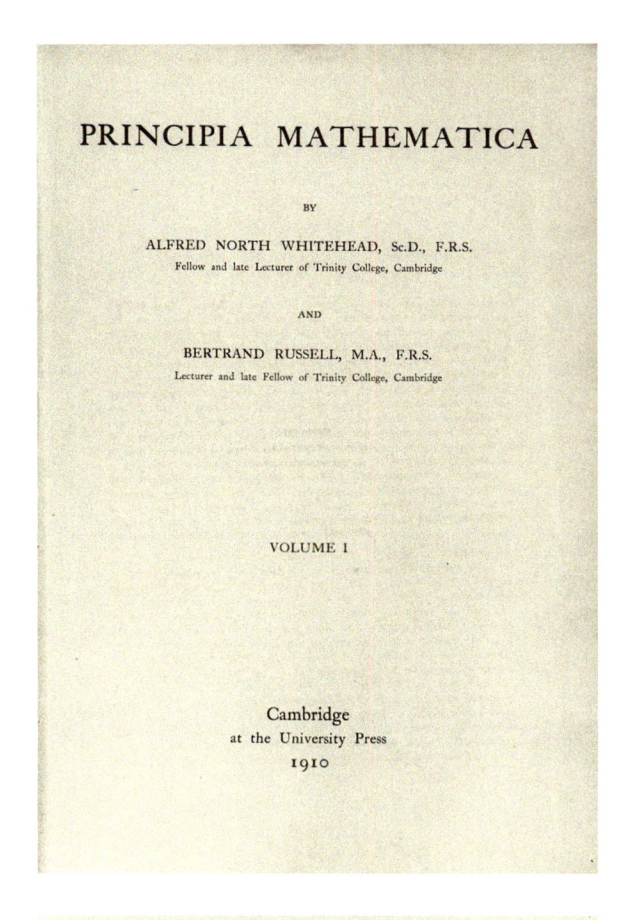

97 Bertrand Russell (1872–1970)

98 Lady Ottoline Morrell (1873–1938)
Kreidezeichnung von Henry Lamb, 1911

Russell an Ottoline Morrell
18. Oktober 1911:
He turned out to be a man who had learned engineering at Charlottenburg, but during his course had acquired, by himself, a passion for the philosophy of math's, and has now come to Cambridge on purpose to hear me.

19. Oktober 1911:
My German friend threatens to be an infliction, he came back with me after my lecture and argued till dinner-time – obstinate and perverse, but I think not stupid.

1. November 1911:
My German engineer very argumentative and tiresome.

2. November 1911:
My German engineer, I think is a fool. He thinks nothing empirical is knowable – I asked him to admit that there was not a rhinoceros in the room, but he wouldn't.

13. November 1911:
[M]y German ex-engineer, as usual, maintained his thesis that there is nothing in the world except asserted propositions, but at last I told him it was too large a theme […]

16. November 1911:
My ferocious German came and argued at me after my lecture […] He is armour-plated against all assaults of reasoning – it is really rather a waste of time talking with him.

27. November 1911:
My German is hesitating between philosophy and aviation; he asked me today whether I thought he was utterly hopeless at philosophy, and I told him I didn't know but I thought not.

29. November 1911:
I am getting to like him, he is literary, very musical, pleasant-mannered (being an Austrian) and I think really intelligent.

Russell in seiner Autobiographie, 1959:
He was perhaps the most perfect example I have ever known of genius as traditionally conceived, passionate, profound, intense, and dominating.

99 In Cambridge beim Bootsrennen, Mai 1911
auf der Barke Aldibah: In der Mitte John Maynard Keynes, mit Strohhut, die Arme über der Lehne der Bank, links neben ihm seine Mutter. Rechts im Bild am Ende der Barke, mit Blumenhut und hellem Sonnenschirm, Virginia Woolf, der zweite links von ihr, an der Treppe, Rupert Brooke

Russell an Ottoline Morrell, 9. November 1912:
[After the race, Wittgenstein] suddenly stood still and explained that the way we had spent the afternoon was so vile that we ought not to live, or at least he ought not, that nothing is tolerable except producing great works or enjoying those of others, that he has accomplished nothing and never will, etc. all this with a force that nearly knocks one down. He makes me feel like a bleating lambkin.

Rush Rhees, Erinnerungen an Wittgenstein:
On a walk with Wittgenstein I mentioned Virginia Woolf; it was shortly after her death. He said that Virginia Woolf grew up in a family in which the measure of someone's worth was his distinction in some form of writing or in art or in music or in science or in politics. (Her father, Sir Leslie Stephen, wrote widely on questions of history, philosophy and social affairs.) "I always want to ask", said Wittgenstein, "Why should we think that only *these* things are important? That nobody is really to be admired unless he has achieved something in one of these fields?"

The table talk which Virginia Woolf heard all the time she was growing up would suggest that since there have been fewer women than men among the great poets, great composers, great painters . . ., women in general are intellectually inferior or less talented than men. Wittgenstein spoke of Virginia Woolf's idea that the reason why there have been no women among the great composers etc., is that a woman has not had a room of her own. Wittgenstein said that this is obviously *not* the reason. But Virginia Woolf could not throw off her father's conception that the only real measure was *there*, without asking whether there may not be other "achievements" (if we use the word).

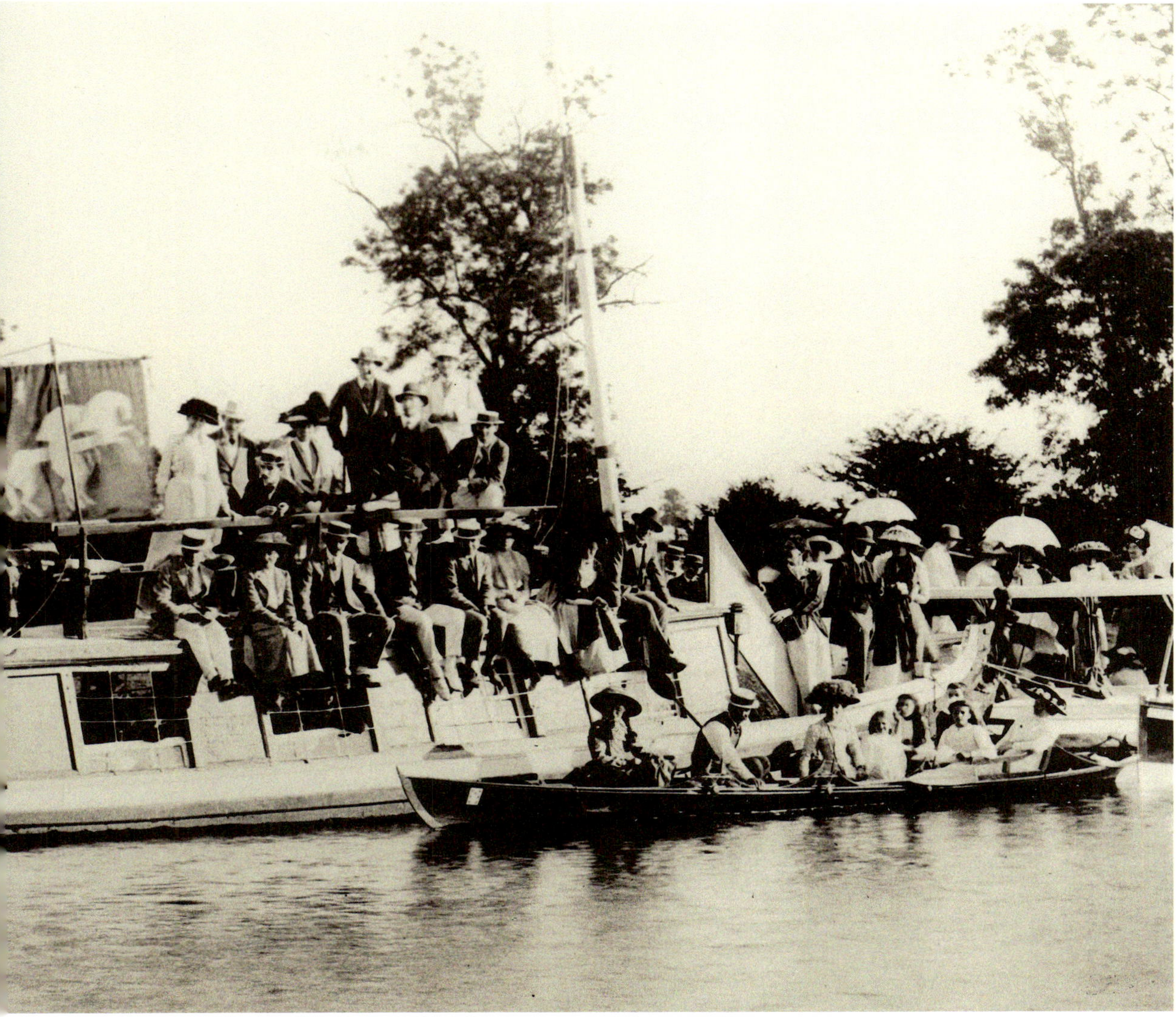

100 Wittgensteins erste Wohnung in Cambridge, 4 Rose Crescent
Aquarell von Mary C. Green, um 1910

Hermine Wittgenstein:
Im Jahre 1912 besuchte ich Ludwig in Cambridge. Er war mit Russell befreundet und wir waren beide bei diesem zum Tee eingeladen, in seinem schönen College-Zimmer; ich sehe es noch vor mir mit den großen Bücherkästen, die die ganzen Wände einnahmen, und den hohen altertümlichen Fenstern mit ihren steinernen, schön gegliederten Fensterkreuzen. Plötzlich sagte Russell zu mir: „We expect the next big step in philosophy to be taken by your brother." Das zu hören war für mich etwas so Unerhörtes, Unglaubliches, daß mir's einen Augenblick tatsächlich schwarz vor den Augen wurde.

101 Mitglieder des Cambridge University Moral Sciences Club
um 1913 im Trinity College Cambridge; in der vorderen Reihe der dritte von links Prof. Ward, der fünfte Bertrand Russell, neben ihm W. E. Johnson, der übernächste Prof. Sorley; in der zweiten Reihe rechts McTaggart, der dritte von rechts G. E. Moore, der vierte von links J. M. Cornford

G. E. Moore an F. A. Hayek, undatiert:
[A]t the beginning of the October term 1912, he came again to some of my psychology lectures; but he was very displeased with them, because I was spending a great deal of time in discussing Ward's view that psychology did not differ from the Natural Sciences in subject-matter but only in point of view. He told me these lectures were very bad – that what I ought to do was to say what I thought, not to discuss what other people had thought; and he came no more to my lectures. But this did not prevent him from seeing a great deal of me. He was very anxious at the beginning of this year to improve the discussion of our philosophical society, which is called the Moral Science Club; and he actually persuaded the Club, with the help of the Secretary and me, to adopt a new set of rules and to appoint me as Chairman. He himself took a great part in these discussions. In this year both he and I were still attending Russell's Lectures on the Foundations of Mathematics; but W. used also to go for hours to Russell's rooms in the evening to discuss Logic with him. Wittgenstein arranged to be coached in Logic by W. E. Johnson; but Johnson soon found that W. spent so much time in explaining his own views that he (Johnson) felt that it was more like being coached by W. than W. being coached by him; and Johnson therefore soon put an end to the arrangement.

Moral Sciences Club 1912–13.

President   Mr. W. E. Johnson   (King's)

M.A.'s etc   Mr. F. M. Cornford   (Trinity)
               Mr. G. Lowes Dickinson (King's)
               Mr. G. Dawes Hicks   9 Cranmer Road.
               ~~Rev. A. S. Duncan Jones (Caius)~~
               Mr. G. E. Moore   (Trinity)
               Dr. C. S. Myers   (Caius)
               Mr. J. M. Keynes   (King's)
               Hon. B. Russell   (Trinity)
               Dr. McTaggart   (Trinity)
               Professor Sorley   St. Giles' Chesterton Road
               Professor Ward   6 Selwyn Gardens.
               Mr. H. K. Archdale   (Corpus)

Undergraduates — R. Smith   (Trin)
          etc   — T. N. Whitehead (Trin)
                  E. Farmer   (Trin)
                  A. D. Ritchie   (Trin)
                  A. J. Dorward   (Trin)   Secretary

102 Mitgliederliste des Moral Sciences Club
aus den Protokollen des Cambridge University
Moral Sciences Club, CUMS

19	L. Wittgenstein (Trin)	—
20	L. Macrae (Emmanuel)	—
21	B. Muscio (Caius)	49 Park St —
22	W. Tye (Christ's)	56 Devonshire Road —
23	C. K. Ogden (Magdalene)	
24	A. de H. Berington (Peterhouse)	—
25	L. C. Robertson (Queen's)	—
26	D. J. Jones (Emmanuel)	30 St Andrew's St.
27	Rev. J. N. Rawson (John's)	1 Portugal Place —
28	A. R. Wadia (Non-Coll)	27 New Square —
29	E. Hildyard (Queen's)	—
30	J. L. Howson (King's)	—
31	E. M. O'R. Dickey (Trinity)	27 Trinity Street.
32	W. S. Thompson (Queen's)	
33	C. A. Mace (Queen's)	8 Tenniscourt Road.
34	C. Seaver (Emmanuel)	
35	H. H. Farmer (Peterhouse)	
36	M. A. Candler (King's)	—
37	F. C. Bartlett (John's)	
38	R. D. Whitehorn (Trin)	
39	S. Wajid Ali (Christ's)	37 New Square —
40	F. A. Redwood (Queen's)	—
41	E. O. Mousley (Emmanuel)	40 Warkworth Street.

103 John Maynard Keynes (1883–1946)

Russell an Keynes zur Wahl Wittgensteins
als Mitglied der „Cambridge Apostles"
11. November 1912:
All the difficulties I anticipated have arisen with Wittgenstein. I persuaded him at last to come to the first meeting and see how he could stand it. Obviously from his point of view the Society is a mere waste of time. But perhaps from a philosophical point of view he might be made to feel it worth going on with. I feel, on reflection, very doubtful whether I did well to persuade him to come next Saturday, as I feel sure he will retire in disgust. But I feel it is the business of the active brethren to settle this before next Saturday. If he is going to retire, it would be better it should be before election.

104 W. E. Johnson (1858–1931)

Dear Keynes,
You will perhaps remember that I once told you I wished to give some money to the research fund – or whatever you call it – of King's Coll. in order to let Johnson have it. I was then not decided as to whether I would give a capital sum once for all, or two hundred pounds every year. The latter way has turned out to be by far the most convenient to me. Now I do not know when and to whom to send the money, etc., etc. and as you are the only person who knows about the matter and I do not wish to tell any one else of my acquaintances I cannot help asking your advice about it. You would oblige me very much if you kindly wrote to me about it, unless there is time for your advice till October, when of course I shall be up at Cambridge. My address till the middle of August will be: L.W. *jun.* IV. Alleegasse 16, Austria, Wien.
22. June 1913

F. R. Leavis, Erinnerungen an Wittgenstein:
I knew that he hadn't a high opinion of W. E. Johnson, who was his supervisor when he came to Cambridge before the war. In fact, I had both Wittgenstein's account of old Johnson, and Johnson's account of young Wittgenstein. Wittgenstein told me: "I found in the first hour that he had nothing to teach me." Johnson told me – he volunteered it in his quiet sardonic way: "At our first meeting he was teaching me." But when Johnson, always physically feeble when I knew him, began patently to break up, no one could have shown more sympathetic solicitude than Wittgenstein did.

105 Lytton Strachey (1880–1932)
Porträt von Henry Lamb, 1914

Lytton Strachey an Saxon Sydney-Turner
20. November 1912:
The poor man [Russell] is in a sad state. He looks about 96 – with long snow-white hair and an infinitely haggard countenance. The election of Wittgenstein has been a great blow to him. He clearly hoped to keep him all to himself, and indeed succeeded wonderfully, until Keynes at last insisted on meeting him, and saw at once that he was a genius and that it was essential to elect him. The other people (after a slight wobble from Bekassy) also became violently in favour. Their decision was suddenly announced to Bertie, who nearly swooned. Of course he could produce no reason against the election except the remarkable one that the Society was so degraded that his Austrian would certainly refuse to belong to it. He worked himself up into such a frenzy over this that no doubt he got himself into a state of believing it: – but it wasn't any good. Wittgenstein shows no signs of objecting to the Society, though he detests Bliss, who in turn loathes him. I think on the whole the prospects are of the brightest. Bekassy is such a pleasant fellow that, while he is in love with Bliss, he yet manages to love Wittgenstein. The three of them ought to manage very well, I think. Bertie is really a tragic figure, and I am very sorry for him; but he is most deluded too. Moore is an amazing contrast – fat, rubicund, youthful, and optimistic. He read an old paper on Conversion – very good and characteristic. Hardy was there – p.p. and quite dumb. Sheppard was of course complaining that nobody liked him […]

Bereits wenige Tage nach seiner Wahl zum Mitglied der „Cambridge Apostles" reicht Wittgenstein seinen Rücktritt ein.

106 Labor im Institut für Experimentelle Psychologie der Universität Cambridge

G. E. Moore an F. A. Hayek, 8. März 1953:
During this year [1912] Wittgenstein undertook, in collaboration with B. Muscio, a piece of psychological experiment at the Psychological Laboratory. He told me long afterwards, in the Lectures in 1933, that he undertook these experiments, which were on rhythm, in the hope that they would throw some light on questions of Aesthetics, but of course they threw none; but they did, however, establish one point of some interest, namely that, in some circumstances, all the subjects of the experiment heard an accent on certain notes which were in fact not accented by the machine which was being used.

Denke, ich beschreibe ein psychologisches Experiment: Den Apparat, die Fragen des Experimentators, die Antworten und Handlungen des Subjekts. Und dann sage ich: das sei eine Szene in dem und dem Theaterstück. Nun hat sich alles geändert.
　Man wird also sagen: Wenn in einem Buch über Psychologie dieses Experiment in gleicher Weise beschrieben wäre, so würde eben die Beschreibung des Benehmens des Subjekts als Ausdruck des Seelenzustandes verstanden, weil man *voraussetzt*, das Subjekt rede die Wahrheit, halte uns nicht zum Besten, habe seine/die/ Antworten nicht auswendig gelernt. — Wir machen also eine Voraussetzung?
22. August 1946

Vorlesungsmitschrift von Peter Geach, 1946/47:
There are psychological labs; but in these we observe behaviour, not psychological phenomena. One can observe (or get others to observe) one's own behaviour.
　"What is thinking? Let's see" – what do we look at? –

David Pinsent, Tagebuch
4. Mai 1912:
At 5.0 I went to a concert, at the Guildhall – a chamber concert, including a very fine piano trio of Schubert's. I met Wittgenstein there – a German I have met before *chez* Russell – […]

13. Mai 1912:
At 2.30 I went *chez* Wittgenstein and we went on to the Psychological Laboratory, where I had arranged to act as a "subject" in some experiments he is trying: to ascertain the extent and importance of rhythm in music. Not bad fun. Afterwards I had tea *chez lui*. He is quite interesting and pleasant, though his sense of humour is heavy.

107 Seite aus Wittgensteins Photoalbum
Marie Fillunger, genannt „Fillu" bzw. „Filu",
Freundin der Mutter und guter Geist der Familie,
mit Wittgensteins Nichten und Neffen auf der
Hochreith; darunter der Freund David Pinsent

David Pinsent, Tagebuch
30. Mai 1912:
At 11.0 pm I went *chez* Russell. There were lots there – including Békássy, Ogden and Wittgenstein and Crouschoff. They mostly went at 11.30 but Wittgenstein and I stayed till 12.0. Wittgenstein was very amusing: he is reading philosophy up here, but has only just started systematic reading: and he expresses the most naïve surprise that all the philosophers he once worshipped in ignorance, are after all stupid and dishonest and make disgusting mistakes.

1. Juni 1912:
Went to the CUMC. at 7.30 and strummed till 8.0. The chief items were a Piano and Cello Sonata by Strauss – not so bad – and a gorgeous concerto for two pianos of Bach's. The latter was splendid and very well performed. I came away at 9.45 with Wittgenstein, and went with him to his rooms, where I stayed till 11.30. He was very communicative and told me lots about himself: that for nine years, till last Xmas, he suffered from terrific loneliness (mental – not physical): that he continually thought of suicide then, and felt ashamed of never daring to kill himself: he put it that he had had "a hint that he was *de trop* in this world", but that he had meanly disregarded it. He had been brought up to engineering, for which he had neither taste nor talent. And only recently he had tried philosophy and come up here to study under Russell, which had proved his salvation: for Russell had given him encouragement. Russell, I know, has a high opinion of him: and has been corrected by him and convinced that he (Russell) was wrong in one or two points of philosophy: and Russell is not the only philosophical don up here that Wittgenstein has convinced of error. Wittgenstein has few hobbies, which rather accounts for his loneliness. One can't thrive entirely on big and important pursuits like Triposes.

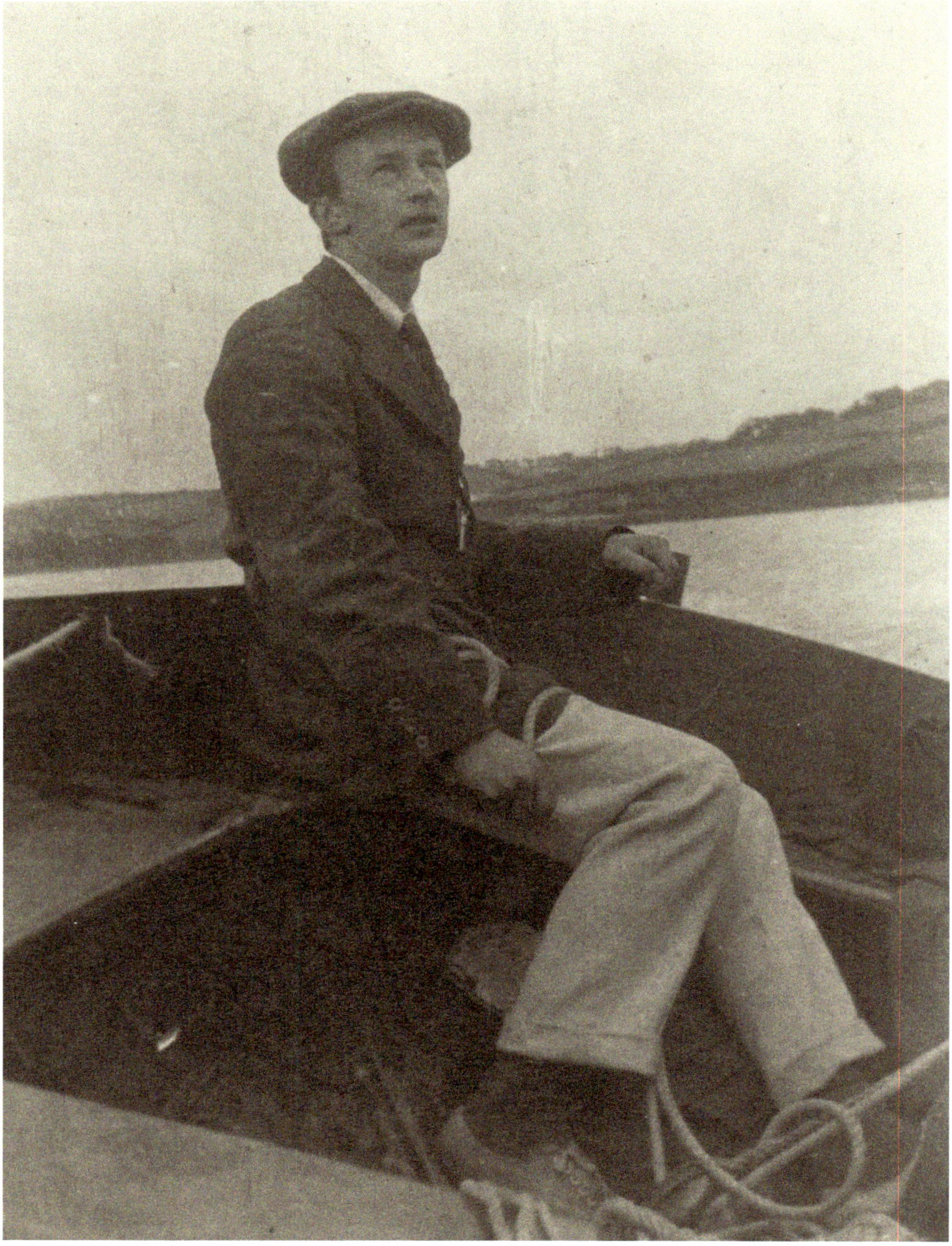

108 David Hume Pinsent (1891–1918)

109/110 Aufnahmen von David Pinsent
während der gemeinsamen Islandreise

David Pinsent, Tagebuch
31. Mai 1912:
At 3.0 I met Wittgenstein at the Psychological Lab., and had more rhythm-experiments. At the end he suddenly asked what I was doing during the vac. and proposed that I should come with him to Iceland. After my first surprise I asked what he estimated the cost would be: upon which he said – "Oh, that doesn't matter: I have no money and you have no money – at least, if you have, it doesn't matter. But my father has a lot" – upon which he proposed that his father should pay for us both! I really don't know what to think: it would certainly be fun, and I could not afford it myself, and Wittgenstein seems very anxious for me to come. I deferred my decision and wrote home for advice: Iceland seems rather attractive: I gather that all inland travelling has to be done on horse back, which would be supreme fun! The whole idea attracts and surprises me: I have known Wittgenstein only for three weeks or so – but we seem to get on well together: he is very musical with the same tastes as I. He is an Austrian – but speaks English fluently. I should say about my age.

14. September 1912:
Our cortège consisted of Wittgenstein, the guide and myself each on a pony: and in front we drove the two pack ponies and three spare ponies […]
 After about 12 Kilom. we got off for 15 mins. to rest the ponies: about 3 Kilom. further on we had lunch at an inn – eggs and bread and butter. At about 35 Kilom. we changed our mounts for the spares. Our destination – Thingvella – is 50 Kilom. and we reached it about 7.0 and went to the Inn there […]
 [After supper] I had a most interesting evening with Wittgenstein: he taught me Russell's definition of number *etc* and the use of his logical symbolism – excessively interesting. Wittgenstein makes a very good teacher.

3. September 1913:
I am writing my diary – and Ludwig working. When he is working he mutters to himself (in a mixture of German and English) and strides up and down the room all the while.

4. September 1913:
Later we went out for a stroll. I took my camera with me – which was the cause of another scene with Ludwig. We were getting on perfectly amicably – when I left him for a moment to take a photo. And when I overtook him again he was silent and sulky. I walked on with him in silence for half an hour, and then asked him what was the matter. It seemed, my keenness to take that photo had disgusted him – "like a man who can think of nothing – when walking – but how the country would do for a golf course".

The fourth meeting of the Club for the Michaelmas Term 1912 was held in the rooms of Mr. Wittgenstein (Trinity) on Nov. 29th, Mr. Moore being in the Chair. About 15 members were present. After the minutes of the last meeting had been read and approved, Mr. Bouquet (Sidney) was proposed for membership of the Club, and was duly elected.

Mr. Wittgenstein then read a paper entitled "What is Philosophy?". The paper lasted only about 4 minutes, thus cutting the previous record established by Mr. Tye by nearly two minutes. Philosophy was defined as ~~the class~~ all those primitive propositions which are assumed as true without proof by the various sciences. This defⁿ was much discussed, but there was no general disposition to adopt it. The discussion kept very well to the point, and the Chairman did not find it necessary to intervene much.

        Alan J. Doward Dec. 6. 1912.

111 Whewell's Court, Trinity College
Wittgensteins Räume lagen im obersten Stockwerk des Turms.

G. E. Moore an F. A. Hayek, 8. März 1953:
[Wittgenstein] not only attended my lectures and came to my rooms for discussion, but I invited him to tea with me, and he in turn invited me to his rooms, which were at that time lodgings in Rose Crescent. On that occasion I told him that I was going to change my rooms at Trinity for the next academic year, and that, if he applied to his tutor, he might be able to get assigned to him the rooms which I should then be vacating. He wished very much to get them and he did apply and got them.

112 Protokoll zu Wittgensteins erstem Vortrag
aus den Protokollen des Cambridge University Moral Sciences Club

Der Stil meiner Sätze ist außerordentlich stark von Frege beeinflußt. Und wenn ich wollte so könnte ich wohl diesen/den/ Einfluß feststellen, wo ihn auf den ersten Blick keiner sähe.
8. Oktober 1931

113 Gottlob Frege (1848–1925)

Wittgenstein im Gespräch mit Drury, 1930:
I remember that when I first went to visit Frege I had a very clear idea in my mind as to what he would look like. I rang the bell and a man opened the door; I told him I had come to see Professor Frege. "I am Professor Frege", the man said. To which I could only reply "Impossible!" At this first meeting with Frege my own ideas were so unclear that he was able to wipe the floor with me.

Die *mathematischen* Probleme der sogenannten Grundlagen liegen für uns der Mathematik so wenig zu Grunde, wie der gemalte Fels einer gemalten Burg./wie der gemalte Fels die gemalte Burg trägt./
23. Juni 1941

‚**A**ber wurde die Fregesche Logik durch den Widerspr. zur Grundlegung der Arithmetik nicht untauglich?' Doch! Aber wer sagte denn auch, daß sie zu diesem Zweck tauglich sein müsse?!
23. Juni 1941

Man könnte sich sogar denken, daß man die Fregesche Logik einem Wilden als Instrument gegeben hätte, um damit arithm. Sätze abzuleiten. Er habe den Widerspr. abgeleitet, ohne zu merken, daß es einer ist, und aus ihm nun beliebige wahre und falsche Sätze.
24. Juni 1941

114 Die Mutter in der Alleegasse, 1913

115 Die Schwestern Helene und Gretl
auf dem Familiengut in Koritschan, Böhmen

Hermine Wittgenstein über ihre Mutter:
Der Handelnde wirkt aber naturgemäß auf den Duldenden ein und verändert nach und nach dessen Struktur, und ich glaube, daß meine Mutter, wie wir sie kannten, nicht völlig mehr sie selbst war, wenn ihr das auch selbstverständlich gar nicht zum Bewußtsein kam. Wir begriffen unter anderem nicht, daß sie so wenig eigenen Willen und eigene Meinung hatte, und bedachten nicht, wie unmöglich es war, neben meinem Vater eigene Meinung und Willen zu bewahren. Wir standen ihr eigentlich verständnislos gegenüber, aber auch sie hatte kein wirkliches Verständnis für die acht sonderbaren Kinder, die sie geboren hatte, ja, bei aller ihrer Menschenliebe hatte sie merkwürdigerweise kein wirkliches Verständnis für Menschen überhaupt. […]

Wenn ich aus eigener Anschauung über meine Mutter sprechen soll, so leuchten mir als die hervorstechendsten Züge ihres Wesens ihre Selbstlosigkeit, ihr hohes Pflichtgefühl, ihre Bescheidenheit, die sie fast selbst auslöschen ließ, ihre Fähigkeit des Mit-Leidens und ihre große musikalische Begabung entgegen. […]

Vor dieser echten und ursprünglichen Begabung schwand jede körperliche Behinderung: meine Mutter hatte z. B. sehr kleine Hände, bei denen überdies der dritte und vierte Finger kaum auseinandergespreizt werden konnten, und doch spielte sie mit unfehlbarer Sicherheit schwierige Passagen und vollgriffige Akkorde; sie war von kleiner Statur und konnte mit den Füßen kaum die Pedaltasten der Orgel erreichen, auch war sie körperlich eher ungeschickt zu nennen, und doch gehorchten ihr beim Orgelspiel, das sie bis ins Alter mit Freude betrieb, Füße und Hände in erstaunlicher Weise. Es wäre ihr unmöglich gewesen, einen komplizierten, aus Worten bestehenden Satz rasch zu erfassen, dagegen war es ihr ohne weiteres möglich, ein kompliziertes Musikstück vom Blatt zu lesen, ja sogar vom Blatt weg in eine andere Tonart zu transponieren, was beim Begleiten von Sängern sehr wichtig werden kann. Selbst als sie im Alter am Star erkrankte, konnte sie noch lange Zeit Musikstücke, die ihr von früher her bekannt waren, vierhändig spielen, und beinahe die letzten klaren Worte, die meine schwerkranke Mutter wenige Tage vor ihrem Tode [am 3. Juni 1926] sprach, gehörten der von ihr so geliebten Musik. Die Musik war gewiß auch das schönste Bindeglied zwischen ihr und ihren Kindern […]

Wir Kinder nahmen das als selbstverständlich hin, wie so vieles Gute, was wir genossen, und wie die guten Eigenschaften unserer Eltern überhaupt. Ich sah oder fühlte aber doch deutlich, daß meine Mutter geradlinig tat, was sie als recht und gut erkannt hatte, und daß sie dabei nie ihre eigenen Wünsche im Auge hatte, ja gar keine zu haben schien. Auch ihre Fähigkeit des Mitleidens war mir früh klar und ich weiß noch, daß mir einmal während der Matthäus-Passion von Bach, bei dem Vorwurf, der den Aposteln gemacht wird, weil sie am Ölberg nicht gewacht hatten, der Gedanke durch den Kopf flog: meine Mutter wäre nicht eingeschlafen!

G. E. Moore an F. A. Hayek, 8. März 1953:
In June 1913, Wittgenstein's mother came to London, and he invited me to come to lunch with her and him at the Savoy Hotel. I was very pleased to see her. She seemed to me very gentle and not at all emphatic like her son.

108 Studienjahre: Berlin, Manchester, Cambridge

116/117 Blockhaus der Eltern auf der Hochreith
Speisezimmer und Glasornament, gestaltet von Josef Hoffmann, ausgeführt von der Wiener Werkstätte

118 Der Vater auf der Hochreith

119 Josef Hoffmann (1870–1956)

Fritz Wärndorfer, Mitbegründer und Financier der Wiener Werkstätte, an Josef Hoffmann 17. Juli 1908:

Gestern war ich mit Czeck auf der Hochreith, das Zimmer wird Mittwoch absolut fix und fertig den am Mittwoch ankommenden Wittgensteins übergeben, und ist einfach maßlos schön, absolut nicht protzig, das Gold der Leisten spürt man gar nicht als einzelnes, ich könnte mir ganz gut vorstellen, daß jemand das Zimmer sehr bewundert hat und dann auf die Frage, wie ihm die Goldleisten gefallen haben, sagt, daß er die gar nicht bemerkt habe, der Teppich prachtvoll warm, und das Ganze so wie ich mir einen Privatissimum-Raum eines Fugger im Mittelalter vorstellen würde. Das von unten in das goldene Lavoir sprudelnde Wasser, sieht einfach märchenhaft aus und der große Vorhang geht in der Farbe famos und ist eine absolute Nothwendigkeit. Das Vorzimmer ist ein Schlager, bis auf das verdammte Roth, das von der gegenüberliegenden Hütte hereinschießt, aber es ist wohl etwas vom Hellsten und Heitersten, das ich kenne. Die Stonborough wird einfach in dem Raum verrückt werden. Geleistet ist in diesen beiden Räumen von Dir und Deinen Mitarbeitern Fänomenales worden (unter Mitarbeitern meine ich Czeck etc.) und auch Gerzabek, der anfängt zu spüren, was Du willst, hat energischstest angetaucht. Die Wittgensteins, allerdings, die bisher in solchen Zimmern, wie sie oben sind, gewohnt haben, werden im Anfang wie die vom-Star-Geheilten weiß Gott was sehen, und können die eigentliche Qualität nicht gleich spüren, aber wie die Leute nach zwei Monaten in-dem-Raum-Wohnen reden werden, bin ich neugierig. Czeck war auch absolut in Extase und als wir, hundsmüd nach der endlosen Fahrerei, wir hätten in der gleichen Zeit in Berlin sein können, um halb 10 gestern auf der Westbahn soupierten, sangen wir das alte Lied, daß man sich in das Hirn eines so reichen Menschen, der die WW [Wiener Werkstätte] nicht ausnützt, einfach nicht hineinleben kann […]

120 Die Hochreith
Bleistiftzeichnung von Hermine Wittgenstein

Hermine Wittgenstein:
Fünfzig Jahre ist die Hochreith nun im Besitz unserer Familie und sie hat große Wandlungen durchgemacht. Als sie gekauft wurde, war sie unendlich abwechslungsreich und malerisch […] [I]ch konnte sie nicht malen, aber ich sah sie mit Maleraugen, und die weiten verkarsteten Schläge mit den grauen Felsen, die einzelnen uralten Grenzbäume, die steilen Wiesen mit vereinzelten Lärchen und Birken am Waldrand, die schlängelnden Bäche und sumpfigen Auen waren mein Entzücken! Mein Vater sah nicht mit Maleraugen, er war ein energischer, praktisch denkender Mann, dem diese ganze Verwahrlosung ein Greuel sein mußte. Ein großer Trupp von italienischen Arbeitern wurde herangezogen, und vor allem wurde eine Zufahrtstraße zur nächsten Bezirksstraße […] angelegt […]

Ein kleines Blockhaus, in dem mein Vater mit seiner Frau wohnen konnte, entstand fast über Nacht, ein größeres für die übrige Familie nicht lange darauf. Keine Stelle des Gutes blieb unberührt; die kahlen Schläge wurden durchwegs mit kleinen, in Reihen gepflanzten Bäumen bestockt, die steilen Wiesen ebenfalls, und die Waldränder wurden hübsch ordentlich abgeglichen. Die Bäche wurden reguliert, die feuchten Wiesen drainiert, Straßen und Wege wurden in unerhörtem Ausmaß angelegt, und meine *malerische* Hochreith verschwand nicht nur völlig, sondern sie machte einer *wüsten* Hochreith Platz. Überall Steinbrüche, Schottergruben, nackte Erde und Steinhalden! Die neuen Häuser auf den kahlen Flächen, – es war noch ein drittes, ein großes Steinhaus dazugekommen, – sahen abscheulich aus, und ich war sehr unglücklich über diese ganze trostlose Wandlung und habe viele, viele Tränen vergossen.

121–123 Die Schwester Hermine mit den Eltern auf der Hochreith

Hermine Wittgenstein:
Da ich in meiner Jugend ganz naiv gewohnt war, meinen Vater quasi als Normalmaßstab für „den Mann überhaupt" zu betrachten, mußte mir diese Verschiedenheit bei jeder Gelegenheit auffallen. Mein Vater wollte z. B. beinahe niemand um sich sehen als seine engste Familie, und so stark war das Bedürfnis, sich abschließen zu können, daß er auf der Hochreith mit meiner Mutter nur immer das Blockhaus bewohnte, welches er gleich nach dem Ankauf des Gutes für sie beide, ziemlich entfernt von der ursprünglichen Ansiedlung gebaut hatte. Wir anderen mochten mit vielen oder wenig Gästen, alten oder jungen, Kindern oder Enkeln die übrigen Gebäude bevölkern, er kam nur zu den Hauptmahlzeiten zu uns herüber und wir fanden das vollkommen natürlich.

124 Der Vater

Wittgenstein an Russell
26. Dezember 1912:
On arriving here I found my father *very* ill. There is no hope that he may recover. These circumstances have – I am afraid – rather lamed my thoughts and I am muddled although I struggle against it.

21. Januar 1913:
Dear Russell,
My dear father died yesterday in the afternoon. He had the most beautiful death that I can imagine; without the slightest pains and falling asleep like a child! I did not feel sad for a single moment during all the last hours, but most joyful and I think that this death was worth a whole life.

I will leave Vienna on Saturday the 25th and will be in Cambridge either on Sunday night or Monday morning. I long very much to see you again.
Yours ever
Ludwig Wittgenstein

125 Die Mutter

Hermine Wittgenstein:
Was meine Mutter an Seelengröße in den sechs schrecklichen Jahren der letzten Krankheit meines Vaters geleistet hat, wie sie uns alle getäuscht hat und uns glauben ließ, sie sei nicht völlig über die Natur der Krankheit unterrichtet, und wie sie dann, als es zum Letzten kam, die Täuschung einfach wie einen Mantel fallen ließ, um ganz gefaßt nur an Andere zu denken, das läßt sich nicht mit Worten schildern.

126 Zeitungsartikel und Vorträge von Karl Wittgenstein
Privatdruck 1913

Aus dem Nachruf *Erinnerungen an Karl Wittgenstein* von Max Feilchenfeld, *Neue Freie Presse*, 21. Januar 1913:
Wittgenstein war eines der stärksten produktiven Talente, die Österreich besessen hat. Er war der technische Pfadfinder der heutigen Eisenindustrie mit ihren verbesserten Maschinen und Methoden. Das von ihm begründete Eisenkartell steht im Mittelpunkte lebhafter Gegnerschaft. Nicht bestritten ist, daß Wittgenstein technische Fortschritte überall anwendete, wo dies die Verhältnisse zuließen, auch stets den richtigen Mann an seinen Platz zu stellen verstand und jedenfalls das meiste dazu beigetragen hat, die österreichische Eisenproduktion durch unausgesetzte Herabdrückung der Selbstkosten, stete Modernisierung des Verfahrens und auch durch kommerzielle Vervollkommnung zur gegenwärtigen hohen Blüte zu bringen. Wittgenstein hatte ein stürmisches Temperament und eine außerordentlich rasche Auffassung, in der Diskussion glänzende Schlagfertigkeit und einen liebenswürdigen Humor. Er war oft aufbrausend, aber nie nachtragend, stets hilfsbereit gegen seine Freunde, und seine Charaktereigenschaften wurden auch von seinen Gegnern geschätzt. Er hat im stillen oft im größten Stil Wohltaten erwiesen, junge Talente gefördert und künstlerische Bestrebungen stets bereitwillig unterstützt. Außerhalb seines Berufes kannte er nur seine Familie und seinen engeren Freundeskreis, in seinem Wiener Hause in der Alleegasse und später in seinem schönen Waldbesitz auf der Hochreith bei Hohenberg in Niederösterreich verbrachte er seine Mußestunden. Nach seinem Rücktritt von der Leitung seiner Gesellschaften hielt er sich alljährlich viele Monate auf der Hochreith auf. Er hat diesen schönen Besitz ausgestaltet, die Waldkultur gehoben, Straßen gebaut und die arme Bevölkerung der Umgebung sehr unterstützt. [...]

Karl Wittgenstein war mit seiner Gattin Leopoldine in langjähriger, glücklicher Ehe verbunden. Er hinterläßt drei Söhne und drei Töchter. Der älteste Sohn ist stiller Gesellschafter der Steirischen Gußstahlwerke, zwei andere Söhne sind noch Studenten. Von seinen Töchtern ist die älteste unvermählt, und Malerin, die zweite ist mit dem Sektionsrat im Finanzministerium Dr. Salzer, die dritte mit einem Herrn Stonborough verheiratet. Karl Wittgenstein ist seit sechs Jahren an einem bösartigen Leiden erkrankt und hat sich in dieser Zeit zwölf schweren Operationen unterzogen. Er war zuletzt im Dezember an der Riviera in Cannes, kehrte am Weihnachtstage nach Wien zurück und mußte, da er einen Fieberanfall hatte, das Bett aufsuchen. Nach fast einmonatlicher Krankheit ist er heute gestorben.

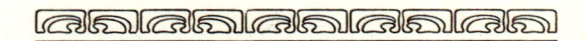

Zeitungsartikel und Vorträge.

	Seite
Reise-Eindrücke aus Amerika	1
Auf einer Weltreise	12
Die Ursachen der Entwicklung der Industrie in Amerika	22
Ein Valuta-Märchen	68
Der Betrieb der Staatsbahnen	74
Moderne Handelspolitik	79
Illusions-Politik	88
Ungarisches Getreide und österreichische Sensen	94
Freihandel und Schutzzoll	103
Beschlagnahme der Sensen in Judenburg, Kindberg und Mürzzuschlag	137
Beschlagnahme der Sensen in Judenburg, Kindberg und Mürzzuschlag	142
Die reichsdeutsche industrielle Depression und die wirtschaftliche Situation in Österreich	148
Neujahrsbetrachtungen	167
Verblendetes Amerika	174
Brief an den Redakteur der „Industrie"	176
Kartelle in Österreich	178
Eine Erklärung des Herrn Wittgenstein	191
Eine zweite Erklärung des Herrn Wittgenstein	193
Wittgenstein contra Wagner	195

127 Gottlob Frege

Frege, *Über Sinn und Bedeutung*, 1892:
Vielleicht kann man zugeben, daß ein grammatisch richtig gebildeter Ausdruck, der für einen Eigennamen steht, immer Sinn habe. Aber ob dem Sinne nun auch eine Bedeutung entspräche, ist damit nicht gesagt.

Frege sagt: jeder rechtmäßig gebildete Satz muß einen Sinn haben, und ich sage: jeder mögliche Satz ist rechtmäßig gebildet, und wenn er keinen Sinn hat, so kann das nur daran liegen, daß wir einigen seiner Bestandteile keine Bedeutung *gegeben* haben. Wenn wir auch glauben es getan zu haben.
2. September 1914

David Pinsent, Tagebuch, 25. Oktober 1912:
Wittgenstein called. He explained to me a new solution he has discovered to a problem (in the most fundamental Symbolic Logic) which was puzzling him greatly in Iceland, and to which he made a somewhat makeshift solution then. His latest is quite different and covers more ground, and if sound should revolutionize lots of Symbolic Logic: Russell, he says, thinks it is sound, but says nobody will understand it: I think I comprehended it myself however (!). If Wittgenstein's solution works, he will be the first to solve a problem which has puzzled Russell and Frege for some years: it is the most masterly and convincing solution too.

Wittgenstein an Russell
26. Dezember 1912:
I had a long discussion with Frege about our Theory of Symbolism of which, I think, he roughly understood the general outline. He said he would think the matter over. The complex problem is now clearer to me and I hope very much that I may solve it. I wish I knew how you are and what sort of time you are having, and all about you!
Yours ever most, etc.
Ludwig Wittgenstein

128 Wittgensteins erste Veröffentlichung
The Cambridge Review, 6. März 1913

David Pinsent, Tagebuch, 11. Februar 1913:
After the concert I went with Wittgenstein up to his rooms. I tried to translate into English a Review he has just written of a book on Logic: he has written the Review in German and gave me a rough translation. But it was very difficult – the construction of the sentences is so different, I suppose, in German to what it is in English. And he insisted on the translation being fairly literal.

The Science of Logic: an inquiry into the principles of accurate thought and scientific method. By P. Coffey, Ph.D. (Louvain), Professor of Logic and Metaphysics, Maynooth College. Longmans, Green & Co. 1912.

In no branch of learning can an author disregard the results of honest research with so much impunity as he can in Philosophy and Logic. To this circumstance we owe the publication of such a book as Mr Coffey's 'Science of Logic': and only as a typical example of the work of many logicians of to-day does this book deserve consideration. The author's Logic is that of the scholastic philosophers, and he makes all their mistakes—of course with the usual references to Aristotle. (Aristotle, whose name is so much taken in vain by our logicians, would turn in his grave if he knew that so many Logicians know no more about Logic to-day than he did 2,000 years ago). The author has not taken the slightest notice of the great work of the modern mathematical logicians—work which has brought about an advance in Logic comparable only to that which made Astronomy out of Astrology, and Chemistry out of Alchemy.

Mr Coffey, like many logicians, draws a great advantage from an unclear way of expressing himself; for if you cannot tell whether he means to say 'Yes' or 'No,' it is difficult to argue against him. However, even through his foggy expression, many grave mistakes can be recognised clearly enough; and I propose to give a list of some of the most striking ones, and would advise the student of Logic to trace these mistakes and their consequences in other books on Logic also. (The numbers in brackets indicate the pages of Mr Coffey's book—volume I.—where a mistake occurs for the first time; the illustrative examples are my own).

I. [36] The author believes that all propositions are of the subject-predicate form.

II. [31] He believes that reality is changed by becoming an object of our thoughts.

III. [6] He confounds the copula 'is' with the word 'is' expressing identity. (The word 'is' has obviously different meanings in the propositions—

'Twice two is four'
and 'Socrates is mortal.')

IV. [46] He confounds things with the classes to which they belong. (A man is obviously something quite different from mankind).

V. [48] He confounds classes and complexes. (Mankind is a class whose elements are men; but a library is not a class whose elements are books, because books become parts of a library only by standing in certain spatial relations to one another—while classes are independent of the relations between their members).

VI. [47] He confounds complexes and sums. (Two plus two is four, but four is not a complex of two and itself).

This list of mistakes could be extended a good deal.

The worst of such books as this is that they prejudice sensible people against the study of Logic.

LUDWIG WITTGENSTEIN.

**129 Freges *Grundgesetze der Arithmetik*,
Bd. II, 1903**

Aus dem Vorwort zu den *Grundgesetzen*:
Dies mag genügen, um meinen logischen Standpunkt durch den Gegensatz in helleres Licht zu setzen. Der Abstand von der psychologischen Logik scheint mir so himmelweit, daß keine Aussicht ist, jetzt schon durch mein Buch auf sie zu wirken. Es kommt mir vor, als müßte der von mir gepflanzte Baum eine ungeheure Steinlast heben, um sich Raum und Licht zu schaffen. Und doch möchte ich die Hoffnung nicht ganz aufgeben, mein Buch möchte später dazu helfen, die psychologische Logik umzustürzen. Dazu wird ihm einige Anerkennung bei den Mathematikern wohl nicht fehlen dürfen, die jene nöthigen wird, sich mit ihm abzufinden.

Und ich glaube einigen Beistand von dieser Seite erwarten zu können; haben die Mathematiker doch im Grunde gegen die psychologischen Logiker eine gemeinsame Sache zu führen. Sobald sich diese nur erst herablassen werden, sich ernsthaft mit meinem Buche zu beschäftigen, wenn auch nur, um es zu widerlegen, glaube ich gewonnen zu haben. Denn der ganze Abschnitt II ist eigentlich eine Probe auf meine logischen Überzeugungen. Es ist von vornherein unwahrscheinlich, daß ein solcher Bau sich auf einem unsichern, fehlerhaften Grunde aufführen lassen sollte. Jeder, der andere Überzeugungen hat, kann ja versuchen, auf ihnen einen ähnlichen Bau zu errichten, und er wird, glaube ich, inne werden, daß es nicht geht, oder daß es wenigstens nicht so gut geht. Und nur das würde ich als Widerlegung anerkennen können, wenn jemand durch die That zeigte, daß auf andern Grundüberzeugungen ein besseres, haltbareres Gebäude errichtet werden könnte, oder wenn mir jemand nachwiese, daß meine Grundsätze zu offenbar falschen Folgesätzen führten. Aber das wird Keinem gelingen. Und so möge denn dies Buch, wenn auch spät, zu einer Erneuerung der Logik beitragen.
Jena, im Juli 1893

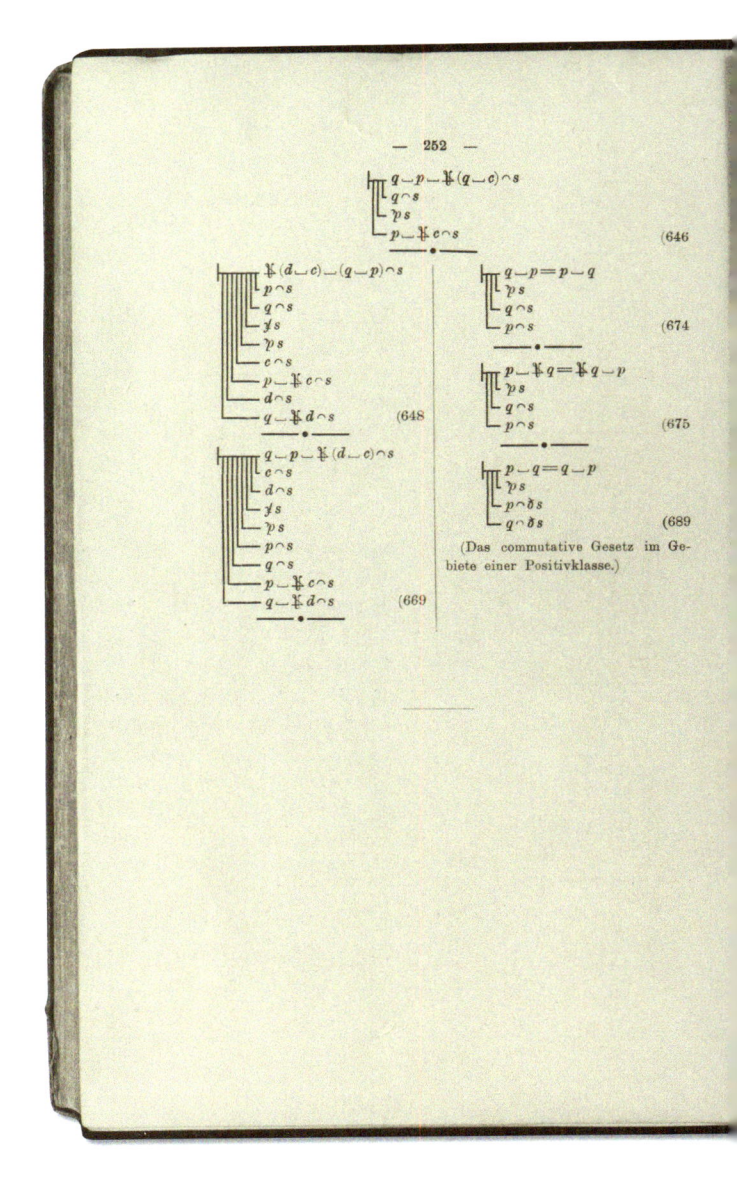

Nachwort.

Einem wissenschaftlichen Schriftsteller kann kaum etwas Unerwünschteres begegnen, als dass ihm nach Vollendung einer Arbeit eine der Grundlagen seines Baues erschüttert wird.

In diese Lage wurde ich durch einen Brief des Herrn Bertrand Russell versetzt, als der Druck dieses Bandes sich seinem Ende näherte. Es handelt sich um mein Grundgesetz (V). Ich habe mir nie verhehlt, dass es nicht so einleuchtend ist, wie die andern, und wie es eigentlich von einem logischen Gesetze verlangt werden muss. Und so habe ich denn auch im Vorworte zum ersten Bande S. VII auf diese Schwäche hingewiesen. Ich hätte gerne auf diese Grundlage verzichtet, wenn ich irgendeinen Ersatz dafür gekannt hätte. Und noch jetzt sehe ich nicht ein, wie die Arithmetik wissenschaftlich begründet werden könne, wie die Zahlen als logische Gegenstände gefasst und in die Betrachtung eingeführt werden können, wenn es nicht — bedingungsweise wenigstens — erlaubt ist, von einem Begriffe zu seinem Umfange überzugehn. Darf ich immer von dem Umfange eines Begriffes, von einer Klasse sprechen? Und wenn nicht, woran erkennt man die Ausnahmefälle? Kann man daraus, dass der Umfang eines Begriffes mit dem eines zweiten zusammenfällt, immer schliessen, dass jeder unter den ersten Begriff fallende Gegenstand auch unter den zweiten falle? Diese Fragen werden durch die Mittheilung des Herrn Russell angeregt.

Solatium miseris, socios habuisse malorum. Dieser Trost, wenn es einer ist, steht auch mir zur Seite; denn Alle, die von Begriffsumfängen, Klassen, Mengen¹) in ihren Beweisen Gebrauch gemacht haben, sind in derselben Lage. Es handelt sich hierbei nicht um meine Begründungsweise im Besonderen, sondern um die Möglichkeit einer logischen Begründung der Arithmetik überhaupt.

Doch zur Sache selbst! Herr Russell hat einen Widerspruch aufgefunden, der nun dargelegt werden mag.

Von der Klasse der Menschen wird niemand behaupten wollen, dass sie ein Mensch sei. Wir haben hier eine Klasse, die sich selbst nicht an-

¹) Auch die Systeme des Herrn R. Dedekind gehören hierher.

Philip Jourdain an Gottlob Frege,
29. März 1913:
In your last letter to me you spoke about working at the theory of irrational numbers. Do you mean that you are writing a third volume of the Grundgesetze der Arithmetik? Wittgenstein and I were rather disturbed to think that you might be doing so, because the theory of irrational numbers – unless you have got quite a new theory of them – would seem to require that the contradiction has been previously avoided; and the part dealing with irrational numbers on the new basis has been splendidly worked out by Russell and Whitehead in their Principia Mathematica.

15. Januar 1914:
Dear Prof. Frege,
Would you be kind enough to give me permission to translate part of your "Grundgesetze" for "The Monist". I was thinking of the more popular parts (Bd. I, VI–XXVI, 1–8, 51–52; Bd. II, 69–80). If you will give me your permission, Wittgenstein has kindly offered to revise the translation and then I would send it on to you.

Gottlob Frege, Januar 1914:
Sehr geehrter Herr Jourdain!
Sehr gerne gebe ich Ihnen die Erlaubnis Teile meiner Grundges. für den Monist zu übersetzen. Es scheint mir nach Ihrem Briefe, daß Herr Wittgenstein wieder in Cambridge ist. Ich habe mit ihm vor Weihnachten längere Unterhaltungen gehabt und wollte ihm darüber einen Brief schreiben, um den Faden etwas weiter zu spinnen, wußte aber nicht, wo er war.

---

130 Philip Jourdain (1879–1919)

Russell in seinem Tagebuch, November 1902:
[Philip Jourdain] is very ill, partially paralysed, and at first sight almost halfwitted. But as soon as he begins to talk of mathematics his face shines, his eyes sparkle, he speaks with fire and ability, one forgets that he is ill, or remembers it only in passionate admiration of the triumph of mind [...]

131–136 Postkarten von der Reise nach Norwegen
mit David Pinsent, August/September 1913

David Pinsent, Tagebuch
30. August 1913:
We eventually left by a 1.30 train – in a special through boat-express carriage for Hull. We travelled 1st class […] We reached the Quay Station at Hull about 6.15, and at once went on board the ship with our luggage. We have got each a two berthed cabin to ourselves – very comfortable. The ship sailed about 6.30 p.m.

Soon after we had sailed Wittgenstein suddenly appeared in an awful panic – saying that his portmanteau, with all his manuscripts inside, had been left behind at Hull. In case it might have been put into the hold by mistake we went down thither and searched, but to no effect. Wittgenstein was in an awful state about it. Then, just as I was thinking of sending a wireless message about it, – it was found in the corridor outside someone else's cabin!

About 7. we had dinner down in the saloon. Afterwards we sat on deck together and had a long philosophical discussion about Probability.

2. September 1913:
He is – in his acute sensitiveness – very like Levin in 'Anna Karenina', and thinks the most awful things of me when he is sulky – but is very contrite afterwards. The only other person in the world whom he knows as intimately as me – is Russell: and he has the same scenes periodically with Russell. I know that both from Russell and himself. […]

He is very anxious that we should have less friction this time than last year in Iceland. I thought we got on very well last year considering – but our occasional rows – when he was fussy or irritated by some trivial detail – seem to have distressed him a lot. He says that at times last year he was even uncertain whether to like or dislike me (Also that he enjoyed the Iceland trip "as much as it is possible for two people to do, who are nothing to each other." I certainly enjoyed it more than that.) – but that since then we have got to know each other much better and he is never uncertain now.

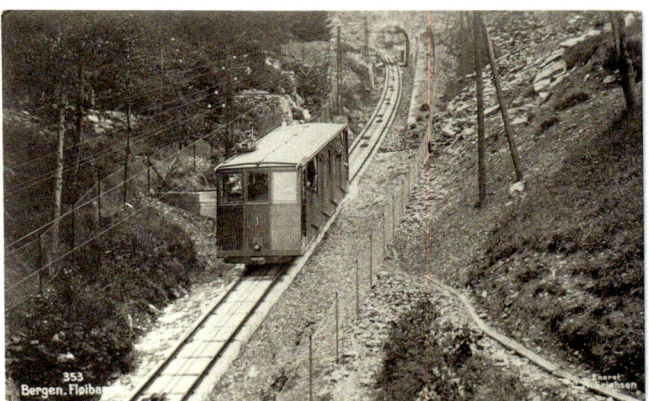

Wittgenstein an Russell aus Norwegen
20. September 1913:

Dear Russell,

Types are not yet solved but I have had all sorts of ideas which seem to me very fundamental. Now the feeling that I shall have to die before being able to publish them is growing stronger and stronger in me every day and my greatest wish would therefore be to communicate *everything* I have done so far to you, *as soon as possible*. Don't think that I believe that my ideas are very important but I cannot help feeling that they might help people to avoid *some* errors. Or am I mistaken? If so don't take *any notice* of this letter. I have of course no judgment at all as to whether my ideas are worth preserving after my death or not. And perhaps it is ridiculous of me even to consider this question at all. But if this is ridiculous please try to excuse this foolishness of mine because it is not a superficial foolishness but the deepest of which I am capable. I see that the further I get on with this letter the less I dare to come to my point. But my point is this: I want to ask you to let me meet you *as soon as possible* and give me time enough to give you a survey of the whole field of what I have done up to now and if possible to let me make notes for you *in your presence*. I shall arrive in London on the 1st of Oct. and shall have to be in London again on Oct. 3rd (evening). Otherwise I am not fixed in any way and can meet you wherever you like. My address will be the Grand Hotel. — I know that it may be both arrogant and silly to ask you what I have asked you. But such I am and think of me what you like. I will *always* be yours
L.W.

137 Grand Hotel Trafalgar Square, London
Wittgensteins Adresse während der Arbeit an den
Notes on Logic mit Russell, Anfang Oktober 1913

Russell tat im Laufe unserer Gespräche oft den Ausspruch: „Logic's hell!" — Und dies drückt *ganz* aus, was wir/sowohl er wie ich/ beim/im/ Nachdenken über die logischen Probleme empfanden; nämlich ihre ungeheure Schwierigkeit. Ihre Härte – ihre Härte und *Glätte*.

Der Hauptgrund dieser Empfindung war, glaube ich, das Faktum: daß jede neue/weitere/ Erscheinung der Sprache, an die man nachträglich denken mochte/, an die nachträglich gedacht werden mochte,/ die frühere Erklärung als unbrauchbar erweisen könnte. (Die Empfindung war, daß die Sprache immer neue, und unmöglichere, Forderungen heranbringen konnte; und so jede Erklärung vereitelt wurde.) — Das aber ist die Schwierigkeit in die Sokrates verwickelt wird, wenn er die Definition eines Begriffes zu geben versucht. Immer wieder taucht eine Anwendung des Wortes auf, die mit dem Begriff nicht vereinbar erscheint, zu dem uns andere Anwendungen geleitet haben. Man sagt: es *ist* doch nicht so! — aber es *ist* doch so! — und kann nichts tun, als sich diese Gegensätze beständig zu wiederholen.
1. Oktober 1937

138 Russells Typoskript von Wittgensteins
Notes on Logic

Als Wittgenstein in der Zeit vom 2. bis 9. Oktober 1913 Russell seine Gedanken zur Logik auseinandersetzt, bestellt Russell einen Stenographen, da es ihm schwerfällt, Wittgensteins Ausführungen zu folgen. Das daraufhin in Russells Auftrag angefertigte Typoskript wird von Wittgenstein und auch von Russell ausführlich überarbeitet und korrigiert.

139 Postkarte an Keynes

140 Postkarte an Eccles

Als ich übrigens in Norwegen war, im Jahre 1913–14, hatte ich eigene Gedanken, so scheint es mir jetzt wenigstens. Ich meine, es kommt mir so vor, als hätte ich damals in mir neue Denkbewegungen geboren (Aber vielleicht irre ich mich). Während ich jetzt nur mehr alte anzuwenden scheine.
1931

141 Wittgenstein an Russell

Skjolden, 29. Oktober 1913:
Dear Russell,
I hope you have got my letter which I wrote on the 16th [vergleiche Datum im Faksimile]. I left it in the Dining room of the boat and afterwards telephoned that it should be posted but I don't know with what effect. This is an ideal place to work in. — Soon after I arrived here I got a violent influenza which prevented me from doing any work until quite recently. Identity is the very Devil and *immensely important; very* much more so than I thought. It hangs – like everything else – directly together with the most fundamental questions, especially with the questions concerning the occurrence of the SAME argument in different places of a function. I have all sorts of ideas for a solution of the problem but could not yet arrive at anything definite. However I don't lose courage and go on thinking. — I have got two nice rooms here in the Postmaster's house and am looked after very well indeed. By the way – would you be so good and send me *two* copies of Moore's paper: "The Nature and Reality of Objects of Perception" which he read to the Aristotelian Soc. in 1906. I am afraid I can't yet tell you the reason why I want *two* copies but you shall know it some day. If you kindly send the bill with them I will send the money immediately after receiving the Pamphlets. — As I hardly meet a soul in this place, the progress of my Norwegian is exceedingly slow; so much so that I have not yet learned a single swear-word. Please remember me to Dr and Mrs Whitehead and Erik if you see them. Write to me SOON.
Yours as long as E! L.W.
P.S. How are your conversation-classes going on? Did you get the copy of my manuscript? I enclose a roseleaf as sample of the flora in this place.

November 1913:
Lieber Russell!
I intended to write this letter in German, but it struck me that I did not know whether to call you „Sie" or „Du" so I am reduced to my beastly English jargon! –

In seiner Antwort hatte Russell Wittgenstein offensichtlich das „Du" angeboten. Den folgenden Brief schreibt Wittgenstein bereits auf deutsch, Russell antwortet wie immer auf englisch. Das bleibt so bis zum Ende des Ersten Weltkriegs. Aus dem Gefangenenlager in Italien schreibt Wittgenstein an Russell wieder in englischer Sprache, wie auch seine letzten zwei Briefe an Russell im Jahr 1935.

124   Studienjahre: Berlin, Manchester, Cambridge

142 Mit den Geschwistern und Freunden beim Eislaufen in Wien

143 Die Schwestern Margarete und Helene

144 Der Mozartplatz aus dem Familienalbum
im IV. Wiener Bezirk, in der Nähe der Alleegasse

Wittgenstein an Russell aus Skjolden
Dezember 1913:
— Zu Weihnachten werde ich LEIDER nach Wien fahren müssen. Meine Mutter nämlich wünscht es sich so sehr, daß sie schwer gekränkt wäre, wenn ich nicht käme; und sie hat vom vorigen Jahr gerade an diese Zeit so böse Erinnerungen, daß ich es nicht über's Herz bringen kann wegzubleiben. Ich werde aber sehr bald wieder hierher zurückkehren. Meine Stimmung ist mittelmäßig, weil meine Arbeit nicht rasch vorwärts geht und weil mir der Gedanke an meine Heimfahrt entsetzlich ist. Die Einsamkeit hier tut mir unendlich wohl und ich glaube, daß ich das Leben unter Menschen jetzt nicht vertrüge. In mir gärt alles! Die große Frage ist jetzt: Wie muß ein Zeichensystem beschaffen sein, damit es jede Tautologie AUF EINE UND DIESELBE WEISE als Tautologie erkennen läßt? Dies ist das Grundproblem der Logik! — Ich bin überzeugt, ich werde in meinem Leben nie etwas veröffentlichen. Aber nach meinem Tod mußt Du den Band meines Tagebuchs, worin die ganze Geschichte steht, drucken lassen. *Schreib bald hierher* und versuche aus meinen verwirrten Erklärungen klar zu werden.
Immer Dein L.W.
P.S. Deine Briefe sind mir eine große Wohltat; laß es Dich nicht reuen, mir so oft zu schreiben. Ich will nur noch sagen, daß Deine Theorie der „Descriptions" *ganz* ZWEIFELLOS richtig ist, selbst wenn die einzelnen Urzeichen darin ganz andere sind als Du glaubtest.
— Ich glaube oft daß ich verrückt werde.

Weihnachten 1913, Wien, Alleegasse:
Lieber Russell!
Vielen Dank für Deinen Brief! Ich bin wie Du siehst zu Hause, und LEIDER wieder einmal ganz unfruchtbar. Ich hoffe nur die Ideen werden wiederkommen, wenn ich in meine Einsamkeit zurückkehre. (Ich bleibe noch etwa 8–10 Tage hier.) Was Deine amerikanischen Vorlesungen anbelangt, so brauchtest Du mich – von *mir* aus – natürlich gar nicht zu nennen; aber – wie Du willst –. Hier geht es mir jeden Tag anders: Einmal glaube ich, ich werde verrückt, so stark gärt alles in mir; den nächsten Tag bin ich wieder ganz und gar phlegmatisch. Am Grunde meiner Seele aber kocht es fort und fort wie am Grunde eines Geisirs. Und ich hoffe immer noch es werde endlich einmal ein endgültiger Ausbruch erfolgen, und ich kann ein anderer Mensch werden. Über Logik kann ich Dir heute nichts schreiben. Vielleicht glaubst Du daß es Zeitverschwendung ist über mich selbst zu denken; aber wie kann ich Logiker sein, wenn ich noch nicht Mensch bin! *Vor allem* muß ich mit mir selbst in's Reine kommen!
Immer Dein
L.W.

Bring den Menschen in die unrichtige Atmosphäre und nichts wird funktionieren wie es soll. Er wird an allen Teilen ungesund erscheinen. Bring ihn wieder in das richtige Element, und alles wird sich entfalten und gesund erscheinen. Wenn er nun aber im unrechten Element ist? Dann muß er sich also damit abfinden, als Krüppel zu erscheinen.
18. Mai 1942

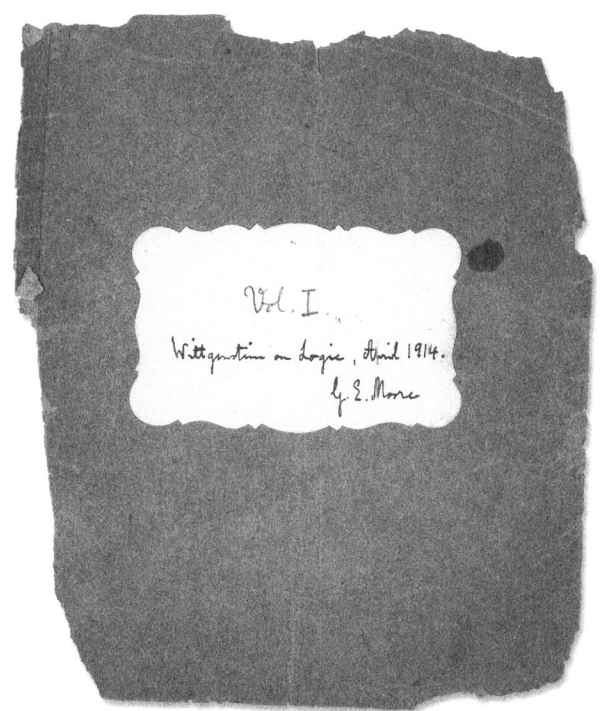

145 George Edward Moore (1873–1958)

G. E. Moore an F. A. Hayek, undatiert:
I arrived late on March 26th, 1914, and found W. there to meet me. We spent two nights at Bergen, and then went on by train, sledge, steamer and motor-boat to Skjolden, where Wittgenstein was staying, spending one night on the way at Flaam, at a hotel which was mostly shut up, because it was out of season; W. had arranged beforehand that we should be able to sleep there, but we were the only guests. I was with him at Skjolden only 15 days. He dictated to me there some notes on Logic, which I still have. He also took me to a site where he proposed to build a house; but the house which he afterwards actually built near Skjolden was on a different site. At the end of the 15 days he accompanied me back to Bergen, and we again spent one night together at Flaam, and one night at Bergen.

146 Das sogenannte *Diktat an Moore*

147 Wittgensteins Korrekturen in Moores Aufzeichnungen

Skjolden, 7. Mai 1914:
Dear Moore,
Your letter annoyed me. *When I wrote Logik I didn't consult the Regulations*, and therefore I think it would only be fair if you gave me my degree without consulting them so much either! As to a Preface and Notes; I think my examiners will easily see how much I have cribbed from Bosanquet. — If I'm not worth your making an exception for me *even in some* STUPID *details* then I may as well go to Hell directly; and if I am worth it and you don't do it then – by God – you might go there.
 The whole business is too stupid and too beastly to go on writing about it so —
L. W.

Wittgenstein verläßt die Universität Cambridge ohne Abschluß. *Logik*, die von ihm eingereichte Arbeit zur Erlangung seines Studienabschlusses, eines B.A., existiert nicht mehr. In welcher Beziehung diese offenbar auf deutsch abgefaßte Arbeit zu den sogenannten *Notes on Logic* und zur *Logisch-Philosophischen Abhandlung* steht, ist nicht bekannt.

126   Studienjahre: Berlin, Manchester, Cambridge

no prop. of the form xRy.

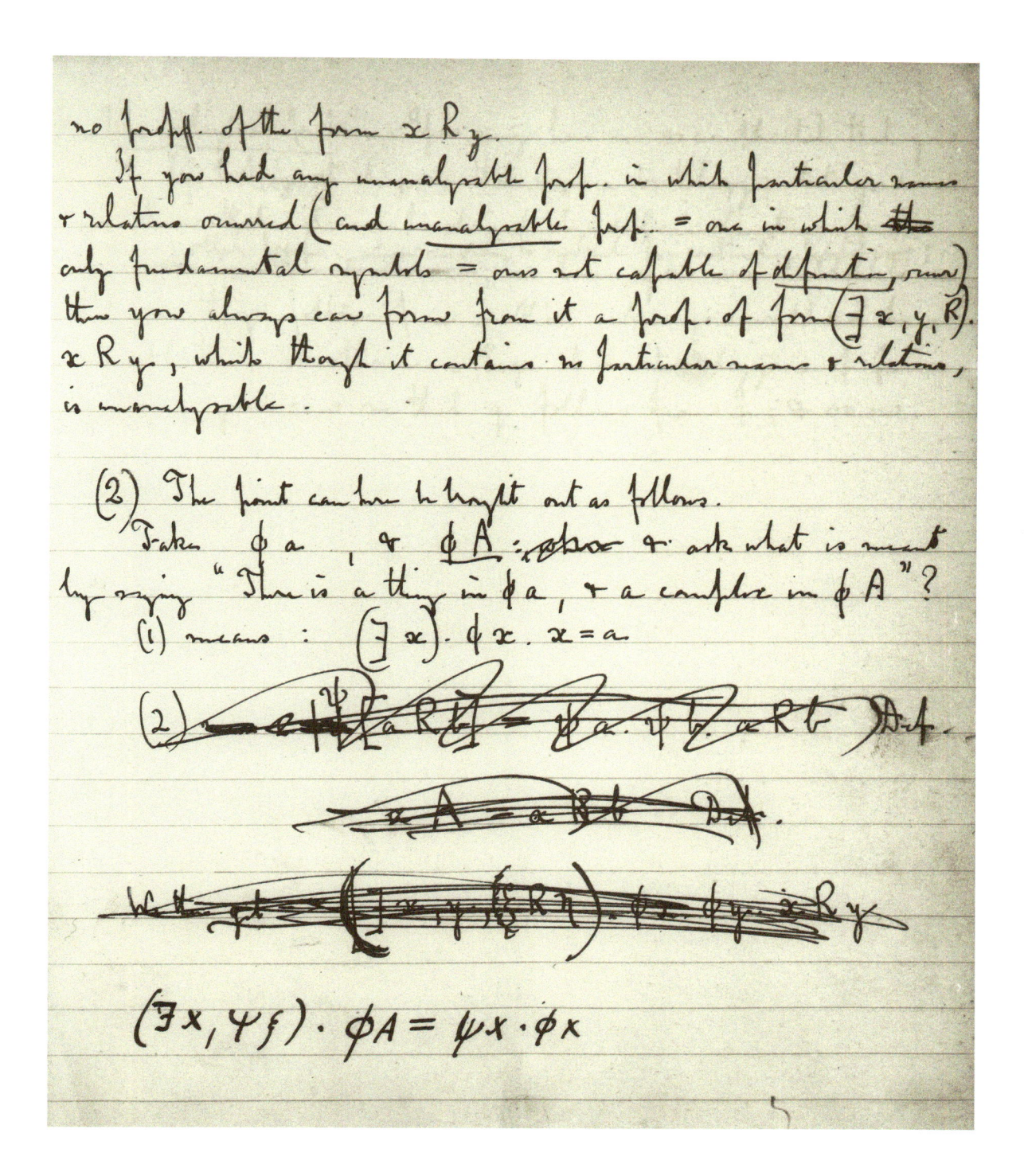

If you had any unanalysable prop. in which particular names & relations occurred (and unanalysable prop. = one in which the only fundamental symbols = ones not capable of definition, occur) then you always can form from it a prop. of form $(\exists x, y, R) . xRy$, which though it contains no particular names & relations, is unanalysable.

(2) The point can here be brought out as follows.

Take ϕa, & ϕA & ask what is meant by saying "There is a thing in ϕa, & a complex in ϕA"?

(1) means: $(\exists x) . \phi x . x = a$

(2) ~~$\psi aRb = \phi a . \psi b . aRb$ Def.~~

~~$xA = a\psi b$ Def.~~

~~$(\exists x, y, \xi R \eta) . \phi x . \phi y . xRy$~~

$(\exists x, \psi f) . \phi A = \psi x . \phi x$

148/149 Wittgensteins Haus in Skjolden

Skjolden, Juni 1914:
Lieber Russell!
Nur ein paar Zeilen um Dir zu sagen daß ich Deinen lieben Brief erhalten habe und daß meine Arbeit in den letzten 4–5 Monaten große Fortschritte gemacht hat. Jetzt aber bin ich wieder in einem Zustand der Ermüdung und kann weder arbeiten noch meine Arbeit erklären. Ich habe sie aber Moore als er bei mir war *ausführlich* erklärt und er hat sich verschiedenes aufgeschrieben. Du wirst also alles am besten von ihm erfahren können. Es ist viel Neues. — Am besten wirst Du alles verstehen wenn Du Moores Aufzeichnungen selber liesest. Es wird jetzt wohl wieder einige Zeit dauern bis ich wieder etwas hervorbringe.
Bis dahin,
Dein L.W.
P.S. Ich baue mir jetzt hier ein kleines Haus in der Einsamkeit. Hoffentlich war Deine Reise erfolgreich.

150 Skizze zur Lage des Hauses

Wittgenstein an G. E. Moore, Oktober 1936:
My house is not built on the site you mean. This map will show you where it is and why I can't get into the village without rowing; for the Mountain is much too steep for anyone to walk on it along the lake. I do believe that it was the right thing for me to come here thank God. I can't imagine that I could have worked anywhere as I do here. It's the quiet and, perhaps, the *wonderful* scenery; I mean, its quiet seriousness.

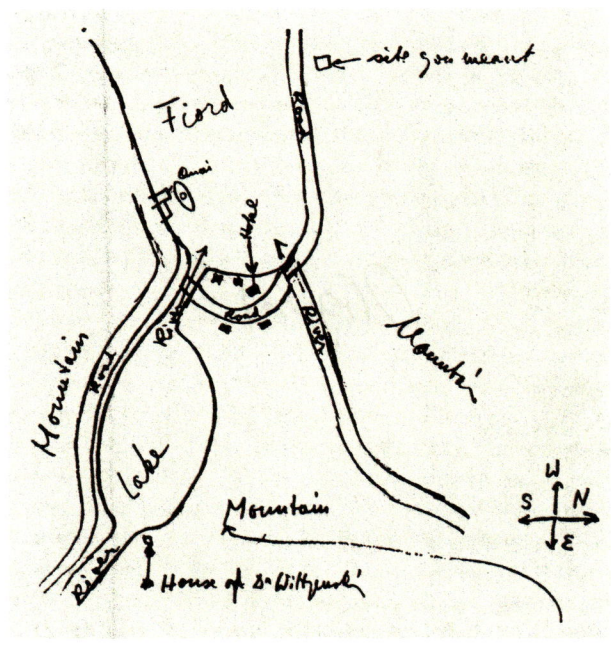

128 Studienjahre: Berlin, Manchester, Cambridge

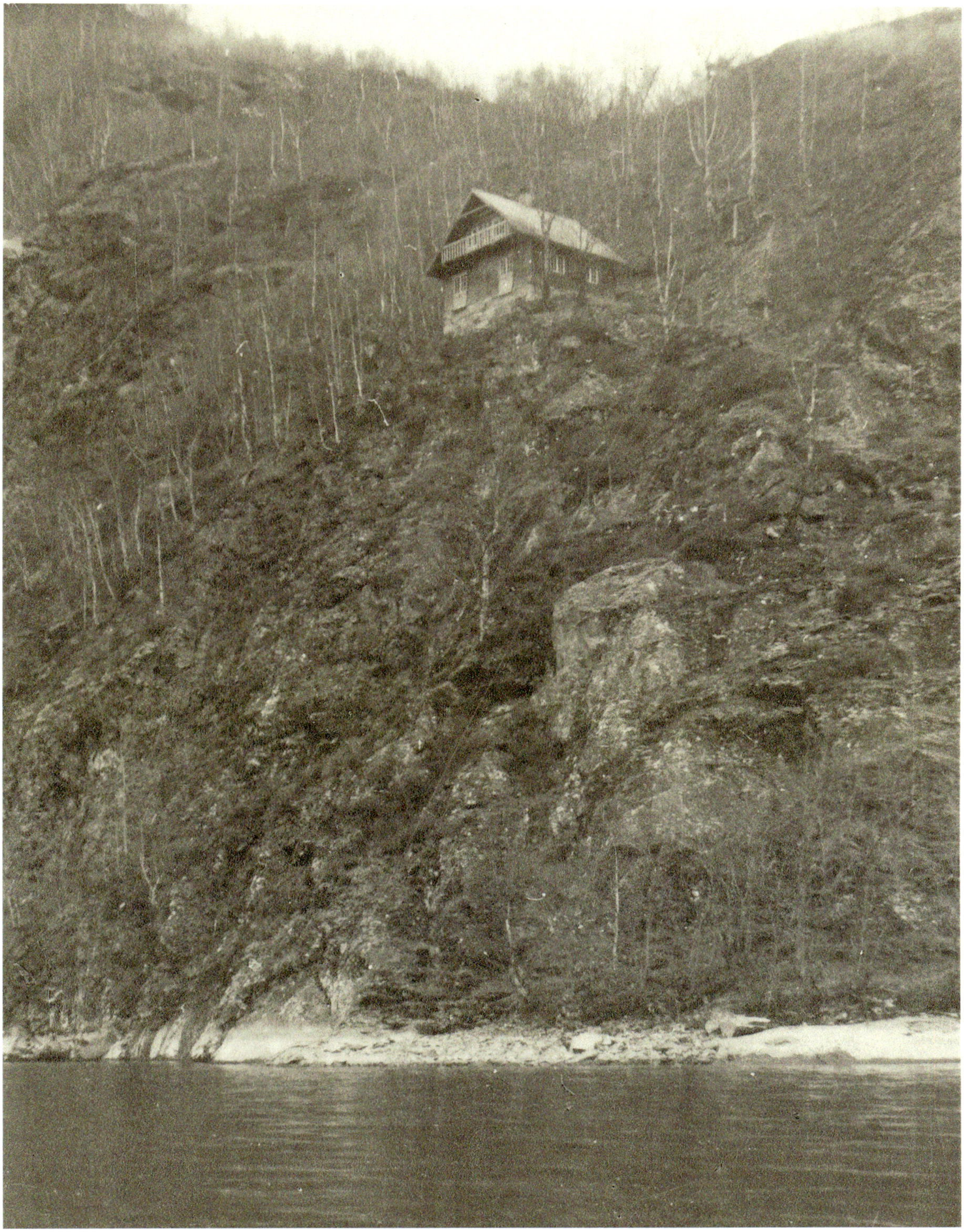

151 Die Hochreith

152/153 Mit der Familie auf der Hochreith
auf der Terrasse des großen Blockhauses; von links: die Geschwister Ludwig, Helene und Paul

Wien XVII
Neuwaldeggerstraße 38
July 3rd, '14
Dear Moore,
Upon clearing up some papers before leaving Skjolden I popped upon your letter which had made me so wild. And upon reading it over again I found that I had probably no sufficient reason to write to you as I did. (Not that I like your letter a bit *now*.) But at any rate my wrath has cooled down and I'd rather be friends with you again than otherwise. I consider I have strained myself enough now for I would *not* have written this to many people and if you don't answer this I shan't write to you again.
Yours, etc., etc.
L.W.

Moore beantwortet diesen Brief nicht. Erst am Tag von Wittgensteins Rückkehr nach Cambridge, am 28. Januar 1929, wird die Beziehung wieder aufgenommen, als sich beide im Zug von London nach Cambridge zufällig begegnen.

Hermine Wittgenstein:
Bei Ausbruch des Krieges im Jahre 1914 kam er [Ludwig] nach Österreich zurück und wollte durchaus als Soldat einrücken, trotz seines operierten beiderseitigen Leistenbruchs, der ihn vom Militärdienst befreit hatte. Es war ihm, wie ich genau weiß, nicht nur darum zu tun, sein Vaterland zu verteidigen, sondern er hatte den intensiven Wunsch, etwas Schweres auf sich zu nehmen und irgend etwas Anderes zu leisten als rein geistige Arbeit.

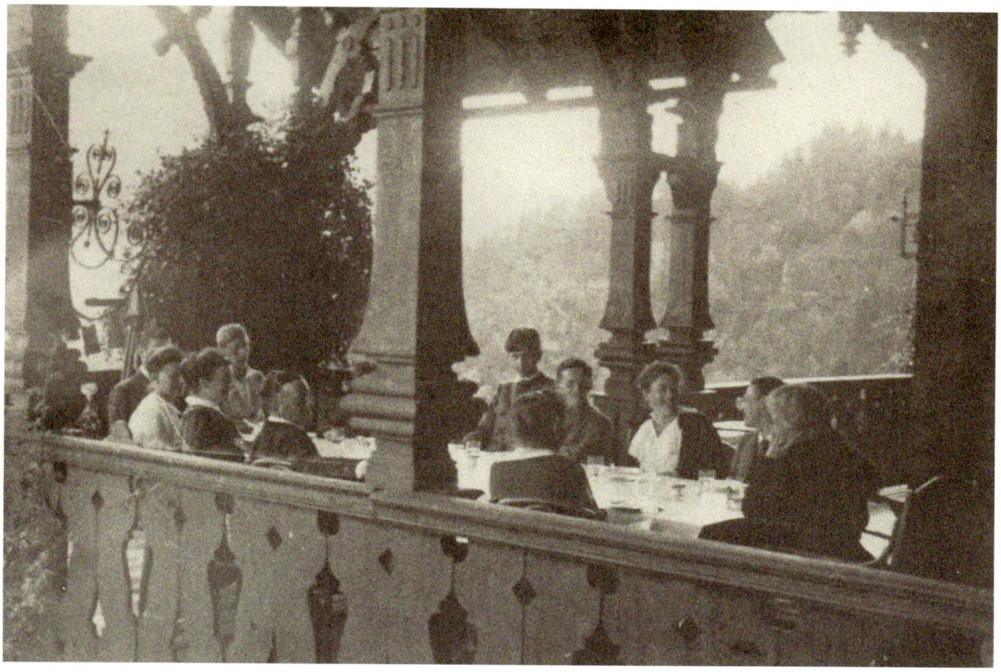

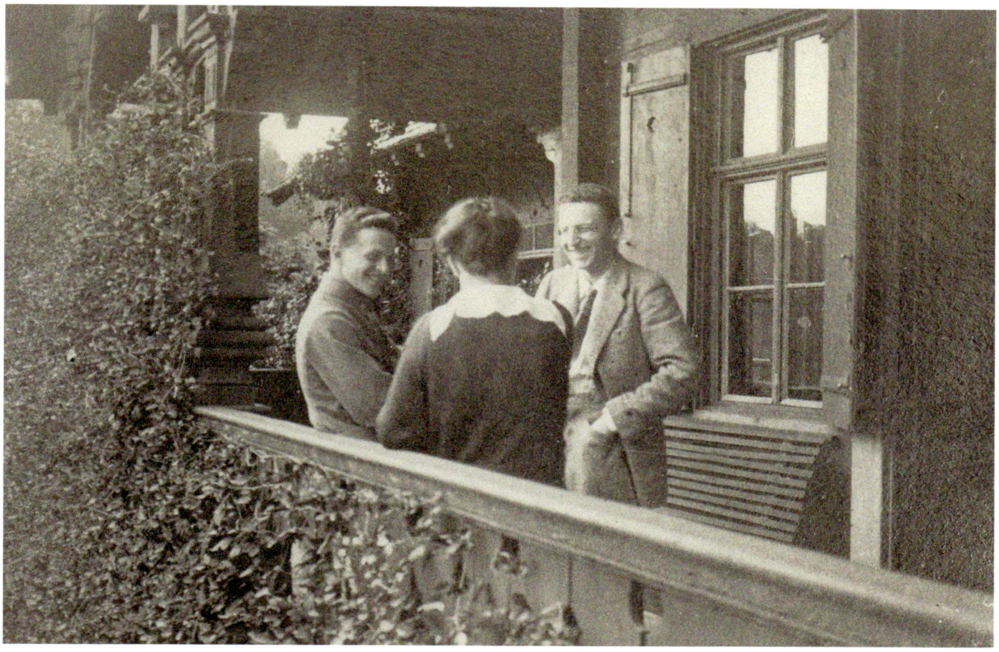

154 Karl Kraus (1874–1936)
Kreidezeichnung von Oskar Kokoschka, 1912

155 Ludwig von Ficker (1880–1967)
Gemälde von Oskar Kokoschka, 1915, auf
Bestellung von Adolf Loos

Wittgenstein an Ludwig von Ficker,
14. Juli 1914:
Hochreit, Post Hohenberg, N. Ö.
Sehr geehrter Herr!
Verzeihen Sie, daß ich Sie mit einer großen Bitte belästige. Ich möchte Ihnen eine Summe von 100 000 Kronen überweisen und Sie bitten, dieselbe an unbemittelte österreichische Künstler nach Ihrem Gutdünken zu verteilen. Ich wende mich in dieser Sache an Sie, da ich annehme, daß Sie viele unserer besten Talente kennen, und wissen, welche von ihnen der Unterstützung am bedürftigsten sind. Sollten Sie geneigt sein mir meine Bitte zu erfüllen, so bitte ich Sie, mir an die obige Adresse zu schreiben, in jedem Falle aber die Sache bis auf weiteres geheim halten zu wollen.
In vorzüglicher Hochachtung
Ihr sehr ergebener
Ludwig Wittgenstein *jun.*

19. Juli 1914:
Um Sie davon zu überzeugen, daß ich mein Angebot ehrlich meine, kann ich wohl nichts besseres tun, als Ihnen die bewußte Summe tatsächlich anzuweisen; und dies wird geschehen, wenn ich das nächste mal – im Laufe der nächsten 2 Wochen – nach Wien komme. Ich will Ihnen nun kurz mitteilen, was mich zu meinem Vorhaben bewogen hat. Durch meines Vaters Tod erbte ich vor 1.1/2 Jahren ein großes Vermögen. Es ist in solchen Fällen Sitte eine Summe für wohltätige Zwecke herzugeben. Soviel über den äußeren Anlaß. Als Anwalt meiner Sache wählte ich Sie, auf die Worte hin, die Kraus in der Fackel über Sie und Ihre Zeitschrift geschrieben hat; und auf die Worte hin, die Sie über Kraus schrieben. Ihr freundlicher Brief hat mein Vertrauen in Sie noch vermehrt. Ich möchte jetzt schließen, vielleicht darf ich Sie einmal treffen und mit Ihnen reden. *Dies wünsche ich sehr!*
  Nehmen Sie meinen wärmsten Dank für Ihre Bereitwilligkeit entgegen.

Max von Esterle an Ludwig von Ficker,
21. Juli 1914:
Der Name Wittgenstein ist mir von der Wiener Secession her bekannt. Der Vater Ihres Korrespondenten ist kürzlich gestorben (etwa vor einem Jahre), war, glaube ich, einer der reichsten Kohlen-Juden, sehr „kunstsinnig" und spendete der Secession jährlich bedeutende Summen – etwa 20–40 000. Es erscheint mir daher durchaus glaubhaft, daß der Sohn in ähnlichem Sinne wirkt, und es war mir gleich klar, daß der Antrag, den Sie erhielten, aufrichtig gemeint war […]
  Wenn aus dieser Sache das wird, was Sie und ich uns erwarten, so ist es wirklich ein tröstlicher Blitz aus finsterm Himmel und eine Freude, die man selbst zu bereiten immer träumte und wünschte.

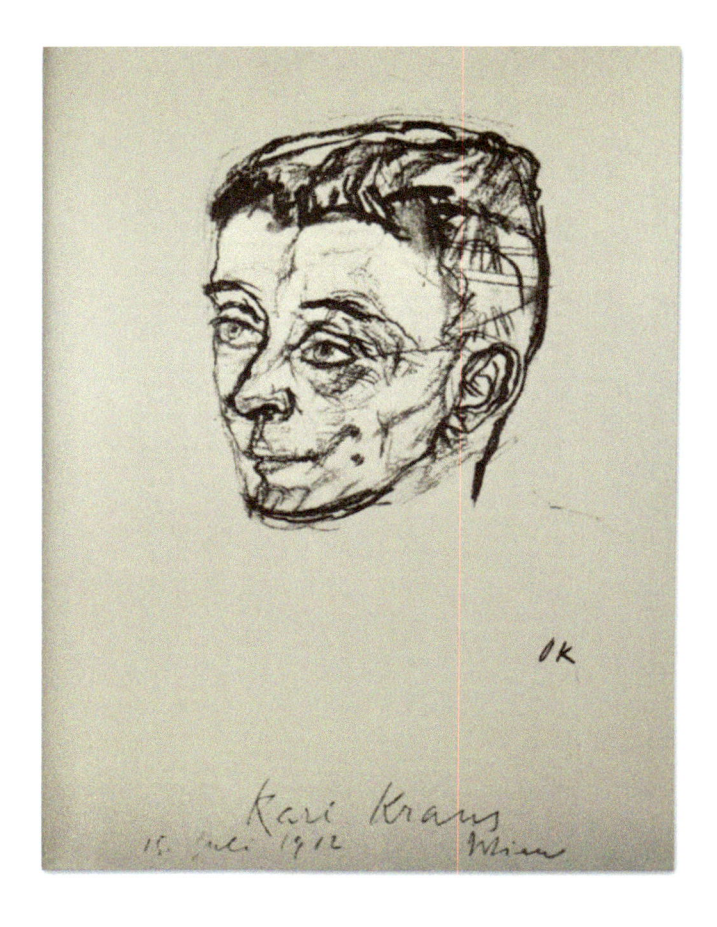

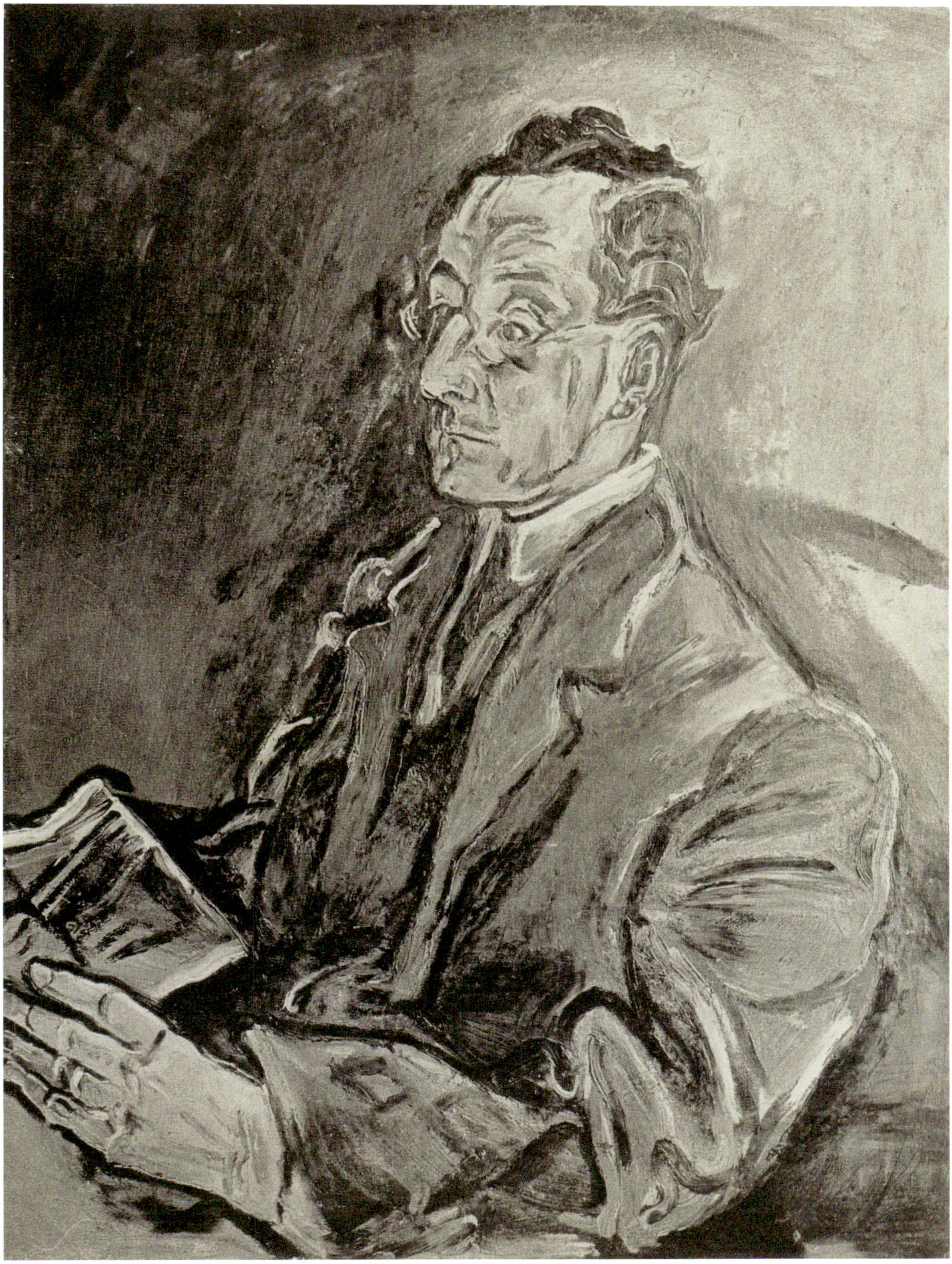

134   Studienjahre: Berlin, Manchester, Cambridge

156 Adolf Loos (1870–1933) und
Peter Altenberg (1859–1919)
Aufnahme Moritz Nähr

157 Carl Dallago (1869–1949)

158 Rainer Maria Rilke (1875–1926)

159 Else Lasker-Schüler (1869–1945)
Selbstporträt

160 Georg Trakl (1887–1914)
Karikatur von Max von Esterle

Die 100.000-Kronen-Spende wurde wie
folgt verteilt:
Georg Trakl 20.000 Kronen
Rainer Maria Rilke 20.000 Kronen
Carl Dallago 20.000 Kronen
Der Brenner 10.000 Kronen
Oskar Kokoschka 5.000 Kronen
Else Lasker-Schüler 4.000 Kronen
Adolf Loos 2.000 Kronen
Borromäus Heinrich 1.000 Kronen
Hermann Wagner 1.000 Kronen
Georg Oberkofler 1.000 Kronen
Theodor Haecker 2.000 Kronen
Theodor Däubler 2.000 Kronen
Ludwig Erik Tesar 2.000 Kronen
Richard Weiss 2.000 Kronen
Karl Hauer 5.000 Kronen
Franz Kranewitter 2.000 Kronen
Hugo Neugebauer 1.000 Kronen

1. August 1914
Wien XVII, Neuwaldeggerstr. 38
Sehr geehrter Herr v. Ficker!
Vielen Dank für Ihren freundlichen Brief und
den beigelegten Dallagos. (Ich weiß nicht, ob
Sie für diesen noch eine Verwendung haben,
schließe ihn aber für alle Fälle bei.) Nochmals
besten Dank für Ihren lieben Besuch, wie
dafür, daß Sie mich mit Loos bekannt gemacht
haben. Es freut mich *sehr*, ihn einmal getroffen
zu haben. Meine Adresse ist vorläufig die
obige, da wir des Krieges wegen nach Wien
gezogen sind.
Mit besten Grüßen
Ihr sehr ergebener
Ludwig Wittgenstein

161 Seite aus dem Manuskript MS 101
dem ersten der sogenannten *Tagebücher 1914–1916*, den Manuskriptbänden zur *Logisch-Philosophischen Abhandlung*

Als Rekrut eingekleidet worden. Wenig Hoffnung meine technischen Kenntnisse verwenden zu können. Brauche *sehr* viel gute Laune und Philosophie um mich hier zurecht zu finden. Als ich heute aufwachte war es mir wie in einem jener Träume worin man plötzlich ganz unsinnigerweise wieder in der Schule sitzt. In meiner Stellung ist freilich auch viel Humor und ich verrichte die niedrigsten Dienste mit fast ironischem Lächeln. Nicht gearbeitet. Dies ist eine Feuerprobe des Charakters eben darum weil so viel Kraft dazu gehört die gute Stimmung und die Energie nicht zu verlieren.
10. August 1914

Auf der „Goplana". Nochmals: Die Dummheit, Frechheit und Bosheit dieser Menschen kennt keine Grenzen. Jede Arbeit wird zur Qual. Aber ich habe heute schon wieder gearbeitet und werde mich nicht unterkriegen lassen. Schrieb heute eine Karte an den lieben David. Der Himmel beschütze ihn und erhalte mir seine Freundschaft! —
16. August 1914

162 Das Wachschiff Goplana auf der Weichsel

163 Georg Trakl

Vormitt. weiter gegen Krakau. Während des Wachdienstes heute nacht gearbeitet, auch heute sehr viel, und noch immer erfolglos. Bin aber nicht mutlos weil ich *das Hauptproblem* immer im Auge habe. — — —.

  Trakl liegt im Garnisonsspital in Krakau und bittet mich ihn zu besuchen. Wie gerne möchte ich ihn kennen lernen! Hoffentlich treffe ich ihn wenn ich nach Krakau komme! Vielleicht wäre es mir eine große Stärkung. — — —.
1. November 1914

Bin sehr gespannt ob ich Trakl treffen werde. Ich hoffe es sehr. Ich vermisse sehr einen Menschen mit dem ich mich ein wenig ausreden kann. Es wird auch ohne einen solchen gehen müssen. Aber es würde mich sehr stärken. Den ganzen Tag etwas müde und zur Depression geneigt. Nicht sehr viel gearbeitet. In Krakau. Es ist schon zu spät, Trakl heute noch zu besuchen. — — —.

  Möge der Geist mir Kraft geben. —
5. November 1914

Früh in die Stadt zum Garnisonshospital. Erfuhr dort daß Trakl vor wenigen Tagen gestorben ist. Dies traf mich *sehr* stark. Wie traurig, wie traurig!!! Ich schrieb darüber sofort an Ficker. Besorgungen gemacht und dann gegen 6 Uhr aufs Schiff gekommen. Nicht gearbeitet. Der arme Trakl! — — —! Dein Wille geschehe. — — —
6. November 1914

Ich habe heute von Ludwig's Professor Russell aus Cambridge folgenden Brief erhalten:

Dear Mrs. Wittgenstein

I have heard from your son which was a great happiness to me, as I have a profound affection and respect for him. I am writing now to ask whether you would do me a great kindness. If anything happens to him, would you let me know? I only ask because the anxiety is trying. Apart from affection it is to him that I look for the next real important advance in philosophy

Yours sincerely
Bertrand Russell

164 Von der Mutter angefertigte Abschrift eines Briefes von Russell

165 Die Mutter auf der Hochreith

Vorgestern nachts furchtbare Szenen: fast alle Leute besoffen. Gestern wieder auf die Goplana zurück die in den Dunajez gefahren wurde. Gestern und vorgestern nicht gearbeitet. Versuchte vergeblich, meinem Kopf war die ganze Sache fremd. Die Russen sind uns auf den Fersen. Wir sind in unmittelbarer Nähe des Feindes. Bin guter Stimmung, habe wieder gearbeitet. Am besten kann ich jetzt arbeiten während ich Kartoffeln schäle. Melde mich immer freiwillig dazu. Es ist für mich dasselbe was das Linsenschleifen für Spinoza war.

Mit dem Leutnant stehe ich viel kühler als früher. Aber nur Mut!

Wen der Genius nicht verläßt — — — —! Gott mit mir! Jetzt wäre mir Gelegenheit gegeben ein anständiger Mensch zu sein denn ich stehe vor dem Tod Aug in Auge. Möge der Geist mich erleuchten
15. September 1914

Heute erhielt ich einen Brief von Keynes der über Norwegen an's hiesige Regimentskommando kam! Er schreibt nur um mich zu fragen wie es mit Johnson's Geld nach dem Kriege werden wird. Der Brief hat mir einen Stich gegeben denn es schmerzt einen Geschäftsbrief von einem zu kriegen mit dem man früher gut gestanden ist; und gar in dieser Zeit. — Soeben erhielt ich eine Karte von Mama vom ersten d.M.. Alles wohl! Nun also! —

Dachte in den letzten Tagen oft an Russell. Ob er noch an mich denkt? Es war *doch* merkwürdig, unser zusammen treffen! In den Zeiten des äußeren Wohlergehens denken wir nicht an die Ohnmacht des Fleisches; denkt man aber an die Zeit der Not dann kommt sie einem zum Bewußtsein. Und man wendet sich zum Geist. — — —.
5. Oktober 1914

Trinity College,
Cambridge.
5. Feb. 15
My dear Wittgenstein
It was a *very* great happiness to hear from you – I had been thinking of you constantly and longing for news. I am amazed that you have been able to write a MS. on logic since the war began. I cannot tell you how great a joy it will be to see you again after the war, if all goes well. If only your MSS come to me, I will do my utmost to understand them and make others understand them; but without your help it will be difficult.

Your letter came about 3 weeks ago – I did not know how I should answer it, but I am enabled to by the kindness of an American who is going to Italy.

Please remember me to your mother, and tell her that you are constantly in my mind with anxious affection.
Ever yours
Bertrand Russell

166 Der kriegsinvalide Bruder Paul mit der Schwester Helene auf der Hochreith

Erhielt heute viel Post, u. a. die traurige Nachricht, daß Paul schwer verwundet und in russischer Gefangenschaft ist – Gottseidank in guter Pflege. Die arme, arme Mama!!! — — —
[…]
Immer wieder muß ich an den armen Paul denken der so plötzlich *um seinen Beruf gekommen ist!* Wie furchtbar. Welcher Philosophie würde es bedürfen darüber hinweg zu kommen! Wenn dies überhaupt anders als durch Selbstmord geschehen kann!! — Konnte nicht viel arbeiten, arbeitete aber mit Zuversicht. — — —. Dein Wille geschehe. — — —.
28. Oktober 1914

Wenn der Selbstmord erlaubt ist dann ist alles erlaubt.
Wenn etwas nicht erlaubt ist dann ist der Selbstmord nicht erlaubt. Dies wirft ein Licht auf das Wesen der Ethik. Denn der Selbstmord ist so zusagen die elementare Sünde.
Und wenn man ihn untersucht so ist es wie wenn man den Quecksilberdampf untersucht um das Wesen der Dämpfe zu erfassen.
Oder ist nicht auch der Selbstmord an sich weder gut noch böse!
10. Januar 1917

167 Kurt Wittgenstein, 1915

Hermine Wittgenstein:
[U]m diese Zeit machte Ludwig eine Spende von einer Million Kronen für den Bau eines 30cm Mörsers […]

Wenn ich jetzt an den Zweck dieser Spende denke, so kommt sie mir gänzlich weltfremd ausgedacht vor, sie erinnert mich beinahe an den Witz von dem jüdischen Soldaten, der sagt: „ich kaufe mir eine Kanone und mache mich selbständig!" Man kann nämlich nicht quasi einen Mörser bestellen, wie man etwas anderes bestellt, wie z. B. mein Bruder Paul den Stoff für Tausende von Militärmänteln bestellte, die er dann nähen ließ. Wenn der Staat einen Mörser bauen will, so wird er dazu keinen Ludwig Wittgenstein brauchen. […]

Ganz ähnlich ging es mit einem Legat von einer Million Kronen, das mein Bruder Kurt für wohltätige Zwecke hinterließ.

168 Krakau, im Hintergrund die Goplana

169 Der in Tarnów, Galizien, erworbene Tolstoi

Gestern fing ich an in Tolstois Erläuterungen zu den Evangelien zu lesen. Ein herrliches Werk. Es ist mir aber noch nicht das was ich davon erwarte.
2. September 1914

Ich bin auf dem Wege zu einer großen Entdeckung; aber ob ich dahingelangen werde?! Bin sinnlicher
5. September 1914

Die Nachrichten werden immer schlechter. Heute nacht wird strenge Bereitschaft sein. Ich arbeite täglich mehr oder weniger und recht zuversichtlich. Immer wieder sage ich mir im Geiste die Worte Tolstois vor: „Der Mensch ist *ohnmächtig* im Fleische aber *frei* durch den Geist." Möge der Geist in mir sein! Nachmittags hörte der Leutnant Schüsse in der Nähe. Ich wurde sehr aufgeregt. Wahrscheinlich werden wir alarmiert werden. Wie werde ich mich benehmen wenn es zum Schießen kommt? Ich fürchte mich nicht davor erschossen zu werden aber davor meine Pflicht nicht ordentlich zu erfüllen. Gott gebe mir Kraft! Amen. Amen. Amen.
12. September 1914

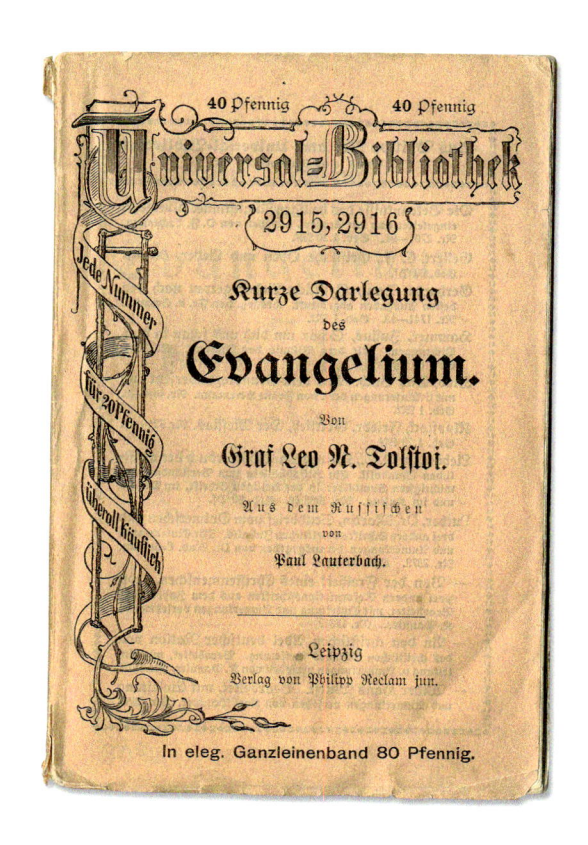

Wir stehen in der Mündung der Wisloka. (Abends) Es ist mir eisig kalt – von innen. Ich habe jenes gewisse Gefühl: Wenn ich mich nur noch einmal ausschlafen könnte, ehe die Geschichte anfängt. — — — —!

Besseres Befinden. Wenig gearbeitet. Ich verstehe es noch immer nicht meine Pflicht nur zu tun weil es meine Pflicht ist und meinen ganzen Menschen für das geistige Leben zu reservieren. Ich kann in einer Stunde sterben, ich kann in zwei Stunden sterben, ich kann in einem Monat sterben oder erst in ein paar Jahren; ich kann es nicht wissen und nichts dafür oder dagegen tun: *So ist dies Leben.* Wie muß ich also leben um in jenem Augenblick zu bestehen? Im guten und schönen zu leben bis das Leben von selbst aufhört.
7. Oktober 1914

170 Nachricht über Wittgensteins Verletzung

171 Explodierte Kanone in der Werkstätte des Autodetachements in Krakau

K. u. k. Art. Werkstätte Festung Krakau, Feldpost No 186
Lieber Herr v. Ficker!
Vor einer Woche erhielt ich Ihren Brief vom 11ten. Am selben Tag erlitt ich durch eine Explosion in der Werkstätte einen Nervenschock und ein paar leichte Verletzungen, konnte also nicht gleich antworten. Dies schreibe ich im Spital. Ihren Brief aus Brixen habe ich nicht erhalten. Ihre traurigen Nachrichten verstehe ich nur zu gut. Sie leben sozusagen im Dunkel dahin und haben das erlösende Wort nicht gefunden. Und wenn ich, der [ich] so grundverschieden von Ihnen bin, etwas raten will, so scheint das vielleicht eine Eselei. Ich wage es aber trotzdem. Kennen Sie die „*Kurze Erläuterung des Evangeliums*" von Tolstoi? Dieses Buch hat mich seinerzeit geradezu am Leben erhalten. Würden Sie sich dieses Buch kaufen und es lesen?! Wenn Sie es nicht kennen, so können Sie sich auch nicht denken, wie es auf den Menschen wirken kann. Wären Sie jetzt hier so möchte ich vieles sagen. In einer Woche werde ich vielleicht auf etwa 14 Tage nach Wien fahren. Wenn wir uns dort treffen könnten! Schreiben Sie mir wieder.
Ihr ergebener
L. Wittgenstein
24. Juli 1915

172/173 Wittgensteins Militärausweis

Der Leutnant und ich haben schon oft über alles Mögliche gesprochen; ein sehr netter Mensch. Er kann mit den größten Halunken umgehen und freundlich sein, ohne sich etwas zu vergeben. Wenn wir einen Chinesen hören so sind wir geneigt sein Sprechen für ein unartikuliertes Gurgeln zu halten. Einer der chinesisch versteht wird darin die *Sprache* erkennen. So kann ich oft nicht den *Menschen* im Menschen erkennen etc.. Ein wenig aber erfolglos gearbeitet.
21. August 1914

174 Ehrenwörtliche Erklärung
Wittgenstein über den Stand seiner Ausbildung

Die Mannschaft mit wenigen Ausnahmen haßt mich als Freiwilligen. So bin ich jetzt fast immer umgeben von Leuten die mich hassen. Und dies ist das einzige womit ich mich noch nicht abfinden kann. Hier sind aber böse, herzlose Menschen. Es ist mir fast unmöglich eine Spur von Menschlichkeit in ihnen zu finden. Gott helfe mir zu leben.
27. April 1915

In steter Lebensgefahr. Die Nacht verlief durch die Gnade Gottes gut. Von Zeit zu Zeit werde ich verzagt. Das ist die Schuld der falschen Lebensauffassung! Verstehe die Menschen! Immer wenn du sie hassen willst trachte sie statt dessen zu verstehen. Lebe im inneren Frieden! Wie aber kommst du zum innern Frieden? Nur indem ich gottgefällig lebe. *Nur* so ist es möglich, das Leben zu ertragen.
6. Mai 1916

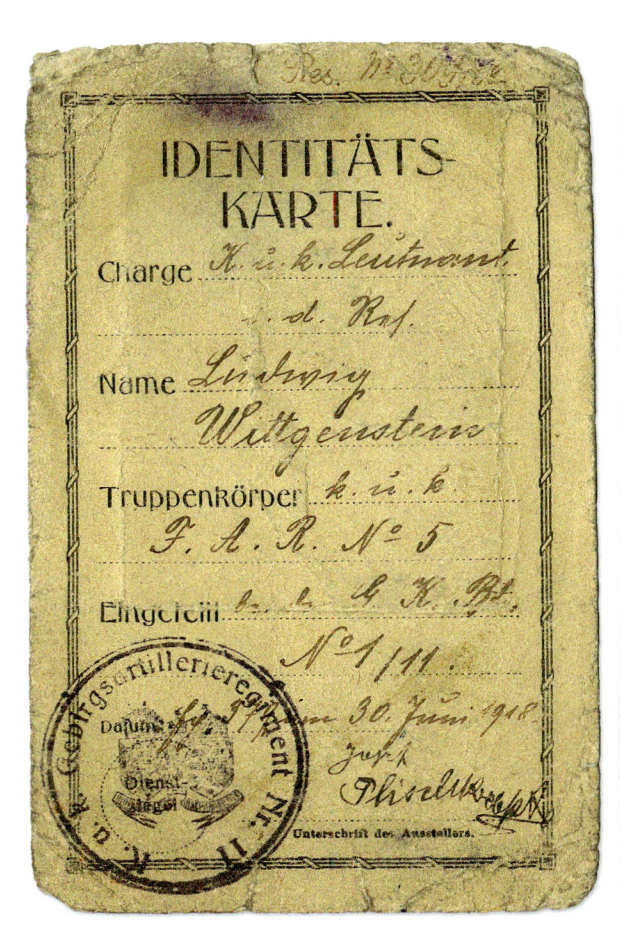

Kriegsfreiw. Kan. Ludwig Wittgenstein

Erklärung

Da sich meine Studiendokumente in England befinden, erkläre ich ehrenwörtlich, dass ich an der Berliner Techn. Hochschule 2 Jahre, an der Universität Manchester 3 Jahre und an der Universität Cambridge 2 Jahre studiert habe und in England zur Ausübung der Docentur (venia legendi) berechtigt bin.

Sokal, am 1. Oktober 1915.

Ludwig Wittgenstein

Für die Echtheit der Unterschrift.

Oskar [...]

175 Einschlag einer russischen Granate

176 Auszeichnung mit der Goldenen Tapferkeitsmedaille für Offiziere

Komme morgen vielleicht auf mein Ansuchen zu den Aufklärern hinauf. Dann wird für mich erst der Krieg anfangen. Und kann sein – auch das Leben! Vielleicht bringt mir die Nähe des Todes das Licht des Lebens!
4. Mai 1916

Kolossale Strapazen im letzten Monat! Habe viel über alles Mögliche nachgedacht. Kann aber merkwürdigerweise nicht die Verbindung mit meinen mathematischen Gedankengängen herstellen.
6. Juli 1916

Aber die Verbindung wird hergestellt werden!
    Was sich nicht sagen läßt, *läßt* sich nicht sagen!
7. Juli 1916

KANONENBATTERIE Nr. 1
des k. und k. Gebirgsartillerieregiments Nr. 11.

1191, 3. Hunter

30. JUL 1918

Die Standeszugehörigkeit sowie die Namensschreibweise wird bestätigt.

Vladimir Francouzky

Feld

Zu Nr. 41/152

Belohnungsantrag 93

1	Charge	K.u.k. Leutnant i. d. Reserve
2	Vor- und Zuname	Ludwig Wittgenstein
3	Standeskörper	K.u.K. Feld Artillerie-Regiment Nr. 105
4	Diensteseinteilung	Aufklärer-Offizier bei der Batt. 1/GA 2 ii
5	Personaldaten	Lt. i. d. Res. Rang Nr. 1334 v. 1/2. 1918 ad P.V. Bz. 36/1918 Gest. 1914 Gpkt. N. 7 Geburtsjahr 1889
6	Anlaß (Waffentat, Dienstleistung usw.) bei Angabe von Ort und Zeit	In Anerkennung hervorragend tapferen Verhaltens vor dem Feinde. Ist im Gefechte bei Ostrag am 15/6.17. als Aufklärer der Sturmbatterie mit den ersten Sturmwellen vorgegangen. Hat im starken M.Gew. und Art. feuer die Gefechtsverhältnisse aufgeklärt, wobei von seiner Patrouille 2 Mann verwundet wurden. Im ärgsten Trommelfeuer besorgte er den Abtransport der Verwundeten, kehrte zu dem Sturmgeschütz welches unter dem schwersten Art. feuer stand, als der j. Offizier mit 3 Mann von einer 21cm Granate verschüttet wurden, übernahm er dessen Stelle und leitete mit Hintansetzung eigener Person die Rettungsarbeiten. Als der Befehl zum Zurückziehen des Geschützes gegeben wurde brachte er dasselbe binnen kürzerer Zeit durch das passende Trommelfeuer in die Ausgangsstellung zurück. Sein hervorragend tapferes Verhalten, seine Kaltblütigkeit und Heldenmut erweckte bei der Mannschaft vollste Bewunderung. Durch sein Benehmen gab er ein leuchtendes Beispiel soldatischer Pflichttreue und Pflichterfüllung.
7	Seit wann im Felde (von – bis)	von 1.8.1914 bis 25.10.1914, vom 20./3. 1916 bis 5./9. 1916, vom 10./1. 1917 bis 23./6. 1918 ununterbrochen.
8	Verwundet, gefallen, vermißt oder kriegsgefangen	/
9	Etwa unerledigter Antrag	/
10	Besitzt bereits inländische Friedens- und Kriegsdekorationen	O₁ auf 42.M.I.T.K. Bef. Nr.3205 v. 1915, O₂ auf 7.a.K. Bef. 500/1482 v. 1916, O₃ auf 7.a.K. Bef. 500/1377 v. 1916, ⊡ auf 7.a.K. Bef. Nr K.5.Res.No.13/95 v. 1917.
11	Antrag des Verfassers	Goldene Tapferkeitsmedaille für Offiziere.
12	Datum und Unterschrift des Verfassers	Feldpost 386 am 23./Juni 1918. Vladimir Francouzky
13	Begutachtung und Antrag des Brigadiers	K. u. k. 16. Feldartilleriebrigadekommando Res. Nr. 334, Feldpost 298 präs/exp am 27/6 1918. Kmdt. d. 16. Fabrig. Gustav Jellinek
14	Divisionärs	Gesehen k. und k. 16. J D Kmdo. Res. Dl. Nr. 550/B mit / Blgen. Fp. 298 am 10/7 1918.
15	Korps-Kommandanten	W K.u.k. 13. Korpskommando Op.K. Nr. 48/24 - Blg. Feldpostamt 579 am 1918. Em Sehr. csmárffy
16	Armee-Kommandanten	K.u.k. 11. Armeekommando B. Nr. 12023 res. Feldpost Nr. 511 am 27/7 191 Schundenwirth
17	Für eventuelle Bemerkungen und Anträge sonstiger Kommandanten und Dienststellen	Präs. k.u.k. Feldpost 248, am 24/V 1918 K. u. k. Abteilung Nr. I des Gebirgsartillerieregiments Nr. 11 Res.M. Nr. 167/1 mit 9 Beilagen ⊙ für OG befürwortet, als Zeuge seines Heldenmutes Ludwig Wittgenstein am 191

260 964 %

177 Paul Engelmann (1891–1965)

Wittgenstein an Paul Engelmann
31. März 1917:
Lieber Herr Engelmann!
Ich habe zwei Ursachen Ihnen heute zu schreiben. Die erste will ich Ihnen später sagen, die zweite ist, daß jemand von hier nach Olmütz fährt. Die Erste ist folgende: Ich erhielt heute aus Zürich zwei Bücher jenes Albert Ehrenstein, der seinerzeit in *Die Fackel* schrieb (Ich habe ihn einmal ohne es eigentlich zu wollen unterstützt) und zum Dank schickt er mir jetzt den *Tubutsch* und *Der Mensch schreit*. Ein Hundedreck; wenn ich mich nicht irre. Und so etwas bekomme ich hier heraus! Bitte schicken Sie mir – als Gegengift – Goethes Gedichte, *zweiter Band*, wo die venetianischen Epigramme, die Elegien und Episteln stehen! Und auch noch die Gedichte von Mörike (Reclam)! Ich arbeite ziemlich fleißig und wollte, ich wäre besser und gescheiter. Und diese beiden sind ein und dasselbe. — Gott helfe mir! Ich denke oft an Sie. An den *Sommernachtstraum* und an das zweite Ballett im *Eingebildeten Kranken*, und daran, daß Sie mir Suppe gebracht haben. Aber daran ist auch Ihre Frau Mama schuld, die mir auch unvergeßlich ist. Bitte empfehlen Sie mich ihr. — Grüßen Sie Zweig und Groag.
Ihr
L. Wittgenstein

28. Oktober 1917:
L. H. E.!
Mit Freude habe ich gehört daß Sie in Neuwaldegg alles auf den Kopf stellen. Auch meine liebe Mama hat einen Narren an Ihnen gefressen, was ich übrigens vollkommen verstehe. Ich arbeite ziemlich viel bin aber trotzdem unruhig. Möchten Sie so anständig bleiben als es gern wäre
Ihr L. Wittgenstein.

178 Speisezimmer in Neuwaldegg
Wittgensteinscher Familiensitz am Stadtrand Wiens

179 Auf Heimaturlaub bei der Familie in Wien-Neuwaldegg
von links: Kurt, der kriegsinvalide Bruder Paul, die Schwester Hermine, Max Salzer (der Ehemann der Schwester Helene), die Mutter, Helene und Ludwig Wittgenstein

Erinnerung: „Ich sehe uns noch an jenem Tisch sitzen". – Aber habe ich wirklich das gleiche Gesichtsbild – oder eines von denen, welche ich damals hatte? Sehe ich auch gewiß den Tisch und meinen Freund vom gleichen Gesichtspunkt wie damals, also mich selbst nicht? — Mein Erinnerungsbild ist nicht Evidenz jener vergangenen Situation; wie eine Photographie es wäre, die, damals aufgenommen, mir jetzt bezeugt, daß es damals so war. Das Erinnerungsbild und die Erinnerungsworte stehen auf *gleicher* Stufe.
1948

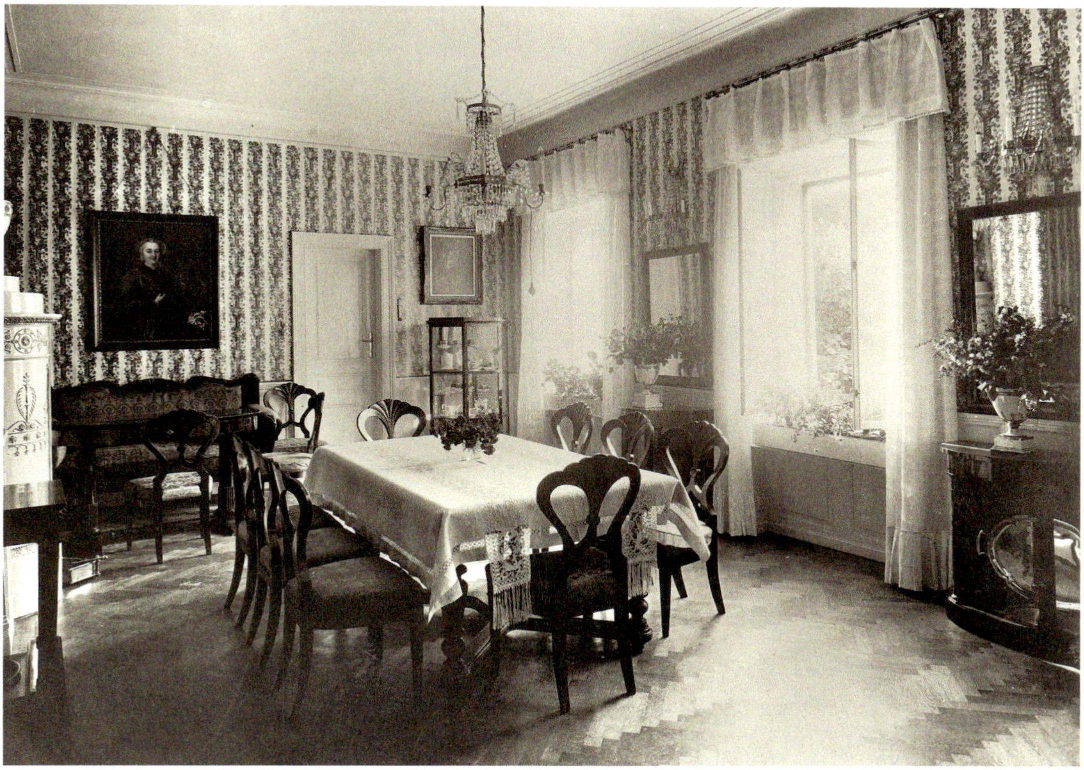

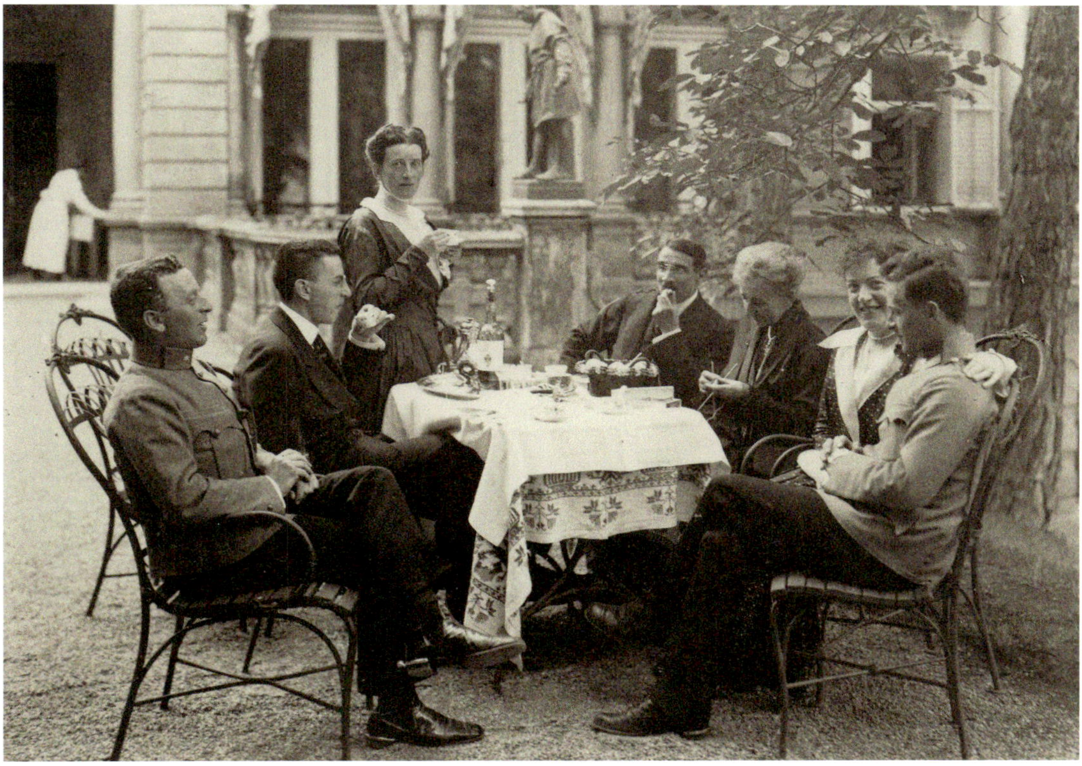

180 Das Haus von Paul Wittgenstein
in Hallein, ein Haus gebaut von Josef Hoffmann; hier hatte Wittgenstein während seines letzten Urlaubs von der Front im Juli 1918 die endgültige Fassung der *Logisch-Philosophischen Abhandlung* niedergeschrieben

Wittgenstein an Russell zur Entstehung der *Logisch-Philosophischen Abhandlung*, 22. Mai 1915:
Daß Du Moores Aufschreibungen nicht hast verstehen können tut mir außerordentlich leid! Ich fühle, daß sie ohne weitere Erklärung sehr schwer verständlich sind, aber ich halte sie doch im Wesentlichen für endgültig richtig. Was ich in der letzten Zeit geschrieben habe wird nun, wie ich fürchte, noch unverständlicher sein; und, wenn ich das Ende dieses Krieges nicht mehr erlebe, so muß ich mich darauf gefaßt machen, daß meine ganze Arbeit verloren geht. — Dann soll mein Manuskript gedruckt werden, ob es irgend einer versteht, oder nicht! —

    Die Probleme werden immer lapidarer und allgemeiner und die Methode hat sich durchgreifend geändert. —

    Hoffen wir auf ein Wiedersehen nach dem Krieg!

22. Oktober 1915:
Lieber Russell!
Ich habe in der letzten Zeit sehr viel gearbeitet und, wie ich glaube, mit gutem Erfolg. Ich bin jetzt dabei das Ganze zusammenzufassen und in Form einer Abhandlung niederzuschreiben. Ich werde nun keinesfalls etwas veröffentlichen, ehe Du es gesehen hast. Das kann aber natürlich erst nach dem Kriege geschehen. Aber, wer weiß, ob ich das erleben werde. Falls ich es nicht mehr erlebe, so laß Dir von meinen Leuten meine ganzen Manuscripte schicken, darunter befindet sich auch die letzte Zusammenfassung mit Bleistift auf losen Blätter geschrieben. Es wird Dir vielleicht einige Mühe machen alles zu verstehen, aber laß Dich dadurch nicht abschrecken. Meine gegenwärtige Adresse ist:
K.u.k. Artillerie Werkstätten Zug No 1
Feldpost No 12.

    Hast Du Pinsent in der letzten Zeit einmal gesehen? Wenn Du Johnson siehst so grüße ihn bestens von mir. Ich denke noch immer gerne an ihn und an unsere fruchtlosen und aufgeregten Disputationen. Möge der Himmel geben, daß wir uns noch einmal sehen!
Sei herzlichst gegrüßt von
Deinem treuen
Wittgenstein

181 Selbstporträt von Paul Wittgenstein

Hermine Wittgenstein über den Onkel Paul:
Meinem Bruder Ludwig hatte er [Onkel Paul], während dieser an seinem ersten philosophischen Buch schrieb, die schönste Gastfreundschaft, die kongenialste Atmosphäre geboten, und das wurde vom Empfänger dankbar genossen. Daß aber Ludwig dann nach der Volksschullehrerepisode nicht wieder zur Philosophie zurückkehrte, sondern an dem Haus für Gretl baute, das konnte mein Onkel nicht begreifen und nicht verzeihen. Vielleicht spielte da auch seine Bewunderung für den Architekten Hoffmann mit hinein, und er empfand es als eine Anmaßung Ludwigs, sich als Laie mit Architektur zu befassen, kurz, ohne das fragliche Haus je gesehen zu haben, erkaltete er in seiner Freundschaft und diese zerriß.

Aus dem Vorwort zum Manuskript der *Logisch-Philosophischen Abhandlung,* August 1918:
Wenn diese Arbeit einen Wert hat so besteht er in Zweierlei. Erstens darin, daß in ihr Gedanken ausgedrückt sind, und dieser Wert wird umso größer sein, je besser die Gedanken ausgedrückt sind. Je mehr der Nagel auf den Kopf getroffen ist. — Hier bin ich mir bewußt weit hinter dem Möglichen zurückgeblieben zu sein. Einfach darum, weil meine Kraft zur Bewältigung der Aufgabe zu gering ist. — Mögen andere kommen und es besser machen.

Dagegen scheint mir die *Wahrheit* der hier mitgeteilten Gedanken unantastbar und definitiv. Ich bin also der Meinung die Probleme im Wesentlichen endgültig gelöst zu haben. Und wenn ich mich hierin nicht irre, so besteht nun der Wert dieser Arbeit zweitens darin, daß sie zeigt, wie wenig damit getan ist, daß diese Probleme gelöst sind.

Meinem Onkel Herrn Paul Wittgenstein und meinem Freund Herrn Bertrand Russell danke ich für die liebevolle Aufmunterung die sie mir haben zuteil werden lassen.
L.W.

Logisch-Philosophische Abhandlung

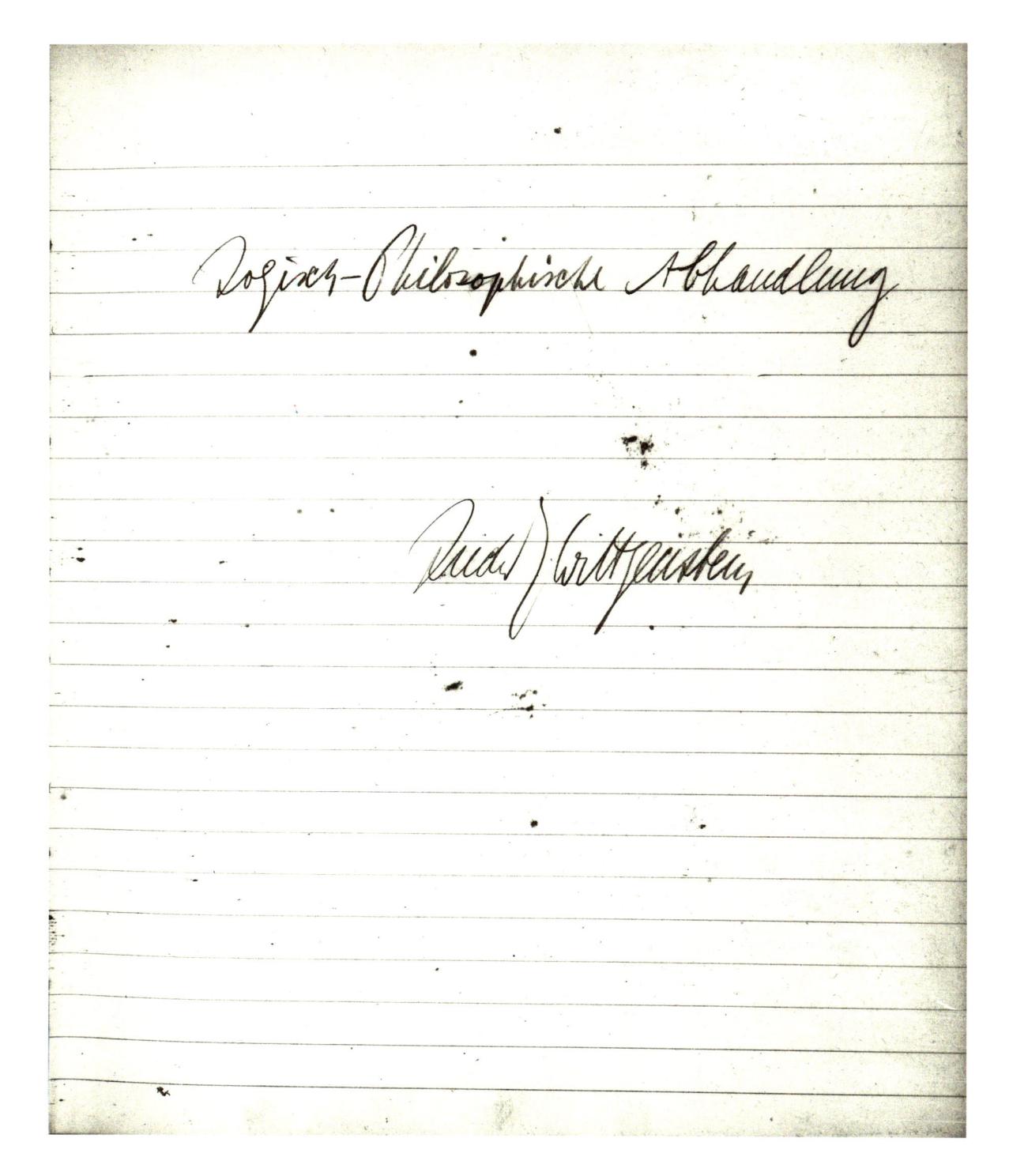

Ludw. Wittgenstein

182/183 Titelblatt und Widmung der
Logisch-Philosophischen Abhandlung

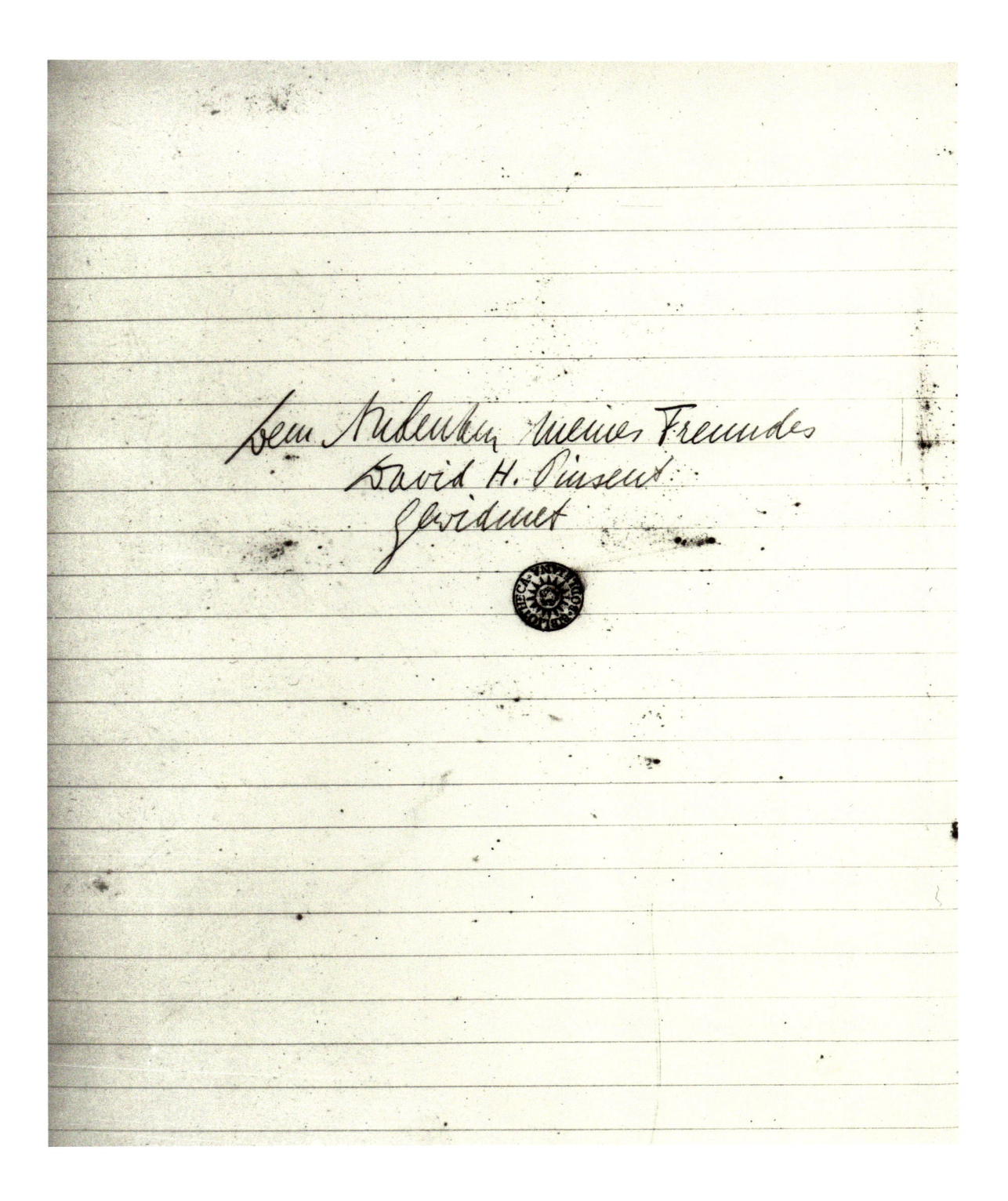

Dem Andenken meines Freundes
David H. Pinsent
gewidmet

Motto: ... und alles was man weiß, nicht
bloß rauschen und brausen gehört
hat, läßt sich in drei Worten sagen.

Kürnberger.

Vorwort.

Dieses Buch wird vielleicht nur der verstehen, der die Gedanken, die darin ausgedrückt sind – oder doch ähnliche Gedanken – schon selbst einmal gedacht hat. – Es ist also kein Lehrbuch. – Sein Zweck wäre erreicht, wenn es Einen, der es mit Verständnis liest Vergnügen bereitete.

Das Buch behandelt die philosophischen Probleme und zeigt – wie ich glaube – daß die Fragestellung dieser Probleme auf dem Missverständnis der Logik unserer Sprache beruht. – Man könnte den Sinn des Buches etwa in die Worte fassen: Was sich überhaupt sagen läßt, läßt sich klar sagen: und wovon man nicht reden kann, darüber muß man schweigen.

Das Buch will also dem Denken eine Grenze ziehen, oder vielmehr – nicht dem Denken, sondern dem Ausdruck der Gedanken: Denn, um dem Denken eine Grenze zu ziehen, müßten wir beide Seiten dieser Grenze denken können (wir müßten also denken können, was sich nicht denken läßt.)

Die Grenze wird also nur in der Sprache gezogen werden können und was jenseits der Grenze liegt, wird einfach Unsinn sein.

Wieweit meine Bestrebungen mit denen anderer Philosophen zusammenfallen, will ich nicht beurteilen. Ja, was ich hier geschrieben habe macht im Einzelnen überhaupt nicht den Anspruch auf Neuheit; und darum gebe ich auch keine Quellen an, weil es mir gleichgültig ist, ob das was ich gedacht habe, vor mir schon ein anderer gedacht hat.

Nur das will ich erwähnen, daß ich den großartigen Werken Freges" und den Arbeiten meines Freundes Bertrand Russell einen großen Teil der Anregung zu meinen Gedanken schulde.

Wenn diese Arbeit einen Wert hat, so besteht er in zweierlei. Erstens darin, daß in ihr Gedanken ausgedrückt sind, und dieser Wert wird umso größer

184 Typoskriptseite der *Logisch-Philosophischen Abhandlung*
aus der Kopie für die Schwester Gretl

185 Ferdinand Kürnberger (1821–1879)

Ferdinand Kürnberger, *Das Denkmalsetzen in der Opposition*, 1873:
Wenn ich einen Halbgebildeten frage: Was ist der Unterschied zwischen der antiken und der modernen, zwischen der klassischen und der romantischen Kunst? so wird er in großer Verwirrung antworten: Herr, diese Frage regt ganze Welten von Vorstellungen auf. Das ist ein Stoff für ganze Bücher und Wintersemester.

Wenn ich dagegen einen Durchgebildeten und Ganzgebildeten frage, so werde ich die Antwort erhalten: Herr, das ist mit drei Worten zu sagen. Die Kunst der Alten ging vom Körper aus, die Kunst der Neuern geht von der Seele aus. Die Kunst der Alten war deshalb plastisch, die Kunst der Neuern ist lyrisch, musikalisch, malerisch, kurz romantisch.

Bravo! So haben ganze Welten von Vorstellungen, wenn man sie wirklich beherrscht, in einer Nuß Platz, und alles, was man *weiß*, nicht bloß rauschen und brausen gehört hat, läßt sich in drei Worten sagen.

Denn es muß für die Existenz der Ethik gleich bleiben ob es auf der Welt lebende Materie gibt oder nicht. Und es ist klar daß eine Welt in der nur tote Materie ist an sich weder gut noch böse ist also kann auch die Welt der Lebewesen an sich weder gut noch böse sein.

Gut und Böse tritt erst durch das *Subjekt* ein. Und das Subjekt gehört nicht zur Welt sondern ist eine Grenze der Welt.

Man könnte (Schopenhauerisch) sagen: Die Welt der Vorstellung ist weder gut noch böse, sondern das wollende Subjekt.
[…]
Nach dem Früheren müßte also das wollende Subjekt glücklich oder unglücklich sein und Glück und Unglück können nicht zur Welt gehören.

Wie das Subjekt kein Teil der Welt ist sondern eine Voraussetzung ihrer Existenz so sind Gut und Böse, Prädikate des Subjekts, nicht Eigenschaften der Welt.

Ganz verschleiert ist hier das Wesen des Subjekts.

Ja, meine Arbeit hat sich ausgedehnt von den Grundlagen der Logik zum Wesen der Welt.
2. August 1916

Wittgenstein an Paul Engelmann
22. Oktober 1918:
L. H. E.! Noch immer habe ich keine Antwort vom Verleger erhalten! Und ich habe eine unüberwindliche Abneigung dagegen, ihm zu schreiben und anzufragen. Weiß der Teufel, was er mit meinem Manuskript treibt. Vielleicht untersucht er es chemisch auf seine Tauglichkeit. Bitte haben Sie die *große* Güte und machen Sie einmal, wenn Sie in Wien sind, einen Sprung zu dem verfluchten Kujon und schreiben Sie mir dann das Ergebnis! Zum Arbeiten komme ich jetzt nicht, aber vielleicht zum Krepieren.
Ihr alter
Wittgenstein.

25. Oktober 1918:
L. H. E.! Heute erhielt ich von Jahoda die Mitteilung, daß er meine Arbeit nicht drucken kann. Angeblich aus technischen Gründen. Ich wüßte aber gar zu gern, was Kraus zu ihr gesagt hat. Wenn sie Gelegenheit hätten es zu erfahren, so würde ich mich sehr freuen. Vielleicht weiß Loos etwas. Schreiben Sie mir.
Ihr
Wittgenstein

186 Vormarsch österreichischer Truppen in Russisch-Polen

Bin wie der Prinz im verwünschten Schloß auf dem Aufklärerstand. Jetzt bei Tag ist alles ruhig aber in der Nacht da muß es *fürchterlich* zugehen! Ob ich es aushalten werde???? Die heutige Nacht wird es zeigen. Gott stehe mir bei!!
5. Mai 1916

In der dritten Stellung. Wie immer viel Mühsal. Aber auch große Gnade. Bin schwach wie immer! Kann nicht arbeiten.
 Schlafe heute im Infanteriefeuer werde wahrscheinlich zu Grunde gehen. Gott sei mit mir! In Ewigkeit amen! Ich bin ein schwacher Mensch aber Er hat mich bis nun erhalten. Gott sei gelobt in Ewigkeit, Amen. Ich übergebe meine Seele dem Geist.
16. Mai 1916

Furchtbare Witterung. Im Gebirge, schlecht, ganz unzureichend geschützt eisige Kälte, Regen und Nebel. Qualvolles Leben.
16. Juli 1916

Werden beschossen. Und bei jedem Schuß zuckt meine Seele zusammen. Ich möchte so gerne noch weiter leben!
24. Juli 1916

Wurde gestern beschossen. War verzagt! Ich hatte Angst vor dem Tode! Solch einen Wunsch habe ich jetzt zu leben! Und es ist schwer auf das Leben zu verzichten wenn man es einmal gern hat. Das ist eben „Sünde", unvernünftiges Leben, falsche Lebensauffassung. Ich werde von Zeit zu Zeit zum *Tier*. Dann kann ich an nichts denken als an essen, trinken, schlafen. Furchtbar! Und dann leide ich auch wie ein Tier, ohne die Möglichkeit innerer Rettung. Ich bin dann meinen Gelüsten und meinen Abneigungen preisgegeben. Dann ist an ein wahres Leben nicht zu denken.
29. Juli 1916

187 Der letzte Fronteinsatz, Stellung vor Asiago, im Veneto

Die richtige Methode in der Philosophie wäre eigentlich die nichts zu sagen als was sich sagen läßt also Naturwissenschaftliches also etwas was mit Philosophie nichts zu tun hat, und dann immer wenn ein anderer etwas metaphysisches sagen wollte ihm nachweisen daß er gewissen Zeichen in seinen Sätzen keine Bedeutung gegeben hat.
-
Diese Methode wäre für den anderen unbefriedigend (er hätte nicht das Gefühl daß wir ihn Philosophie lehrten) aber sie wäre die einzig richtige.
2. Dezember 1916

Wittgenstein an Paul Engelmann, 9. April 1917:
Das Uhlandsche Gedicht ist wirklich großartig. Und es ist so: Wenn man sich nicht bemüht das Unaussprechliche auszusprechen, so geht *nichts* verloren. Sondern das Unaussprechliche ist, – unaussprechlich – in dem Ausgesprochenen *enthalten*!

Die Händel-Variationen von Brahms kenne ich. Unheimlich —

Was Ihre wechselnde Stimmung betrifft so ist es so: Wir schlafen. (Ich habe das schon einmal Herrn Groag gesagt, und es ist wahr.) *Unser* Leben ist wie ein Traum. In den besseren Stunden aber wachen wir so weit auf daß wir erkennen daß wir träumen. Meistens sind wir aber im Tiefschlaf. Ich kann mich nicht selber aufwecken! Ich bemühe mich, mein Traumleib macht Bewegungen, aber mein wirklicher *rührt sich nicht*. So ist es leider!

Wittgenstein an die Schwester Hermine
12. April 1917:
Ich glaube wohl nicht daß das Umsichgreifen des Krieges den Grund hat den Du angibst. Hier handelt es sich – glaube ich – um einen vollständigen Sieg des Materialismus, und den Untergang jedes Empfindens für Gut und Böse.

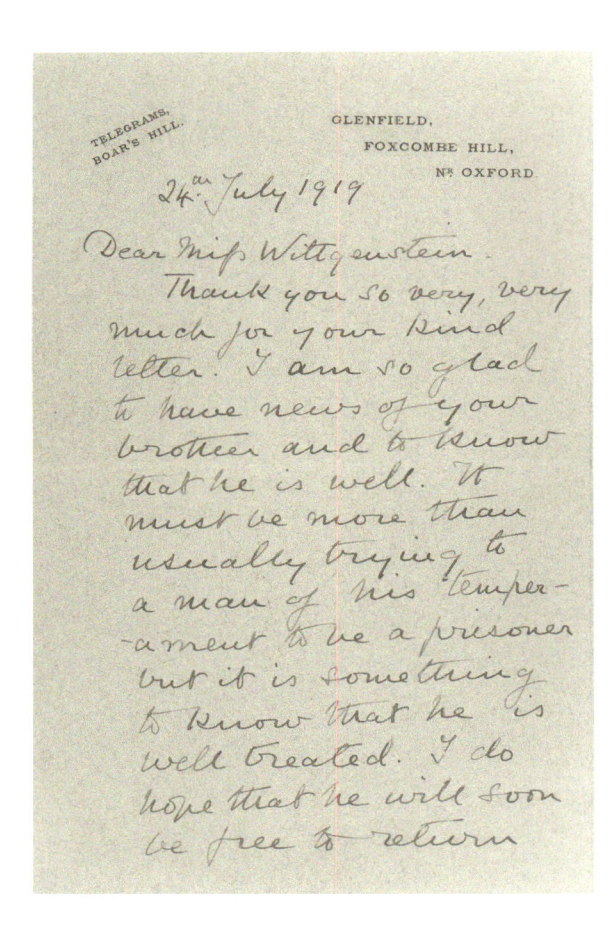

188 Pinsents Mutter an Wittgensteins Schwester Hermine

189 David Pinsent

Wittgenstein an die Mutter von David Pinsent Herbst 1918:
Most honoured, dear, gracious Lady,
Today I received your kind letter with the sad news of David's death. David was my first and my only friend. I have indeed known many young men of my own age and have been on good terms with some, but only in him did I find a real friend, the hours I have spent with him have been the best in my life, he was to me a brother and a friend. Daily I have thought of him and have longed to see him again. God will bless him. If I live to see the end of the war I will come and see you and we will talk of David.

    One thing more, I have just finished the philosophical work on which I was already at work at Cambridge. I had always hoped to be able to show it to him sometime, and it will always be connected with him in my mind. I will dedicate it to David's memory. For he always took great interest in it, and it is to him I owe far the most part of the happy moods which made it possible for me to work. Will you please say to Mr Pinsent and to Miss Hester how very deeply I sympathise with them in their loss. I shall never forget the dear one so long as I live, nor shall I forget you who were nearest to him.
Yours true and thankful
L.W.

24. März 1919:
Honoured, loved, gracious Lady,
Only the day before yesterday did I receive, to my great joy, your letter of the 24 Dec. 1918. Since the beginning of November I have been a prisoner of war. I am getting on all right. Ordinarily I can write postcards, this letter I am sending by an officer who is returning home. What I shall do when I get home I do not yet know myself. But at any rate I shall try to meet my friends again as soon as it is possible. My book will be published as soon as I get home. It is true that the meeting to which I have most looked forward during these five years has not been allowed to me. Nearly every day I think of dear David. May things go well with you always. With heartiest greetings to you from your truly grateful
L.W.
My address is Cassino, Provincia Caserta, Italia, Campo Concentramento Prigionieri Guerra, Reparto Ufficiali.

190 Russell, Keynes und Strachey
gegen Ende des Krieges in Garsington, dem
Landhaus Lady Ottoline Morrells, während des
Krieges ein „Reservat für intellektuelle Pazifisten"

Paul Engelmann an F. A. Hayek, 8. März 1953:
Als dieser [Russell] in den zwanziger Jahren
einen „Weltbund für Frieden und Freiheit"
oder dergleichen gründen, oder einem solchen
beitreten wollte, hat ihn L. Wittgenstein so
beschimpft, daß Russell sagte: „Na, ja, Sie
würden eher einen Weltbund für Krieg und
Knechtschaft gründen", was Wittgenstein
leidenschaftlich bejahte: „Eher noch, eher
noch!".

191/192 Der Bruder Kurt
nimmt sich gegen Ende des Krieges das Leben

Hermine Wittgenstein:
[W]ar es einfach ein Mangel an Ertragungskraft, der ihn in irgend einem Augenblick und gewiß nicht dem schwersten des Krieges überwältigte?

Soldat, *Logisch-Philosophische Abhandlung*

193 Kriegsgefangene in Italien

Tagebucheintrag von G. E. Moore
12. Oktober 1915:
Dream of Wittgenstein, he looks at me as if to ask if it is all right, and I can't help smiling as if it was, though I know it isn't; then he is swimming in the sea; finally he is trying to escape arrest as an enemy alien.

Wittgenstein an die Schwester Hermine aus dem Kriegsgefangenenlager in Italien
25. Juni 1919:
Liebe Mining!
Heute, gestern und vorgestern drei liebe Briefe von Dir erhalten! Herzlichen Dank! Die Post ist ja hier der einzige Hoffnungsstrahl! Mein Leben hier ist vollkommen einförmig. Ich arbeite nicht und denke immer daran, ob ich einmal ein anständiger Mensch sein werde und wie ich es anstellen soll.
Sei herzlichst gegrüßt und grüße Alle.
Ludwig

19. Juli 1919:
Liebe Mining!
Vielen Dank für Deine liebe Karte vom 1. 7.. Du wirst Dich wohl irren, wenn Du wirklich glaubst, daß meine Gefangenschaft jetzt nur mehr „ganz kurze Zeit dauern" kann. Wißt Ihr nicht, daß die Gefangenen erst nach Friedensschluß abgeschoben werden? Und dann auch nicht alle an *einem* Tag! Zu Weihnachten hoffe ich bestimmt bei Euch zu sein. —

An Engelmann habe ich vor kurzem geschrieben und ihn gebeten mir Freges „Grundgesetze" zu schicken.
Herzlichste Grüße
Ludwig

I

Motto: ... und alles was man weiß, nicht
bloß rauschen und brausen gehört
hat, läßt sich in drei Worten sagen.

Kürnberger.

Vorwort.

Dieses Buch wird vielleicht nur der verstehen, der die Gedanken, die darin ausgedrückt sind – oder doch ähnliche Gedanken – schon selbst einmal gedacht hat. – Es ist also kein Lehrbuch. – Sein Zweck wäre erreicht, wenn es Einen, der es mit Verständnis liest Vergnügen bereitete.

Das Buch behandelt die philosophischen Probleme und zeigt – wie ich glaube – daß die Fragestellung dieser Probleme auf dem Missverständnis der Logik unserer Sprache beruht. – Man könnte den Sinn des Buches etwa in die Worte fassen: Was sich überhaupt sagen läßt, läßt sich klar sagen: und wovon man nicht reden kann, darüber muß man schweigen.

Das Buch will also dem Denken eine Grenze ziehen, oder vielmehr – nicht dem Denken, sondern dem Ausdruck der Gedanken: Denn, um dem Denken eine Grenze zu ziehen, müßten wir beide Seiten dieser Grenze denken können (wir müßten also denken können, was sich nicht denken läßt.)

Die Grenze wird also nur in der Sprache gezogen werden können und was jenseits der Grenze liegt, wird einfach Unsinn sein.

Wieweit meine Bestrebungen mit denen anderer Philosophen zusammenfallen, will ich nicht beurteilen. Ja, was ich hier geschrieben habe macht im Einzelnen überhaupt nicht den Anspruch auf Neuheit; und darum gebe ich auch keine Quellen an, weil es mir gleichgültig ist, ob das was ich gedacht habe, vor mir schon ein anderer gedacht hat.

Nur das will ich erwähnen, daß ich den großartigen Werken Freges° und den Arbeiten meines Freundes Bertrand Russell einen großen Teil der Anregung zu meinen Gedanken schulde.

Wenn diese Arbeit einen Wert hat, so besteht er in zweierlei. Erstens darin, daß in ihr Gedanken ausgedrückt sind, und dieser Wert wird umso größer

S.N 22023

194 Typoskript der *Logisch-Philosophischen Abhandlung*

Wittgenstein an Russell aus Cassino
10. März 1919:
I've written a book which will be published as soon as I get home. I think I have solved our problems finally. Write to me often. It will shorten my prison. God bless you.

195 Franz Parak

Im Kriegsgefangenenlager in Cassino befreundet sich Wittgenstein mit den jungen Lehrern Franz Parak und Ludwig Hänsel. Mit Hänsel, dem er sein Leben lang in Freundschaft verbunden bleibt, liest Wittgenstein sein Manuskript der *Logisch-Philosophischen Abhandlung*. Sie „streiten stundenlang über Kommas". Parak berichtet, daß Wittgenstein ihm anvertraute:

daß er auch Lehrer werden wolle. Am liebsten würde er allerdings Priester sein und mit den Kindern die Bibel lesen, was bei seiner positivistischen Einstellung als Philosoph merkwürdig anmutet. Unter den Steineichen am oberen Lagerweg liegend, besprachen wir, was er zu tun hätte, und studierten sogar eine Unterrichtslehre mit einem Abriß aus der Logik durch. Auf die war er besonders neugierig, weil er behauptete, nicht zu wissen, was in einer Logik stehe, obwohl er eine logisch-philosophische Abhandlung geschrieben habe.

Wittgenstein an Russell, 13. März 1919:
Dear Russell,
Thanks so much for your postcards dated 2nd and 3rd of March. I've had a *very* bad time, not knowing whether you were dead or alive! I can't write on Logic as I'm not allowed to write more than two post cards a week (15 lines each). This letter is an exception, it's posted by an Austrian medical student who goes home tomorrow. I've written a book called "Logisch-Philosophische Abhandlung" containing all my work of the last six years. I believe I've solved our problems finally. This may sound arrogant but I can't help believing it. I finished the book in August 1918 and two months after was made Prigioniere. I've got the manuscript here with me. I wish I could copy it out for you; but it's pretty long and I would have no safe way of sending it to you. In fact you would not understand it without a previous explanation as it's written in quite short remarks. (This of course means that *nobody* will understand it; although I believe, it's all as clear as crystal. But it upsets all our theory of truth, of classes, of numbers and all the rest.) I will publish it as soon as I get home. Now I'm afraid this *won't* be "before long". And consequently it will be a long time yet till we can meet. I can hardly imagine seeing you again! It will be too much! I suppose it would be impossible for you to come and see me here? or perhaps you think it's colossal cheek of me even to think of such a thing. But if you were on the other end of the world and I *could* come to you I would do it.
 Please write to me how you are, remember me to Dr Whitehead. Is old Johnson still alive? Think of me often!
Ever yours
Ludwig Wittgenstein

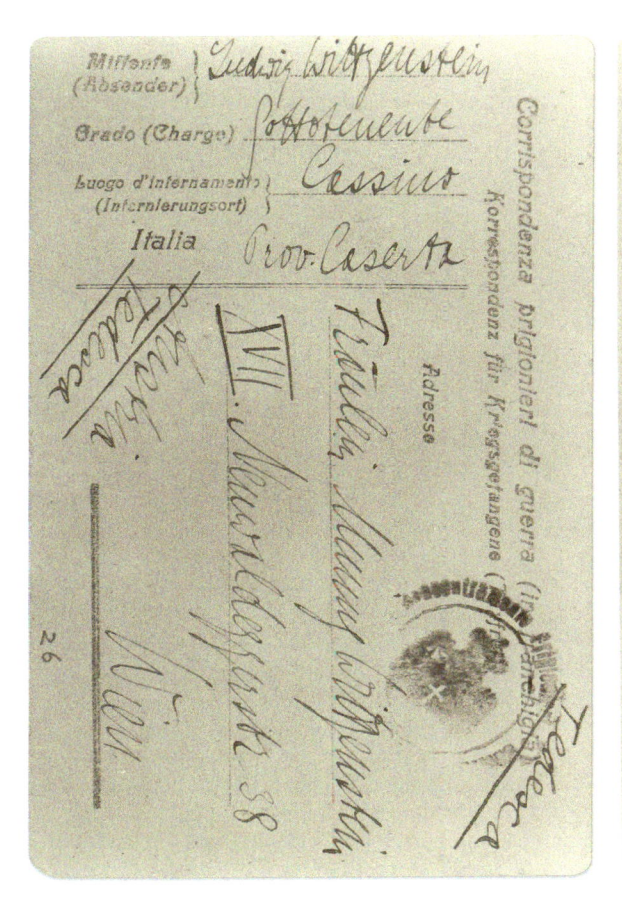

196/197 Postkarte an die Schwester aus dem Kriegsgefangenenlager

1. August 1919:
Liebe Mining! Vorgestern Freges Brief durch Dich erhalten. Ich hatte mir allerdings immer gedacht, daß er meine Arbeit gar nicht verstehen werde. Trotzdem war ich über sein Schreiben etwas deprimiert. Ich habe bereits die Antwort geschrieben, aber sie noch nicht abschicken können.

Frege an Wittgenstein, 16. September 1919:
Was Sie mir über den Zweck Ihres Buches schreiben, ist mir befremdlich. Danach kann er nur erreicht werden, wenn Andere die darin ausgedrückten Gedanken schon gedacht haben. Die Freude beim Lesen Ihres Buches kann also nicht mehr durch den schon bekannten Inhalt, sondern nur durch die Form erregt werden, in der sich etwa die Eigenart des Verfassers ausprägt. Dadurch wird das Buch eher eine künstlerische als eine wissenschaftliche Leistung; das, was darin gesagt wird, tritt zurück hinter das, wie es gesagt wird.

Hermine Wittgenstein:
Drobil [Michael Drobil, Wiener Bildhauer] hatte […] Ludwig im Gefangenenlager kennengelernt, hatte seinen Namen nicht gehört oder nicht verstanden und angenommen, daß der ziemlich abgerissen aussehende, äußerst anspruchslose Offizier aus kleinen ärmlichen Verhältnissen stamme. Zufällig kam in einem Gespräch die Rede auf ein Porträt von Klimt, ein Fräulein Wittgenstein darstellend; es ist das Bildnis meiner Schwester Gretl und wie alle Porträts dieses Künstlers höchst raffiniert und elegant, ja mondän zu nennen. Ludwig sprach von diesem Bildnis als „das Porträt meiner Schwester", und der Kontrast zwischen seiner unrasierten, ungepflegten Gefangenenerscheinung und der Erscheinung der Dargestellten war so überwältigend, daß Drobil einen Augenblick dachte, Ludwig sei nicht recht bei Sinnen. Er konnte nur die Worte hervorbringen: „Ja bist denn du ein Wittgenstein?" und noch bei der Rückerinnerung schüttelte er wie erstaunt den Kopf und mußte lachen.

198 Aus Wittgensteins Photoalbum
Michael Drobil und genesende Soldaten bei der Tante Clara Wittgenstein in Laxenburg

Hermine Wittgenstein:
Mit ganz besonderem Entzücken denke ich an Tante Clara in Verbindung mit dem Ort Laxenburg, wo ich so oft Gelegenheit hatte, lang mit ihr sprechen zu können; auf dem Land rechnet man ja nicht mit Minuten, sondern mit Stunden, und sie schenkte mir die beglückendsten Stunden.

Dort in Laxenburg verbrachte sie so lang ich denken kann Frühling und Herbst in dem oft erwähnten schönen alten Gebäude, das sie zusammen mit ihrem Bruder Paul besaß, und dort zeigt eine Photographie sie während des ersten Weltkriegs, wie sie im Schloßhof so herzlich die rekonvaleszenten Soldaten verabschiedet, die sie wöchentlich zu einer guten Jause einlud.

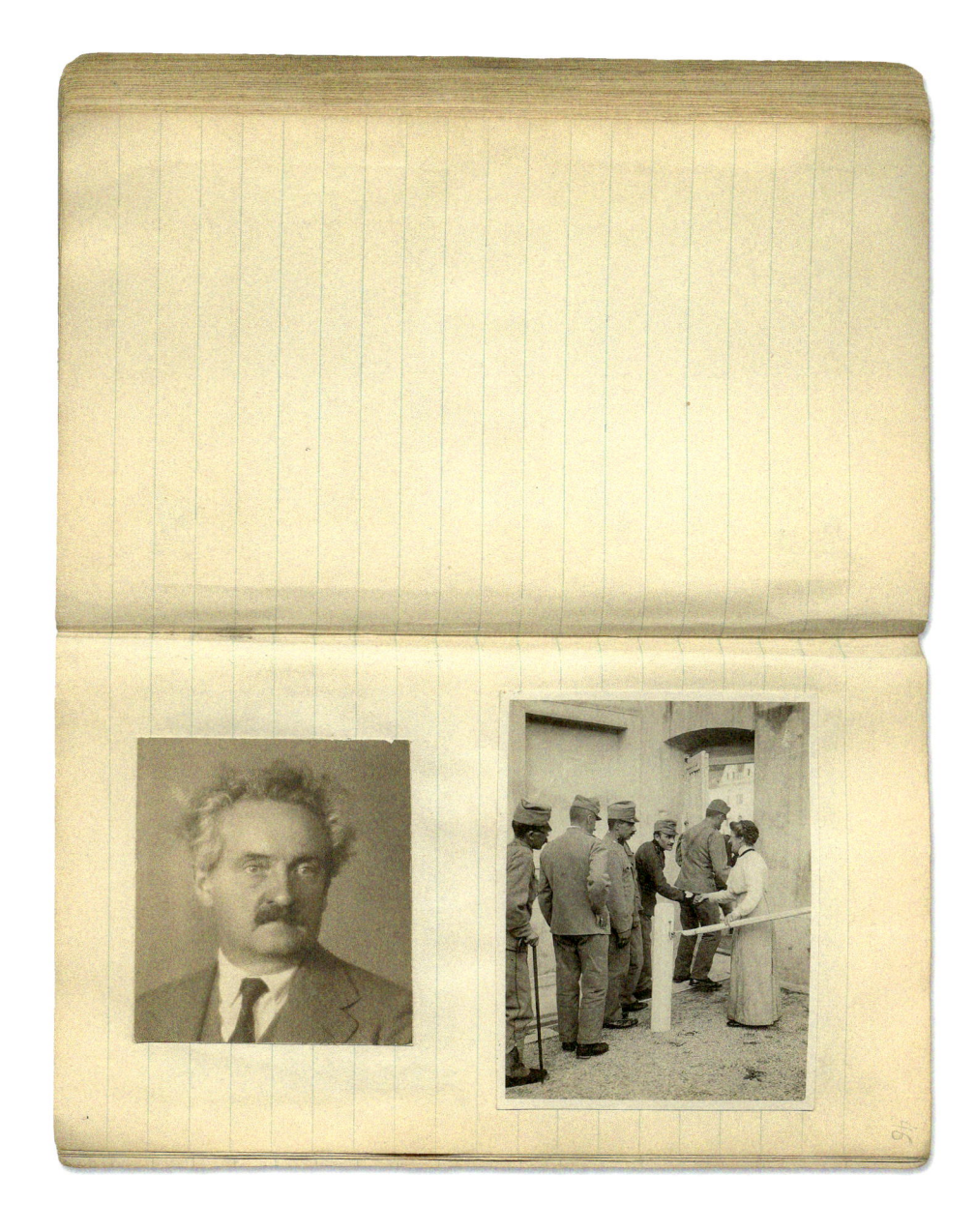

199 Gedenktafel in der King's College Chapel
für die im Ersten Weltkrieg gefallenen Mitglieder des College in einer Seitenkapelle der College-Kapelle

Aus den Aufzeichnungen von O. K. Bouwsma von Wittgensteins Amerika-Reise, 11. Oktober 1949: A philosopher is someone with a head full of questionmarks. This seemed to him the essence. He rather enjoyed the question, I think. He went on. Moore is a man who is full of questions but he has no talent for disentangling things. It is one thing when you have a tangle of thread to lay it down that some threads run so: = and some: || and some: //, but it is quite another thing to take an end and follow it through, pulling it out, and looping it on, etc. Moore could not do this. He was barren. Now Russell was different in his good days. He was wonderful. W. did not explain this talent any further. Later on he talked about Whitehead. Whitehead was good once too, before he became high priest, charlatan. The first World War ruined him. During that war W. had corresponded with Russell and asked to be remembered to Whitehead. But Russell never said a word about Whitehead. After the war Russell explained that he could not mention W. to Whitehead, because W. was teutonic, spoke German, etc. The war ruined so many people. Then he went on to talk of another incident which took place in Cambridge after the war. There had been at Cambridge a Hungarian student who when war broke out was sent home. He was killed as a Hungarian soldier. When now the war was ended a plaque was to be erected, set in the wall, with the names of all those who had died for their country. This man's name was on the list too. There was a meeting about it. And who now should protest this name in the list but the Professor of Ethics! So there is now at Cambridge, in Christ Chapel [tatsächlich in King's College Chapel], a plate bearing the name of this Hungarian student, set off by itself, away from all the rest. In death!

200 Lady Ottoline Morrell
Porträt von Simon Bussy, 1920

Russell an Lady Ottoline Morrell, 1916:
Do you remember that at the time when you were seeing Vittoz [Roger V., Arzt und Psychotherapeut] I wrote a lot of stuff about Theory of Knowledge, which Wittgenstein criticized with the greatest severity? His criticism, tho' I don't think you realized it at the time, was an event of first-rate importance in my life, and affected everything I have done since. I saw he was right, and I saw I could not hope ever again to do fundamental work in philosophy. My impulse was shattered, like a wave dashed to pieces against a breakwater. I became filled with utter despair, and tried to turn to you for consolation. But you were occupied with Vittoz and could not give me time. So I took to casual philandering, and that increased my despair. I had to produce lectures for America, but I took a metaphysical subject although I was and am convinced that all fundamental work in philosophy is logical. My reason was that Wittgenstein persuaded me that what wanted doing in logic was too difficult for me. So there was no really vital satisfaction of my philosphical impulse in that work, and philosophy lost its hold on me. That was due to Wittgenstein more than to the war. What the war has done is to give me a new and less difficult ambition, which seems as good to me as the old one. My lectures have persuaded me that there is a possible life and activity in the new ambition. So I want to work quietly, and I feel more at peace as regards work than I have ever done since Wittgenstein's onslaught.

Wittgenstein an Ficker, Mitte Oktober 1919:
Ich habe vor etwa einem Jahr kurz vor meiner Gefangennahme ein philosophisches Werk abgeschlossen, an welchem ich in den vorhergehenden 7 Jahren gearbeitet hatte. Es handelt sich, ganz eigentlich, um die Darstellung eines Systems. Und zwar ist die Darstellung *äußerst* gedrängt, da ich nur das darin festgehalten habe, was mir – und wie es mir – wirklich eingefallen ist. Gleich nach Abschluß der Arbeit, als ich auf Urlaub in Wien war, wollte ich einen Verleger suchen. Aber damit hat es eine große Schwierigkeit: Die Arbeit ist von sehr geringem Umfang, etwa 60 Seiten stark. Wer schreibt 60 Seiten starke Broschüren über philosophische Dinge? Die Werke der großen Philosophen sind alle rund 1000 Seiten stark und die Werke der Philosophieprofessoren haben auch ungefähr diesen Umfang: die Einzigen, die philosophische Werke von 50–100 Seiten schreiben, sind die gewissen ganz hoffnungslosen Schmierer, die weder den Geist der großen Herren noch die Erudition der Professoren haben und doch um jeden Preis einmal etwas gedruckt haben möchten. Solche Produkte erscheinen daher auch meistens im Selbstverlag. Aber ich kann doch nicht mein Lebenswerk – denn das ist es – unter diese Schriften mischen. Also dachte ich an einen ganz isolierten Verleger an Jahoda & Siegel. Der hat aber die Sache, angeblich wegen technischer Schwierigkeiten, abgelehnt. Aus der Gefangenschaft zurückgekehrt und schon etwas mürber geworden wandte ich mich an den Verlag Braumüller. (Ich verfiel auf ihn, weil er den Weininger verlegt). Der ist schon so gnädig und meint – nachdem ich ihm eine sehr heiße Empfehlung meines Freundes des Prof. Russell aus Cambridge verschafft habe – er wäre eventuell geneigt, den Verlag zu übernehmen, wenn ich Druck und Papier selber zahlen wollte.

Innsbruck, den 2. Dezember 1919.

Geehrter Herr Witgenstein!

Durch Herrn von Ficker zum Leser Ihrer "logisch-philosophischen Abhandlung" erkoren, möge mir nun auch erlaubt sein, Ihnen mein Urteil über dieselbe kundzutun.

Ihre Sätze erläuterten mir Manches, vor allem: wie sich in einem mathematischen Gehirne der Begriff von Philosophie zu einer beinah endlosen, doch aber begriffe witzig bezifferten Tauto-logik reduzieren könne, zu einer Art Hypnotisiermaschine. Und Ihre Sätze erläuterten mir dies dadurch, dass ich sie, der ich Sie verstehe, als unsinnig erkannte. hoffentlich ganz im Sinne Ihrer Zahl Ihrer eigenen 6.54; wenn auch nicht erst am Ende, sondern schon im Anfang und trotz Ihres fast verführerischen Vorworts. Ich erkannte den Unsinn Ihrer Sätze gewissermaßen nach den ersten 3 "Sorten" und bestätigte mir durch Weiterlesen nur noch, dass Sie in der Tat in den ersten 3 Teis-sagungen 1, 1.1, 1.11 schon alles sagen, was Sie zu sagen wissen. Alles Übrige empfand ich dann im Wesentlichen nur noch als bloßes Geräusch, welches Sie wohl deshalb erzeugten, weil Sie brausen nun rasseln bzw. russeln gehört haben. (Ich für meine Person hatte bei Ihren Russell-Echo-Geräuschen den akustischen Eindruck, als ob ich niemand anderen mehr als eine tollgewordene Schreib-

201 Erste Beurteilung der *Logisch-Philosophischen Abhandlung*
von Karl Röck im Auftrag Fickers, der den Brief nicht an Wittgenstein weiterleitet; Karl Röck (1883–1954) war der Herausgeber der Gedichte Trakls, er gehörte zum Kreis um den *Brenner*

202 Titelblatt des *Brenner*, Oktober 1919

203 Ludwig Ficker
Zeichnung von Max Esterle; mit dem Ende des Krieges wurden in Österreich Adelstitel verboten.

Wittgenstein an Ludwig Ficker
Oktober/November 1919:
Lieber Herr Ficker!
Zugleich mit diesem Brief geht das Manuscript an Sie ab. Warum ich nicht *gleich* an Sie dachte? Ja, denken Sie, ich *habe* gleich an Sie gedacht; allerdings zu einer Zeit, wo das Buch noch gar nicht verlegt werden konnte, weil es noch nicht fertig war. Wie es aber dann so weit war, da hatten wir ja Krieg und da war wieder an Ihre Hilfe nicht zu denken. Jetzt aber hoffe ich auf Sie. Und da ist es Ihnen vielleicht eine Hilfe, wenn ich Ihnen ein paar Worte über mein Buch schreibe: Von seiner Lektüre werden Sie nämlich – wie ich bestimmt glaube – nicht allzuviel haben. Denn Sie werden es nicht verstehen; der Stoff wird Ihnen ganz fremd erscheinen. In Wirklichkeit ist er Ihnen nicht fremd, denn der Sinn des Buches ist ein Ethischer. Ich wollte einmal in das Vorwort einen Satz geben, der nun tatsächlich nicht darin steht, den ich Ihnen aber jetzt schreibe, weil er Ihnen vielleicht ein Schlüssel sein wird: Ich wollte nämlich schreiben, mein Werk bestehe aus zwei Teilen: aus dem, der hier vorliegt, und aus alledem, was ich *nicht* ge-schrieben habe. Und gerade dieser zweite Teil ist der Wichtige. Es wird nämlich das Ethische durch mein Buch gleichsam von innen her begrenzt; und ich bin überzeugt, daß es, *streng*, NUR so zu begrenzen ist. Kurz, ich glaube: Alles das, was *viele* heute *schwefeln*, habe ich in meinem Buch festgelegt, indem ich darüber schweige. Und darum wird das Buch, wenn ich mich nicht sehr irre, vieles sagen, was Sie selbst sagen wollen, aber Sie werden vielleicht nicht sehen, daß es darin gesagt ist. Ich würde Ihnen nun empfehlen das *Vorwort* und den *Schluß* zu lesen, da diese den Sinn am unmittelbarsten zum Ausdruck bringen. —

204 Der Onkel Paul Wittgenstein

Hermine Wittgenstein:
Schon damals bereitete sich in Ludwig eine tiefe Wandlung vor, die sich erst nach dem Krieg auswirken sollte und die schließlich in dem Entschluß gipfelte, kein Vermögen mehr besitzen zu wollen. Er wurde von den Soldaten „der mit dem Evangelium" genannt, weil er immer Tolstois Bearbeitung der Evangelien bei sich trug. – Gegen Ende des Krieges kämpfte er an der italienischen Front, geriet bei dem sonderbaren Waffenstillstand in italienische Gefangenschaft, und als er endlich wieder nach Hause kam, war es sein Erstes, sich seines Vermögens zu entledigen. Er schenkte es uns Geschwistern, mit Ausnahme unserer Schwester Gretl, die damals noch sehr vermögend war, während wir viel von unserem Vermögen eingebüßt hatten.

Viele Leute, unter ihnen mein Onkel Paul Wittgenstein und meine Freundin Mitze Salzer, konnten nicht verstehen, daß wir das Geld annahmen und nicht wenigstens im Geheimen eine Summe absonderten und anlegten, für den Fall, daß Ludwig seinen Entschluß später bereue. Sie konnten nicht wissen, welcher Mentalität sein Entschluß entsprungen war und wie ihn gerade die erwähnte Möglichkeit beunruhigte; hundertmal wollte er sich vergewissern, daß es ganz ausgeschlossen sei, daß irgend eine Summe in irgend einer Form ihm gehöre, und zur Verzweiflung des die Schenkung durchführenden Notars kam er immer wieder darauf zurück. Sie konnten aber auch nicht wissen, daß gerade zu dieser Mentalität Ludwigs die ganz freie, gelockerte Möglichkeit gehörte, sich von seinen Geschwistern in irgend einer Situation helfen zu lassen. Wer die „Brüder Karamasoff" von Dostojewski kennt, wird sich der Stelle erinnern, in der gesagt wird, daß der sparsame und genaue Iwan wohl einmal in eine prekäre Situation kommen könnte, daß aber sein Bruder Aljoscha, der nichts vom Geld versteht und keines besitzt, bestimmt nicht verhungern würde, weil Jeder mit Freuden mit ihm teilen und er es ohne Bedenken annehmen würde. Ich, die dies alles genau wußte, habe alles getan, um bis ins Kleinste Ludwigs Wünsche zu erfüllen.

Rush Rhees, Erinnerungen an Wittgenstein:
Ludwig Wittgenstein erzählte mir wie der Notar zum Schluß sagte: „Sie wollen also finanziellen Selbstmord begehen!"

Nichts was man tut läßt sich endgültig verteidigen. Sondern nur in Bezug auf etwas anderes Festgesetztes.
  D. h., es läßt sich kein Grund angeben, warum man *so* handeln soll (oder hat handeln sollen), als der sagt, daß dadurch dieser Sachverhalt hervorgerufen werde, den man wieder als Ziel *hinnehmen* muß.
13. September 1931

Es ist viel schwerer freiwillig arm zu sein, wenn man arm sein *muß*, als, wenn man auch reich sein könnte.
1931

205–208 Die Geschwister
Helene und Paul, darunter Margarete und Hermine

Macht und Besitz sind nicht *dasselbe*. Obwohl uns der Besitz auch Macht gibt. Wenn man sagt die Juden hätten keinen Sinn für den Besitz so ist das wohl vereinbar damit daß sie gerne reich sind; denn das Geld ist für sie eine bestimmte Art von Macht nicht Besitz. (Ich möchte z. B. nicht, daß meine Leute arm werden, denn ich wünsche ihnen eine gewisse Macht. Freilich auch daß sie diese Macht recht gebrauchen möchten.)
1931

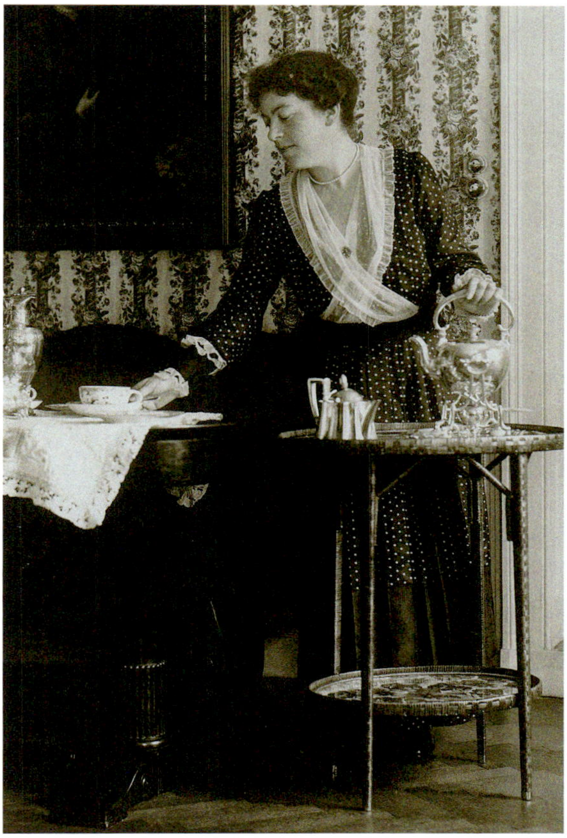

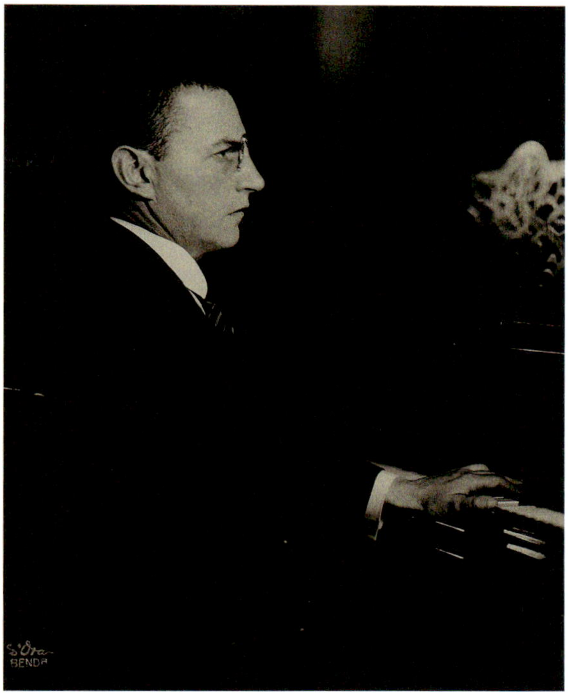
d'Ora
BENDA

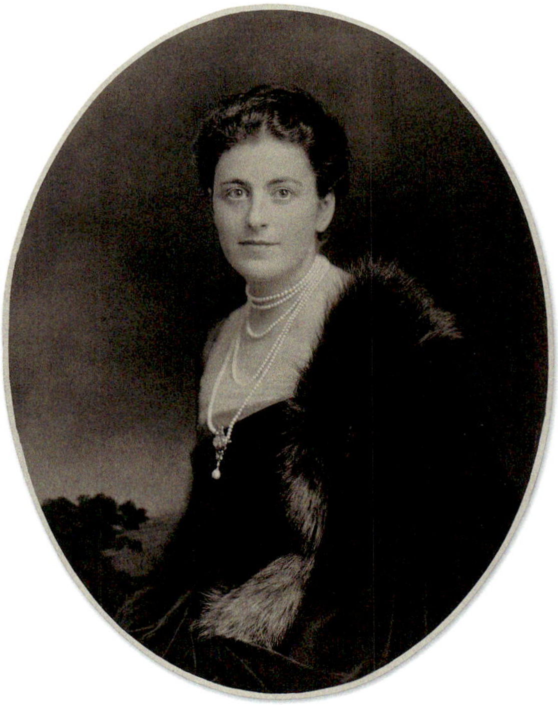

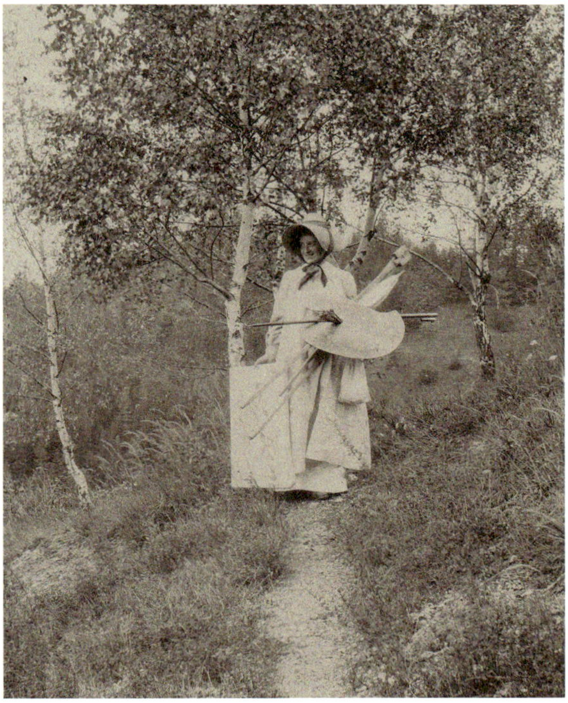

172 Volksschullehrer, Gärtner, Architekt

209 Rasumofskygasse 24/11
Eine von Wittgensteins Wohnungen während seiner Ausbildung zum Lehrer, im III. Wiener Bezirk; im selben Gebäude, im Vordergrund rechts, lebte zu dieser Zeit Robert Musil, während er am *Mann ohne Eigenschaften* schrieb.

210 Robert Musil (1880–1942)

Hermine Wittgenstein:
Seinen zweiten Entschluß, einen ganz unscheinbaren Beruf zu wählen und womöglich Volksschullehrer auf dem Lande zu werden, konnte ich selbst zuerst gar nicht verstehen, und da wir Geschwister uns sehr oft durch Vergleiche miteinander verständigen, sagte ich ihm damals anläßlich eines langen Gesprächs: wenn ich mir ihn mit seinem philosophisch geschulten Verstand als Volksschullehrer vorstellte, so schiene es mir, als wollte jemand ein Präzisionsinstrument dazu benützen, um Kisten zu öffnen. Darauf antwortete mir Ludwig mit einem Vergleich, der mich zum Schweigen brachte. Er sagte nämlich: „Du erinnerst mich an einen Menschen, der aus dem geschlossenen Fenster schaut und sich die sonderbaren Bewegungen eines Passanten nicht erklären kann; er weiß nicht, welcher Sturm draußen wütet und daß dieser Mensch sich vielleicht nur mit Mühe auf den Beinen hält." Da verstand ich, in welcher Verfassung er sich innerlich befand.

Wittgenstein an Russell
27. November 1919:
Ich habe jetzt erneute Schwierigkeiten wegen meines Buches. Niemand will es verlegen. Erinnerst Du Dich noch, wie Du mich immer drängtest etwas zu veröffentlichen: und jetzt, wo ich es möchte, geht es nicht. Das soll der Teufel holen!

6. Oktober 1919:
[M]ein Verleger hat schon längst Dein Empfehlungsschreiben bekommen, hat mir aber noch immer nicht geschrieben, ob, und unter welchen Bedingungen, er mein Buch nimmt (der Hund!). Ich glaube *bestimmt* zu Weihnachten in den Haag kommen zu können. Nur ein unvorsehbares Ereignis könnte mich daran hindern. Ich habe mich entschlossen Lehrer zu werden und muß dazu noch einmal eine sogenannte Lehrerbildungsanstalt besuchen. Dort sitzen lauter Buben von 17–18 Jahren und ich bin schon 30. Das giebt sehr komische Situationen und oft auch *sehr* unangenehme. Ich fühle mich oft unglücklich! — Mit Frege stehe ich in Briefwechsel. Er versteht kein Wort von meiner Arbeit und ich bin schon ganz erschöpft vor lauter Erklärungen.

Wie geht es Dr Whitehead und Johnson?
Schreibe bald.
Dein treuer
Ludwig Wittgenstein

1. November 1919:
Mit dem Geld hat es allerdings eine gewisse Schwierigkeit. […] — Nun habe ich aber eine Idee, weiß allerdings nicht, ob sie durchführbar ist: Ich habe nämlich seinerzeit, als ich von Cambridge nach Norwegen gezogen bin, alle meine Sachen in Cambridge bei einem Möbelhändler deponiert. […] Es waren viele Bücher, darunter auch ein paar wertvolle, ein Teppich, etc. *Sind nun alle diese Sachen schon verfallen?* Wenn nicht, so hätte ich eine große Bitte an Dich: nämlich, sie zu verkaufen und mir das Geld nach Holland mitzubringen. […]

Ich freue mich unbeschreiblich auf unser Wiedersehen. […]
P.P.S. Etwas ÄUSSERST WICHTIGES fällt mir ein: Unter meinen Sachen befinden sich auch eine Menge Tagebücher und Manuscripte diese sind ALLE zu verbrennen!!!

19.1.20.
Wien XIII. St. Veitgasse 17
bei Frau Sjögren

Lieber Herr Ficker!

Bitte sein Sie so gut mir umgehend mein Manuscript zu schicken, da ich es an Reklam in Leipzig senden muss, der aller Wahrscheinlichkeit nach gewillt sein dürfte, mein Buch zu verlegen. Ich bin neugierig, wieviele Jahre es noch dauern wird, bis es erscheint. Hoffentlich geht es noch vor meinem Tod. Ihr

Ludwig Wittgenstein

211 Brief an Ludwig Ficker

212/213 Hotel Pomona in Den Haag, Molenstraat 53

Russell an Lady Ottoline Morrell, aus Den Haag 20. Dezember 1919:
I have much to tell you that is of interest. I leave here today, after a fortnight's stay, during a week of which Wittgenstein was here, and we discussed his book every day. I came to think even better of it than I had done; I feel sure it is a really great book, though I do not feel sure it is right. I told him I could not refute it, and that I was sure it was either all right or all wrong, which I considered the mark of a good book; but it would take me years to decide this. This of course didn't satisfy him, but I couldn't say more.

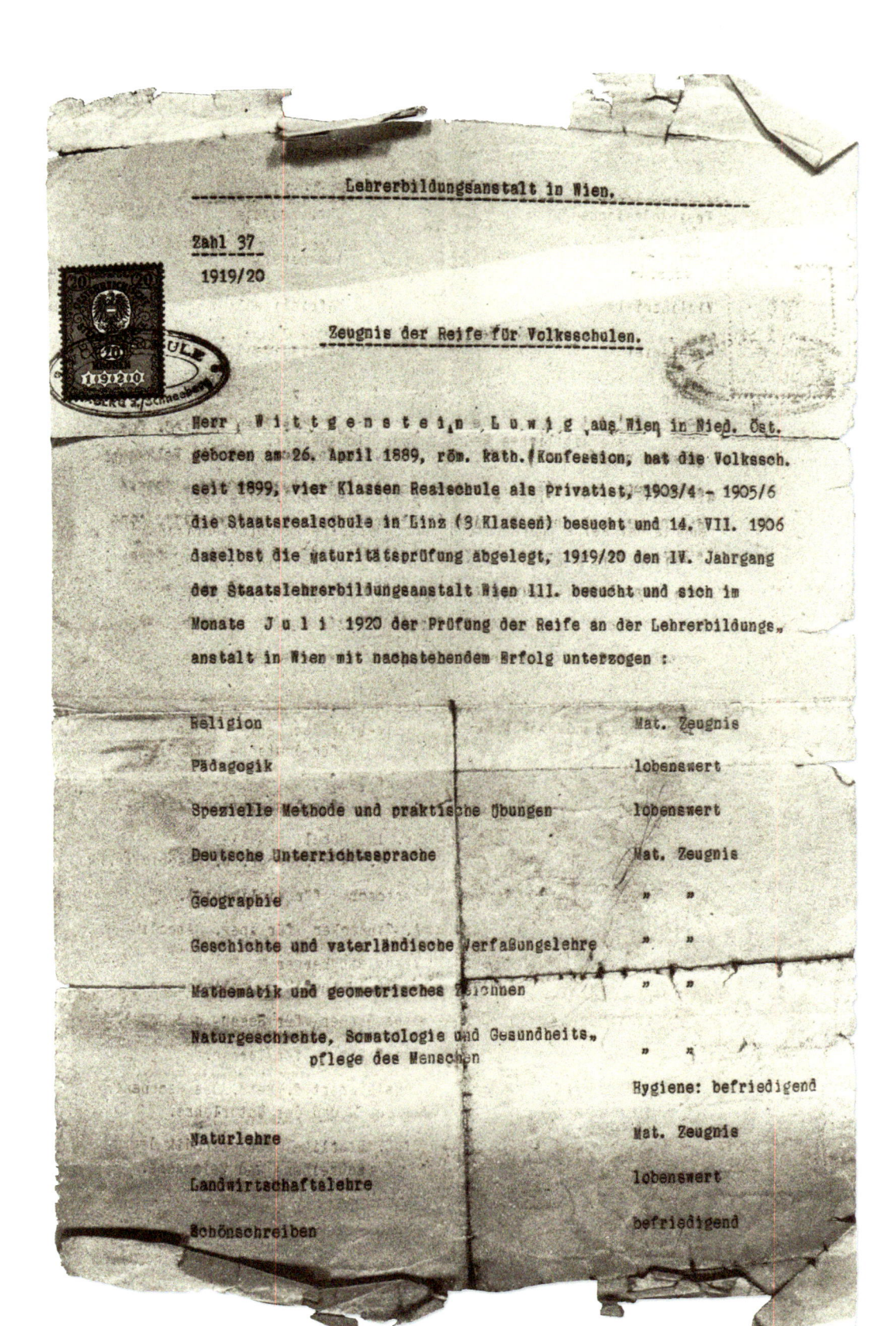

Lehrerbildungsanstalt in Wien.

Zahl 37
1919/20

Zeugnis der Reife für Volksschulen.

Herr W i t t g e n s t e i n , L u w i g , aus Wien in Nied. Öst.
geboren am 26. April 1889, röm. kath. Konfession, hat die Volkssch.
seit 1899, vier Klassen Realschule als Privatist, 1903/4 - 1905/6
die Staatsrealschule in Linz (3 Klassen) besucht und 14. VII. 1906
daselbst die Maturitätsprüfung abgelegt, 1919/20 den IV. Jahrgang
der Staatslehrerbildungsanstalt Wien III. besucht und sich im
Monate J u l i 1920 der Prüfung der Reife an der Lehrerbildungsanstalt in Wien mit nachstehendem Erfolg unterzogen:

Religion	Mat. Zeugnis
Pädagogik	lobenswert
Spezielle Methode und praktische Übungen	lobenswert
Deutsche Unterrichtssprache	Mat. Zeugnis
Geographie	" "
Geschichte und vaterländische Verfaßungslehre	" "
Mathematik und geometrisches Zeichnen	" "
Naturgeschichte, Somatologie und Gesundheits- pflege des Menschen	" "
	Hygiene: befriedigend
Naturlehre	Mat. Zeugnis
Landwirtschaftslehre	lobenswert
Schönschreiben	befriedigend

214 Wittgensteins Abschlußzeugnis der Lehrerbildungsanstalt

215 Porträt zur Erteilung der Lehrbefugnis

216 Kloster Neuburg bei Wien

Wittgenstein an Paul Engelmann
30. Mai 1920:
Ich habe fortwährend daran gedacht, mir das Leben zu nehmen und auch jetzt spukt dieser Gedanke noch immer in mir herum. *Ich bin ganz und gar gesunken.* Möge es Ihnen nie so gehen! Ob ich mich noch werde aufrichten können? Wir werden ja sehen. — — —
  Reclam nimmt mein Buch nicht. Mir ist es jetzt Wurst, und das ist gut.
Schreiben Sie *bald*.
Ihr
Ludwig Wittgenstein

19. Juli 1920:
Ich sehnte mich nach irgend einer regelmäßigen Arbeit, welche – wenn ich mich nicht irre – für meinen gegenwärtigen Zustand noch das Erträglichste ist. Eine solche Arbeit scheine ich gefunden zu haben: Ich bin als Gärtnergehilfe im Stift Klosterneuburg für die Zeit meiner Ferien aufgenommen. (Wie es mir da gehen wird, wird sich zeigen.)

Man könnte sagen (ob es nun stimmt oder nicht) daß der jüdische Geist nicht im Stande ist auch nur ein Gräschen oder Blümchen hervorzubringen daß es aber seine Art ist das Gräschen oder die Blume die im andern Geist gewachsen ist abzuzeichnen und damit ein umfassendes Bild zu entwerfen.
1931

Menschen sind in vorigen Zeiten ins Kloster gegangen. Waren das etwa dumme, oder stumpfe Menschen? — Nun, wenn solche Leute solche Mittel ergriffen haben um weiter leben zu können, kann das Problem nicht leicht sein!
20. August 1946

Kultur ist eine Ordensregel. Oder setzt doch eine Ordensregel voraus.
1949

Routen-Karte Wien–Semmering.

217 Wittgensteins Wanderkarte
im rechten unteren Viertel die Orte seiner Lehrertätigkeit: Trattenbach, Haßbach, Puchberg und Ottertal; im linken unteren Viertel die Hochreith über St. Aegyd; links von Wien die Klöster Neuburg und Hütteldorf

Wittgenstein an Russell
19. März 1920:
Ich bin nicht mehr im Stande mir neue Freunde zu erwerben und die alten verliere ich. Das ist schrecklich traurig. Fast täglich denke ich an den armen David Pinsent. Denn, so sonderbar das klingt, ich bin fast allen Menschen zu dumm!

    Schreib mir bald einmal und schicke auch Deine Einleitung.
Dein trauriger
Ludwig Wittgenstein

6. Mai 1920:
Nun wirst Du aber auf mich böse sein, wenn ich Dir etwas erzähle: Deine Einleitung wird nicht gedruckt und infolgedessen wahrscheinlich auch mein Buch nicht. — Als ich nämlich die deutsche Übersetzung der Einleitung vor mir hatte, da konnte ich mich doch nicht entschließen sie mit meiner Arbeit drucken zu lassen. Die Feinheit Deines englischen Stils war nämlich in der Übersetzung – selbstverständlich – verlorengegangen und was übrig blieb war Oberflächlichkeit und Mißverständnis. […]

    Meine Arbeit ist nämlich entweder ein Werk ersten Ranges, oder sie ist kein Werk ersten Ranges. Im zweiten – wahrscheinlicheren – Falle bin ich selbst dafür, daß sie nicht gedruckt werde. Und im ersten ist es ganz gleichgültig ob sie 20 oder 100 Jahre früher oder später gedruckt wird. Denn wer fragt danach ob z. B. die Kritik der reinen Vernunft im Jahre 17x oder y geschrieben worden ist! Ja, eigentlich brauchte sie in diesem Falle auch nicht gedruckt zu werden. — Und nun sei nicht bös! Es war vielleicht undankbar von mir, aber ich konnte nicht anders.

218 Die Volksschule in Trattenbach

Wittgenstein an Engelmann, 11. Oktober 1920:
Ich bin jetzt endlich Volksschullehrer und zwar in einem sehr schönen und kleinen Nest, es heißt Trattenbach (bei Kirchberg am Wechsel, N.Ö.). Die Arbeit in der Schule macht mir Freude und ich brauche sie notwendig; sonst sind bei mir gleich alle Teufel los.

Eine Schülerin über ihren Lehrer Wittgenstein:
Ja, das war meine beste Erinnerung, weil es mir sehr, sehr unangenehm war, weil ich nicht das zusammengebracht habe, was der Herr Lehrer Wittgenstein von uns verlangt hat, was er zumindest von mir verlangt hat. Dauernd, dauernd, die Korinthischen Säulen für uns zum Zeichnen. Wir haben nur radiert, und nur radiert, und wir haben nie die Säule so zusammengebracht wie er es sich vorgestellt hat, wir haben uns ja eigentlich nichts vorgestellt. Dann ist er schon sehr bös geworden, und dann hat er uns bei den Haaren gepackt und dann war es natürlich ganz aus, und wir haben dann nichts mehr zusammengebracht. Und so ist es halt mit vielen anderen Sachen auch gewesen – er war sehr streng, aber er war ein sehr guter Mensch. Wir haben auch mit allerhand zu ihm kommen können. Er hat einen beraten, wir haben's sehr gern gehabt […]

    Meine Erinnerungen sind eigentlich dahingehend, daß er uns hauptsächlich in Mathematik unterrichtet hat. Wir haben oft zu Schulbeginn angefangen zu rechnen, und haben stundenlang nur gerechnet, er hat seinen Stundenplan gar nicht so eingehalten wie es sein sollte, er war ein begeisterter Mathematiker, und wollte auch uns dies alles eintrichtern das er sich eben vorgestellt hat, und wir waren auch wirklich weit voraus beim Lehrplan und haben ruhig mit der zweiten Bürgerschulklasse mithalten können.

219 Ostwalds *Annalen der Naturphilosophie*
In der letzten Nummer des letzten Bandes der *Annalen* erschien 1921 erstmals Wittgensteins *Logisch-Philosophische Abhandlung*. Russell hatte im Herbst 1920, vor Antritt einer Gastprofessur in Peking, eine Schülerin, die Mathematikerin Dorothy Wrinch, beauftragt, für die Veröffentlichung von Wittgensteins Arbeit zu sorgen.

Wittgenstein an Russell
28. November 1921:
Ehrlich gestanden: es freut mich, daß mein Zeug gedruckt wird. Wenn auch der Ostwald ein Erzscharlatan ist. Wenn er es nur nicht verstümmelt! Liest Du die Korrekturen? Dann bitte sei so lieb und gib acht, daß er es genau so druckt, wie es bei mir steht. Ich traue dem Ostwald zu, daß er die Arbeit nach seinem Geschmack, etwa nach seiner blödsinnigen Orthographie, verändert. Am liebsten ist es mir, daß die Sache in England erscheint. Möge sie der vielen Mühe die Du und andere mit ihr hatten würdig sein! —

23. Oktober 1921:
Bei mir hat sich nichts verändert. Ich bin noch immer in Trattenbach und bin nach wie vor von Gehässigkeit und Gemeinheit umgeben. Es ist wahr, daß die Menschen im Durchschnitt nirgends sehr viel wert sind; aber hier sind sie viel mehr als anderswo nichtsnutzig und unverantwortlich. Ich werde vielleicht noch dieses Jahr in Trattenbach bleiben, aber länger wohl nicht, da ich mich hier auch mit den übrigen Lehrern nicht gut vertrage.

Ostwald an Dorothy Wrinch, Februar 1921:
In jedem anderen Falle würde ich auf die Aufnahme des Aufsatzes verzichtet haben. Ich schätze aber Herrn Bertrand Russell so ungewöhnlich hoch als Forscher und als Persönlichkeit, daß ich den Aufsatz von Herrn Wittgenstein gern in meinen „Annalen der Naturphilosophie" veröffentlichen werde: die Einleitung von Herrn Bertrand Russell wird besonders willkommen sein.

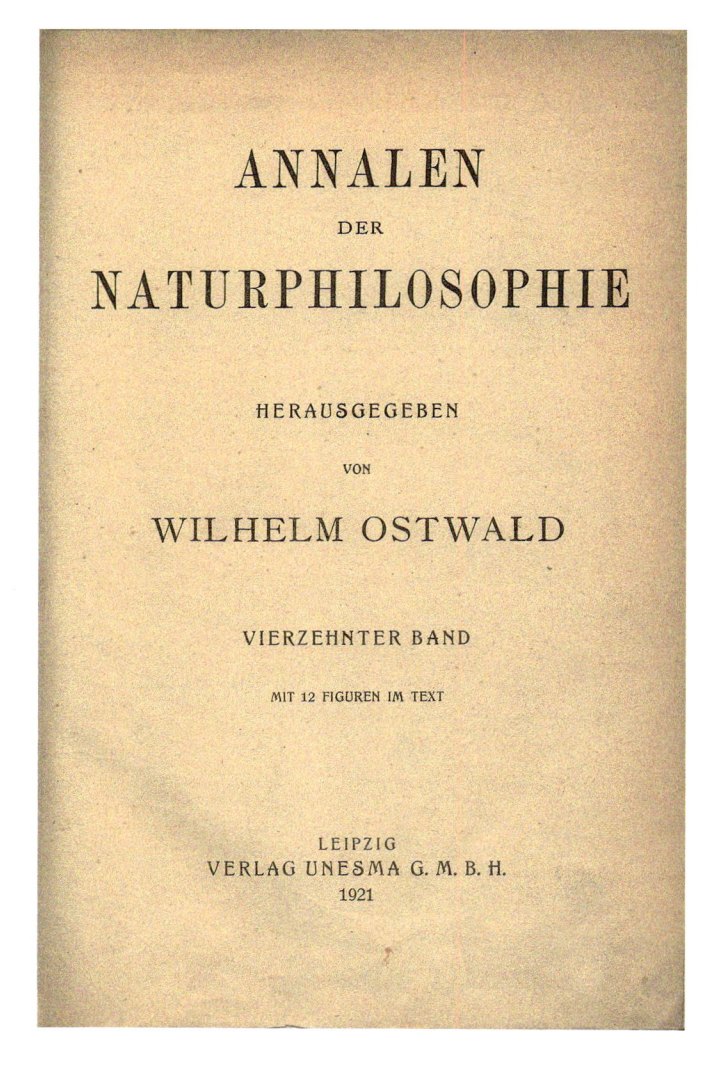

220 Wilhelm Ostwald (1853–1932)
Nobelpreisträger für Chemie, 1909

Wittgenstein im Gespräch mit Rush Rhees:
Ostwald sprach beständig von dem energetischen Imperativ, und es war interessant zu beobachten, wie im Denken eines Mannes eine Leitidee aus einem Gebiet auch in anderen Gebieten alles einleuchtend macht; bei Ostwald z. B. auch die Ethik. Etwas Ähnliches zeigt sich in gewissen Moden, wie etwa bei Kinderwagen und Frauenhüten mit den Stromlinienformen von Flugzeugen.

221 Kurt Reidemeister (1893–1971)

Moritz Schlick an Ludwig Wittgenstein
25. Dezember 1924:
Als Bewunderer Ihres tractatus logico-philosophicus hatte ich schon lange die Absicht, mit Ihnen in Verbindung zu treten. Die Last meines Amts – und sonstige Verpflichtungen – ist Schuld daran, daß die Ausführung meiner Absicht immer wieder zurückgeschoben wurde, obgleich seit meiner Berufung nach Wien bereits fünf Semester verflossen sind. Im Philosophischen Institut pflege ich jedes Wintersemester regelmäßig Zusammenkünfte von Kollegen und begabten Studenten abzuhalten, die sich für die Grundlagen der Logik und Mathematik interessieren, und in diesem Kreis ist Ihr Name oft erwähnt worden, besonders seit mein Kollege, der Mathematiker Prof. Reidemeister über Ihre Arbeit einen referierenden Vortrag hielt, der auf uns alle einen großen Eindruck machte. Es existiert hier also eine Reihe von Leuten – ich selbst rechne mich dazu – die von der Wichtigkeit und Richtigkeit Ihrer Grundgedanken überzeugt sind, und wir haben den lebhaften Wunsch, an der Verbreitung Ihrer Ansichten mitzuwirken.

222 Das Mathematische Institut der Universität Wien
Im Korridor vor den Seminarräumen fanden ab 1922, nach der Berufung von Schlick und Reidemeister, die sogenannten „Donnerstagst-Treffen" statt, ein loser Diskussionszirkel, aus dem der Wiener Kreis hervorging.

223 Titelseite der *Logisch-Philosophischen Abhandlung*

in Ostwalds *Annalen der Naturphilosophie*

Rudolf Carnap, 1963:
In the Vienna Circle a large part of L. Wittgenstein's book *Tractatus Logico-Philosophicus* was read aloud and discussed sentence by sentence. Often long reflections were necessary in order to find out what was meant. And sometimes we did not find any clear interpretation. But still we understood a good deal of it and then had lively discussions about it.

Moritz Schlick, 1930:
Dieses Buch [die *Logisch-Philosophische Abhandlung*], nach meiner unerschütterlichen Überzeugung das bedeutendste Werk der Philosophie unserer Zeit, ist nicht einer bestimmten „Richtung" zuzurechnen, aber es wird auch in ihm die fundamentale Wahrheit verfochten, auf der aller Empirismus aufruht, denn es zeigt die Unmöglichkeit synthetischer Urteile a priori (d. h. solcher Aussagen, die eine Vermehrung unserer Erkenntnis enthalten, ohne doch durch die Erfahrung gerechtfertigt zu sein).

Logisch-Philosophische Abhandlung.

Von

Ludwig Wittgenstein.

Dem Andenken meines Freundes **David H. Pinsent** gewidmet.

Motto: ... und alles was man weiß, nicht bloß rauschen und brausen gehört hat, läßt sich in drei Worten sagen.
Kürnberger.

Vorwort des Verfassers.

Dieses Buch wird vielleicht nur der verstehen, der die Gedanken, die darin ausgedrückt sind — oder doch ähnliche Gedanken — schon selbst einmal gedacht hat. — Es ist also kein Lehrbuch. — Sein Zweck wäre erreicht, wenn es einem, der es mit Verständnis liest, Vergnügen bereitete.

Das Buch behandelt die philosophischen Probleme und zeigt — wie ich glaube —, daß die Fragestellung dieser Probleme auf dem Mißverständnis der Logik unserer Sprache beruht. Man könnte den ganzen Sinn des Buches etwa in die Worte fassen: Was sich überhaupt sagen läßt, läßt sich klar sagen; und wovon man nicht reden kann, darüber muß man schweigen.

Das Buch will also dem Denken eine Grenze ziehen, oder vielmehr — nicht dem Denken, sondern dem Ausdruck der Gedanken: Denn um dem Denken eine Grenze zu ziehen, müßten wir beide Seiten dieser Grenze denken können (wir müßten also denken können, was sich nicht denken läßt).

Die Grenze wird also nur in der Sprache gezogen werden können und was jenseits der Grenze liegt, wird einfach Unsinn sein.

Wieweit meine Bestrebungen mit denen anderer Philosophen zusammenfallen, will ich nicht beurteilen. Ja, was ich hier geschrieben habe macht im Einzelnen überhaupt nicht den Anspruch auf Neuheit; und darum gebe ich auch keine Quellen an, weil es mir gleichgültig ist, ob das, was ich gedacht habe, vor mir schon ein anderer gedacht hat.

Annalen Natur- u. Kulturphil. XIV. 12^3

Volksschullehrer, Gärtner, Architekt

224 Gasthaus zum braunen Hirschen in Trattenbach
Im Nebengebäude, in der linken Mansarde, befand sich Wittgensteins Kammer.

225 Der Trahthof bei Trattenbach

226 Wittgensteins Kammer
im Gasthaus zum braunen Hirschen

Aus dem Bericht des Lehrerkollegen Georg Berger:
Zuerst wohnte W. in einem kleinen Zimmer im Gasthaus zum braunen Hirschen. Bald nach seinem Einzug gab es Tanzmusik. Das war ihm zu viel. Er ging auf und davon, kam zu mir und bat um Quartier. Später schlug er in der Schule (der neue Oberlehrer war noch nicht eingetroffen) sein Lager auf. Das Holz hackte er auf dem Herdrand und auf dem Fußboden. Beide, der Rand und der Boden sahen auch danach aus. Stundenlang saß er auf dem Küchenfenster und beobachtete den Sternenhimmel […]

Er wollte möglichst primitive Kost. Die holte er sich täglich beim Bauern Traht hinten im Schlaggraben. In einer Milchkanne nahm er sich immer noch was mit nach Hause.

Einmal betrachtete er bei diesem Bauern den Herrgottswinkel. Er, der Kunstkenner, lächelte über die armseligen, künstlerisch ganz und gar wertlosen Bilder. Die verstohlen zuschauenden Hausleute aber schüttelten bedenklich den Kopf.

Wittgenstein an Russell, 28. November 1921:
Du hast recht: nicht die Trattenbacher allein sind schlechter, als alle übrigen Menschen; wohl aber ist Trattenbach ein besonders minderwertiger Ort in Österreich und die *Österreicher* sind – seit dem Krieg – bodenlos tief gesunken, daß es zu traurig ist, davon zu reden! So ist es. —

Liebe Helene!

Hier sind die Maße des Altars und des Altartuches:

[Skizze: Altar 300cm lang, 67cm, 97cm, 80cm] [Skizze: Altartuch mit Spitze 92cm, 10cm]

Das Tuch soll an den Seiten beinahe bis zum Boden reichen und vorne etwa 20cm herabhängen. Die Spitze soll – so wünscht es der Pfarrer – nicht breiter als 10cm sein. Daher muss die Decke mit Spitze 300cm + 92cm + 92cm = 484cm lang werden (dabei habe ich gerechnet, dass sie an den Seiten nur 92cm hinunter hängt, also noch etwas vom Boden absteht) und 67cm + 20cm = 87cm breit. Die Breite aber braucht nicht so genau zu sein, also sagen wir 90cm. Die Leinwand ohne Spitze soll also 464cm lang und etwa 80cm breit werden, und die Spitze, wie gesagt, ca 10cm breit. Dies sei die Sache. Solltest du dazu noch die Höhe des Pfarrers, das Alter und Geburtsstunde des Pfarrerstöchter wissen wollen, so könnte ich Dir das und even. auch den Zupfscheitel kostlos in der nächsten Tage schicken. Die Kosten dieser Sendung werde ich Dir aber, wegen der entstehen- den Unkosten, auf sogenannte Rechnung schicken per mittels Postnachnahme. ...

Jetzt geht ...

227 Brief an die Schwester Helene aus Trattenbach

228 Alois Neururer (1878–1952)
mit Wittgenstein befreundeter katholischer Ortspfarrer in Trattenbach

Bericht des Lehrerkollegen Georg Berger:
Der Herr Pfarrer des Ortes, Alois Neururer, war Herrn Wittgenstein sehr zugetan. Trotzdem trug sich gelegentlich einer Religionsprüfung in der Kirche folgendes zu: Ich war als Organist auf dem Chor, bei mir war auch der Herr Pfarrer von Raach, und W. kam schließlich auch herauf. Die Kinder standen vor dem Altare, der Herr Dechant saß daneben, und der Herr Pfarrer prüfte. W. hörte aufmerksam zu und sagte plötzlich ganz vernehmlich: „Blödsinn!"

Ich lese: „Und niemand kann Jesum einen Herrn heißen, außer durch den heiligen Geist." — Und es ist wahr: ich kann ihn keinen *Herrn* heißen; weil mir das gar nichts sagt. Ich könnte ihn ‚das Vorbild', ja ‚Gott' nennen oder eigentlich: ich kann verstehen wenn er so genannt wird; aber das Wort „Herr" kann ich nicht mit Sinn aussprechen. *Weil ich nicht glaube*, daß er kommen wird mich zu richten; weil mir *das* nichts sagt. Und das könnte mir nur etwas sagen, wenn ich *ganz* anders lebte.

Was neigt auch mich zu dem Glauben an die Auferstehung Christi hin? Ich spiele gleichsam mit dem Gedanken. — Ist er nicht auferstanden, so ist er im Grab verwest, wie jeder Mensch. *Er ist tot und verwest.* Dann ist er ein Lehrer, wie jeder andere und kann nicht mehr *helfen*; und wir sind wieder verwaist und allein. Und können uns mit der Weisheit und Spekulation begnügen. Wir sind gleichsam in einer Hölle, wo wir nur träumen können/dürfen/, und vom Himmel, durch eine Decke gleichsam, abgeschlossen. Wenn ich aber WIRKLICH erlöst werden soll, – so brauche ich *Gewißheit* – nicht Weisheit, Träume, Spekulation – und diese Gewißheit ist der Glaube. Und der Glaube ist Glaube an das, was mein *Herz*, meine *Seele* braucht, nicht mein spekulierender Verstand. Denn meine Seele, mit ihren Leidenschaften, gleichsam mit ihrem Fleisch und Blut, muß erlöst werden, nicht mein abstrakter Geist. Man kann vielleicht sagen: Nur die *Liebe* kann die Auferstehung glauben. Oder: Es ist die *Liebe*, was die Auferstehung glaubt. Man könnte sagen: Die erlösende Liebe glaubt auch an die Auferstehung; hält auch an der Auferstehung fest. Was den Zweifel bekämpft, ist gleichsam die *Erlösung*. Das Festhalten an *ihr* muß das Festhalten an diesem Glauben sein. Das heißt also: Sei erst erlöst und halte an Deiner Erlösung (halte Deine Erlösung) fest – dann wirst Du sehen, daß Du an diesem Glauben festhältst. Das kann also nur geschehen, wenn Du Dich nicht mehr auf diese/die/ Erde stützt, sondern am Himmel hängst. Dann ist *alles* anders und es ist ‚kein Wunder', wenn Du dann kannst, was Du jetzt nicht kannst. (Anzusehen ist freilich der Hängende wie der Stehende aber das Kräftespiel in ihm ist ja ein ganz anderes und er kann daher ganz anderes tun als der Stehende.)
12. Dezember 1937

229 Die vormalige Textilfabrik in Trattenbach

Bericht des Lehrerkollegen Georg Berger
über den Vorfall mit der Dampfmaschine in
Trattenbach:
Einmal blieb in der hiesigen Weberei die
Dampfmaschine, eine stehende, stecken. Ein
Riemen riß, eine Transmission flog herab.
Der Kolben saß fest. Ingenieure waren der
Meinung, daß die Kolbenstange herausgebohrt
werden müßte […]

230 Von Wittgenstein reparierte Dampfmaschine in Trattenbach

Bericht der Frau des Lehrerkollegen Bichlmayer:
Ja, ich war im Büro, und da ist die Maschine kaputt geworden, und ist nicht mehr gegangen, der Betrieb hat müssen stehen bleiben. [...] Und dann sind ein ganzer Haufen Ingenieure gekommen, die haben das nicht machen können. Jetzt bin ich zuhaus und sagte zu meinem Mann, daß das passiert ist mit der Dampfmaschine, und mein Mann hat das dann in der Schulkanzlei erzählt, und der Herr Lehrer Wittgenstein hat gesagt, Du, kann ich das sehen, kannst Du mir das verschaffen daß ich das seh'? Da sagt mein Mann – Ohne weiteres, Sie werden mit dem Herrn Direktor sprechen, und dann werden wir hinunter gehen und Herr Direktor hat gesagt – Ja, ja, er kann schon kommen [...] na und dann ist er gekommen mit meinem Mann, gleich hinunter ins Maschinenhaus, und da ist er so herumgegangen und hat sich das so angeschaut, und nichts gesprochen, nur so geschaut, und dann hat er auf einmal gesagt, kann ich vier Männer haben? Und der Direktor sagt: ja, die können Sie haben, und sind vier gekommen mit zwei Schlossern und zwei andere, jeder mußte einen Hammer halten, und die hat er aufgestellt. Der eine hat eins gehabt, der andere hat zwei, der andere drei, und der andere vier. Und so wie ich rufe müssen sie auf den Platz hin, ich kann nicht sagen, wo der Platz war, hinschlagen. Na, und jetzt ist es losgegangen: eins, der hat hingehauen, vier hat hingehauen, drei hat auch hingehauen, zwei hat auch hingehauen, auf einmal gehts [...] die haben die Maschine befreit von ihrer Krankheit [...]

[D]ie Menschen haben gestanden als ob sie den Mond betrachtet hätten, wie das gegangen ist, und er ist dann natürlich, hat sich umgedreht, und ist mit meinem Mann [...] und hat das Geschenk bekommen, Leinwand, und da hat er zuerst nein gesagt, und dann ist es ihm eingefallen, die Kinder sind arme Kinder da, ja, ich werde die Leinwand nehmen, na und, die hat er gekriegt, und die hat er in der Schule und unter den Kindern, unter die Armen verteilt.

Bei der magischen Heilung einer Krankheit BEDEUTET man ihr, sie möge den Patienten verlassen.

Man möchte nach der Beschreibung so einer magischen Kur immer sagen: Wenn *das* die Krankheit nicht versteht, so weiß ich nicht, *wie* man es ihr sagen soll.
20. Juni 1931

Ich habe eines von diesen Talenten, das immer wieder aus der Not eine Tugend machen muß.
29. November 1948

Paul Engelmann an F. A. Hayek, 8. März 1953:
Er hat sich, damals Dorfschullehrer, einmal während meines Besuchs auf der Hochreith für die Ursachen eines Streiks in einem benachbarten Eisenwerk (ich glaube Lilienfeld) einer von seinem Vater gegründeten AG interessiert, und hat mir dann seinen Eindruck mit den Worten mitgeteilt: „Es ist wie gewöhnlich: Schweinerei von oben, Schweinerei von unten." – Wittgenstein hat in dieser Zeit die Sozialdemokraten in seinem Dorf, nach seinen *persönlichen* Erfahrungen, als die „noch am wenigsten Unanständigen" bezeichnet.

231 Arvid Sjögren (1901–1971)
Die Eltern Sjögren waren mit den Wittgensteins aufs engste befreundet. Die Mutter war eine Jugendfreundin von Wittgensteins Schwester Hermine, der Vater war ein Direktor in einem von Karl Wittgensteins Stahlwerken, der Sohn Arvid war mit Wittgensteins Nichte Clara verheiratet.

232 Moritz Nähr (1859–1945)
von Wittgensteins Tante Clara geförderter k. k. (kaiserlich-königlicher) Hof-Photograph sowie Photograph der Wiener Secession und „Haus-Photograph" der Wittgensteins; mit Nähr haben Wittgenstein und seine Schwestern Helene und Gretl eine Reihe photographischer Experimente gemacht; von ihm stammen ein Großteil der Familienphotos sowie Photos des Hauses in der Kundmanngasse und Porträts von Ludwig Wittgenstein

233 Ludwig Hänsel (1886–1959)
der Freund aus der Kriegsgefangenschaft

Bericht des Lehrerkollegen Georg Berger:
Drei Freunde besuchten ihn ständig: Dr. Hänsel, ein alter Wiener Photograph und ein junger, sehr langer Schwede. Einmal traf ich W. und Dr. Hänsel in der Schulkanzlei. W. wollte wissen, was über ihn im Dorf geredet würde. Ich zögerte, denn ich wußte, nun gibt es wieder Ärger. Er gab aber nicht nach. So sagte ich denn, daß man ihn für einen reichen Freiherrn halte. Den Reichen gab er zu, betonte aber gleichzeitig, daß er alles seinen Geschwistern geschenkt, also kein gutes Werk vollbracht habe.

234 Freunde zu Besuch
von links: Arvid Sjögren, dessen Frau, Wittgensteins Nichte Clara; von hinten Arvids Mutter, Mima, geb. Bacher, Ludwig Wittgenstein und Alois Hänisch, ein Freund der Familie

Bericht des Lehrerkollegen Georg Berger:
[A]ls der Volksschullehrer Ludwig Wittgenstein in die Volksschule kam, war ich provisorischer Schulleiter. Er bat mich, ihm, wenn nötig, helfend beizustehen. Habe es ihm gerne versprochen, war aber nicht nötig. Er war in der Schule sehr fleißig. Für jede Stunde schrieb er sorgfältig die Vorbereitung, u.z. in ein schulkataloggroßes, dickes Buch. Die Unterrichtszeit wurde ihm immer zu kurz. Die Lehrkräfte, die ihn abzulösen hatten, mußten oft vor der Türe warten. Viele Lehrmittel verfertigte er selbst od. mit Hilfe der Kinder: Dampfmaschinenmodell, Eisenhammer, Säugetierskelett, etc. Für den Chemieunterricht hatte er allerlei Flaschen und Fläschchen verschiedenen Inhaltes bereit. W. unterrichtete die Oberstufe. Mit den älteren, besser begabten Schülern löste er auch algebraische Rechenaufgaben. Er meinte, daß manchmal auch der umgekehrte Weg, vom Schwereren zum Leichteren zum Ziele führe, und wer einmal das Allgemeine verstände, dem wäre dann das Besondere ein Leichtes.

Im Gesangsunterricht verwendete er weder Geige, noch Harmonium, sondern eine B-Clarinette, u.z. mit bestem Erfolg. Begegnete er nachts Schülern seiner Klasse, dann gab es sogleich Unterricht in Astronomie. Gelegentlich organisierte er diesen Unterricht mit Vorbedacht. Ständig hatte er seinen Weichselgehstock bei sich; unterwegs und auch im Unterricht. Tagtäglich trug er Röhrenstiefel. Seine Kleidung war immer die gleiche. Einen Hut benützte er nur bei Schlechtwetter, u.z. einen Südwester. Bei nächtlichen Spaziergängen ließ er sich nicht gerne stören […]
Als Klassenstoff führte er das Schatzkästlein von J.P. Hebel ein, aus dem er vorher die für die Schüler ungeeigneten Stellen entfernte. Saßen wir beide in der Kanzlei, so lenkte er unauffällig das Gespräch auf seine Gedanken in eine bestimmte Richtung und erzwang absolut logische Bemerkungen und Antworten. Solche Experimente machten richtig müde, worüber er herzlich lachen konnte.

On Hochreit again. This shows our houses My address for the next two weeks will be: Oberalm bei Hallein Salzburg Austria Let me know all about you. L.W.

W. Eccles Esq
14 Oldham Rd.
Miles Platting
Manchester
England

235/236 Die Hochreith
Postkarte an den Freund William Eccles

237 Mit Arvid Sjögren in Norwegen

An die Schwester aus Skjolden, 4. August 1921:
Liebe Mining!
Vor wenigen Stunden sind wir hier [in Skjolden] angekommen […]
    Wir hatten bis jetzt eine *gute und gemütliche* Reise. Hier wurden wir nur allzu freundlich empfangen. Ich hoffe, es wird sich eine vernünftige Arbeit hier finden, denn die fressende und schlafende Lebensweise bis jetzt würde sehr bald unerträglich werden. […]
Auf Wiedersehen
Dein Bruder Ludwig
Beste Grüße von Deinem Arvid

Wittgenstein an Engelmann, 5. August 1921:
L. H. E.!
Nun bin ich wieder in Skjolden, wo ich schon vor dem Krieg ein Jahr lang war. Das Buch, das Sie mir versprachen, habe ich nicht mehr bekommen (Hätten Sie mir wenigstens geschrieben, was es war). In den ersten Tagen des September komme ich zurück und bleibe bis zum Schulanfang in Wien. Werden Sie zu dieser Zeit auch nach Wien kommen? *Das wäre sehr schön*! Es hat sich sicher viel Gesprächsstoff angehäuft. Da fällt mir ein: Immer wieder schickt Ficker mir den *Brenner* zu und immer wieder nehme ich mir vor, ihm zu schreiben, er soll es bleiben lassen, weil ich den *Brenner* für einen Unsinn halte (eine christliche Zeitschrift ist eine Schmockerei) — aber ich komme doch nie dazu die Absage an Ficker zu schreiben weil ich zu einer längeren Erklärung nicht die Ruhe finde. Daraus sehen Sie übrigens, wie es mir geht.
Auf Wiedersehen
Ihr
Ludwig Wittgenstein

238 Wittgenstein auf dem Weg zu seinem Haus bei Skjolden
photographiert von Arvid Sjögren

Das Haus war von Skjolden am besten mit dem Boot zu erreichen; eine Fußwanderung entlang dem steil abfallenden Ufer war unmöglich, der Weg durch die Berge langwierig und gefährlich.

5.43 ✚ That from a fact p an infinite number of **others** should follow namely ∼∼p, ∼∼∼∼p, etc., is indeed hardly to be believed and it is not less wonderful that the infinite number of propositions of logic (of mathematics) should follow from half a dozen ~~of~~ "primitive propositions".

You had put in of*, which is not the English idiom unless there is some special point* **leave out "of"**

5.454 In logic there cannot be (a) more general and (a) more special.

"is all right" ('a more general' is quite natural & good English and equals 'anything more general', which does not go well. You had tried an (e)is & crossed it out leaves no a either

5.473 ("Socrates is identical" means nothing because there is no property which is called "identical". The proposition is senseless because we have not made some arbitrary determination, not because the symbol is in itself unpermissible.)

In a certain sense we cannot make mistakes in logic.

it does not now imply that the symbol is unpermissible with the out omitted this is now clear enough and does not mislead as you feared

5.522 That which is peculiar to the **generality** symbolism is firstly, that it refers to a logical prototype, and secondly, that it makes constants prominent.

See 3.24 also **Put "symbolism of generality"** *This is very awkward you can say 'symbolism of generality' or generality symbol, or symbol for generality*

5.523 The generality **symbol** occurs as an argument.

you seem to have made symbol by crossing out this & ins here. this is alright, but should be uniform with the others

5.526 One can describe the world completely by completely generalised propositions, i.e. without from the ~~first~~ co-ordinating any name with a definite object

Put "outset". *outset*

outset is better than first or omit it if not essential

240 C. K. Ogden (1889–1957)
Bleistiftzeichnung von James Wood, 1920

In den zwanziger Jahren war Ogden ein einflußreicher Philosoph, Psychologe und Linguist; Gründer der „Cambridge Heretics Society" und des *Cambridge Magazine*; Herausgeber der Reihe *International Library of Psychology, Philosophy and Scientific Method*, in der 1922 Wittgensteins *Logisch-Philosophische Abhandlung* als zweisprachige Ausgabe unter dem Titel *Tractatus Logico-Philosophicus* erschien.

Wittgenstein an Ogden, 5. Mai 1922:
Dear Ogden,
I am very sorry indeed I cannot send you the supplements. There can be no thought of printing them. What they contain is this: When I had finished the book *roughly* there remained certain propositions – about a hundred – about which I was doubtful whether I should take them in or not. These propositions were – partly – different versions of those now contained in the book; for it had often happened that I had written down a proposition in many different forms, when the same thought had occurred to me in different ways during the long time I worked at that business. Another part of the supplements are merely sketches of propositions which I thought I might some day take up again if their thoughts should ever revive in me. That means: The supplements are exactly what must *not* be printed. Besides THEY REALLY CONTAIN NO ELUCIDATIONS AT ALL, but are still less clear than the rest of my propositions.

As to the shortness of the book I am *awfully sorry for it; but what can I do*?! If you were to squeeze me out like a lemon you would get nothing more out of me. To let you print the Ergänzungen would be no remedy. It would be just as if you had gone to a joiner and ordered a table and he had made the table too short and now would sell you the shavings and sawdust and other rubbish along with the table to make up for its shortness. (Rather than print the Ergänzungen to make the book fatter leave a dozen white sheets for the reader to swear into when he has purchased the book and can't understand it.)

Postkarte an Paul Engelmann, 5. August 1922:
Die Arbeit ist bereits einmal gedruckt und zwar in den *Annalen der Naturphilosophie* von Ostwald (Heft 14). Diesen Druck betrachte ich aber als Raubdruck, er ist voller Fehler! In den nächsten Wochen aber erscheint die Geschichte in London und zwar deutsch und englisch. Wenn möglich werde ich Ihnen ein Exemplar schicken wenn es Ihnen Spaß macht.

Wittgenstein an Russell zu dessen Einleitung zur *Logisch-Philosophischen Abhandlung*
9. April 1920:
Lieber Russell!
Besten Dank für Dein Manuscript. Ich bin mit so manchem darin nicht ganz einverstanden; sowohl dort, wo Du mich kritisierst, als auch dort, wo Du bloß meine Ansicht klarlegen willst. Das macht aber nichts. Die Zukunft wird über uns urteilen. Oder auch nicht – und wenn sie schweigen wird, so wird das auch ein Urteil sein. –

名理論

（邏輯哲學論）

題句：……一切，人所曉得，非僅昏醉胡亂聽說過的，可以三字說之。

瞿倫巴格。

1　　世界是一切是情實者。

1·1　　世界是事實的總和，非物的總和。

1·11　　世界由事實，由於此之卽是一切事實而規定。

1·12　　因爲，事實的總和，規定是情實者，亦規定一切不是情實者。

1·13　　邏輯空間裏的些事實卽是世界。

1·2　　世界分成些事實。

2·21　　任一可以是情實或不是情實，其餘一切依然不變。

1　　是情實者，卽事實，卽是事體的存在。

2·01　　事體乃是東西（物項，物）的一種結合。

2·011　　能爲一事體的成分，爲物的必要。

2·012　　邏輯中沒有偶然的：如一物能見于一事體中，則該事體的可能已前定於該物中。

2·0121　　對於一個本可單獨存在之物，後乃有一事勢與之適合，此似乎頗像是一偶然。

如物能見於事件中，這個可能必已伏於物中。

＊ 此等小數用爲一個一個的命題的號數，指示各命題的邏輯上的重要程度，卽其在吾陳述中所受的注重。 命題n1，n2，n3等，卽是n號命題的注語；命題nm1，nn，等則是 nm號命題的注語。 餘類推。

241 *Ming Li-lun*
Theorie der Namen, die *Logisch-Philosophische Abhandlung* in der chinesischen Übersetzung, Peking, 1927

Der Übersetzer, Chang Sungnien (Chang Shenfu oder Chang Chih), war Mitbegründer der „New Tide Society" und an der Bewegung des 4. Mai beteiligt. Er führte Russells mathematische Logik in China ein und galt bereits vor seiner Berufung zum Professor der Philosophie an die Universität Peking als der Russell-Spezialist Chinas. Aufgrund der Bedeutung, die Russell dem Individuum und der persönlichen Freiheit einräumt, betrachtete Chang Sungnien seine Philosophie als eine „Gestalt", welche seine Theorien zu Gesellschaft, Regierung und Mathematik (mathematischer Atomismus) vereint. Wittgensteins *Abhandlung* sah er, wie auch aus dem Titel der Übersetzung hervorgeht, als eine unmittelbare Fortsetzung der Russellschen Philosophie.

242 Bertrand Russell in Peking
mit seiner späteren Frau Dora Black

Wittgenstein an Russell, 20. September 1920:
Lieber Russell!
Dank' Dir für Deinen lieben Brief! [...]
Es dürfte wohl das erste mal sein, daß der Volksschullehrer von Trattenbach mit einem Universitätsprofessor in Peking korrespondiert. Wie geht es Dir und was trägst Du vor? Philosophie? Dann wollte ich, ich könnte zuhören und dann mit Dir streiten. Ich war bis vor kurzem *schrecklich bedrückt* und lebensmüde, jetzt aber bin ich etwas hoffnungsvoller und jetzt hoffe ich auch, daß wir uns wiedersehen werden.

  Gott mit Dir! Und sei herzlichst gegrüßt von Deinem treuen
Ludwig Wittgenstein

243 Bertrand Russell

244 Ludwig Ficker

Wittgenstein an Paul Engelmann
10. August 1922:
L. H. E.!
Ich möchte Sie nur daran erinnern, daß wir ausgemacht haben, Sie würden mich im August in Wien besuchen. Vor einigen Tagen habe ich Ihnen ein Telegramm geschickt, um Sie zu bitten, Sie möchten nicht vor dem 12. kommen, weil ich bis dahin nicht in Wien sein kann, da ich in Innsbruck eine Zusammenkunft mit meinem Bekannten Russell aus England habe, der eigens meinetwegen nach Innsbruck kommt, – so daß ich diese Sache nicht verschieben konnte.

    Jetzt aber, d. h. von morgen an – denn heute bin ich noch in Innsbruck – bleibe ich in Wien und stehe zu Ihrer Verfügung; hoffentlich machen Sie davon Gebrauch. Hier habe ich auch Ficker besucht der – um mich eines seiner Lieblingswörter zu bedienen – ein sehr fragwürdiger Mensch ist. D. h., ich weiß wirklich nicht, wie viel an ihm echt und wieviel Charlatan ist. Aber, was geht das mich an Also ich hoffe sehr, Sie im August zu sehen. Zu meiner großen Schande muß ich gestehen, daß die Zahl der Menschen mit denen ich reden kann sich immer mehr verringert. Mit Ihnen aber, glaube ich, hätte ich noch viel zu reden.
Ihr
Ludw Wittgenstein

14. September 1922:
Was wir damals von einer eventuellen Flucht nach Rußland sprachen, das spukt mir noch immer in meinem Kopf herum; besonders nämlich darum weil ich vor ein paar Tagen in dem zukünftigen Ort meiner Lehrtätigkeit (Haßbach bei Neukirchen, N. Ö.) war und dort von meiner neuen Umgebung (Lehrer, Pfarrer etc.) einen *sehr* unangenehmen Eindruck bekommen habe. Gott weiß, wie das werden wird!?! Es sind *gar* keine Menschen, nur ekelhafte Larven.

245 Postkarte aus Innsbruck

Dora Russell, geb. Black, in ihrer Autobiographie:
Wittgenstein could not yet come to England, so Bertie and I managed somehow in that year, 1922, to visit him in Innsbruck. Inflation in Austria was at its height, even to replace a broken jug could cost a fortune. The whole place was full of ghouls and vultures, tourists profiting by the cheap currency to have a good time at the Austrian's expense. We all tramped the streets trying to find rooms in which to stay; Wittgenstein was in an agony of wounded pride at the state of his country and his inability to show us some sort of hospitality.

Innsbruck mit Nordkette 1086

246 Donau-Dampfschiff Leda
auf dem Donaukanal in Wien

247 Kostenaufstellung für einen Ausflug mit seinen Schülern nach Wien

248 Entlassungszeugnis einer Schülerin

Bericht des Lehrerkollegen Hausmann:
Eines Tages nahm W. seine besten Buben und Mädchen mit nach Wien. Dort besuchten sie gleich sämtliche großen Museen: das Technische-, Natur- und Kunsthistorische und Schönbrunn.

Bei einer Haltestelle der Straßenbahn ertönte zu früh das Zeichen zur Abfahrt. W. brüllte den Schaffner an: „Sind Sie verrückt? Sehn Sie nicht, daß noch nicht alle Kinder eingestiegen sind?"

Über Nacht blieben sie alle miteinander in einem Spital, wo Wittgensteins Schwester als Krankenpflegerin tätig war. Die Kinder waren sehr überrascht, als es abends waschen hieß, aber nicht nur Hände und Gesicht, sondern auch Hals und Oberkörper.

Es ist heutzutage kaum denkbar, was bei diesem Ausflug als selbstverständlich an körperlicher Leistung von den Kindern verlangt wurde. Von Gloggnitz bis Trattenbach, etwa 20 km, mußten sie in der Nacht zu Fuß heimmarschieren. Sie fürchteten sich. Es ging fast nur durch Wald. W. fragte: „Fürchtet Ihr Euch? Dann müßt Ihr fest an Gott denken."

Land: Österreich unter der Enns.   Nummer des Klassenkataloges: 38

Schulbezirk: Neunkirchen

drei klassige allgemeine Volksschule in Trattenbach

Entlassungszeugnis.

Bremer Marie, geboren am 30 März 1907 zu Trattenbach in N.Ö., röm. kath. Religion, hat die allgemeine Volksschule vom 1. Mai 1913 bis 30. März 1921 und zuletzt die dritte Klasse der obenbezeichneten Schule besucht und am Schluße des schulpflichtigen Alters nachstehende Noten erhalten:

Betragen: lobenswert
Fleiß: ausreichend

Lehrgegenstände	Fortgang	Unterschriften
Religion	befriedigend	P. Neumer
Lesen	sehr gut	
Schreiben	gut	
Unterrichtssprache	genügend	
Rechnen in Verbindung mit geometrischer Formenlehre	kaum genügend	Wittgenstein Klassenlehrer
Naturgeschichte und Naturlehre	genügend	
Geographie und Geschichte	genügend	
Zeichnen	gut	
Gesang	gut	
Turnen		
Weibliche Handarbeiten	sehr gut	Amalie Simavits
Äußere Form der schriftlichen Arbeiten	gefällig	

Da diese Schüler in den Anforderungen des Reichsvolksschulgesetzes entsprochen hat, so wird dieselbe demnach laut §. 21 d. J. aus der Schule entlassen.

Trattenbach, am 31. März 1921

Bongong
Leiter der Schule

Ludwig Wittgenstein
Klassenlehrer

249 Wittgenstein mit seinen Schülern in
Puchberg am Schneeberg

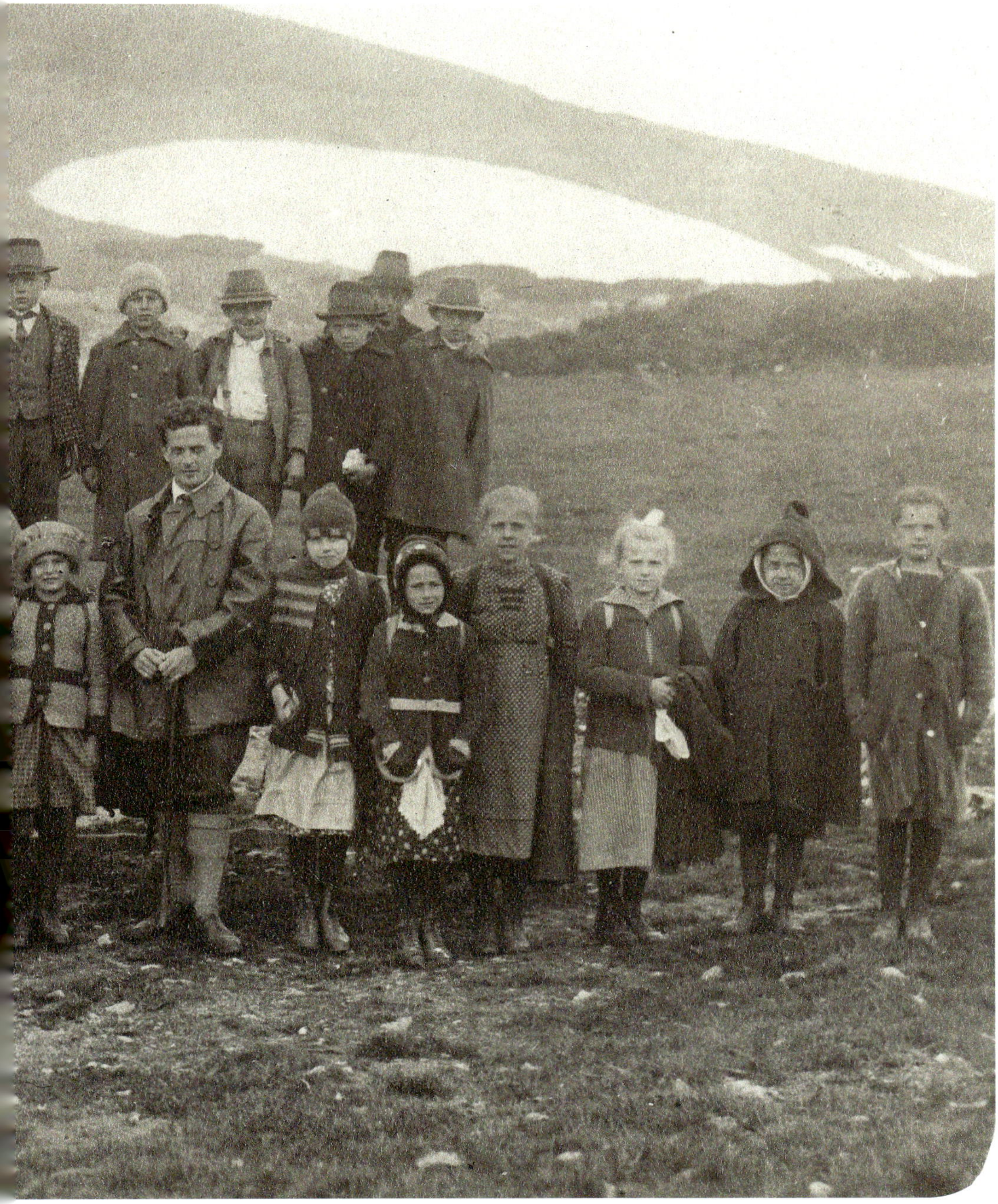

Liebe Mining!

Besten Dank für die Eßwaren, den Brief + die Bilder. Koder kommt wahrscheinlich nicht weg, wenigstens nicht in diesem Jahr, da der Abbau verschoben ist. Hast Du einmal probiert, Möbel zu konstruieren. Ich noch nicht. Will es aber demnächst mit den Kindern versuchen. Ich meine so: Du wirst aus dieser Schmieroge schon sehen wie ich es meine. Z.B. beim Sessel die Lehne erst Lotrecht und dann neigen. Ich glaube, daß die Rohren zum Fußboden, etwa die vielen, sehr gut sind um die Kinder in den Raum hinein sehen zu lehren. Vielleicht sind deine Kinder übrigens schon zu groß für so etwas. Den meinen wird es noch schwer genug fallen. — Dem Marscha lasse ich zur Matura Glück wünschen. Zu Ostern

250 Brief an die Schwester Hermine
Puchberg, 8. März 1923

251 Skizze für eine Unterrichtsstunde
auf einem Brief der Schwester Hermine

Hermine Wittgenstein:
In vieler Beziehung ist Ludwig der geborene Lehrer; alles interessiert ihn selbst und er weiß aus allem das Wichtigste herauszufassen und klar zu machen. Ich hatte selbst ein paarmal Gelegenheit, Ludwig beim Unterrichten zu sehen, da er den Buben in meiner Knabenbeschäftigungsanstalt einige Nachmittage widmete, es war uns allen ein Hochgenuss: er trug nicht nur vor, sondern suchte die Buben durch Fragen an die richtige Lösung heranzubringen. Einmal ließ er sie eine Dampfmaschine erfinden, dann eine konstruktive Zeichnung eines Turmes auf die Tafel zeichnen, wieder einmal bewegte menschliche Figuren darstellen; das Interesse, das er erweckte, war ungeheuer. Selbst die Unbegabten und sonst Unaufmerksamen unter den Buben gaben erstaunlich gute Antworten und sie krochen förmlich übereinander in ihrem Wunsch, zu Antworten oder Demonstrationen herangezogen zu werden.

Volksschullehrer, Gärtner, Architekt

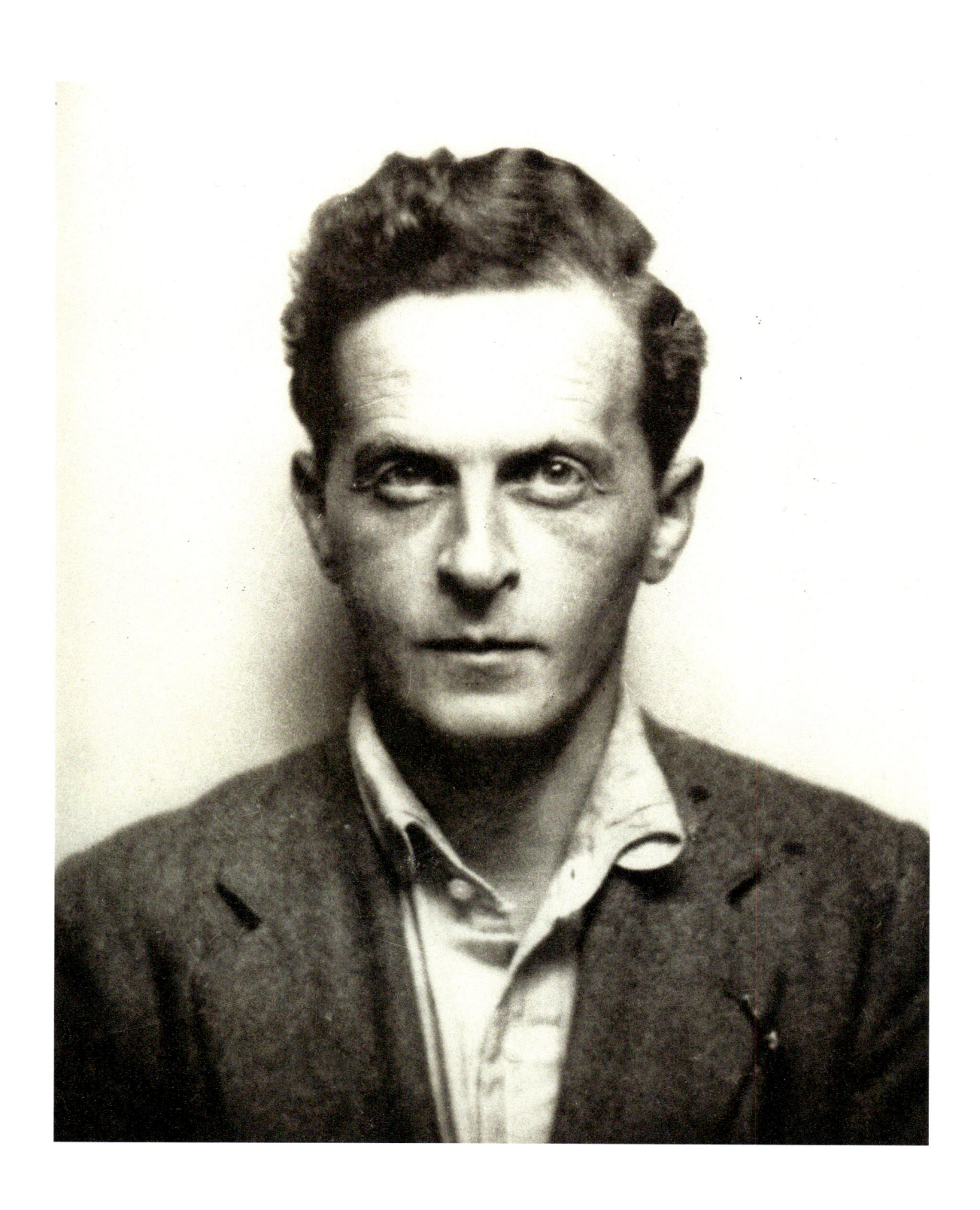

252 Ludwig Wittgenstein, Automatenphoto um 1922

253 Freges *Grundgesetze der Arithmetik*, Band I, 1893

Wittgenstein an Paul Engelmann
21. Juni 1920:
Ich bin nämlich in einem Zustand in dem ich schon öfters im Leben war, und der mir sehr furchtbar ist: Es ist der Zustand *wenn man über eine bestimmte Tatsache nicht hinwegkommt*. Daß dieser Zustand kläglich ist weiß ich. Aber es gibt nur ein Mittel gegen ihn, das ich sehe, das ist eben mit der Tatsache fertig werden. Da ist es aber genau so, wie wenn jemand, der nicht schwimmen kann, in's Wasser gefallen ist und nun mit Händen und Füßen herumschlägt und fühlt, daß er sich nicht oben erhalten *kann*. In dieser Lage bin ich jetzt. Ich weiß, daß der Selbstmord immer eine Schweinerei ist. Denn seine eigene Vernichtung *kann* man gar nicht wollen und jeder, der sich einmal den Vorgang beim Selbstmord vorgestellt hat, weiß, daß der Selbstmord immer eine *Überrumpelung* seiner selbst ist. Nichts aber ist ärger, als sich selbst überrumpeln zu müssen.

Alles läuft natürlich darauf hinaus, daß ich keinen Glauben habe! *Nun wir werden sehen!* —

31. Oktober 1920:
L. H. E.! Bitte tun Sie mir folgenden großen Gefallen!: Sein Sie so gut, die beiden Bände Frege, *Grundgesetze der Arithmetik*, REKOMMANDIERT & EXPRESS an die folgende Adresse zu schicken: Fräulein Anna Knaur p. A. Faber, Heinrichsthal bei Lettowitz, Mähren. Diese Dame wird nicht etwa Logik studieren, sondern mir das Buch ungelesen mitbringen. Da sie schon am 10. abfährt, so hat die Geschichte große Eile. Wenn Sie zu Weihnachten kommen, kriegen Sie den Frege wieder. Vorläufig vielen Dank! Ich freue mich schon sehr mit Ihnen zu reden; ich habe ein großes Bedürfnis danach.

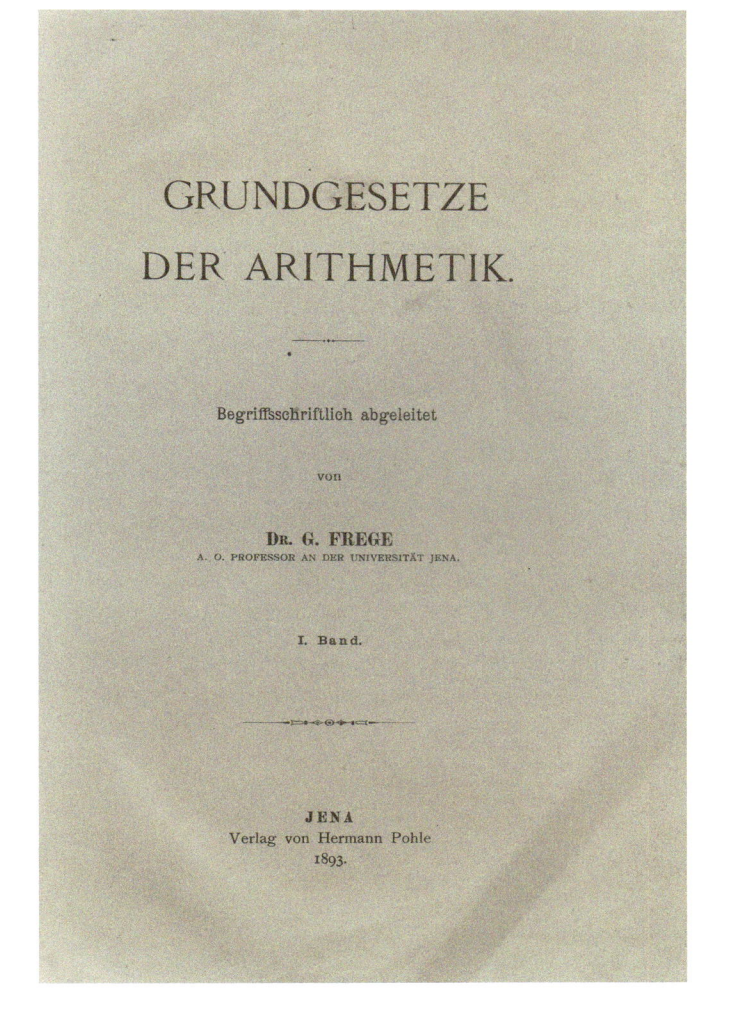

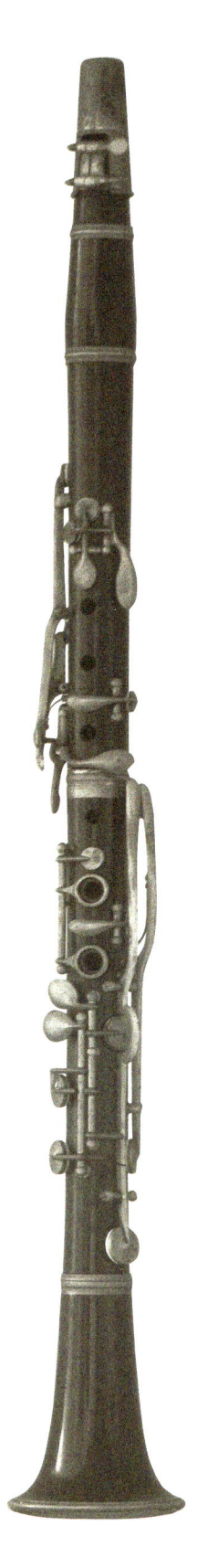

254 Wittgensteins Klarinette

Der Lehrer Wittgenstein zu seinem Schüler Emmerich Koderhold:
Meine Klarinette spielt keinen Ton falsch.

Hermine Wittgenstein:
Auch die Musik übte eine immer stärkere Anziehung auf Ludwig aus; er hatte in seiner Jugend nie ein Instrument gespielt, mußte aber als Lehrer eines erlernen und wählte die Klarinette. Ich glaube, daß erst von da an sein starkes musikalisches Gefühl so recht zur Entwicklung kam, jedenfalls spielte er mit großer musikalischer Empfindung und hatte viel Freude an seinem Instrument. Er pflegte es statt in einem Etui in einem alten Strumpf herumzutragen und da er gar nicht auf seine äußere Erscheinung hielt, z. B. alle Tage des Jahres und zu allen Gelegenheiten in braunem Rock und grauer, womöglich geflickter Flanellhose, mit offenem Hemd und ohne Krawatte einherging, so gab er oft ein sonderbares Bild ab, aber sein ernstes Gesicht und seine energische Haltung waren so imponierend, daß ihm jeder sofort den „Herrn" ansah.

255 Wittgensteins Wasserflasche

256 Das Schulklavier in Puchberg

257 Rudolf Koder (1902–1977)

Bericht von Rudolf Koder:
Ich habe ihn in der Schule durch die Musik kennengelernt. Ich habe ein Zimmer in der Schule bewohnt, hab' dort ein Klavier zur Verfügung gehabt, und wie ich an einem Nachmittag den ersten Satz aus der sogenannten Mondscheinsonate von Beethoven gespielt habe, hat es angeklopft, und da ist der Herr Wittgenstein eingetreten, und hat mich gefragt ob er zuhören darf. […]

Er hat, also wie gesagt, leidenschaftlich gern musiziert. Wir haben gespielt Klarinetten-Teile aus Klarinetten-Sonaten von Brahms, und Labor, und auch aus Bearbeitungen von den Klarinettenquintetten von Brahms und Mozart, und er hat leidenschaftlich gern musiziert, und mit größtem Ernst immer. Wir haben fast täglich am nachmittag oder abends in meinem Zimmer in der Schule musiziert, und er war also immer mit größter Hingabe dabei, und hat immer darauf geachtet, daß der Ton seiner Klarinette sehr schön ist, und wenn ihm das nicht gelungen ist, so haben wir manche Stellen immer wieder, und immer wieder geübt, so lange, bis der Ton so schön war, wie er sich's vorgestellt hat.

208 Volksschullehrer, Gärtner, Architekt

209

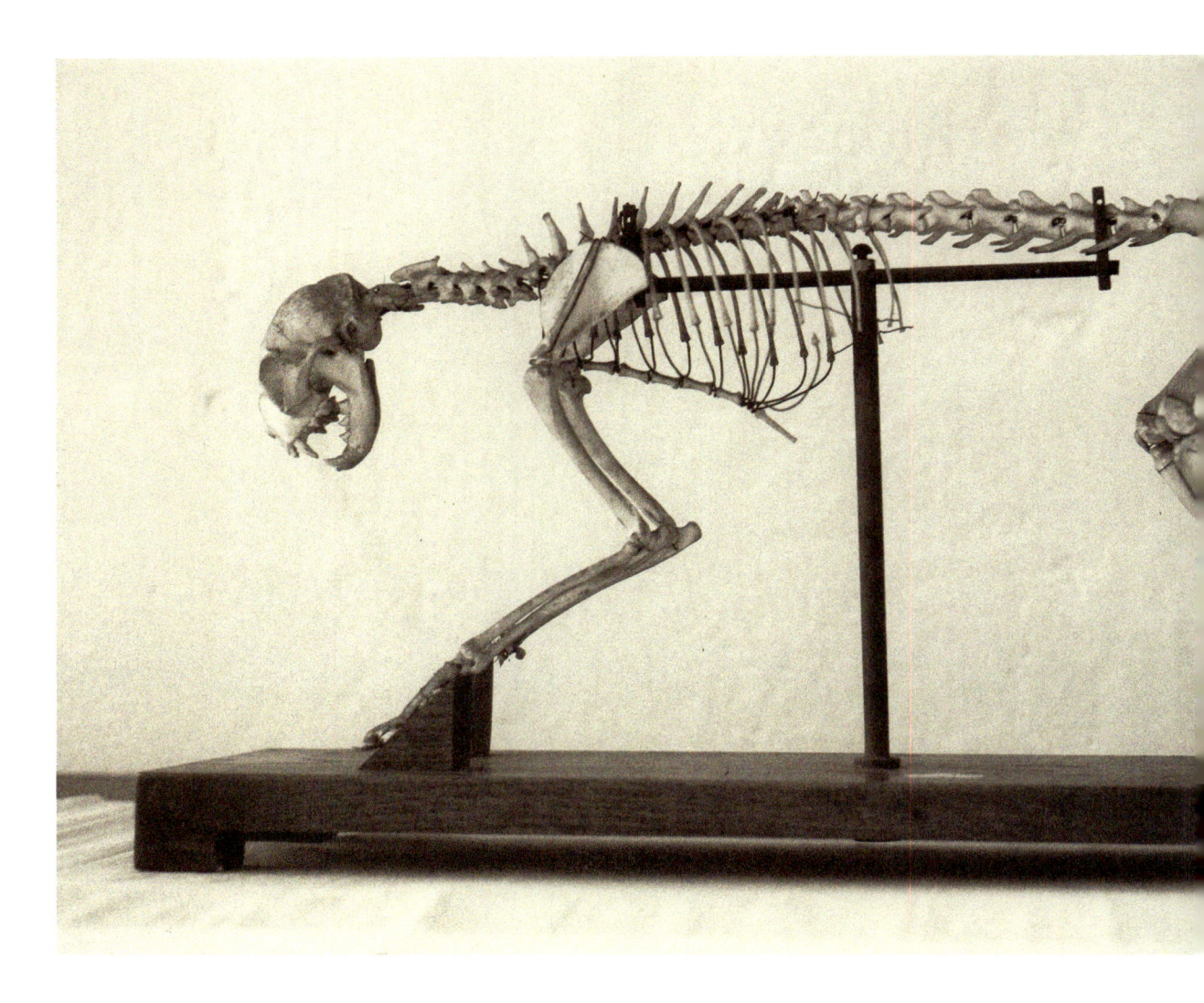

258 Von Wittgenstein präpariertes Katzenskelett

Bericht des Schülers Rosener:
Ja, er hat eine Katze zerlegt. Er hat ein Skelett gemacht von der Katze angefertigt und hat mir die Knochen gezeigt, und hat sie aneinandergereiht, hat sie an Drähten aufgefadelt, usw. Die Teile der Wirbelsäule usw., und hat mir die Knochen erklärt. Ja, da war ich einige Male bei ihm […] er hat viele andere Präparate gemacht z. B. Kopf von der Katze, vom Fuchs, von einem Hund usw., von einem Vogel usw., hat er präpariert.

259 Wittgensteins Modell einer Dampfmaschine

Heute morgen träumte ich: ich hätte jemand vor langer Zeit beauftragt mir ein Wasserrad zu machen und nun will ich es ja gar nicht mehr haben aber er arbeitet daran herum. Die Welle lag da und schlecht sie war ringsherum eingeschnitten um etwa die Schaufeln hineinzustecken (wie beim Rotor einer Dampfturbine). Er erklärte mir was das für eine langwierige Arbeit sei und ich dachte, hätte ich doch ein oberschlächtiges Rad bestellt, das wäre doch einfach zu machen. Mich peinigte das Gefühl daß der Mann zu dumm sei um ihm etwas zu erklären oder es besser zu machen und daß ich ihn so weiter wursteln lassen müsse. Ich dachte ich muß mit Menschen leben denen ich mich nicht verständlich machen kann. — Das ist ein Gedanke den ich tatsächlich oft habe. Zugleich mit dem Gefühl der eigenen Schuld. Die Situation des Mannes der sinnlos und schlecht an dem Wasserrad herumarbeitet war meine eigene wie ich in Manchester aussichtslos Versuche im Hinblick auf die Konstruktion einer Gasturbine machte.
6. Oktober 1929

260/261 Brief an den Schüler Oskar Fuchs
später Schuhmachermeister in Trattenbach

Bericht des Lehrerkollegen Hausmann:
Die Begeisterung Wittgensteins für die Weitergabe seines Wissens an seine Schüler kannte keine Grenzen. Und dieses Wissen war umfassend. Fuchs, der allerdings zu seinen besten Schülern gehörte, erinnert sich besonders an die Baustile, Algebra, Naturgeschichte. Einmal kam W. mit einem toten Eichkätzchen in die Klasse, wo es kunstgerecht nach seinen inneren Bestandteilen zerlegt wurde. Einer Mitzerl wurde es schlecht. Sie durfte hinausgehen. W. hatte aus Wien ein Mikroskop mitgebracht, das zur Untersuchung

10.2.24.

Lieber Fuchsl!

Herzlichsten Dank für deinen lieben Brief und die schönen Kupfererze! Eines habe ich nicht verstanden: Auf den einen Stein hast Du „Grafit" geschrieben. Woher weißt Du, daß es Graphit ist? Hat es dir jemand vom Bergwerk gesagt, oder vermutest Du es nur? Wenn es nicht ein Fachmann sagt, so würde ich nicht glauben, daß Graphit in Trattenbach vorkommt. — Die Bücher, die Du dir wünschst, werde ich dir bald schicken. Gleich kann ich es nicht tun, weil ich gerade keine passenden hier habe. Es ist sehr gut und freut mich sehr, daß Du Geschichte und Naturgeschichte lesen willst. Zur Geschichte brauchtest Du aber einen Atlas, sonst weißt Du ja nicht, wo die Länder und Städte sind, von denen Du liest. Hast Du einen Atlas? Oder wenigstens eine Karte von Europa? Mit dem „Gedichtbuch" hat es die Schwierigkeit, daß ich nicht recht weiß, was für Gedichte Du gerne liest. Und schund will ich dir keinen schicken, auch wenn er dir vielleicht gefiele. Ich werde dir die Gedichte von Mörike schicken; einige von ihnen haben wir in der Schule gelernt, den „Feuerreiter", den „Zauberleuchtturm", etc.. Sie sind herrlich, hoffentlich machen sie dir Freude. — Das Kino wird dich gewiß oft unterhalten, aber mehr hat man von einem der Staubgefäße und des Blutes verwendet wurde. In sternklaren Abenden ging er mit seinen Wissensdurstigen hinaus, um ihnen die Sternbilder zu zeigen. Einmal wanderten sie auf die Bergkapelle, um mit Hilfe von Sonne und Gehstock den Breitegrad festzustellen.

262 Frank Plumpton Ramsey (1903–1930)
Aufnahme Lettice Ramsey

Wittgenstein an Ramsey, Sommer 1923:
Dear Mr Ramsey,
I've got a letter from Mr. Ogden the other day saying that you may possibly come to Vienna in one of these next months. Now as you have so excellently translated the *Tractatus* into English I've no doubt you will be able to translate a letter too and therefore I'm going to write the rest of this in German.

263 Das King's College in Cambridge
Aufnahme Lettice Ramsey

264 Ramseys Besprechung des *Tractatus*
in der Zeitschrift *Mind*, Oktober 1923

Protokoll des Cambridge University Moral Sciences Club, 26. Januar 1923:
The open meeting was held on Jan. 16, 1923, in Mr. B. Braithwaite's rooms, King's College. Dr. Moore was in the chair […] Mr. Braithwaite then read a paper on "Wittgenstein's Logic" as expounded in his "Tractatus Logico-Philosophicus".

The basis of Wittgenstein's logic is his theory of symbolism. His main concern is to express the conditions under which a proposition can express a fact. The reader held that in Wittgenstein's analysis there is only what he calls sentence – no third entity, the proposition – the sentence is not a name for the proposition but they are equivalent. A series of words, to express a proposition, must have the logical form of the fact. The sentence has logical structure only if the proposition is true. The world consists of facts. Facts may contain parts which are other facts. The analysis of these parts yields finally the constituents which may be called 'singles' or 'objects', from which all complex entities are built up. An interesting point which was not revived in the later discussion dealt with Wittgenstein's denial of the causal nexus. He seems here to be denying two different things and incidentally to remove the possibility for holding the propositions of the natural science, which he yet seems to wish to retain. The reader of the paper raised among others three questions for discussion
1) Is the picture theory expungable?
2) Assuming it to be true what does it rule out?
3) What are the 'simples'?

The discussion however turned largely on the question of the identification of sentence and proposition – a position which was attacked by the chairman (Moore). A great many difficulties on this and other points were revealed, but not resolved by the discussion which terminated at 11.30 p.m.

VI.—CRITICAL NOTICES.

Tractatus Logico-Philosophicus. By LUDWIG WITTGENSTEIN, with an Introduction by BERTRAND RUSSELL. (International Library of Psychology, Philosophy and Scientific Method.) London: Kegan Paul, Trench, Trubner & Co. Ltd., 1922. Pp. 189. 10s. 6d.

THIS is a most important book containing original ideas on a large range of topics, forming a coherent system, which whether or not it be, as the author claims, in essentials the final solution of the problems dealt with, is of extraordinary interest and deserves the attention of all philosophers. And even if the system be altogether unsound the book contains a large number of profound *obiter dicta* and criticisms of other theories. It is, however, very difficult to understand, in spite of the fact that it is printed with the German text and an English translation on opposite pages. Mr. Wittgenstein writes, not consecutive prose, but short propositions numbered so as to show the emphasis laid upon them in his exposition. This gives his work an attractive epigrammatic flavour, and perhaps makes it more accurate in detail, as each sentence must have received separate consideration; but it seems to have prevented him from giving adequate explanations of many of his technical terms and theories, perhaps because explanations require some sacrifice of accuracy.

I haven't been working very hard there but I've solved some things I thought almost impossible. I just can't keep on thinking about it more than a few hours a day it is so immensely difficult I read a good deal of psychoanalytic literature, but am thinking of going back to relativity. I'm becoming rather an enthusiast for psychoanalysis.
I've been reading a book by Reik on the psychology of religion which is most awfully good. That is his special subject but he isn't a good writer, it's rather heavy.
We really live in a great time for thinking, with Einstein Freud and Wittgenstein all alive (and all in Germany or Austria, those foes of civilisation!)

265 Postkarte aus Puchberg
September 1923

266 Ramsey an seine Mutter
Velden am Wörther See, 22. Juli 1924

267 Ramsey in Puchberg

Ramsey an seine Mutter aus Puchberg am Schneeberg, 20. September 1923:
Wittgenstein is a teacher in the Village school. He is very poor, at least he lives very economically. He has one *tiny* room whitewashed, containing a bed, washstand, small table and one hard chair and that is all there is room for. His evening meal which I shared last night is rather unpleasant coarse bread butter and cocoa. His school hours are 8 to 12 or 1 and he seems to be free all the afternoon.

He looks younger than he can possibly be; but he says he has bad eyes and a cold. But his general appearance is athlethic. In explaining his philosophy he is excited and makes vigorous gestures but relieves the tension by a charming laugh. He has blue eyes.

Briefentwurf, Herbst 1923:
Sehr geehrter Herr Oberlehrer!
Verzeihen Sie bitte die folgende Belästigung: Ich bin gegenwärtig Lehrer an der Volksschule in Puchberg a. Schneeberg und habe den Wunsch an eine niederorganisierte Schule zu kommen und zwar darum weil ich nur an einer solchen die Möglichkeit habe meine Schüler bis zum Ende ihrer Schulzeit zu unterrichten während ich in einem Ort wie etwa Puchberg alle halbwegs besseren Schüler nach dem 5. Schuljahr an die Bürgerschule abgeben muß. Ich habe nun in der Angelegenheit meiner Versetzung mit Herrn Inspektor Kund gesprochen, und er riet mir um Otterthal einzureichen (gegenwärtig die einzige Stelle, die für mich in Betracht käme:) Ich habe nun diesen Rat noch nicht befolgt, weil mir einfiel Sie Herr Oberlehrer könnten vielleicht selbst wünschen die obere Klasse zu führen und in diesem Falle wäre ich Elementarlehrer – wozu ich mich weniger eigne als zum Lehrer der höheren Klassen – und ich hätte dann mit meiner Versetzung nicht erreicht was ich wollte (wäre dann noch schlechter dran als in Puchberg). Ich teilte dem Herrn Inspektor diese Bedenken mit, und er riet mir mich an Sie zu wenden – was ich übrigens in jedem Falle getan hätte. Ich habe nun an Sie die Bitte, mir, womöglich umgehend, mitzuteilen ob es mit Ihren Wünschen vereinbar wäre, wenn ich im Falle ich nach Otterthal komme – die 2. Klasse übernähme. In diesem Falle würde ich dann um die Stelle einreichen und bitte Sie nochmals um baldige Antwort, damit gegebenenfalls mein Gesuch rechtzeitig einlaufen kann. Bitte verzeihen Sie, daß ich Sie noch in den Ferien mit Schulangelegenheiten belästige.
Ihr ergebener L.W.

218 Volksschullehrer, Gärtner, Architekt

268 Eingangshalle in Wittgensteins Elternhaus in Wien

269 Das Haus Rendl in Puchberg
im linken Anbau Wittgensteins Kammer

Bericht des Lehrerkollegen Rosner:
Herr Wittgenstein hatte eben seine Wohnung gewechselt, sein geräumiges und komfortabel eingerichtetes Zimmer im ersten Stock des Hauses der Frau Ehrbar aufgegeben und dafür einen engen, finstern und feuchten Raum, eine ausgeräumte Waschküche, im Hause des Herrn Rendl bezogen. Ein Bett, ein Sessel und ein kleiner Tisch, mehr hatte nicht Platz in der kleinen Behausung. Doch Herr Wittgenstein fühlte sich wohl. Frau Rendl betreute ihn liebevoll, und er konnte in Ruhe seinen Studien, seine Ideen, seine Gedankenwelt leben. Er war keineswegs Einsiedler. Doch er verkehrte nur mit jenen Menschen, die ihm etwas bedeuteten. Sein bester Freund war Herr Lehrer Koder, der an der gleichen Schule wirkte. Weiter empfing er oft Besuche englisch sprechender Studenten [Ramsey und Braithwaite], mit denen er philosophische Gespräche führte.

Ramsey an Keynes, Wien, 27. März 1924:
With regard to Wittgenstein I do not think it is any good at all trying to get him to live any pleasanter a life, or stop the ridiculous waste of his energy and brain. I only see this clearly now because I have got to know one of his sisters and met the rest of the family.

They are very rich and extremely anxious to give him money or do anything for him in any way, and he rejects all their advances; even Christmas presents or presents of invalid's food, when he is ill, he sends back. And this is not because they aren't on good terms but because he won't have money he hasn't earned except for some very specific purpose like to come and see you again. I think he teaches to earn money and would only stop teaching if he had some other way of earning money which was preferable. And it would have to be really earning, he wouldn't accept any job which seemed in the least to be wangled for him. It is an awful pity; it seems to be the result of a terribly strict upbringing. Three of his brothers committed suicide they were made to work so hard by their father: at one time the eight children had twenty-six private tutors; and their mother took no interest in them.

270 Die Wiener Staatsoper
kolorierter Stich aus Wittgensteins Besitz

Der Architekt der Wiener Staatsoper, Eduard van der Nüll, nahm sich im April 1868 das Leben. Grund war die heftige Kritik der Wiener Öffentlichkeit an seinem Bauwerk sowie die vom Kaiser Franz Joseph.

Der große Architekt in einer schlechten Periode (van der Nüll) hat eine ganz andere Aufgabe als der große Architekt in einer guten Periode. Man darf sich wieder nicht durch das allgemeine Begriffswort täuschen/verführen/ lassen. Nimm nicht die Vergleichbarkeit, sondern die Unvergleichbarkeit als selbstverständlich hin.
19. Oktober 1948

271 Sigmund Freud (1856–1939)
Wien, um 1921

Trinity
20 Februar 1924
My dear Wittgenstein,
Thanks for your letter; except that I think you might enjoy it, *I no longer want you to come here this summer, because I am coming to Vienna,* [diese Hervorhebung sowie alle folgenden Textteile des Briefes in Kursiv sind Unterstreichungen von Wittgenstein] for some and perhaps the whole of it! I can't say exactly when or for how long, but very likely, next month, so I shall hope to see you quite soon now.

This is for various reasons: I hope to settle permanently in Cambrige, but as I have always lived here, I want to go away for a time first, and have the chance now for six months. And if I live in Vienna I can learn German, and come and see you often, (unless you object) and *discuss my work with you,* which would be most helpful. Also I *have been very depressed* and done little work, and have *symptoms so closely resembling some of those described by Freud* that I shall probably *try to be psychoanalysed, for which Vienna would be very convenient,* and which would make me stay there the whole six months. *But I'm afraid you won't agree with this.*

Keynes still means to write to you; it really is a disease – his procrastination; but he doesn't (unlike me) take such disabilities so seriously as to go to Freud! He very much hopes you will come and see him.

I haven't seen *Johnson* for a long time but I am going to tea with his sister soon, and unless he is ill I will give him your love (last time I went there he was ill). *The third part of his Logic is to be published soon.* It deals with Causation.

I am so sorry you *are using up all your strength* struggling with your surroundings; *it must be terribly difficult with the other teachers.* Are you staying on in Puchberg? When I saw you, you *had some idea of leaving if it got too impossible, and becoming a gardener.*

I can't write about work, it is such an effort when my ideas are so vague, and I'm going to see you soon. Anyhow I have done little except, I think, made out the proper solution rather in detail of *some of the contradictions which made Russell's Theory of Types* unnecessarily complicated, and made him put in the Axiom of Reducibility. *I went to see Russell a few weeks ago*, and am reading the manuscript of the new stuff he is putting into the Principia. You *are quite right that it is of no importance;* all it really *amounts to is a clever proof of mathematical induction without using the axiom of reducibility.* There are no fundamental changes, identity just as it used to be. *I felt he was too old: he seemed to understand and say "yes" to each separate thing,* but it made no impression so that 3 minutes afterwards *he talked on his old lines. Of all your work he seems now to accept only this: that it is nonsense to put an adjective where a substantive ought to be which helps in his theory of types.*

He indignantly denied ever having said that vagueness is a characteristic of the physical world.

He has 2 children now and is very devoted to them. *I liked him very much.* […]

I had a *long discussion with Moore* the other day, who has *grasped more of your work than I should have expected.*

I'm sorry I'm not getting on better with the foundations of mathematics; I have got several ideas but they are still dim.

I hope you are well, and as happy as you can be under the circumstances. It gives me great pleasure that probably I shall see you soon.
Yours ever
Frank Ramsey

272 Wittgensteins Randbemerkungen
in Ramseys Exemplar der deutsch-englischen Ausgabe der *Logisch-Philosophischen Abhandlung*

Ramsey an seine Mutter aus Puchberg am Schneeberg, 20. September 1923:

He is prepared to give 4 or 5 hours a day to explaining his book. I have had two days and got through 7 (+ incidental forwards references) out of 80 pages. And when the book is done I shall try to pump him for ideas for its further development which I shall attempt. He says he himself will do nothing more, not because he is bored, but because his mind is no longer flexible. He says no one can do more than 5 or 10 years work at philosophy. (His book took 7.) And he is sure Russell will do nothing more important. His idea of his book is not that anyone by reading it will understand his ideas, but that some day someone will think them out again for himself, and will derive great pleasure from finding in this book their exact expressions. I think he exaggerates his own verbal inspiration, it is much more careful than I supposed but I think it reflects the way the ideas came to him which might not be the same with another man.

He has already answered my chief difficulty which I have puzzled over for a year and given up in despair myself and decided he had not seen. (It is not in the 1st 7 pages but arose by the way.) He is great. I used to think Moore a great man but beside W!

He says I shall forget everything he explains in a few days; Moore in Norway said he understood W completely and when he got back to England was no wiser than when he started.

It's terrible when he says "Is that clear" and I say "no" and he says "Damn it's *horrid* to go through that again". Sometimes he says I can't see that now we must leave it. He often forgot the meaning of what he wrote within 5 minutes, and then remembered it later. Some of his sentences are intentionally ambiguous having an ordinary meaning and a more difficult meaning which he also believes.

He is, I can see, a little annoyed that Russell is doing a new edition of Principia because he thought he had shown R that it was so wrong that a new edition would be futile. It must be done altogether afresh. He had a week with Russell 4 years ago.

TRACTATUS LOGICO-PHILOSOPHICUS

6.02   And thus we come to numbers: ✗ I define
$x = \Omega^0{}'x$ Def. and
$\Omega'\Omega^{\nu}{}'x = \Omega^{\nu+1}{}'x$ Def.

According, then, to these symbolic rules we write the series $x, \Omega'x, \Omega'\Omega'x, \Omega'\Omega'\Omega'x \ldots$
as: $\Omega^{0}{}'x, \Omega^{0+1}{}'x, \Omega^{0+1+1}{}'x, \Omega^{0+1+1+1}{}'x \ldots$
Therefore I write in place of "$[x, \xi, \Omega'\xi]$",
"$[\Omega^{0}{}'x, \Omega^{\nu}{}'x, \Omega^{\nu+1}{}'x]$".

And I define:
$0 + 1 = 1$ Def.
$0 + 1 + 1 = 2$ Def.
$0 + 1 + 1 + 1 = 3$ Def.
and so on.

6.021   A number is the exponent of an operation.
6.022   The concept number is nothing else than that which is common to all numbers, the general form of number.
The concept number is the variable number.
And the concept of equality of numbers is the general form of all special equalities of numbers.
6.03   The general form of the cardinal number is: $[0, \xi, \xi + 1]$.
6.031   The theory of classes is altogether superfluous in mathematics.
This is connected with the fact that the generality which we need in mathematics is not the *accidental* one.
6.1   The propositions of logic are tautologies.
6.11   The propositions of logic therefore say nothing. (They are the analytical propositions.)
6.111   Theories which make a proposition of logic appear substantial are always false. One could *e.g.* believe that the words "true" and "false" signify two properties among other properties, and then it would appear as a remarkable fact

[handwritten annotations in margins: "The fundamental idea of math. is the idea of calculus here represented by the idea of operation"; "Number is the fundamental idea of calculus and must be introduced as such."]

---

273 Frank Ramsey

Wittgenstein an die Schwester Hermine, September 1923:
Liebe Mining,
Auch ich konnte jetzt ein paar Tage kaum reden, weil ich in der letzten Zeit den ganzen Tag reden mußte. Vormittags in der Schule und nachmittags mit Ramsey aus Cambridge der beinahe 14 Tage hier geblieben ist. Es war ein Vergnügen auch für mich, wenn auch eine sehr große Anstrengung. – Ramsey wird mir in einiger Zeit ein Exemplar der Abhandlung schicken und das kannst Du dann haben.

Ramsey war ein bürgerlicher Denker. D.h. seine Gedanken hatten den Zweck die Dinge in einer gegebenen Gemeinde zu ordnen. Er dachte nicht über das Wesen des Staates nach – oder doch nicht gerne – sondern darüber wie man *diesen* Staat vernünftig einrichten könne. Der Gedanke daß dieser Staat nicht der einzig mögliche sei beunruhigte ihn teils, teils langweilte er ihn. Er wollte so geschwind als möglich dahin kommen über die Grundlagen – *dieses* Staates nachzudenken. Hier lag seine Fähigkeit und sein eigentliches Interesse; während die eigentlich(e) philosophische Überlegung ihn beunruhigte bis er ihr Resultat (wenn sie ein's hatte) als trivial zur Seite schob.
1. November 1931

274/275 Postkarte an William Eccles
Poststempel 12. September 1925

Moritz Schlick an Ludwig Wittgenstein
25. Dezember 1924:
Eine besondere Freude würde es mir sein, Sie persönlich kennenzulernen, und ich würde mir gestatten, Sie gelegentlich einmal in Puchberg aufzusuchen, es sei denn, daß Sie mich wissen lassen sollten, daß Ihnen eine Störung Ihrer ländischen Ruhe nicht erwünscht ist.

Frau Schlick an F. A. Hayek:
My husband went on a journey with a few chosen pupils to Trattenbach near Kirchberg, having announced previously by writing to Wittgenstein the contemplated visit but having received no answer. It was as if he was preparing to go on a holy pilgrimage, while he explained to me, almost with awesome reverence, that Wittgenstein was one of the greatest geniuses on earth.

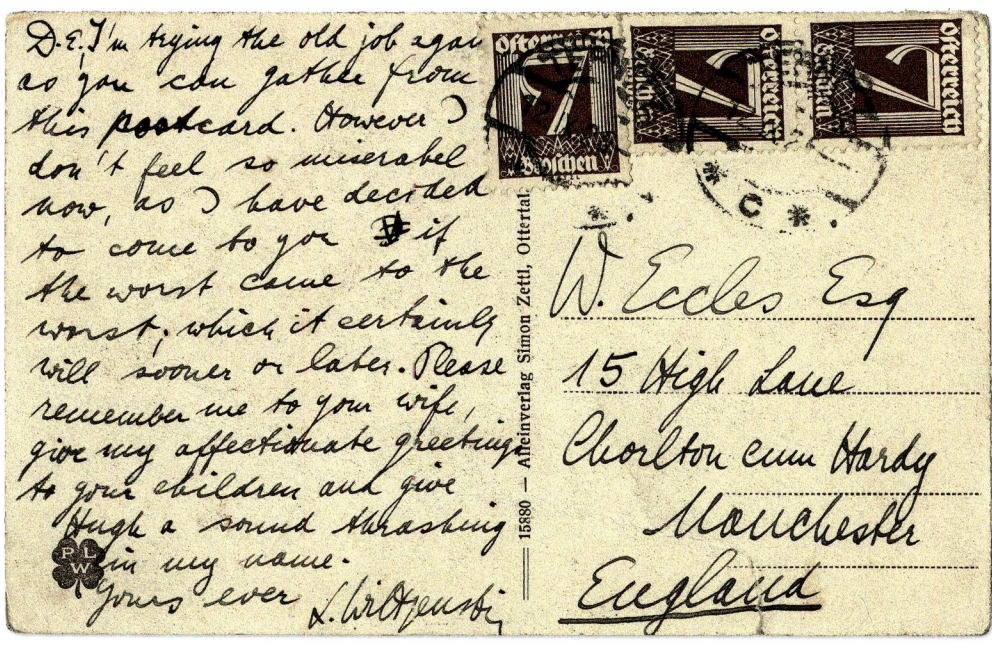

276 Der Volksschullehrer Wittgenstein, 1925

Dear Keynes,
Some weeks ago I got a letter from a friend of mine in Manchester inviting me to stay with him some time during my holidays. Now I'm not yet quite decided about whether I shall come or not but I should rather like to, if I could also see *you* during my stay (about the middle of August). Now please let me know FRANKLY if you have the slightest wish to see me. If you give me a negative answer I shan't mind in the least. Please write to me as *soon* as possible, as my holidays are rather short and I shall hardly have time enough to arrange for my journey.
Yours ever
Ludwig Wittgenstein
8. Juli 1925

277 Marie Fillunger, „Fillu" (1850–1930)
in Ludwig Wittgensteins Photoalbum

Hermine Wittgenstein:
Und da sehe ich sie [die Mutter] plötzlich als alte Frau vor mir, begleitet von einer zweiten, merkwürdig brummig, aber humorvoll aussehenden alten Dame, die ich mit herzlicher Freude begrüße: es ist die Sängerin Marie Fillunger, „die Fillu", wie sie im Brahms-Schumann-Kreise, dem sie sehr nahe stand, geheißen wurde, und wir Geschwister verdanken ihr viel, denn sie hat die letzten Lebensjahre unserer Mutter sehr verschönt.

Meine Mutter lernte die Genannte erst im Alter, nach dem Tod meines Vaters kennen und freute sich anfänglich besonders daran, sie zum Gesang begleiten zu können. Was uns allen aber nach und nach die Fillu so wert machte, war ihre starke, eckige Persönlichkeit, mit der sie in die Ecken und Kanten unserer eigenen engsten Familie so genau hinein paßte, wie der richtig passende „Puzzlestein", der ja auch die vereinzelten Steine zu einer Einheit verschmilzt, und das erzeugte eine Behaglichkeit, wie wir sie kaum je gekannt hatten.

Ich weiß, wie unsere Gesichter sich entspannten, wenn die Fillu an unserem Tisch saß, wir konnten gar nicht genug bekommen von ihrem scheinbar brummigen Wesen, das so erheiternd wirkte in seiner Originalität.

278/279 Gedicht für Marie Fillunger zum 75. Geburtstag

Liebe Helene!
Da mein Verleger meinen Briefwechsel mit Dir herausgeben will und es wünschenswert wäre, ein stattliches Bändchen zusammenzubringen, so will ich unsere, in der letzten Zeit unterbrochene, Correspondenz hiermit wieder aufnehmen.

Wie Du Dich erinnern wirst, hast Du meinem Kollegen Koder seinerzeit in liebenswürdiger Weise ein Pianino bei Kohn gemietet. Die Miete ist im September abgelaufen. Koder, der sie seines kleinen Bruders wegen verlängern wollte, hat sich darauf an Kohn um die Leihbedingungen und Gebühren gewandt. Kohn hat ihm geantwortet: aber dieser Brief scheint verloren gegangen zu sein. Koder erkundigte sich nun abermals und erhielt endlich die Antwort, Leihbedingungen, etc., und die Verständigung, die Miete sei bis zum *Oktober* bezahlt worden. Daraus entnimmt er wohl mit Recht, daß Kohn Dir eine Rechnung geschickt, oder doch des Klavieres wegen bei Dir angefragt hat. Dies ist ihm nun sehr peinlich; er bat mich, Dir seine Entschuldigung, seinen Dank, seine Empfehlungen, etc. etc. auszurichten. Ich aber dachte – sagte davon aber natürlich nichts zu Koder – es wäre gewiß in Deinem Sinne, wenn ich Dich bäte, die Miete für ihn zu bezahlen (da er ein armer Teufel ist). Koder werde ich selbstverständlich nichts mitteilen, er wird es schon von Kohn erfahren, wenn Du die Güte haben solltest, das Klavier für ihn zu verlängern. – Damit meine ich natürlich nicht, daß es wünschenswert wäre die Klaviatur oder den Kasten zu verlängern; vielmehr bezieht sich mein Ausdruck „verlängern" auf den *Zeitraum* der Benützung des Instruments, welchen man, solange es überhaupt noch Zeit gibt, immer wird verlängern können. Sollte Dir etwas in diesem Brief nicht ganz klar sein, so bin ich gerne zu weiteren Auskünften bereit. —

Damit Du siehst daß es mir gut geht, habe ich einige Fettpatzen auf das Papier gemacht. Du kannst also den Brief, wenn Du ihn gelesen hast, auslassen.

Indem ich mir in Deinem Namen herzlichst für die gute Anregung, das Pianino betreffend, danke, bin ich
Dein unvergeßlicher (und doch so vergeßlicher)
Bruder Ludwig
Oktober–November 1923

280 Wittgenstein mit seinen Schülern und einem Lehrerkollegen vor der Schule in Ottertal
September 1923

Bericht des Lehrerkollegen Georg Berger:
Emmerich Koderhold, Bauer in Trattenbach, hatte zu jenen Schülern gehört, die Wittgenstein durchaus studieren lassen wollte. Der Vater wandte ein: „Ich brauche doch einen Nachfolger für meinen Bauernhof." „Freilich", antwortete Wittgenstein, „aber es ist auch besser, wenn man das Mistführen geschickt angeht". Schließlich gelang es Wittgenstein wirklich, den Buben mit noch einem Schulkameraden nach Wien zu bringen, um ein Gymnasium zu besuchen. Sie wurden bei einer älteren Frau einquartiert, aber die Studentenzeit dauerte nur ein paar Tage. Das Essen war mager. Die Buben hielten nicht durch. Sie fuhren heim. Stögerer Engelbert war einer der fünf besten Rechner, die jeden Nachmittag privat aus Mathematik und Englisch unterrichtet wurden, als Vorbereitung fürs Gymnasium, falls sie weiterstudieren wollten. Den schwächer begabten Schülern widmete sich Wittgenstein vormittags. Stögerer hat einen kleinen Sprachfehler und eine etwas heisere Stimme. W. untersuchte den Bau seines Mundes und riet Stögerer, rohe Eier zu essen, da seine Stimmbänder nicht rein seien. Das tat dieser auch, bis er das erste schlechte Ei erwischte. Damit gab er die Kur für immer auf.

Aus den Erinnerungen von Oberlehrer Josef Putré:
An der Tagung der Arbeitsgemeinschaft der Volksschulen des Feistritztales in Kirchberg am Wechsel, bei welcher die Anwendung des Arbeitsschulgedankens mit Bedacht auf die besonderen Verhältnisse des Feistritztales zur Debatte stand, hat Wittgenstein, ohne sich zum Wort zu melden, teilgenommen. Es ist wahr, das Ergebnis derselben war infolge mangelhafter Vorbereitung und allzuweit auseinandergehender Meinungen sehr mager. Dies kam auch im Gespräch der Kollegen auf dem Heimwege, der eine Strecke gemeinsam war, zum Ausdruck. Immerhin waren dieselben sehr verwundert, als Wittgenstein mit Worten höchster Erregung an dem Erlebten Kritik übte und schwor, an einer solchen Veranstaltung, die übrigens von der Schulbehörde anbefohlen war, nie wieder teilzunehmen. Die Kraftausdrücke Dreck, Trottel und Nonsens, die bei dieser Kritik fielen, sind mir noch in guter Erinnerung. Wie ich fürderhin bemerken konnte, waren diese Ausdrücke ein oft verwendeter Bestandteil seines Wortschatzes. Einige Zeit hernach legte ich den Weg von Gloggnitz nach Otterthal mit Wittgenstein allein zurück. Noch nie war es mir so schwer geworden, mit jemand ins Gespräch zu kommen, als damals mit ihm. Ein Hinweis auf das herrliche Wetter, das uns begünstigte, blieb unerwidert. Auch die Erwähnung dessen, was mir am Vortrage des Hauptredners in der Konferenz am besten gefallen hatte, bewirkte nur einige mürrische Brummtöne, die weder Beifall noch Ablehnung erkennen ließen. Ich glaube, Wittgenstein wäre imstande gewesen, den zweieinhalbstündigen Weg lang neben mir, ohne ein Wort zu sagen, einherzugehen. Erst als ich auf die Schönheit einer mit Blumen besäten Wiese hinwies und einige derselben namentlich hervorhob, wurde er seinerseits gesprächig. Nun ergab ein Wort das andere und die herrliche Gebirgslandschaft, die wir hinanstiegen, ergab Gesprächsstoff in Fülle. Wir sprachen von Botanik und Geologie. Der Anblick des wunderbar gelegenen, im Besitze des Fürsten Liechtenstein befindlichen Schlosses Wartenstein lenkte uns auf das Gebiet der Geschichte und Literatur. Ein den Eichberg hinaufkeuchender Lastenzug brachte uns auf die Technik zu sprechen, kurz, es war eine Unzahl von Wissensgebieten, die berührt wurden […]

Nach einer längeren Gesprächspause sagte ich zu ihm: Sie gehören als Lehrer doch mindestens an eine Mittelschule. Darauf bekam ich folgendes zur Antwort: „Ich trug mich einst mit dem Gedanken, Architekt oder Apotheker zu werden. Ich kam zur Einsicht, daß ich in diesen Berufen das, was ich suche, nicht fände. Ist man doch in diesen und anderen Berufen im Grunde genommen nichts anderes, als ein Greißler. Was ich will, das ist, einst als anständiger Mensch zu krepieren. Dies erscheint mir am ehesten erreichbar in der Abgeschiedenheit eines Ortes wie Trattenbach, wo ich als Lehrer und Erzieher der Jugend mir anständig dünkende Arbeit bei kargem Lebensunterhalt leiste. […]

An schulfreien Tagen und zu Beginn der Ferien kam Wittgenstein meist schon um 9 Uhr auf Besuch und verweilte bis in die Nacht hinein. Bei seiner Ankunft pflegte er mich zu fragen: „Was unternehmen wir heute?". Ich schlug dann gewöhnlich einen Spaziergang vor, bei dem wir ein Gespräch beginnen oder ein unterbrochenes fortsetzen könnten. Einmal proponierte ich, Blumen zu bestimmen. Dieser Vorschlag begeisterte ihn geradezu und er zeigte in der Folge beim Bestimmen ungewöhnlichen Eifer und Ausdauer […] beim Abschied gab er mir die Versicherung: „Herr Oberlehrer, das war heute ein schöner Tag!"

281 Wittgensteins letzte Schulklasse
mit einem Lehrerkollegen, der die Klasse nach
Wittgensteins Ausscheiden aus dem Schuldienst
im April 1926 in Ottertal übernommen hatte

Bericht des Lehrerkollegen Georg Berger:
In Trattenbach schrieb er auch an seinem
Wörterbuch für Volksschulen. Er sammelte alle
Wörter, die seine Schüler in den Aufsätzen verwendeten, ihren Wortschatz, den sie in seinem
Verzeichnis rasch kontrollieren konnten. Die
Kurrentschrift, die damals noch geschrieben
wurde, kannte er nicht. Er hatte zeitlebens nur
Latein geschrieben, erklärte er.

Der Schüler *glaubt* seinen Lehrern und den
Schulbüchern.
1. Mai 1950

Ein Schüler und ein Lehrer. Der Schüler
läßt sich nichts erklären, denn er unterbricht
(den Lehrer) fortwährend mit Zweifeln, z. B.
an der Existenz der Dinge, der Bedeutung der
Wörter, etc.. Der Lehrer sagt: „Unterbrich
nicht mehr und tu was ich dir sage; Deine
Zweifel haben jetzt noch gar keinen Sinn."
10. März 1951

282 Wörtersammlung der Schülerin Leopoldine Eichberger
Entsprechend ihren Rechtschreibschwierigkeiten verfertigten die Kinder Listen, die Wittgenstein dann seinem Wörterbuch zugrunde legte.

Kann man Menschenerkenntnis lernen? Ja; Mancher kann sie lernen. Aber nicht durch einen Lehrkurs, sondern durch ‚*Erfahrung*'. – Kann ein Andrer dabei sein Lehrer sein? Gewiß. Er gibt ihm von Zeit zu Zeit den richtigen *Wink*. – So schaut hier das ‚Lernen' und das ‚Lehren' aus. – Was man erlernt ist keine Technik; man lernt richtiger Urteilen. Es gibt auch Regeln, aber sie bilden kein System, und nur der Erfahrene kann sie richtig anwenden. Unähnlich den Rechenregeln.

    Das Schwerste ist hier, die Unbestimmtheit richtig und unverfälscht zum Ausdruck zu bringen.
1. Januar 1949

Ein Lehrer, der während des Unterrichts gute, oder sogar/selbst/ erstaunliche Resultate aufweisen kann, ist darum noch kein guter Lehrer, denn es ist möglich, daß er seine Schüler, während sie unter seinem unmittelbaren Einfluß stehen, zu einer ihnen unnatürlichen Höhe emporzieht, ohne sie doch zu dieser Höhe zu entwickeln, so daß sie sofort zusammensinken, wenn der Lehrer die Schulstube verläßt. Dies gilt vielleicht von mir; ich habe daran gedacht.
13. Januar 1940

nsre Kinder lernen schon in der Schule, Wasser *bestehe* aus den Gasen Wasserstoff und Sauerstoff, oder Zucker aus Kohlenstoff, Wasserstoff und Sauerstoff. Wer es nicht versteht ist dumm. Die wichtigsten Fragen werden zugedeckt.
8. März 1948

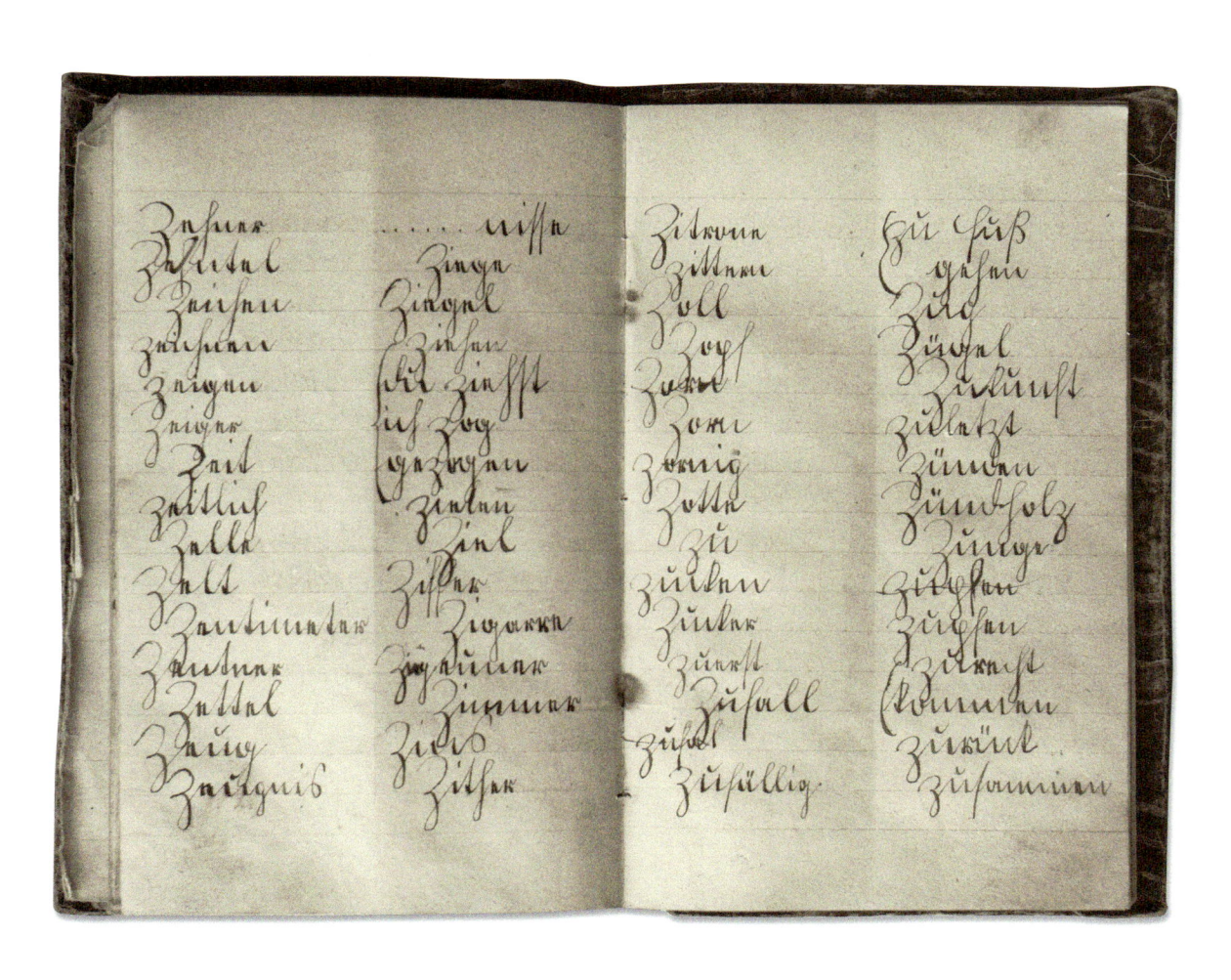

283 Wittgensteins Wörterbuch
erschienen 1926, die zweite von insgesamt nur vier Publikationen zu Wittgensteins Lebzeiten

284 Korrekturbogen zum Wörterbuch

Wittgenstein im nicht veröffentlichten Geleitwort zu seinem Wörterbuch, Ottertal, 22. April 1925:
Das vorliegende Wörterbuch soll einem dringenden Bedürfnis des gegenwärtigen Rechtschreibunterrichtes abhelfen. Es ist aus der Praxis des Verfassers hervorgegangen. Um die Rechtschreibung seiner Klasse zu bessern, schien es dem Verfasser notwendig, seine Schüler mit Wörterbüchern zu versehen, um sie in den Stand zu setzen, sich jederzeit über die Schreibung eines Wortes zu unterrichten; und zwar, erstens, auf möglichst rasche Weise, zweitens aber auf eine Weise, die es möglich macht sich das gesuchte Wort dauernd einzuprägen. Hauptsächlich beim Schreiben und Verbessern der Aufsätze wird die Schreibung der Wörter dem Schüler zur interessanten und dringenden Frage. Das häufige Befragen des Lehrers oder der Mitschüler stört die Mitschüler bei ihrer Arbeit, leistet auch einer gewissen Denkfaulheit Vorschub und die Information durch den Mitschüler ist überdies häufig falsch. Außerdem aber hinterläßt die mündliche Mitteilung einen viel schwächeren Eindruck im Gedächtnis als das gesehene Wort. Nur das Wörterbuch macht es möglich, den Schüler für die Rechtschreibung seiner Arbeit voll verantwortlich zu machen, denn es gibt ihm ein sicheres Mittel seine Fehler zu finden und zu verbessern, wenn er nur will. Es ist aber unbedingt nötig, daß der Schüler seinen Aufsatz selbständig verbessert. Er soll sich als alleiniger Verfasser seiner Arbeit fühlen und auch allein für sie verantwortlich sein. Auch setzt nur die selbständige Verbesserung den Lehrer in den Stand, sich ein richtiges Bild von den Kenntnissen und der Intelligenz des Schülers zu machen. Das Vertauschen der Hefte und gegenseitige Verbessern der Arbeiten liefert ein sozusagen verschwommenes Bild von den Fähigkeiten der Klasse. Aus der Arbeit des Schülers A will ich nicht zugleich erfahren, was der Schüler B kann, sondern das will ich aus der Arbeit des B ersehen. Und die gegenseitige Verbesserung gibt nicht einmal, wie manchmal behauptet wird, ein richtiges Bild über das allgemeine Niveau der Klasse (dazu müßte jeder Schüler die Arbeiten aller seiner Mitschüler verbessern, was natürlich nicht möglich ist). Auch ist, glaube ich, eine solche Durchschnittsrechtschreibung nicht das, was den Lehrer interessieren soll; denn nicht die Klasse soll richtig schreiben lernen, sondern *jeder* Schüler! also war den Schülern ein Wörterbuch in die Hand zu geben; denn auch ein Wörterheft, wie es vielfach empfohlen wird, erfüllt unseren Zweck nicht.

Wie wird uns das Wort „Gott" beigebracht (d. h. sein Gebrauch)? Ich kann davon keine ausführliche grammatische Beschreibung geben. Aber ich kann sozusagen Beiträge zu der Beschreibung machen; ich kann darüber manches sagen und etwa/vielleicht/ mit der Zeit eine Art Beispielsammlung anlegen.
    Bedenke hier, daß man in einem Wörterbuch vielleicht gern solche Gebrauchsbeschreibungen gäbe, in Wirklichkeit aber nur einige wenige Beispiele und Erklärungen gibt. Ferner aber, daß mehr auch nicht nötig ist. Was könnten wir mit einer ungeheuer langen Beschreibung anfangen? – Nun wir könnten nichts mit ihr anfangen, wenn es sich um den Gebrauch von Wörtern uns geläufiger Sprachen handelte. Aber wie, wenn wir so eine Beschreibung des Gebrauchs eines assyrischen Worts vorfänden? Und in welcher Sprache? Nun, in einer andern uns bekannten. — In der Beschreibung wird oft das Wort „manchmal" vorkommen, oder „öfters", oder „für gewöhnlich", oder „fast immer", oder „fast nie".
16. März 1949

A.

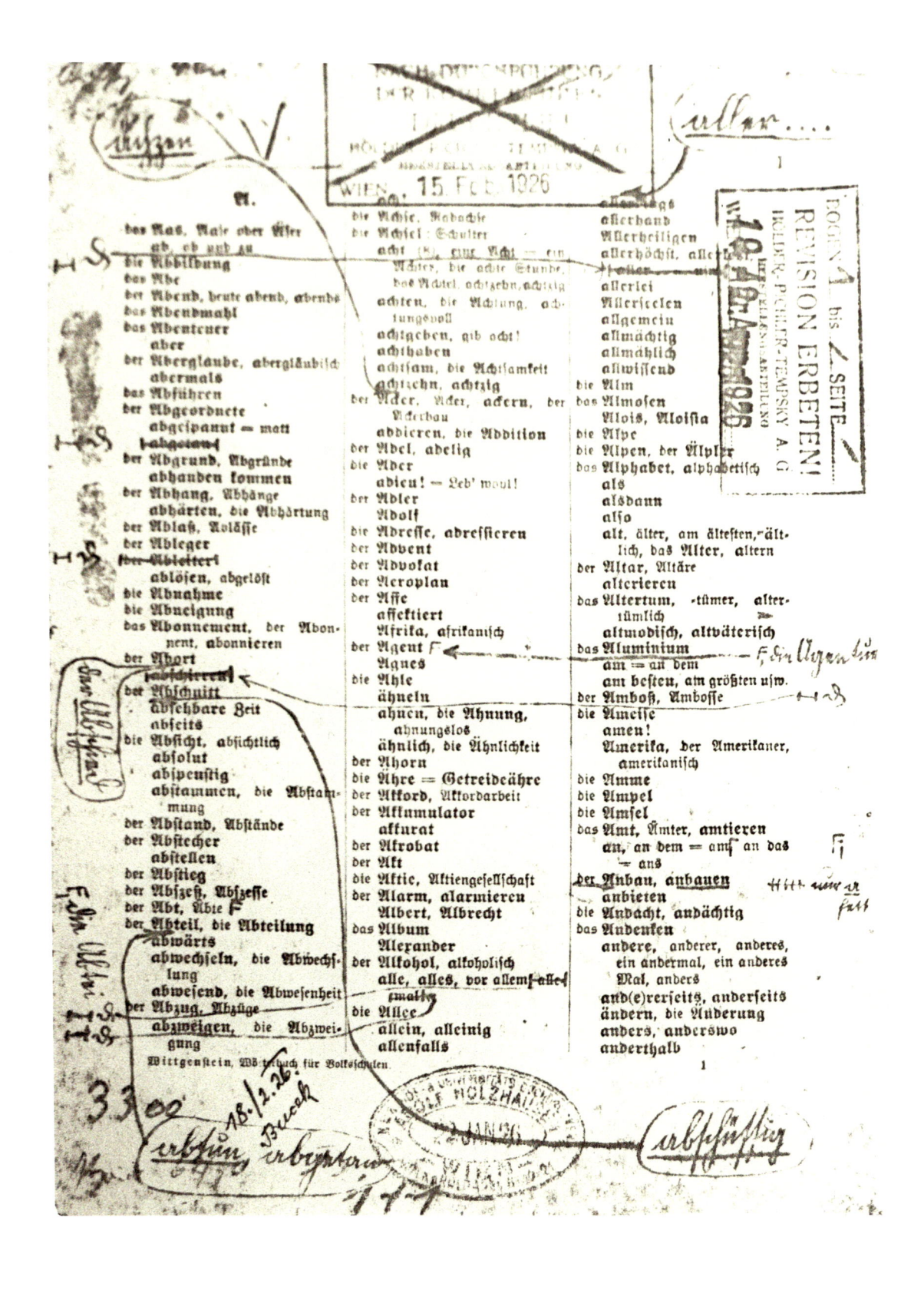

das Aas, Aase oder Äser
ab, ob und zu
die Abbildung
das Abc
der Abend, heute abend, abends
das Abendmahl
das Abenteuer
aber
der Aberglaube, abergläubisch
abermals
das Abführen
der Abgeordnete
abgespannt = matt
~~abgetan~~
der Abgrund, Abgründe
abhanden kommen
der Abhang, Abhänge
abhärten, die Abhärtung
der Ablaß, Ablässe
der Ableger
~~der Ableiter~~
ablösen, abgelöst
die Abnahme
die Abneigung
das Abonnement, der Abonnent, abonnieren
der Abort
~~abschieren~~
der Abschnitt
absehbare Zeit
abseits
die Absicht, absichtlich
absolut
abspenstig
abstammen, die Abstammung
der Abstand, Abstände
der Abstecher
abstellen
der Abstieg
der Abszeß, Abszesse
der Abt, Äbte
der Abteil, die Abteilung
abwärts
abwechseln, die Abwechslung
abwesend, die Abwesenheit
der Abzug, Abzüge
abzweigen, die Abzweigung

Wittgenstein, Wörterbuch für Volksschulen.

die Achse, Nabache
die Achsel, Schulter
acht (8), zur Acht — ein Wächter, die achte Stunde, das Achtel, achtzehn, achtzig
achten, die Achtung, achtungsvoll
achtgeben, gib acht!
achthaben
achtsam, die Achtsamkeit
achtzehn, achtzig
der Acker, Äcker, ackern, der Ackerbau
addieren, die Addition
der Adel, adelig
die Ader
adieu! — Leb' wohl!
der Adler
Adolf
die Adresse, adressieren
der Advent
der Advokat
der Aeroplan
der Affe
affektiert
Afrika, afrikanisch
der Agent
Agnes
die Ahle
ähneln
ahnen, die Ahnung, ahnungslos
ähnlich, die Ähnlichkeit
der Ahorn
die Ähre = Getreideähre
der Akkord, Akkordarbeit
der Akkumulator
akkurat
der Akrobat
der Akt
die Aktie, Aktiengesellschaft
der Alarm, alarmieren
Albert, Albrecht
das Album
Alexander
der Alkohol, alkoholisch
alle, alles, vor allem, allesamt
die Allee
allein, alleinig
allenfalls

allerhand
Allerheiligen
allerhöchst, allerletzt
aller
allerlei
Allerseelen
allgemein
allmächtig
allmählich
allwissend
die Alm
das Almosen
Alois, Aloisia
die Alpe
die Alpen, der Älpler
das Alphabet, alphabetisch
als
alsdann
also
alt, älter, am ältesten, ältlich, das Alter, altern
der Altar, Altäre
alterieren
das Altertum, -tümer, altertümlich
altmodisch, altväterisch
das Aluminium
am = an dem
am besten, am größten usw.
der Amboß, Ambosse
die Ameise
amen!
Amerika, der Amerikaner, amerikanisch
die Amme
die Ampel
die Amsel
das Amt, Ämter, amtieren
an, an dem = am, an das = ans
der Anbau, anbauen
anbieten
die Andacht, andächtig
das Andenken
andere, anderer, anderes, ein andermal, ein anderes Mal, anders
and(e)rerseits, anderseits
ändern, die Änderung
anders, anderswo
anderthalb

1

285 Das Kloster der Barmherzigen Brüder
im XIV. Wiener Bezirk, Wien-Hütteldorf

My dear Keynes,
Thanks so much for your letter! I am still teacher and don't want any money at present. I have decided to remain teacher, as long as I feel that the troubles into which I get that way, may do me any good. If one has toothache it is good to put a hot-water bottle on your face, but it will only be effective, as long as the heat of the bottle gives you some pain. I will chuck the bottle when I find that it no longer gives me the particular kind of pain which will do my character any good. That is, if people here don't turn me out before that time. If I leave off teaching I will probably come to England and look for a job there, because I am convinced that I cannot find anything at all possible in this country. In this case I will want your help.
Please remember me to your wife.
Yours ever
Ludwig
Give my love to Johnson, if you see him.
18. Oktober 1925

286 Wittgenstein an Rudolf Koder
Gärtnergehilfe, Hütteldorf 19.4.26.

Ich zähle z.B. die Bäume im Garten. Baum im Garten gilt als (eine) Eigenschaft. Aber was ist das Ding das diese Eigenschaft hat? Angenommen sie seien irgendwelche Örter im Raum; dann zähle ich also die Örter. Auch wenn ich Baum einen Stock nenne der im Frühjahr ausschlägt so kann ich den Träger des Prädicats als eine Art Ort auffassen.
24. März 1930

Ich kann die Beschreibung des Gartens in ein gemaltes Bild, das Bild in eine Beschreibung übersetzen.
3. Mai 1931

Häftlingsbriefe, Hütteldorf 19.4.26.

Lieber Koderl!

Ich habe jetzt eine Stelle für mich gefunden: Ich werde heute in acht Tagen (Montag) als Gärtnergehilfe bei den Barmherzigen Brüdern in Hütteldorf meinen Dienst antreten. Wie es dazu gekommen ist, will ich dir mündlich berichten. Ich möchte Dich am Ende dieser Woche besuchen und zwar am liebsten Freitag abend mit dem Zug zu Dir kommen und bis Sonntag bleiben. Warum ich

287 Das Loos-Haus in Wien am Michaelerplatz
Plakat zu einem Vortrag von Adolf Loos

Adolf Loos *Mein erstes Haus!*, 1910:
Mein erstes haus! Ein haus überhaupt!
Denn das hätte ich mir wohl nie träumen
lassen, daß ich auf meine alten tage noch ein
haus bauen werde.

Wittgenstein an Paul Engelmann, Ende 1925:
L. H. E.
Ich würde mich freuen Sie zu Weihnachten
in Wien zu sehen. Der Bau eines Wohnhauses
würde mich auch sehr interessieren.

288 Gedicht von Engelmann
in der *Fackel* vom 18. Februar 1911

Paul Engelmann an F. A. Hayek, 12. Juni 1953:
Wittgenstein erzählte mir, bald nachdem ich ihn kennen gelernt hatte, daß er durch die persönliche Bekanntschaft mit mir einen ungünstigen Eindruck korrigiert habe, den er durch ein von mir stammendes und im Februar 1911 in der Fackel gedrucktes Sonnett an das Loos-Haus auf dem Michaelerplatz bekommen hatte; er wollte damals sogar Kraus schreiben, er solle doch keine Beiträge von Mitarbeitern mehr veröffentlichen, hat diese Absicht dann aber nicht ausgeführt.

289 Karl Kraus

Karl Kraus in der *Fackel*, 1910:
Ein Geher ist hier Adolf Loos und darum ein Ärgernis den Leuten, die zwischen Graben und Michaelerplatz herumstehen. Er hat ihnen dort einen Gedanken hingebaut.

Karl Kraus in der *Fackel*, 1913:
Adolf Loos und ich, er wörtlich, ich sprachlich, haben nichts weiter getan als gezeigt, daß zwischen einer Urne und einem Nachttopf ein Unterschied ist und daß in diesem Unterschied erst die Kultur Spielraum hat. Die andern aber, die Positiven, teilen sich in solche, die die Urne als Nachttopf, und die den Nachttopf als Urne gebrauchen.

Der Unterschied zwischen einem guten und einem schlechten Architekten besteht heute darin, daß dieser jeder Versuchung erliegt während der rechte ihr standhält.
11. Januar 1930

Aus dem Geschnörkel wesenloser Hirne
erhebt sich eine Tat, so scharf umrissen,
so schön und reinlich, wie ein gut Gewissen,
wie unter Gaunern eine freie Stirne.

Es glänzt an ihr die Keuschheit aller Firne,
auf glattem Mauerwerk zum Küssen!
Und Marmor, daß sie nicht die Pracht vermissen:
naiv und lüstern, fast wie eine Dirne.

Das aber ist ein Werk, und es wird bleiben!
Und jeder, der gerungen und gedichtet,
weiß, daß der Pöbel alle Tat bespeit.

Sie mögen weiter schrein und weiter schreiben:
Du stehst für dich, gewaltig aufgerichtet
als erstes Zeichen einer neuen Zeit!
                                    Paul Engelmann

291 Adolf Loos (1870–1933)

Adolf Loos in *Die moderne Siedlung*, 1926:
Nicht jeder arbeiter hat das recht, haus und garten zu besitzen, sondern nur der, der den drang dazu hat, einen garten zu bebauen. Sie werden vielleicht einwenden, daß kein grund dazu da sei, so streng zu sein und zu verbieten, daß ein arbeiter auch einen kleinen luxusgarten besitze, in dem rasenflächen sind und rosen stehen. Ich würde mich gegen den modernen geist versündigen, wenn ich nicht so streng wäre.

Adolf Loos in *Die Potemkinsche Stadt*, 1898:
Schämen wir uns doch nicht der Thatsache, Menschen aus dem neunzehnten Jahrhundert zu sein, nicht solche, die in einem Hause wohnen wollen, das seiner Bauart nach einer früheren Zeit angehört. Ihr würdet dann sehen, wie schnell wir den unserer Zeit ureigenen Baustil erhalten würden […]

Ich meine aber einen Baustil, den wir mit gutem Gewissen der Nachwelt überliefern könnten, auf den noch in ferner Zukunft mit Stolz hingewiesen würde.

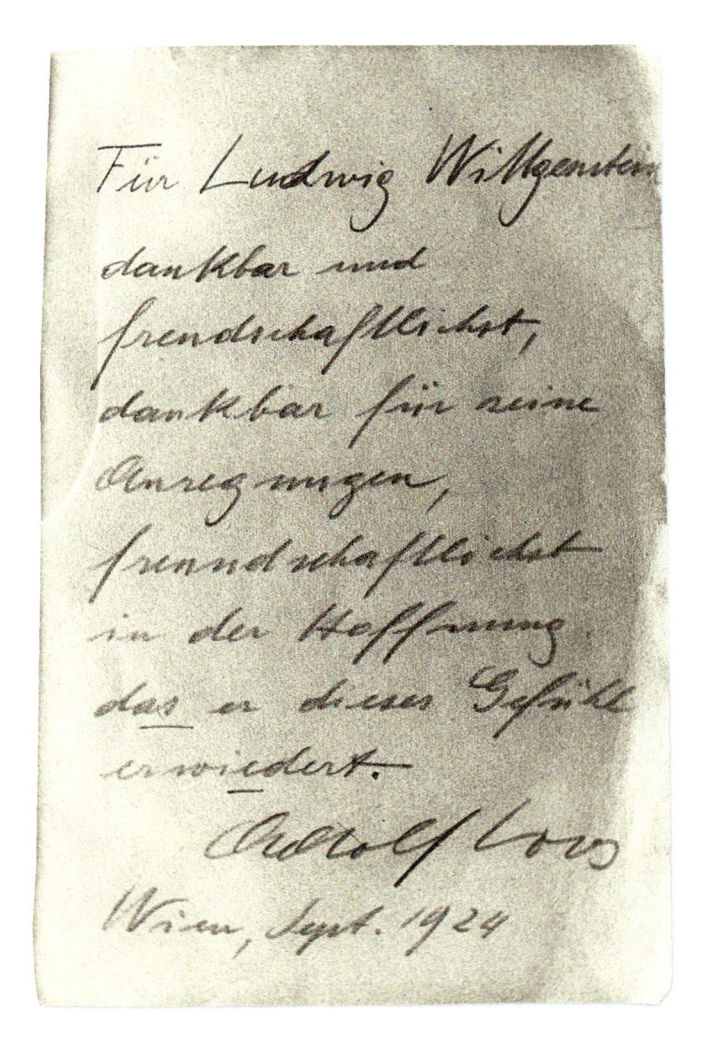

290 Widmung von Adolf Loos in seinem Buch *Ins Leere gesprochen*, 1921

Adolf Loos im Vorwort zu *Trotzdem*, 1930:
Aus dreißigjährigem kampfe bin ich als sieger hervorgegangen: ich habe die menschheit vom überflüssigen ornament befreit.

Wittgenstein an Engelmann, 2. September 1919:
Vor ein paar Tagen besuchte ich Loos. Ich war entsetzt und angeekelt. Er ist bis zur Unmöglichkeit verschmockt! Er gab mir eine Broschüre über ein geplantes ‚Kunstamt', wo er über die Sünde wider den Heiligen Geist spricht. Da hört sich alles auf! Ich kam in sehr gedrückter Stimmung zu ihm und das hatte mir gerade noch gefehlt. *Viel, viel* hätte ich mit Ihnen zu besprechen.

292 Von Loos eingerichtetes Musikzimmer in einer von ihm erbauten Villa in Hietzing, dem Haus Rufer

Paul Engelmann an F. A. Hayek, 8. März 1953: Mit Loos war Wittgenstein oft zusammen, sie haben einander geschätzt, Loos hatte einen sicheren Instinkt für das Genie, obwohl er W. gewiß in vieler Hinsicht nicht verstanden hat. – Mit Kraus war Wittgenstein nur einmal, in meiner Abwesenheit, beisammen, und es hat einen Streit zwischen anwesenden Krausanhängern und ihm gegeben, wobei Wittgenstein so grob geworden ist, daß ihn Kraus danach mir gegenüber einen Verrückten genannt hat. Doch war in früherer Zeit, in Norwegen, vor dem ersten Weltkrieg, die Fackel für Wittgenstein von ziemlicher Bedeutung, und er hat sich diese Schätzung der früheren Schriften von K. auch später bewahrt.

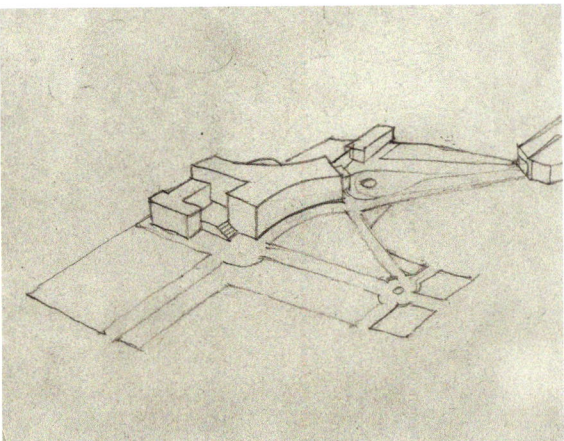

293–296 Skizzen von Paul Engelmann
für das von Margarete Stonborough-Wittgenstein
in Auftrag gegebene Stadthaus

Paul Engelmann an F. A. Hayek, 16. Februar 1953:
Nachdem ich das Familienhaus in Neuwaldegg renoviert und für Paul Wittgenstein in der Alleegasse einen Raum zur Aufstellung seiner Porzellansammlung gebaut hatte und diese Arbeiten die Familie W. sehr befriedigten, sollte ich 1926 für Frau Stonborough das Haus in der Kundmanngasse bauen.

L.W., der damals Lehrer war, interessierte sich sehr für diese Arbeit, und gab, wenn er in Wien war, so ausgezeichnete Ratschläge, daß ich schließlich das Gefühl hatte, daß er die Intentionen der Frau St. viel besser träfe als ich; diese selbst nahm an der Ausarbeitung der Pläne aktiven Anteil. Ihre Leistung war darin von höchstem Geschmack und von vollendeter Kultur, und doch war das Resultat dieser Zusammenarbeit für beide Teile nicht recht befriedigend. Deshalb, und da er sich nach Aufgabe seiner Stellung als Lehrer in einer schweren seelischen Krise befand, machte ich ihm den Vorschlag, mit mir zusammen den Bau durchzuführen, und er nahm ihn nach längerem Bedenken an. Dieser Ausweg erwies sich als sehr glücklich, für ihn wie für den Bau.

Von da an war er und nicht ich der eigentliche Architekt, und trotzdem bei seinem Eintreten die Grundrisse schon fertig waren, betrachte ich das Resultat als seine und nicht als meine Leistung.

Paul Engelmann an Wittgenstein aus Olmütz, 27. November 1925:
Das Denken war mir eine Art Bauen, bei dem ich aber immer im Vorhinein wußte, daß das Resultat, wie immer es auch ausfallen möge, nichts an dem ändern könnte, was ich schon vorher gewußt hatte. In den letzten 2 Jahren habe ich fast keine Forderung mehr gespürt, aber auch fast nie gedacht. Heute ist es mir so erschienen, als ob ich jetzt in einer Situation wäre, wo mir Denken weiterhelfen könnte […]

Ich war Anfang November 3 Tage bei Ihrer Schwester Stonborough in Gmunden. Sie beabsichtigt, in Wien ein Stadthaus zu bauen. Wir haben viel darüber gesprochen, ob das heute möglich ist. Ich glaube eher nein als ja, würde aber, wenn ich den Auftrag bekäme, mich trauen, den Versuch zu machen. *Sehr* gern würde ich mit Ihnen über diese Sache und anderes, mir Wichtigeres, sprechen.

My dear Keynes,
It's ages since you have heard from me. I haven't even thanked you for your little book about Russia which you sent me about a year and a half ago. I won't try to explain my long silence: there were lots of reasons for it. I had a great many troubles one overlapping the other and postponed writing until they would be all over. But now I have interrupted my troubles by a short holiday and this is the occasion to write to you. I have given up teaching long ago (about 14 months)* and have taken to architecture. I'm building a house in Vienna. This gives me heaps of troubles and I'm not even sure that I'm not going to make a mess of it. However I believe it will be finished about November and then I might take a trip to England if anybody there should care to see me. I should VERY much like to see you again and meanwhile to get a line from you.
About your book I forgot to say that I liked it. It shows that you know that there are more things between heaven and earth etc.
Please remember me to your wife.
Yours ever
Ludwig
*I couldn't stand the hot bottle any longer.
Sommer 1927

297 Wittgenstein mit dem verantwortlichen Baumeister Friedl
photographiert von Thomas Stonborough, dem Sohn von Wittgensteins Schwester Margarete, links ein Freund von Thomas Stonborcugh, Pepi Theiner

298 Die Schwester Margarete Stonborough

299 Plan zum Haus in der Kundmanngasse

Hermine Wittgenstein:
Den stärksten Beweis für Ludwigs Unerbittlichkeit in Bezug auf Maße gibt vielleicht die Tatsache, daß er den Plafond eines saalartigen Raumes um drei Zentimeter heben ließ, als beinahe schon mit dem Reinigen des fertiggebauten Hauses begonnen werden sollte; sein Gefühl war absolut richtig und diesem Gefühl mußte gefolgt werden. Endlich, ich weiß nicht nach wie langer Bauzeit, mußte er sich doch befriedigt erklären und das Haus als fertiggestellt übergeben. Nur ein Stiegenfenster an der Rückseite des Hauses war ihm noch nicht recht, und er hat mir später gestanden, daß er dieses Fensters wegen einmal in die Lotterie gesetzt habe: hätte er den Haupttreffer gemacht, so wäre das Geld für diese bauliche Veränderung bestimmt gewesen.

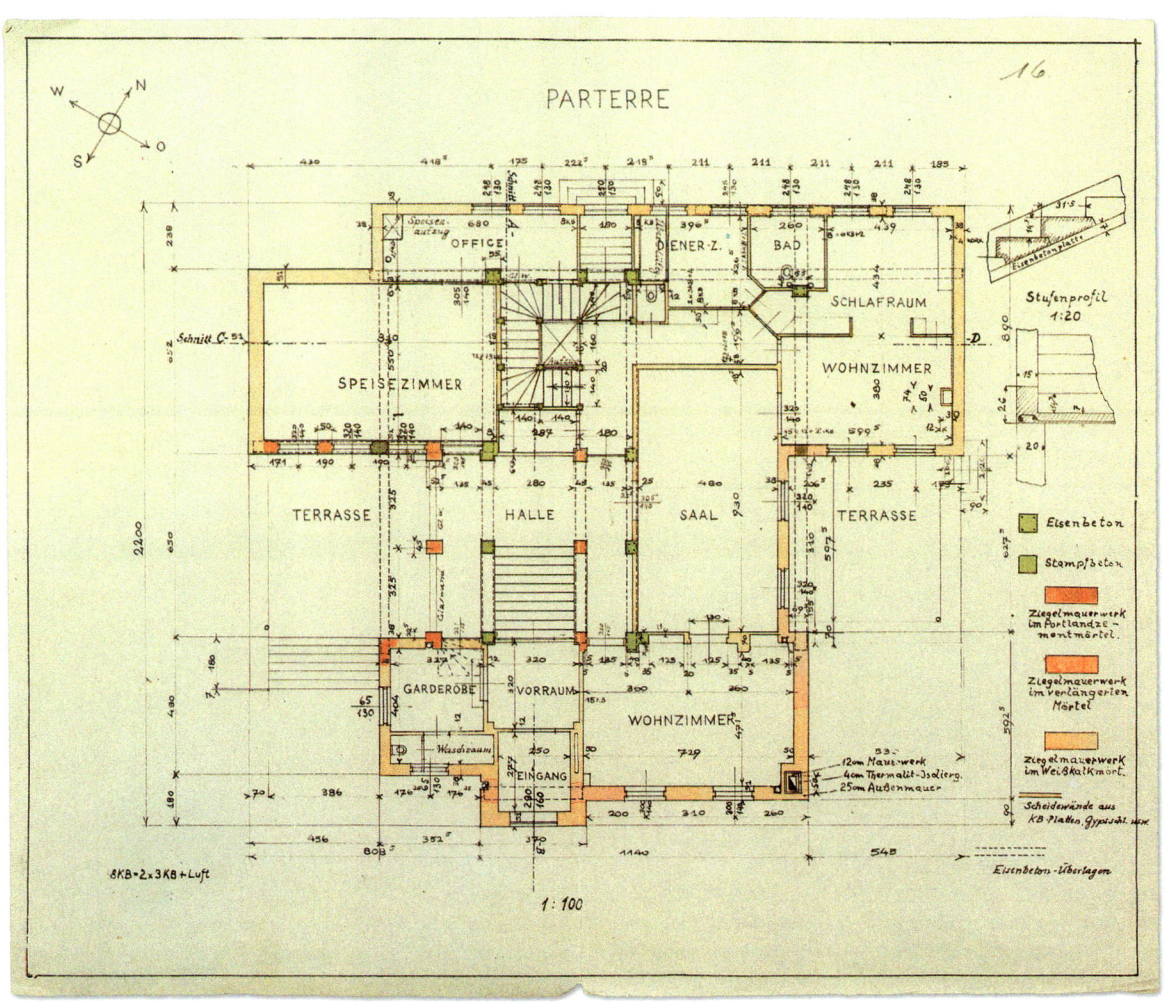

244 Volksschullehrer, Gärtner, Architekt

300 Treppenhaus und Aufzugsschacht im ersten Obergeschoß des Palais Stonborough
Aufnahme unter Wittgensteins Anleitung von Moritz Nähr, 1928

301 Eckheizkörper im Frühstückszimmer
ursprünglich gußfarben, graphit-schwarz

Hermine Wittgenstein:
Ich erinnere mich z. B. an zwei kleine, schwarze, gußeiserne Radiatoren, die in zwei korrespondierenden Ecken eines kleinen Zimmers stehen; schon die Symmetrie der zwei schwarzen Gegenstände in dem hellen Zimmer gibt ein Wohlgefühl! Die Radiatoren selbst sind so tadellos in den Maßen und in ihrer präzisen glatten schlanken Form, daß es nicht auffiel, wenn Gretl sie außerhalb der Heizperiode als Sockel für einen ihrer schönen kunstgewerblichen Gegenstände benützte, und als ich einst diese Heizkörper bewunderte, erzählte mir Ludwig ihren und seinen Leidensweg und wie lange es gedauert hatte, ehe die Präzision, die ihre Schönheit ausmacht, erreicht wurde. Jeder dieser Eck-Radiatoren besteht aus zwei Teilen, die haargenau im rechten Winkel zueinander stehen und zwischen denen ein kleiner, auf den Millimeter fixierter Zwischenraum frei gelassen ist, und sie ruhen auf Füssen, auf die sie genau passen mußten. Es wurden erst einige Modelle gegossen, doch zeigte es sich, daß das, was Ludwig vorschwebte, in Österreich gar nicht gegossen werden konnte; man nahm dann für einzelne Teilstücke fertige Gußware aus dem Ausland, mit dieser schien es aber zuerst unmöglich, die von Ludwig geforderte Präzision zu erreichen. Ganze Partien von Röhrenstücken mußten als unbrauchbar ausgeschieden, die anderen auf den halben Millimeter genau zugeschliffen werden. Auch die Anbringung der glatten Verschlußstücke, die von der gangbaren Ware ganz verschieden und nach Ludwigs Zeichnungen hergestellt waren, machte große Schwierigkeiten; die Versuche wurden oft bis in die Nacht hinein unter Ludwigs Leitung fortgesetzt, bis endlich alles stimmte, und tatsächlich verging zwischen dem Entwurf der scheinbar so einfachen Radiatoren und ihrer Lieferung ein ganzes Jahr. Und doch scheint mir die Zeit gut angewendet, wenn ich an das vollkommene Gebilde denke, das so entstand.

Die Arbeit an der Philosophie ist – wie vielfach die Arbeit in der Architektur – eigentlich mehr die/eine/ Arbeit an Einem selbst. An der eignen Auffassung. Daran, wie man die Dinge sieht. (Und was man von ihnen verlangt.)
14. Oktober 1931

Longfellow:
In the elder days of art,
Builders wrought with greatest care
Each minute and unseen part,
For the gods are everywhere.
(Könnte mir als Motto dienen.)
20. April 1938

Aus dem Simplicissimus: Rätsel der Technik. (Bild: zwei Professoren vor einer im Bau befindlichen Brücke) Stimme von oben: „Laß abi – – hüah – – laß abi sag'i – – nacha drah'n mer'n anders um!" – – – – „Es ist doch unfaßlich Herr Kollega, daß eine so komplizierte und exacte Arbeit in dieser Sprache zustande kommen kann".
23. August 1931

302 Moritz Schlick (1882–1936)
Professor für Philosophie an der Universität Wien

Margarete Stonborough an Moritz Schlick, 19. Februar 1927:
Er bittet mich nun, Ihnen mit seinen Grüßen und wärmsten Entschuldigungen zu sagen, daß er glaubt immer noch nicht im Stande zu sein, sich neben seiner jetzigen, ihn ganz und gar in Anspruch nehmenden Arbeit auf die logischen Probleme conzentrieren zu können. Auf keinen Fall möchte er mit mehreren Personen konferieren. Mit Ihnen, verehrter Herr Professor, allein diese Dinge zu besprechen, hielte er für möglich. Dabei würde es sich, wie er meint, zeigen ob er momentan überhaupt fähig ist Ihnen in dieser Angelegenheit von Nutzen zu sein.

303 Wittgenstein an Moritz Schlick

Wittgenstein im Gespräch mit Engelmann über sein erstes Zusammentreffen mit Schlick:
„Wir haben uns gegenseitig für verrückt gehalten."

PAUL ENGELMANN & LUDWIG WITTGENSTEIN
ARCHITEKTEN
WIEN, III. PARKGASSE 18.
TEL. 96265

WIEN, 4. 10. 192...

Sehr geehrter Herr Professor Schlick!

Mein Gewissen drückt mich, weil ich Ihnen auf Ihren ersten Brief nicht geantwortet habe. Aber ich habe sehr, sehr viel zu tun & noch verschiedene andere Hemmungen (Eine von diesen war wohl auch die Faulheit). Beiliegend schicke ich die Foundations, leider nicht im besten Zustande. Zur Entschädigung erlaube ich mir ein Schriftchen über okkulte Wissenschaft beizulegen, da ich gehört habe, daß solche an der Universität jetzt fleißig betrieben werden.

Alles Gute zu Ihrer Reise & auf Wiedersehen im November

Ihr ergebener
L. Wittgenstein

304 Wittgenstein-Büste, Michael Drobil 1928

305 Ludwig Wittgenstein
Bleistiftzeichnung von Michael Drobil

Hermine Wittgenstein:
Drobil hat von Ludwig ein paar flüchtige, aber sehr ähnliche Bleistiftskizzen gemacht, die mir sehr lieb sind, dagegen bin ich mit seinem Marmorporträt nicht ganz einverstanden: es liegt in Drobils Linie, sein Modell in Ruhe darzustellen, aber dieser ruhelose Mensch hätte einen anderen Künstler gebraucht, ganz abgesehen davon, daß mir Ludwigs Gesicht in Wirklichkeit viel magerer und flächiger, seine lockigen Haare viel hinaufstrebender, förmlich flammenähnlich vorkommen, was zu der Intensität seines Wesens zu passen scheint.

Hermine Wittgenstein:
Während er noch an dem Haus baute, beschäftigten Ludwig auch andere Interessen. Er hatte sich seinerzeit in dem italienischen Offiziers-Gefangenenlager mit dem gleichfalls gefangenen Bildhauer Michael Drobil befreundet und er interessierte sich später in Wien außerordentlich für die bildhauerischen Arbeiten, die dieser Künstler in Angriff nahm, beeinflußte ihn auch in gewisser Weise; das war fast unvermeidlich, denn Ludwig ist sehr stark und, wenn er Kritik übt, seiner Sache sehr sicher. Schließlich fing er selbst an zu modellieren, da es ihn lockte, einen Kopf, der ihm an einer Plastik Drobils mißfiel, in der Haltung und mit dem Ausdruck, die ihm vorschwebten, darzustellen. Er brachte auch wirklich etwas sehr Reizvolles zustande, und der Gipsabguß des Kopfes wurde von Gretl in ihrem Haus aufgestellt.

306 Michael Drobil in seinem Wiener Atelier

Wittgenstein an die Schwester Hermine
Juni 1922:
Erstens wollte ich Dir sagen, daß dem Engelmann die „Schlummernde" [eine Plastik Drobils] *sehr* gefallen hat; mir auch. Ich finde sie sehr schön! Engelmann meinte, man solle sie in Gips lassen, weil ihm Gips besser gefalle als Stein und ich muß gestehen, wie er es sagte, fand ich es auch. Geh doch wieder einmal zum Drobil und schau Dir dabei auch den Porträtkopf an, der so lustig ausschaut.

20. Mai 1924:
Ich muß übrigens noch einmal sagen, daß mir der große Kopf Drobils gefallen hat. Du hast ihn ja nur im Gips fertig gesehen und da sieht man nichts. Schau Dir ihn doch noch einmal an. Freilich, es ist möglich, daß er mir nur mit der Schlummernden als Folie so gut gefiel.

14. Januar 1925:
Wenn der Drobil nur nichts verdorben hat durch Vergrößerung der Brust!!! Die stark konkave Brust war *notwendig*. Es ist *sehr* leicht möglich daß ein *wesentlicher* Unsinn geschehen ist! Die Brüste dürfen nämlich nicht mit den Oberarmen vier gleichmäßige Hügel geben, die dann als Ganzes wie ein gewelltes schiefes Brett wirken, vor dem sich alles übrige abspielt. Auch durfte der Zwischenraum zwischen dem rechten Unterarm (dem lotrechten) und der Brust nicht kleiner werden, da er sonst nichtssagend und – sozusagen – zufällig wird. Bitte sage Drobil meine Bedenken er wird sie verstehen (wenn er will!). Daß die Brust noch nicht ganz richtig war, wird stimmen aber, daß sie nicht durch Vergrößerung des Busens zu richten war, ist mehr als wahrscheinlich und Drobil selbst hat, wie Du Dich erinnern wirst, mir vor Dir gesagt, er werde jedenfalls *nicht* mit der Brust *heraus* gehen. *So einfach ist die Sache – glaube ich – nicht.*

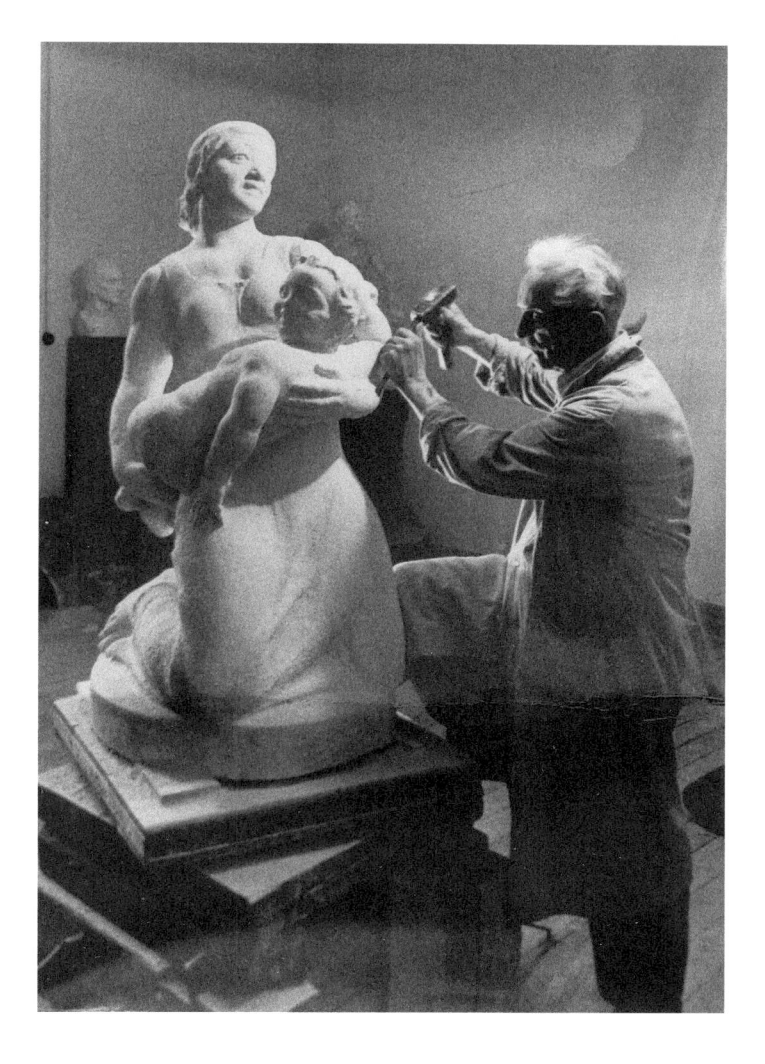

250 Volksschullehrer, Gärtner, Architekt

307 Treppenaufgang in der Kundmanngasse
Bleistiftzeichnung von Hermine Wittgenstein

308 Von Wittgenstein modellierte Büste

Ich habe auch, in meinen künstlerischen Tätigkeiten, nur *gute Manieren*.
1934

Hermine Wittgenstein:
Wenn ich nämlich das Haus auch noch so sehr bewunderte, so wußte ich doch immer, daß ich selbst es weder bewohnen wollte noch könnte. Es schien mir ja viel eher eine Wohnung für Götter zu sein, als für eine sehr kleine Sterbliche, wie ich es bin, und ich hatte sogar zuerst einen leisen inneren Widerstand gegen diese „hausgewordene Logik", wie ich es nannte, Vollkommenheit und Größe zu überwinden. Zu meiner Schwester Gretl aber paßte das Haus wie der Handschuh auf die Hand als sie es erst einmal auf ihre ganz eigenartige Weise eingerichtet hatte und es mit ihrer Persönlichkeit erfüllte. Das Haus war einfach eine Erweiterung ihrer Persönlichkeit, eine Ausstrahlung ihrer selbst [...]

Auch im höchsten Kunstwerk ist noch etwas, was man ‚Stil', ja auch, was man ‚Manier' nennen kann. *Sie* haben weniger Stil, als das erste Sprechen eines Kindes.
12. Januar 1939

In aller großen Kunst ist ein WILDES Tier: *gezähmt*.
    Bei Mendelssohn, z.B., nicht. Alle große Kunst hat als ihren Grundbaß die primitiven Triebe des Menschen. Sie sind nicht die *Melodie* (wie, vielleicht, bei Wagner), aber das was der Melodie ihre/die/ *Tiefe* und *Gewalt* giebt.
    In *diesem* Sinne kann man Mendelssohn einen ‚*reproduktiven*' Künstler nennen. –
    Im gleichen Sinn: mein Haus für Gretl ist das Produkt/Resultat/ entschiedener Feinhörigkeit, *guter* Manieren, der Ausdruck eines großen *Verständnisses* (für eine Kultur, etc.). Aber das *ursprüngliche* Leben, das *wilde* Leben, welches sich austoben möchte – fehlt. Man könnte also auch sagen:/,/ es fehlt ihm die *Gesundheit* (Kierkegaard). (Treibhauspflanze.)
10. Januar 1940

309/310 Wittgenstein an den Hersteller der Stahlkonstruktionen der Türen und Fenster für sein Haus

> Bau Palais Stonborough   Wien 10./11. 1928
>
> An die
> Firma M. Weber & Co
>   in Wien
>
> Da jetzt Ihre Arbeiten auf meinem Bau dem Ende zugehen ist es mir Pflicht & Bedürfnis, Ihnen Dank & Anerkennung für Ihre hervorragende Leistung auszusprechen. Ich kann sagen, daß es keiner Ihrer Arbeit unmöglich gewesen wäre, den Bau in der, dieser Bauart notwendigen, Präzision & Sachgemäßheit herzustellen. Es ist meine Überzeugung, daß keine Firma in Wien imstande gewesen wäre das was ich fordern mußte, in ähnlicher Weise zu erfüllen. Und zwar liegt dies einerseits an den ausgezeichnet geschulten tüchtigen Arbeitern, wie sie mir in dieser Qualität & Menge von keiner anderen Schlosserfirma hätten zur Verfügung gestellt werden können, zweitens aber an der mustergültigen Leistung Ihrer Firma durch Herrn Ing. Ferdinand Kurz, der sein außerordentliches Wissen & Können mit einer ebenso außerordentlichen Bereitwilligkeit in den Dienst des Baues stellt. — Außergewöhnlich & zwar vor allem für den Wiener Boden sind aber auch die Gewissenhaftigkeit & Verlässlichkeit Ihres Betriebes, zwei Eigenschaften, die Ihnen zum Nutzen & Ihren Kunden zur Wohltat gereichen.
> Mit dem Ausdruck vorzüglichster Hochachtung verbleibe ich Ihr ergebener Wittgenstein

311 Speisezimmer in der Kundmanngasse
Aufnahme Moritz Nähr, 1929

Hermine Wittgenstein:
Ein zweites großes Problem, von dem mir Ludwig erzählte, bildeten die Türen und Fenster. Sie sind sämtlich aus Eisen und die Konstruktion der abnorm hohen Glastüren mit den schmalen eisernen Teilungsleisten zwischen den Gläsern war übermäßig schwierig, denn die Leisten laufen nur senkrecht, sind von keiner waagrecht laufenden gestützt, und es wurde da eine Präzision gefordert, die unerreichbar schien. Von acht Firmen, mit denen lange, eingehende Verhandlungen gepflogen wurden, glaubte eine die Aufgabe übernehmen zu können, aber die vollständige fertige Tür, deren Anfertigung Monate in Anspruch genommen hatte, mußte als unbrauchbar zurückgegeben werden. [...] Eine unbeschreiblich lange Zeit wurde allein den Versuchen und der Herstellung von Modellen gewidmet, was dann aber entstand, lohnte wirklich die Aufregung und Mühe, die es gekostet hatte, und es überkommt mich während ich schreibe eine große Sehnsucht, diese edlen Türen wiederzusehen, aus denen man, wenn selbst das ganze übrige Haus zugrunde ginge, den Geist seines Schöpfers erkennen könnte.

Wittgenstein an die Schwester Helene,
24. November 1946:
Liebe Helene!
Mining schrieb mir, es sei nicht ausgeschlossen, daß sie einmal in der Kundmanngasse leben werde. Mir könnte nichts lieber sein – was immer sie an die Wände hängt, und wenn es Vorhänge vor die Fenster sind. Denn alles ist doch besser, als daß dieses Haus, das viel gekostet hat, ganz sinnlos dastehen soll. Und es war doch für die Familie gebaut. Und wenn es auch der Gretl gemäß und Euch, in gewissem Sinne, ungemäß ist, so ist das doch eine *Familien*unähnlichkeit.

254 Volksschullehrer, Gärtner, Architekt

312 Das Haus in der Kundmanngasse, 1928
im Hintergrund links die Lehrerbildungsanstalt, die Wittgenstein von 1919 bis 1920 besucht hatte; Aufnahme Moritz Nähr unter Wittgensteins Anleitung

Wien III
Kundmanngasse 19
My dear Keynes,
I've just finished my house that has kept me entirely busy these last two years. Now however I will have some holidays and naturally want to see you again as soon as possible. The question is, would you mind seeing me. If not, write a line. I could come to England in the first days of December but not before, as I must first set to rights part of my anatomy. Enclosed you will find a few photos of my house and hope you won't be too much disgusted by its simplicity.
Yours ever
Ludwig
Write soon!
Oktober/November 1928

Keynes an seine Frau Lydia Lopokova,
18. November 1928:
A letter from Ludwig. He has finished his house and sends photographs of it – à la Corbusier; and wants to come to stay with me here in about a fortnight. Am I strong enough? Perhaps if I do not work between now and then, I shall be.

My dear Keynes,
I had to postpone my trip, as my health was not quite strong enough in the first days of this month. But I am nearly well now and want to come to England in the beginning of January. Please write a line letting me know if I can see you then.
Yours ever
Ludwig
Dezember 1928

313 Die Österreichische Akademie der Wissenschaften in Wien

314 L. E. J. Brouwer (1881–1966)

Brouwer hat Recht, wenn er sagt daß die Eigenschaften seiner Pendelzahl sich nicht mit dem Satz vom ausgeschlossenen Dritten vertragen. Nur ist damit keine Besonderheit der Sätze von den unendlichen Aggregaten aufgedeckt. Dem liegt vielmehr zu Grunde, daß die Logik zur Voraussetzung hat, daß es nicht a priori – also logisch – unmöglich sein darf zu erkennen, ob ein Satz wahr oder falsch ist. Ist nämlich die Frage nach der Wahr- oder Falschheit eines Satzes a priori unentscheidbar, dann verliert der Satz dadurch seinen Sinn und eben dadurch verlieren für ihn die Sätze der Logik ihre Geltung.
1929

Rudolf Carnap, Hans Hahn und Otto Neurath in *Wissenschaftliche Weltauffassung – Der Wiener Kreis,* Wien, 1929:
Gegenwärtig stehen auf diesem Gebiete [den Grundlagen der Arithmetik und Mengenlehre] drei verschiedene Richtungen einander gegenüber; neben dem „Logizismus" von Russell und Whitehead steht der „Formalismus" von Hilbert, der die Arithmetik als ein Formelspiel mit bestimmten Regeln auffaßt, und der „Intuitionismus" von Brouwer, nach dem die arithmetischen Erkenntnisse auf einer nicht weiter zurückführbaren Intuition der Zwei-Einheit beruhen. Die Auseinandersetzungen zwischen diesen drei Richtungen werden im Wiener Kreise mit größtem Interesse verfolgt. Wohin die Entscheidung schließlich führen wird, ist noch nicht abzusehen; jedenfalls wird in ihr zugleich auch eine Entscheidung über den Aufbau der Logik liegen; daher die Wichtigkeit dieses Problems für die wissenschaftliche Weltauffassung. Manche sind der Meinung, daß die drei Richtungen einander gar nicht so fern stehen, wie es scheint. Sie vermuten, daß wesentliche Züge der drei Richtungen sich in der weiteren Entwicklung einander annähern und, wahrscheinlich unter Verwertung der weittragenden Gedanken Wittgensteins, in der schließlichen Lösung vereinigt sein werden.

315 Vortrag von L. E. J. Brouwer
Monatshefte für Mathematik und Physik, 36, 1929

Bericht von George Pitcher über ein Gespräch mit Herbert Feigl:
[Feigl] and Waismann spent a few hours with Wittgenstein in a cafe after the lecture [by Brouwer on 10 March, 1928 in Vienna], and "it was fascinating to behold the change that had come over Wittgenstein that evening". [...]

"[H]e became extremely voluble and began sketching ideas that were the beginnings of his later writings." [...]

"[T]hat evening marked the return of Wittgenstein to strong philosophical interest and activities."

Mathematik, Wissenschaft und Sprache.

Von L. E. J. Brouwer in Amsterdam.

Vortrag, gehalten in Wien am 10. III. 1928 über Einladung des Komitees zur Veranstaltung von Gastvorträgen ausländischer Gelehrter der exakten Wissenschaften.

I.

Mathematik, Wissenschaft und Sprache bilden die Hauptfunktionen der Aktivität der Menschheit, mittels deren sie die Natur beherrscht und in ihrer Mitte die Ordnung aufrecht erhält. Diese Funktionen finden ihren Ursprung in drei Wirkungsformen des Willens zum Leben des einzelnen Menschen: 1. die mathematische Betrachtung, 2. die mathematische Abstraktion und 3. die Willensauferlegung durch Laute.

1. Die mathematische Betrachtung kommt als Willensakt im Dienste des Selbsterhaltungstriebes des einzelnen Menschen in zwei Phasen zustande, die der zeitlichen Einstellung und die der kausalen Einstellung. Erstere ist nichts anderes als das intellektuelle Urphänomen der Auseinanderfallung eines Lebensmomentes in zwei qualitativ verschiedene Dinge, von denen man das eine als dem anderen weichend und trotzdem als durch den Erinnerungsakt behauptet empfindet. Dabei wird gleichzeitig das gespaltene Lebensmoment vom Ich getrennt und nach einer als Anschauungswelt zu bezeichnenden Welt für sich verlegt. Die durch die zeitliche Einstellung zustande gekommene zeitliche Zweiheit oder zweigliedrige zeitliche Erscheinungsfolge läßt sich dann ihrerseits wieder als eines der Glieder einer neuen Zweiheit auffassen, womit die zeitliche Dreiheit geschaffen ist, usw. In dieser Weise entsteht mittels Selbstentfaltung des intellektuellen Urphänomens die zeitliche Erscheinungsfolge beliebiger Vielfachheit. Nunmehr besteht die kausale Einstellung im Willensakt der „Identifizierung" verschiedener sich über Vergangenheit und Zukunft erstreckender zeitlicher Erscheinungsfolgen. Dabei entsteht ein als kausale Folge zu bezeichnendes gemeinsames Substrat dieser identifizierten Folgen. Als besonderer Fall der kausalen Einstellung tritt auf die gedankliche Bildung von Objekten, d. h. von beharrenden (einfachen oder zusammengesetzten) Dingen der Anschauungswelt, wodurch gleichzeitig die Anschauungswelt selbst stabilisiert wird. Wie gesagt, sind die beiden Stufen der mathematischen Betrachtung keineswegs passive Einstellungen, sondern im Gegenteil

316 Ramseys Haus in Cambridge
4 Mortimer Road

317 Lettice Ramsey (1898–1985)
Frau von Frank Ramsey, Künstlerin und bekannte Photographin, Selbstporträt

Wieder in Cambridge. Sehr merkwürdig. Es ist mir manchmal als ob die Zeit zurückgegangen wäre. Ich mache diese Eintragungen nur zögernd. Ich weiß nicht was mich noch erwartet. Es wird sich eben etwas ergeben! Wenn der Geist mich nicht verläßt. Jetzt schwinge ich sehr unruhig, weiß aber nicht um welche Gleichgewichtslage. Die Zeit hier sollte oder soll in Wirklichkeit eine Vorbereitung auf etwas sein. Ich soll mir über etwas klar werden.
2. Februar 1929

318 Die Tänzerin Lydia Lopokova (1892–1981)

319 John Maynard Keynes

Keynes an seine Frau, Lydia Lopokova,
18. Januar 1929:
My dearest sweet, Well, God has arrived. I met him on the 5.15 train. He has a plan to stay in Cambridge *permanently*. Meanwhile we have had tea and now I retire to my study to write to you. I see that the fatigue is going to be crushing. But I must not let him talk to me for more than two or three hours a day.

25. Februar 1929:
Last night Ludwig came to dinner. He was much more "normal" in every way than I have ever known him. One woman at last has succeeded in soothing the fierceness of the savage hunter – Lettice Ramsey, under whose roof he stayed in the end for nearly a fortnight, before moving to Mrs. Dobbs.

320 Frank Plumpton Ramsey
Aufnahme Lettice Ramsey, Wales, 1928

Ich habe sehr genußreiche Diskussionen mit Ramsey über Logik etc. Sie haben etwas von einem kräftigen Sport und sind glaube ich in einem guten Geist geführt. Es ist etwas erotisches und ritterliches darin. Ich werde dabei auch zu einem gewissen Mut im Denken erzogen. Es kann mir beinahe nichts Angenehmeres geschehen, als wenn mir jemand meine Gedanken gleichsam aus dem Mund nimmt und sie gleichsam im Freien aufrollt. Natürlich ist alles das mit viel Eitelkeit gemischt, aber es ist nicht pure Eitelkeit.

Ich gehe in der Wissenschaft nur gern allein spazieren.
5. Februar 1929

321 Der Fluß Cam, vom Trinity College zum King's College gesehen

F. R. Leavis, Erinnerungen an Wittgenstein:
I was walking once with Wittgenstein when I was moved, by something he said, to remark, with a suggestion of innocent inquiry in my tone: "You don't think much of most other philosophers, Wittgenstein?" – "No. Those I have my use for you could divide into two classes. Suppose I was directing someone of the first to Emmanuel" – it was then my college – "I should say: 'You see that steeple over there? Emmanuel is three hundred and fifty yards to the west-southwest of it'. That man, the first class, would get there. Hm! very rare – in fact I've never met him. To the second I should say: 'You go a hundred yards straight ahead, turn half-left and go forty' . . . and so on. That man would ultimately get there. Very rare too; in fact I don't know that I've met him." Thereupon I asked, referring to the well-known young Cambridge genius (who was to die while still young): "What about Frank Ramsey?" – "Ramsey? *He* can see the next step if you point it out."

Sich und seine Arbeit verstehen ist schwer. Hardy, z. B. möchte als Künstler gelten,/ will ein Künstler sein,/ weil er sich und seine Arbeit nicht versteht, und *ich* verstehe mich auch nicht. Vielleicht kann man sich selbst nur schlafwandlerisch verstehen. D. h., wenn man die Augen öffnet, versteht man sich nicht mehr. Oder, das Verstehen ist dann ein/liegt dann im/ Kampf, gegen die Eitelkeit.
13. Oktober 1946

322 *Tractatus Logico-Philosophicus,* **1922**
Der lateinische Titel der englischen Übersetzung der *Logisch-Philosophischen Abhandlung* stammt von G. E. Moore.

Dear Ramsey,
I saw Braithwaite yesterday to ask him what exactly Dr. Broad had told him and this morning I went to see Mr. Priestly. He said that he couldn't remember having talked to you about my dissertation and if he had, that he could never have said with any certainty the book would count as he is only the secretary of the Board of research studies and it is not for him to decide the matter. He thinks however that there will be no difficulty about it in the meeting of the Board of research studies if the report from the moral science board should be favourable. In any case he will be so kind to talk to the authorities Soreley and Broad about it and let me know if there is anything for me to do. So I believe the matter is in good hands now and I don't worry about it any longer.

    A thing which is of much greater importance to me and was so on Saturday evening, is, that I still can't understand the way you behaved in this matter, that's to say I can't understand how, being my supervisor and even – as I thought – to some extent my friend having been very good to me you couldn't care two pins whether I got my degree or not. So much so, that you didn't even think of telling Braithwaite that you had told me my book would count as a dissertation. (I afterwards remembered one day talking to you about it in hall and you saying "it would be absurd to write another thesis now straightaway".) — Now you'll want to know why I write to you all this. It is not to reproach you nor to make fuss about nothing but to explain why I was upset on Saturday and couldn't have supper with you. It is always very hard for a fellow in my situation to see that he can't rely on the people he would like to rely on. No doubt this is due to a great extent to the difference of nationalities: What a statement seems to imply to me it doesn't to you. If you should ever live amongst foreign people for any length of time and be dependent on them you will understand my difficulty.
Yours
Ludwig
Frühjahr 1929

Frank Ramsey an G. E. Moore, 14. Juli 1929:
In my opinion Mr Wittgenstein is a philosophic genius of a different order from anyone else I know. This is partly owing to his great gift for seeing what is essential in a problem and partly to his overwhelming intellectual vigour, to the intensity of thought with which he pursues a question to the bottom and never rests content with a mere possible hypothesis. From his work more than that of any other man I hope for a solution of the difficulties that perplex me both in philosophy generally and in the foundation of Mathematics in particular. It seems to me, therefore, peculiarly fortunate that he should have returned to research. During the last two terms I have been in close touch with his work and he seems to me to have made remarkable progress. He began with certain questions in the analysis of propositions which have now led him to problems about infinity which lie at the root of current controversies on the foundations of Mathematics. At first I was afraid that lack of mathematical knowledge and facility would prove a serious handicap to his working in this field. But the progress he had made has already convinced me that this is not so, and that here too he will probably do work of the first importance. He is now working very hard and, so far as I can judge he is getting on well. For him to be interrupted by lack of money would be a great misfortune for philosophy. –

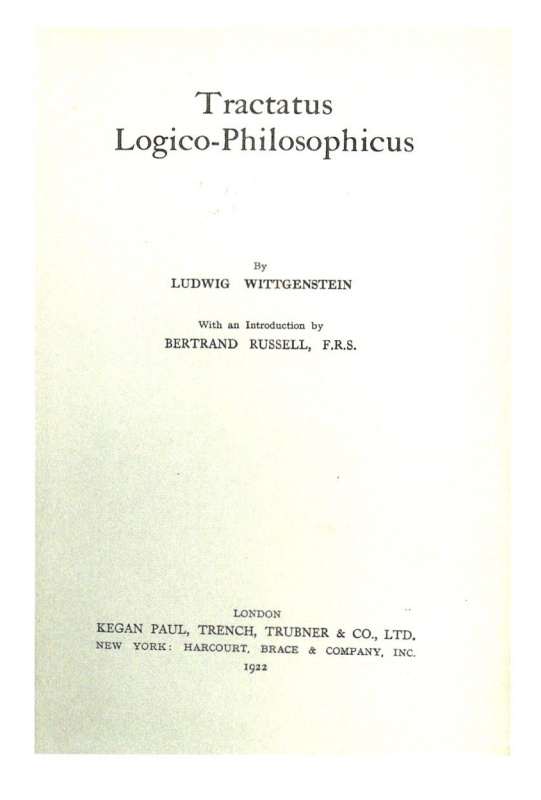

323 Das Arbeitszimmer von G. E. Moore
in seinem Haus, 86 Chesterton Road, Cambridge

Russell an Moore, 27. Mai 1929:
I think … that unless Wittgenstein has changed his opinions of me, he will not much like to have me as an Examiner. […] The last time we met he was so much pained by the fact of my not being a Christian that he has avoided me ever since; I do not know whether pain on this account has grown less, but he must still dislike me, as he has never communicated with me since. I do not want him to run out of the room in the middle of the Viva, which I feel is the sort of thing he might do.

Manche Philosophen (oder wie man sie nennen soll) leiden an dem was man „loss of problems", „Problemverlust" nennen kann. Es scheint ihnen dann alles ganz einfach und es scheinen keine tiefen Probleme mehr zu existieren, die Welt wird weit und flach und verliert jede Tiefe; und was sie schreiben wird unendlich seicht und trivial. Russell und H. G. Wells haben dieses Leiden.
29. Februar 1932

Rush Rhees, Erinnerungen an Wittgenstein:
Als er zu seiner ‚Prüfung' durch Russell und Moore in das Zimmer kam, sagte Russell lächelnd: „I have never known anything so absurd in my life" […]

Ronald Clark in *The Life of Bertrand Russell*:
Moore and Russell first chatted informally to Wittgenstein as old friends rather than as examiners and examinee. Then Russell turned to Moore. "Go on", he said, "you've got to ask him some questions – *you're* the Professor". There was a short discussion. Russell made a brief attempt to argue that Wittgenstein was inconsistent in stating that little could be said about philosophy and that it was possible to reach unassailable truth. Then the Viva ended unexpectedly with Wittgenstein clapping each of his examiners on the shoulder and exclaiming, "Don't worry, I know you'll *never* understand it."

Am 18. Juni 1929 verleiht die Universität Cambridge Wittgenstein den Doktortitel; die Philosophische Fakultät hatte Wittgensteins *Tractatus*, seine *Logisch-Philosophische Abhandlung* von 1918 als Dissertation akzeptiert.

324 II. Band. Philosophische Bemerkungen

Eine der Reinschriften, die Wittgenstein 1929 bei Frank Ramsey hinterlegt hatte; die vier Bemerkungen auf der Versoseite sind in einem Code, Wittgensteins sogenannter Geheimschrift, geschrieben:

Ich möchte wissen, ob diese Arbeit die richtige für mich ist.

–

Ich bin dabei interessiert aber nicht begeistert.

–

Es ist merkwürdig, welche Erleichterung es mir ist, manches in einer geheimen Schrift nieder zu schreiben, was ich nicht gerne lesbar schreiben möchte.

–

Irgendwie sehe ich meine gegenwärtige Arbeit als provisorisch an. – Als ein Mittel zum Zweck.

325 F. R. Leavis (1895–1978)
Literaturkritiker mit großem Einfluß auf die englische Literatur des 20. Jahrhunderts

Wittgenstein an Russell, Juli 1929:
On Saturday the 13th I will read a paper to the Aristotelian Society in Nottingham and I would like to ask you if you could possibly manage to come there, as your presence would improve the discussion *immensely* and perhaps would be the only thing making it worth while at all. My paper (the one *written* for the meeting) is "Some remarks on logical form", but I intend to read something else to them about generality and infinity in mathematics which, I believe, will be greater fun.* – I fear that whatever one says to them will either fall flat or arouse *irrelevant* troubles in their minds and questions and therefore I would be much obliged to you if you came, in order – as I said – to make the discussion worth while.
*though it may be all Chinese to them

F. R. Leavis, Erinnerungen an Wittgenstein:
[A]s midnight approached I said, as if suddenly recalling the fact: "Didn't you tell me that you were reading a paper to the Aristotelian Society at Nottingham tomorrow?" I added, by way of reinforcing the stimulus: "It's nearly twelve". He exclaimed: "I'm a bloody fool! – Walk back with me." […]

Arrived at the front door, I knocked, and said to Wittgenstein: "You'll go to bed at once, won't you?" He answered, with the inertness of exhaustion: "You don't understand. When I'm engaged on a piece of work I'm always afraid I shall die before I've finished it. So I make a fair copy of the day's work, and give it to Frank Ramsey for safe-keeping. I haven't made today's copy."

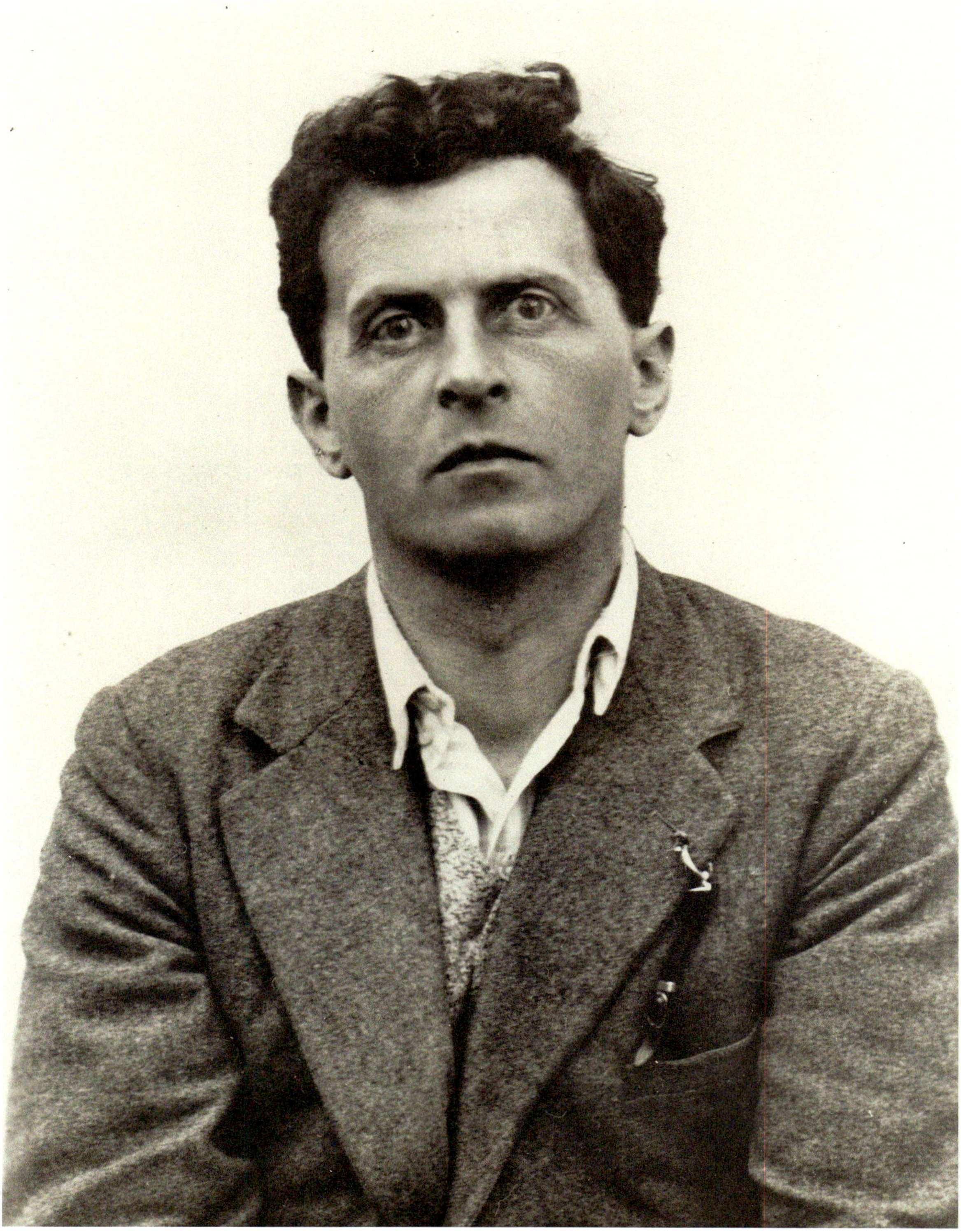

326 Porträt anläßlich der Verleihung des College-Stipendiums

327/328 Wittgensteins Taschenkalender
der noch heute übliche, offizielle Kalender der Universität Cambridge

Wittgenstein im Manuskript zum *Vortrag über Ethik*, gehalten bei den „Heretics" in Cambridge, 17. November 1929:

[P]robably many of you come up to this lecture of mine with a slightly wrong expectation. And to set you right in this point I will say a few words about the reason for choosing the subject I have chosen: When your former secretary honoured me by asking me to read a paper to your society, my first thought was that I would certainly do it and my second thought was that if I was to have the opportunity to speak to you I should speak about something which I am *keen* on communicating to you and that I should not misuse this opportunity to give you a lecture about, say, logic. […]

I must say that if I contemplate what Ethics really would have to be if there were such a science, this result seems to me quite obvious. It seems to me obvious that nothing we could ever think or say should be the thing. That we cannot write a scientific book, the subject matter of which could be intrinsically sublime, and above all other subject matters. I can only describe my feeling by the metaphor, that, if a man could write a book on Ethics, which really was a book on Ethics, this book would with an explosion, destroy all the other books in the world. — Our words used as we do use them in science, are vessels capable only of containing and conveying meaning and sense, *natural* meaning and sense. Ethics if it is anything, is supernatural and our words will only express facts; as a tea-cup will only hold a teacup full of water and if I were to pour out a gallon over it. — […]

I at once see clearly, as it were in a flash of light, not only that no description that I can think of would do to describe what I mean by absolute value, but that I would reject every significant description that anybody could possibly suggest, *ab initio*, on the ground of its significance. […]

My whole tendency and I believe the tendency of all men who ever tried to write or talk Ethics or Religion was to run against the boundaries of language. This running against the walls of our cage is perfectly, absolutely, hopeless. —

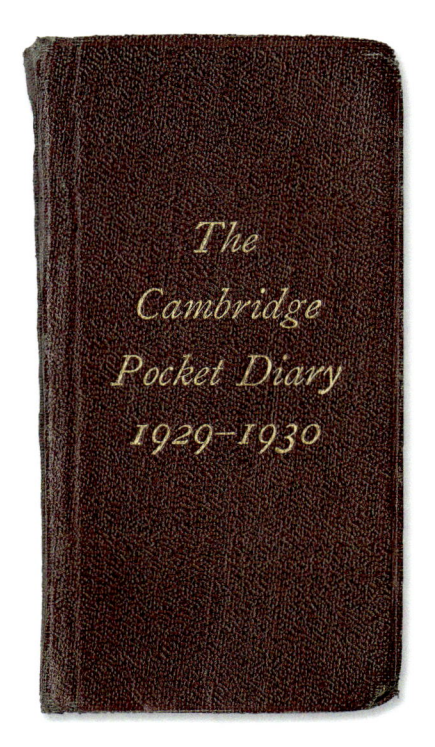

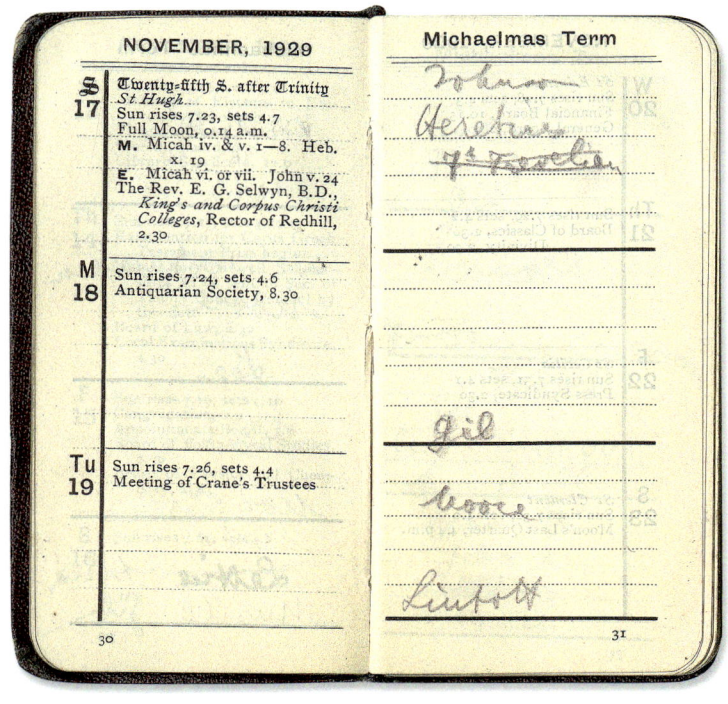

329 Das Kompositphoto
Hergestellt in den zwanziger Jahren von Moritz Nähr unter Wittgensteins Anleitung. Diese Arbeit zeigt den Zusammenhang zwischen Wittgensteins praktischen Arbeiten und seiner Philosophie, und sie beweist, daß sich Wittgenstein während seiner Zeit als Volksschullehrer, Gärtner und Architekt durchaus mit Philosophie beschäftigt hat.

In seinem *Vortrag über Ethik* verweist Wittgenstein erstmals auf Galtons Kompositphotographie: My subject, as you know, is Ethics and I will adopt the explanation of that term which Professor Moore has given in his book Principia Ethica. He says: „Ethics is the general enquiry into what is good". Now I am going to use the term Ethics in a slightly wider sense, in a sense in fact which includes what I believe to be the most essential part of what is generally called Aesthetics. And to make you see as clearly as possible what I take to be the subject matter of Ethics I will put before you a number of more or less synonymous expressions each of which could be substituted for the above definition, and by enumerating them I want to produce the same sort of effect which Galton produced when he took a number of photos of different faces on the same photographic plate in order to get the picture of the typical features they all had in common. And as by showing to you such a collective photo I could make you see what is the typical – say – Chinese face; so if you look through the row of synonyms which I will put before you, you will, I hope, be able to see the characteristic features they all have in common and these are the characteristic features of Ethics.
17. November 1929

Mit dem Bezug auf die Kompositphotographie von Francis Galton beginnt Wittgenstein gewissermaßen die Entwicklung der zentralen Begriffe der *Philosophischen Untersuchungen*, von „Spiel" und „Familienähnlichkeit":
66. Betrachte z. B. einmal die Vorgänge, die wir „Spiele" nennen. Ich meine Brettspiele, Kartenspiele, Ballspiele, Kampfspiele, usw. Was ist allen diesen gemeinsam? – Sag nicht: „Es muß ihnen etwas gemeinsam sein, sonst hießen sie nicht ,Spiele'" – sondern schau, ob ihnen allen etwas gemeinsam ist. – Denn wenn du sie anschaust, wirst du zwar nicht etwas sehen, was allen gemeinsam wäre, aber du wirst Ähnlichkeiten, Verwandtschaften, sehen, und zwar eine ganze Reihe. Wie gesagt: denk nicht, sondern schau! –
   […]
Und das Ergebnis dieser Betrachtung lautet nun: Wir sehen ein kompliziertes Netz von Ähnlichkeiten, die einander übergreifen und kreuzen. Ähnlichkeiten im Großen und Kleinen.
   -
67. Ich kann diese Ähnlichkeiten nicht besser charakterisieren als durch das Wort „Familienähnlichkeiten"; denn so übergreifen und kreuzen sich die verschiedenen Ähnlichkeiten, die zwischen den Gliedern einer Familie bestehen: Wuchs, Gesichtszüge, Augenfarbe, Gang, Temperament, etc. etc. – Und ich werde sagen: die „Spiele" bilden eine Familie.
   -
71. Man kann sagen, der Begriff „Spiel" ist ein Begriff mit verschwommenen Rändern. – „Aber ist ein verschwommener Begriff überhaupt ein Begriff?". – Ist eine unscharfe Photographie überhaupt ein Bild eines Menschen? Ja, kann man ein unscharfes Bild immer mit Vorteil durch ein scharfes ersetzen? Ist das unscharfe nicht oft gerade das, was wir brauchen?

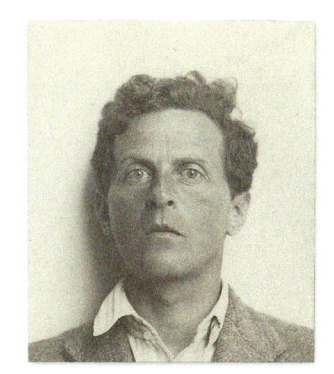

330–332 Bestandteile des Komposit-Bildes aus Wittgensteins Photoalbum
Die Schwestern Gretl und Hermine, darunter die Schwester Helene und Ludwig Wittgenstein. Die Bestandteile des Kompositbildes lassen sich, neben dem Hintergrund im Porträt von Gretl, am Halsschmuck der Schwestern erkennen sowie an der Kleidung, zum Beispiel an Ludwig Wittgensteins Tweedjacke und dem offenen Kragen.

333 Protokoll des Cambridge University Moral Sciences Club

334 G. E. Moore, um 1930

Aus den Protokollen des Cambridge University Moral Sciences Club
10. Mai 1929:
At the end of the discussion Mr. Wittgenstein suggested that an old rule of the Club that no papers should be more than seven minutes long, should be resumed. Most of the members present seemed to think that it would be desirable to set a time limit to papers. But that 7 minutes was too short.

17. Mai 1929:
Mr. Wittgenstein proposed that the suggestion to limit the length of papers read to the Club should be discussed. He pointed out that enough philosophical problems could be raised in twenty minutes to occupy the minds of the members of the club for the rest of the evening.

Bereits am 15. November 1912 hatte der Club auf den Vorschlag Wittgensteins die folgenden Regeln verabschiedet:
1) that at the meetings of the club there shall be a Chairman, whose duty it shall be to make suggestions as to method such as seems likely to prevent the discussion from becoming futile.
2) the whole object of the paper read shall be, as a general rule, to open a discussion, and therefore no paper shall last longer than seven minutes, except by previous permission of the chairman.

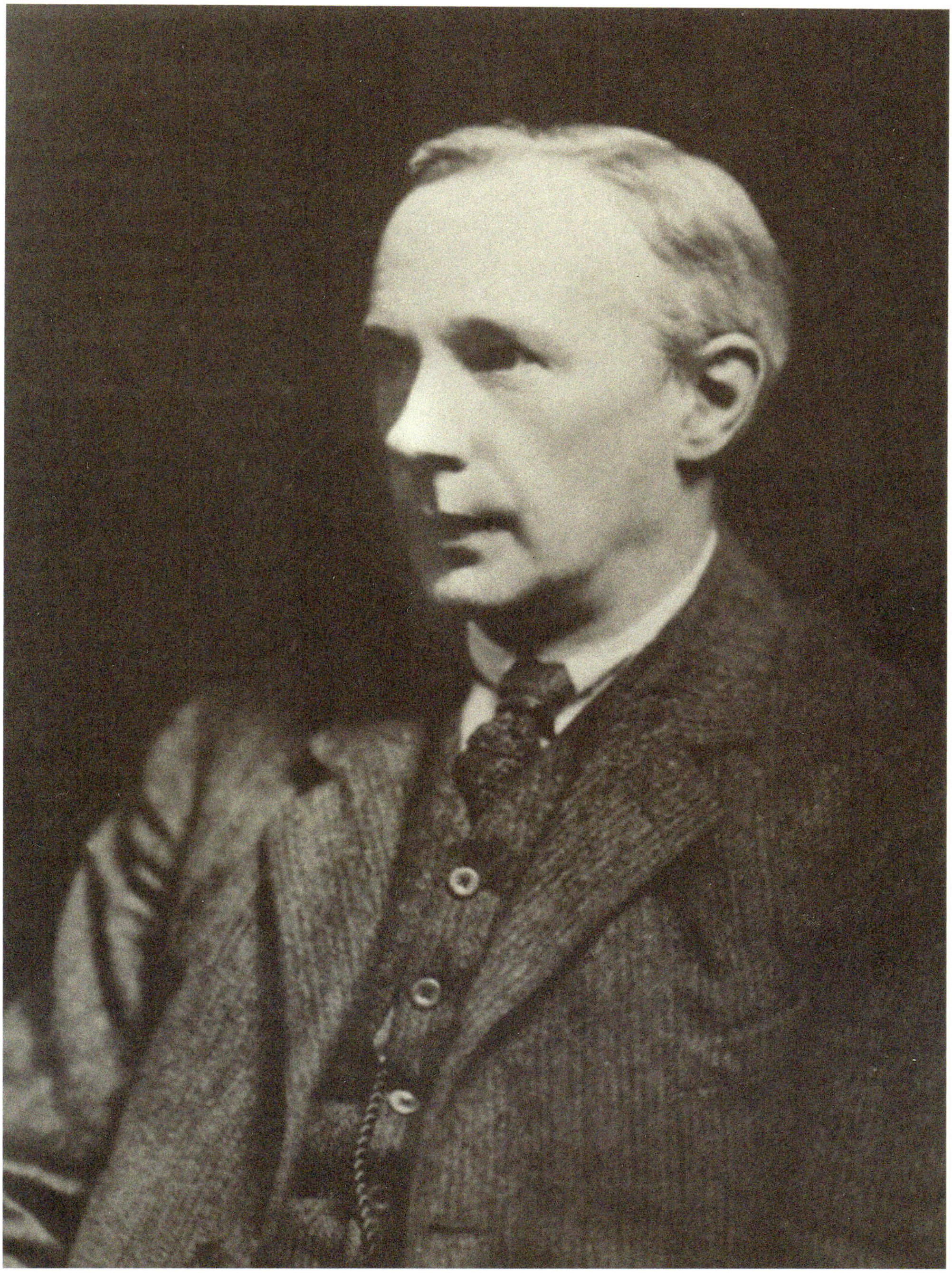

335 King's College, Cambridge

336 Lettice Ramsey
photographiert von Wittgenstein

Keynes an seine Frau Lydia, 19. Januar 1930:
Frank Ramsey died last night. We are all very much overwhelmed by feelings about it. All yesterday the news seemed desperate. He was in his way the greatest genius in the College and such a dear creature besides. Poor Lettice and her two babies [...]
  I feel very distracted about Frank.

337 Piero Sraffa (1898–1983)
Italienischer Ökonom; von Mussolini ins Exil getrieben, kam Sraffa 1929 auf Einladung von Keynes nach Cambridge, zunächst an das King's College, später als Fellow ins Trinity College.

Wittgenstein in einem Entwurf für ein Vorwort zu den *Philosophischen Untersuchungen* 17. August 1944:
Seit ich nämlich, vor 16 Jahren, mich wieder mit Philosophie zu beschäftigen anfing, mußte ich schwere Irrtümer in dem erkennen, was ich in der Log.-Phil. Abh./jenem ersten Buche/ niedergelegt hatte. Diese Irrtümer einzusehen, hat mir – in einem Maße, das ich kaum selbst zu beurteilen vermag – die Kritik geholfen, die meine Ideen durch Frank Ramsey erfahren haben, – mit welchem ich sie, während der zwei letzten Jahre seines Lebens in zahllosen Gesprächen erörtert habe. – Mehr noch als dieser – stets kraftvollen und sichern – Kritik verdanke ich derjenigen, die ein Lehrer dieser Universität, Herr P. Sraffa, durch viele Jahre, unablässig an meinen Gedanken geübt hat. *Diesem* Ansporn schulde/verdanke/ ich die folgereichsten der Ideen dieser Schrift.

Frank Ramsey über Wittgenstein:
Wittgenstein has no theory of higher maths but I tried to construct one on his line.

338 The Cloisters, Trinity College, Cambridge

Moore an Russell, 9. März 1930:
Dear Russell,
The Council of Trinity made a grant to Wittgenstein last June to enable him to carry on his researches on the foundations of Mathematics. There is now a question of making him a further grant; and they wish, before they decide, to have expert reports on the work he has done since the last grant was made. They have authorised me to ask you to make such a report for them. I'm afraid it will involve a good deal of trouble. Wittgenstein has written a great deal; but he says it would be absolutely necessary for him to explain it to you in conversation, if you are to understand it. I think he would be very glad to have an opportunity of doing this, but it would no doubt take up a good deal of your time. I hope very much that you will nevertheless be willing to do it; for there seems to be no other way of ensuring him a sufficient income to continue his work, unless the Council do make him a grant; and I am afraid there is a very little chance that they will do so, unless they can get favourable reports from experts in the subject: and you are, of course, by far the most competent person to make one. They would, of course, pay a fee for the report. There would be no need for you to come here to see Wittgenstein. He would arrange to see you, when and where it suited you best.
Yours fraternally,
G. E. Moore

Aus der Antwort Russells, 11. März 1930:
Dear Moore,
I do not see how I can refuse to read Wittgenstein's work and make a report on it. At the same time, since it involves arguing with him, you are right that it will require a great deal of work. I do not know anything more fatiguing than disagreeing with him in argument. Obviously the best plan for me would be to read the manuscript carefully first; and see him afterwards. How soon could you let me have his stuff?

Moore an Russell, 13. März 1930:
Wittgenstein says that he has nothing written which it would be worth while to let you see: all that he has written is at present in too confused a state. I am sorry that I had not clearly understood this when I wrote to you before. What he wants is merely to have a chance of explaining to you some of the results which he has arrived at, so that you might be able to report to the Council whether, even if you thought them mistaken, you thought them important and such that he ought to be given a chance of going on working on the same lines; and I hope that a report of this kind would be sufficient for the Council. And I should think 3 days would be ample for this, and that it wouldn't be necessary for you to argue with him much.

339 Blick aus Wittgensteins Arbeitszimmer
in den Innenhof vom Whewell's Court; der
Ventilator diente Wittgenstein neben dem
üblichen Zweck als Geräuschkulisse gegen
das Musizieren der Studenten in den Räumen
unter ihm; auf dem Schreibtisch liegen drei
seiner Schreibbücher, große, fest gebundene
Kontorbücher

340 Wittgensteins Kalendereintrag zu seiner ersten Vorlesung

Heute meine erste reguläre Vorlesung gehalten: so, so. Ich glaube, das nächste Mal wird es besser werden, – wenn nichts unvorhergesehenes eintrifft.
20. Januar 1930

Aus den Vorlesungsmitschriften von John King und Desmond Lee, 1930–32:
Wittgenstein suddenly broke off his first lecture and turning to Professor Moore enquired whether it would be in order and acceptable to the authorities if in future we met in his rooms in Whewell's Court instead of in the Arts School. He had never liked the formality of the lecture room, and his manner and style were more suited to a more intimate and less conventional approach. Moore said he saw no objection to such a move, and thereafter we met in W.'s rooms at the top of one of the staircases in Whewell's Court. […]

W.'s room was square, with the window on the left side of the wall which faced you as you entered. He sat near the window, with the light coming over his left shoulder, at a small collapsible card-table, on which there was a large ledger-like book which he used for his own writing. A number of chairs and deck-chairs were brought into this room and arranged in a semi-circle for those attending. There was a blackboard on W.'s left. The numbers attending were about ten or fifteen, including Moore, who would sit huddled in his chair smoking his pipe, which he was continuously lighting and relighting. Some other dons attended occasionally.

Aus Drurys Gesprächsnotizen:
[Wittgenstein] had chosen rooms at the top of the staircase [in Whewell's Court] so as to have no-one overhead. I noticed that he had altered the proportions of the windows by using strips of black paper.

Wittgenstein: "See what a difference it makes to the appearance of the room when the windows have the right proportions. — You think philosophy is difficult enough but I can tell you it is nothing to the difficulty of being a good architect. When I was building the house for my sister in Vienna I was so completely exhausted at the end of the day that all I could do was to go to a 'flic' every night."

341 G. H. Hardy und J. E. Littlewood im Trinity College

Mathematiker im Trinity College, die im Auftrag des College Council neben Russell Wittgensteins Arbeit für ein Research Fellowship beurteilten.

342 Bertrand Russell

Den Mathematiker muß es bei meinen mathematischen Ausführungen grausen, denn seine Schulung hat ihn immer davon abgelenkt sich Gedanken und Zweifeln, wie ich sie aufrolle, hinzugeben. Er hat sie als etwas Verächtliches ansehen lernen und hat um eine Analogie aus der Psychoanalyse (dieser Absatz erinnert an Freud) zu gebrauchen einen Ekel vor diesen Dingen erhalten, wie vor etwas Infantilem. D. h., ich rolle alle jene Probleme auf, die etwa ein Knabe/Kind/ beim Lernen der Arithmetik, etc. als Schwierigkeiten empfindet und die der Unterricht unterdrückt ohne sie zu lösen. Ich sage also zu diesen unterdrückten Zweifeln: ihr habt ganz recht, fragt nur, und verlangt nach Aufklärung!
17. Mai 1932

Russell an G. E. Moore, 5. Mai 1930:
I had a second visit from Wittgenstein, but it only lasted thirty-six hours, and it did not by any means suffice for him to give me a synopsis of all that he has done. He left me a large quantity of typescript, which I am to forward to Littlewood as soon as I have read it. Unfortunately I have been ill and have therefore been unable to get on with it as fast as I hoped. I think however, that in the course of conversation with him I got a fairly good idea of what he is at […]

His theories are certainly important and certainly very original. Whether they are true, I do not know; I devoutly hope they are not, as they make mathematics and logic almost incredibly difficult […]

I am quite sure that Wittgenstein ought to be given an opportunity to pursue his work.

Cambridge: Research Fellow, Dozent

343 Das Porträt zum Fellowship
von Moritz Nähr, Wien, 1930

344 Brief von J. J. Thomson
zu Wittgensteins Ernennung zum Research Fellow; der Physiker und Nobelpreisträger Thomson war von 1918 bis zu seinem Tod 1940 Master des Trinity College

Liebe Mining!
Vielen Dank für Deinen letzten Brief. Ich schließe hier einen Brief bei den ich heute erhalten habe und aus dem Du ersehen wirst daß ich nach und nach ein reicher Mann werde. Das College hat sich noch nicht entschieden aber es wird mir wahrscheinlich auch noch etwas geben und daher wäre es unrecht wenn ich mir die Heimreise von Dir schenken lassen wollte. Ich werde Dich ohnehin den Sommer über wurzen. Soviel was den Dreh betrifft, denn ein Dreh ist es. — [...] Ich hoffe in etwa 3 Wochen von hier fort zu kommen und werde dann vielleicht gleich nach Wien kommen, weiß es aber noch nicht bestimmt. [...]
Dein Ludwig
Mai 1930

345 Brief an den Schwager Max Salzer

Ehemann der Schwester Helene:
Du alter Hxszhrzn*!
in Wittgensteins Chiffre, dem invertierten Alphabet, a=z, z=a etc:
Du alter Schasian! (deutsch: Du alter Furzer!)

Es wäre eine Sprache denkbar, in der die Bedeutungen von Worten nach bestimmten Regeln abwechselten, etwa: Vormittag heißt das Wort A dies, Nachmittag jenes.

Oder eine Sprache, in der die Wörter sich täglich änderten, indem an jedem Tag jeder Buchstabe des vorigen Tages durch den nächsten im Alphabet (und z durch a) ersetzt würde.
1938

Aus Drurys Gesprächsnotizen:
[Wittgenstein] asked about my childhood. I found we had both had the same game of inventing an imaginary country and writing its history in a private code we had invented. He said he thought that this was very common among children. He then went on to tell me that as a child he had suffered greatly from morbid fears. In the lavatory of his home some plaster had fallen from the wall and he always saw this pattern as a duck, but it terrified him: it had the appearance for him of those monsters that Bosch painted in his 'Temptations of St. Anthony'.

346 Manuskriptband *X. Philosophische Grammatik,* 1933

Bemerkung auf der Versoseite, zum Teil in Code:
Im Falle meines Todes vor der Fertigstellung oder Veröffentlichung dieses Buches sollen meine Aufzeichnungen fragmentarisch veröffentlicht werden unter dem Titel:
    "Philosophische Bemerkungen"
    und mit der Widmung:
    "Francis Skinner zugeeignet"
Er ist, wenn diese Bemerkung nach meinem Tod gelesen wird, von meiner Absicht in Kenntnis zu setzen, an die Adresse: Trinity College Cambridge.
27. Mai 1932

347 Gustav Mahler (1860–1911)
Aufnahme Moritz Währ

Sich über sich selbst belügen, sich über die eigene Unechtheit belügen, muß einen schlimmen Einfluß auf den Stil haben; denn die Folge wird sein, daß man in ihm nicht Echtes von Falschem unterscheiden kann. So mag die Unechtheit des Stils Mahlers zu erklären sein und in der gleichen Gefahr bin ich.
19. Februar 1938

Mahlers Lehraufführungen waren ausgezeichnet, wenn er sie leitete; das Orchester schien sofort zusammenzusinken, wenn/wie/ er es nicht selbst leitete.
13. Januar 1940

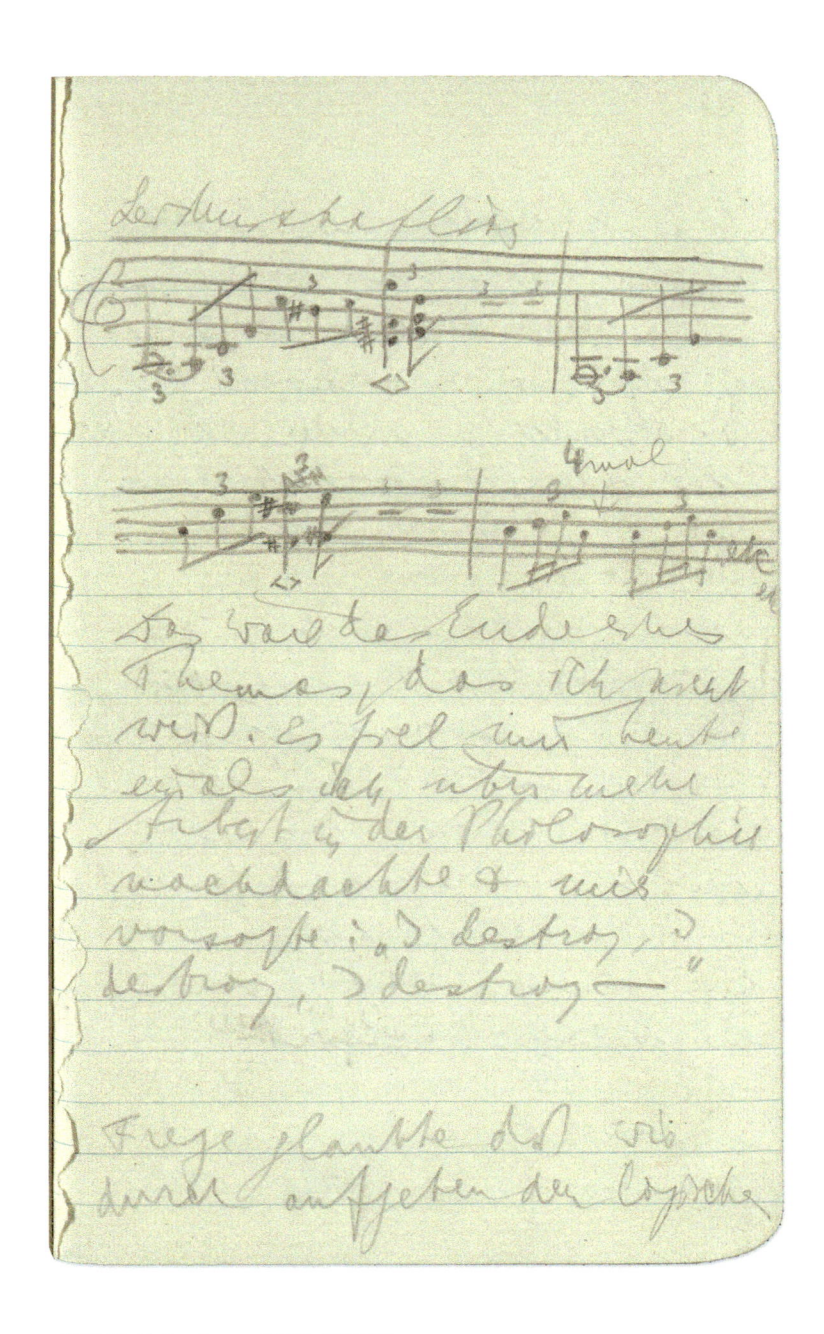

348 Notizbuch von 1931, MS 154

Die einzige erhaltene musikalische Notation in Wittgensteins Hand:
Das wäre das Ende eines Themas, das ich nicht weiß. Es fiel mir heute ein als ich über meine Arbeit in der Philosophie nachdachte und mir vorsagte: „I destroy, I destroy, I destroy —"

Freitag

Lieber Professor Schlick!

Ich komme Montag d. 19ten oder Dienstag d. 20ten nach Wien. In gewisser Beziehung fürchte ich mich davor, denn ich bin jetzt sehr überarbeitet & kann nur mit großer Mühe meine Vorlesungen halten; daher wird mir bei dem Gedanken an die bevorstehende Arbeit mit Waismann sonderbar zu mute. Ich werde sehr mit meinen Kräften sparen müssen. Ich freue mich sehr darauf Sie wiederzusehen. Ich werde Sie anrufen, sobald ich ankomme.

Ihr
Ludwig Wittgenstein

349 Brief an Moritz Schlick, 17. März 1933

350 Wittgensteins Manuskriptschrank
mit Manuskripten und Typoskripten aus der Zeit von 1929 bis 1934

Ich bin verstimmt weil es mit meiner Arbeit nicht weiter geht. Gedankenmatt. Schone dich nicht! Ich blicke in einen Abgrund, wenn ich bedenke wie sehr ich von der Natur abhängig bin. Wie sehr ich nur von Gnaden der Natur lebe. Wenn mein Talent ausläßt, in Unannehmlichkeit oder Gefahr. Immer wieder sehe ich wie wenig ich dem Leben gewachsen bin, nämlich wo ich es sein sollte.

Fühle mich jetzt sehr fremd hier. Ganz auf mich verwiesen. Das könnte gut für mich sein, wenn ich es richtig zu nützen wüßte.

Es ist ein merkwürdiger Gedanke wie gut die anderen Menschen mit mir sind und wie schlecht ich doch bin. So viele Menschen sind lieb und gut gegen mich und ich bilde mir beinah manchmal etwas darauf ein und dabei fühle ich doch daß ich es nicht verdiene. Es ist mir dann als müßte ich mich doch beim jüngsten Gericht von diesen guten Menschen trennen weil sie in den Himmel gingen und ich in die Hölle.

Wenn ich nicht arbeiten kann, so bin ich wie ein geschrecktes oder geprügeltes Kind. Ich bin ohne jedes Selbstbewußtsein, ohne jeden Halt. Ich fühle daß ich ohne Daseinsberechtigung bin.

[...]

Hatte ein Gespräch mit Moore, das mir gut getan hat. (Über Ethik)
6. bis 8. Oktober 1929

Die philosophischen Probleme sind wie die Kassenschlösser die durch Einstellen eines bestimmten Wortes oder einer bestimmten Zahl geöffnet werden, so daß keine Gewalt das Tor öffnen kann ehe gerade dieses Wort getroffen ist und ist es getroffen, jedes Kind sie öffnen kann./... ist es getroffen, keinerlei Anstrengung nötig ist es zu öffnen./

[...]

Ja, wenn man einem Philosophie lehrt so kommt man sich genau so vor wie einer der an den Stellgriffen eines Kassenschlosses herumprobiert, bis vielleicht endlich *alle* Bedingungen beisammen sind, daß die Tür aufgeht.
1. November 1930

Es ist unglaublich, wie eine neue Lade, an geeignetem Ort in unserem filing-cabinet, hilft.
11. Juni 1941

351 Moritz Schlick

352 Friedrich Waismann (1896–1959)

Wittgenstein an Friedrich Waismann, Juli 1929: Was nun die Inhaltsangabe meines Buches betrifft, was habe ich mit der zu schaffen! Wenn sie in einem anständigen Geiste, d.h. mit Sachlichkeit und Bescheidenheit abgefaßt wird – oder soll ich sagen würde – so habe, oder hätte, ich nichts dagegen; andernfalls ist sie nicht in meinem Sinn und ich verböte sie, wenn mir das was nützte! Rein persönlich bitte ich Sie – nicht um meinetwillen (denn mir geschieht dabei nichts) sondern um Ihretwillen – benehmen Sie sich anständig! D.h. tun Sie nichts aus Gefälligkeit gegen eine Clique (Hahn, Carnap etc.) was Sie später – halb lächelnd – gegen sich und andere entschuldigen müssen. Ich höre Sie jetzt schon sagen: „Ja, sie haben mich so dringend ersucht, und die Zeit war so kurz; ich hatte gar keine Zeit mir die Sache gründlich zu überlegen." Wenn es so ist, dann lehnen Sie es ab! Seien Sie versichert, ich lächle nicht bei dem Gedanken, daß zu Ehren eines Mannes, den ich schätze vielleicht – oder wahrscheinlich – eine Dummheit geschieht und daß Sie sich daran beteiligen. Seien Sie, – bitte – rigoros und tun Sie nur was Sie unbedingt glauben verantworten zu können.

Ich habe, in der letzten Zeit sehr viel gearbeitet und mit gutem Erfolg; und hatte mich darum gefreut Ihnen einiges zu erklären und darum tut es mir leid, daß Sie jetzt nicht zu erreichen sind. Ich komme nämlich um den 20. Juli nach Wien und werde Ende September wieder hierher zurückfahren. Wie gesagt, es läge mir daran Sie zu treffen. Bitte schreiben Sie mir Ihre Pläne. Daß Sie geheiratet haben ist brav und ich gratuliere. Bitte nehmen Sie diesen Brief auf, wie er gemeint ist, nämlich gut und ernst.

353 Publikation zu Ehren von Moritz Schlick
anonym herausgegeben von Carnap, Hahn und Neurath, mit einer ersten Zusammenfassung der *Logisch-Philosophischen Abhandlung*

Wittgenstein an Friedrich Waismann
Anfang Juli 1929:
Lieber Herr Waismann!
Das ist eine schwere Geschichte, ich bin so wie die übrigen Freunde Schlicks der Ansicht, daß ihm eine Freude bereitet werden soll. Aber ich bin auch dafür, daß sich die Wiener Schule bei diesem Anlaß nicht prostituieren soll, wie alle Wiener Institutionen bei jedem Anlaß tun möchten. Und es ist mir sehr unangenehm zu denken, daß hier wieder einmal ein an sich guter Grund als Anlaß zur G'schaftelhuberei benutzt werden soll. Eben weil M. Schlick ein nicht gewöhnlicher Mensch ist, so verdient er, daß man sich davor hütet, ihn und die Wiener Schule, deren Exponent er ist, „in guter Absicht" durch Großsprecherei lächerlich zu machen. Wenn ich sage Großsprecherei, so meine ich damit jede Art der selbstgefälligen Selbstbespiegelung. „Absage an die Metaphysik!" Als ob das was Neues wäre! […]

Was die Wiener Schule leistet muß sie zeigen, nicht sagen! Ich hielte es darum für viel anständiger Schlick durch die Herausgabe einer Festschrift zu ehren, die nicht über die Wiener Schule – und aus der Schule – schwätzt, sondern eine Sammlung kurzer Aufsätze wäre, die Leute aus der Wiener Schule, etwa Carnap, Sie selbst u.a. bei dieser Gelegenheit veröffentlichen würden, eventuell zusammen mit einer Art Anthologie aus Mach, Boltzmann, Schlick, die zeigen sollte, was diese Schule wert ist. Das Werk muß den Meister loben, und das Lob was eine Schule sich selbst spendet stinkt wie jedes Eigenlob. Diese Sammlung wäre dann mit einem Vorwort zu versehen, worin Schlick gepriesen und sein Verdienst gewürdigt wird.

Die Gefahr ist natürlich hier wieder in einen *Positivismus* zu verfallen, nämlich in einen, der einen eigenen Namen verdient und daher natürlich ein Irrtum sein muß. Denn wir dürfen überhaupt keine Tendenz haben keine besondere Auffassung der Dinge sondern (wir) müssen alles anerkennen, was jeder Mensch darüber je gesagt hat außer soweit er selbst eine besondere Auffassung oder Theorie hatte.
Juni 1931

VERÖFFENTLICHUNGEN DES
VEREINES ERNST MACH

WISSENSCHAFTLICHE WELTAUFFASSUNG

DER WIENER KREIS

HERAUSGEGEBEN VOM VEREIN ERNST MACH
1929   PREIS S 2.— (RM 1.20)
ARTUR WOLF VERLAG / WIEN

354 Erster Familiensitz der Wittgensteins in Wien, Neuwaldegg
Erbteil und Wohnsitz der Schwester Helene

In den zwanziger und dreißiger Jahren verbrachte Wittgenstein seine Ferien – mehr als die Hälfte des Jahres – fast immer in Österreich, wo er an seinem Buch arbeitete. Zumeist war er auf der Hochreith oder in Wien, wo er im Sommer in einem der zu dieser Zeit leerstehenden Häuser seiner Geschwister wohnte. Dort und im Hause Schlicks traf sich Wittgenstein auch zu den von Waismann aufgezeichneten Gesprächen.

Aus Waismanns Mitschriften, Neuwaldegg, 9. Dezember 1931:
An einer dogmatischen Darstellung kann man erstens aussetzen, daß sie gewissermaßen arrogant ist. Aber das ist noch nicht das Schlimmste. Viel gefährlicher ist ein anderer Irrtum, der auch mein ganzes Buch durchzieht, das ist die Auffassung, als gäbe es Fragen, auf die man später einmal eine Antwort finden werde. Man hat das Resultat zwar nicht, denkt aber, daß man den Weg habe, auf dem man es finden werde. So habe ich z. B. geglaubt, daß es die Aufgabe der logischen Analyse ist, die Elementarsätze aufzufinden. Ich schrieb: Über die Form der Elementarsätze kann man keine Angabe machen, und das war auch ganz richtig. Mir war klar, daß es hier jedenfalls keine Hypothesen gibt und daß man bei diesen Fragen nicht etwa so vorgehen kann wie Carnap, indem man von vornherein annimmt, die Elementarsätze sollten aus zweistelligen Relationen bestehen etc. Aber ich meinte doch, daß man später einmal die Elementarsätze würde angeben können. Erst in den letzteren Jahren habe ich mich von diesem Irrtum abgelöst. Ich habe seinerzeit in dem Manuskript meines Buches geschrieben (im Traktat nicht abgedruckt): Die Lösungen der philosophischen Fragen dürfen nie überraschen. Man kann in der Philosophie nichts entdecken. Ich hatte das aber selbst noch nicht klar genug verstanden und habe dagegen gefehlt.

Du mußt erst auf Wanderschaft gehen und dann kannst du in die Heimat zurückkehren und dann wirst du die andern verstehen.
Oktober/November 1929

355 Der Wiener Westbahnhof

Lieber Herr Prof. Schlick!
Nur ein paar Zeilen um Ihnen zu sagen, daß ich öfters an Sie denke und hoffe Sie in nicht all zu ferner Zeit sehen zu können. Wann kommen Sie zurück? Haben Sie Waismanns Aufzeichnungen die ich ihm zu Weihnachten diktierte erhalten? Und konnten Sie „make head and tail of it"?

Ich wünsche mir sehr mit Ihnen in den Ferien viel über meine Arbeit reden zu können. Lassen Sie etwas von sich hören.
Ihr Ludwig Wittgenstein
undatiert

Dear Ludwig 5.11.31
You are not wholly correct in supposing that I had forgotten about your photograph — I have several excellent examples, some of them even true. I am contemplating visiting Cambridge for the week end round about the 28th Nov. & I will let you know the actual time later (really). At the moment I am still basking in that sleek well-groomed appearance so much admired by those of taste & refinement. S.S.

Dr. L. Wittgenstein
Trinity College
Cambridge

356/357 Ludwig Wittgenstein in Norwegen
photographiert von Gilbert Pattisson während einer gemeinsamen Reise nach Norwegen im Herbst 1931. Pattisson entschuldigt sich mit der Postkarte dafür, daß er das in Norwegen gemachte Photo von Wittgenstein noch nicht an diesen geschickt hatte.

Wittgenstein hatte Pattisson am Ende der Osterferien 1929 auf der Rückreise von Wien nach Cambridge kennengelernt – eine ganz unphilosophische, heitere Freundschaft, die erst während des Zweiten Weltkriegs durch Pattissons Chauvinismus zu Ende kam.

Dear Moore,
I am in Vienna now, doing the most loathsome work of dictating a synopsis from my manuscripts. It is a terrible bit of work and I feel wretched doing it. I saw Russell the other day at Petersfield and, against my original intention, started to explain to him Philosophy. Of course we couldn't get very far in two days but he seemed to understand a *little* bit of it. My plan is to go and see him in Cornwall on the 22nd or 23rd of April and to give him the synopsis and a few explanations. Now my lectures begin on Monday the 28th and I want to know if it is all right if I come to Cambridge not before the 26th. Please write to me about this as soon as possible as I have to make my plans accordingly. I am kindhearted therefore I wish you a good vacation although I haven't a good one myself.
Yours ever
Ludwig Wittgenstein
Address:
LW. bei Dr Wollheim
IV. Prinz Eugen Str. 18
Austria Wien
März/April 1930

358 Otto Weininger (1880–1903)

Wittgenstein an G. E. Moore, 23. August 1931:
Thanks for your letter. I can quite imagine that you don't admire Weininger very much, what with that beastly translation and the fact that W. must feel very foreign to you. It is true that he is fantastic but he is *great* and fantastic. It isn't necessary or rather not possible to agree with him but the greatness lies in that with which we disagree. It is his enormous mistake which is great. I.e. roughly speaking if you just add a "~" to the whole book it says an important truth. However we better talk about it when I come back. — I've had a very busy time since I left Cambridge and have done a fair amount of work. Now I want you to do me a favour: I don't intend to give any formal lectures this term as I think I must reserve all my strength for my own work. I will however have *private* (unpaid) discussions with students if there are any who want them. That's to say I don't want to be mentioned in the lecture list this term but at the same time Braithwaite could tell his students (and you can tell yours) that if any of them wish to have conversations with me I will arrange times with them. Please write a line to Braithwaite to explain this before the beginning of September.

359 Bei der Familie in Wien
von links: Ludwig Wittgenstein, Arvid Sjögren, dessen Frau Clara (eine Tochter von Helene) und die Schwestern Hermine und Helene

360/361 Wittgenstein mit der Schwester Margarete und Arvid Sjögren, 1932
Ein Spaziergang durch die Ausstellung der Wiener Werkbundsiedlung, für Gilbert Pattisson.

Wittgenstein an Arvid Sjögren, 9. Oktober 1947:
Noch möchte ich Dir über eine Sache schreiben, die die Gretl in einem Gespräch mit mir erwähnt hat. Sie erzählte mir nämlich von dem Satz von Kügelgen, den „armen Sünder" betreffend, den Du Deiner Frau zitiert hättest. Als Gretl mir davon sagte, da hatte ich das Gefühl, ich würde gerne mit Dir über diese Sache reden und nun will ich Dir etwas darüber schreiben, was vielleicht gänzlich überflüssig ist. —

Es gibt, so seltsam das vielleicht klingt, etwas, was man religiöses Wissen, oder Verständnis, nennen kann, und wovon man viel besitzen kann, ohne doch viel Religion zu besitzen, die ja eine Art des Lebens ist. Mancher der anfängt, bis zu einem gewissen Grade religiös zu werden, fängt mit so einem Verständnis an: die religiösen Begriffe, Ausdrücke, fangen an, ihm etwas zu sagen. — Mancher aber kommt zur Religion von einer andern Seite. Er wird z. B. erst mehr und mehr hilfreich, uneigennützig, einsichtig etc. und am Ende fangen auch die religiösen Worte an ihm etwas zu sagen. — Ich meine: Der Eine kommt zur Religion beinahe durch eine Art von Philosophie, der Andere auf einem Weg, der ihn nicht einmal in die Nähe einer Philosophie führt. Als also die Gretl mir von Dir erzählte, da dachte ich mir: Deine Frau ist doch (bei allem Verstand) nicht denkerisch veranlagt; und so ist es also nur recht, wenn sie Worte nicht versteht, zu denen sie ein ganz anderer Weg führen müßte. (Wenn es ihr nämlich überhaupt beschieden ist zu diesem Punkt zu gelangen.) — Ich selbst bin, so wie Du, ein Denker. Der mir natürliche Weg, der übrigens bei mir vergleichsweise weit geführt hat, führt durch's Denken. Aber das ist doch nicht etwa der bessere Weg! Eher könnte man ihn „den Weg von außenherum" nennen. Deiner Frau ihrer wird, wenn es ihn gibt, vielleicht durch einen immer größeren Ernst führen. Und ihr auf dem weiterhelfen – wenn Einer das kann – scheint mir mehr Sinn zu haben, als ihr das Ziel auf einem Weg zu weisen, den sie nicht gehen kann und auch gar nicht zu gehen braucht.

Wenn das alles Stiefel oder nicht zur Sache ist, wie ich beinahe glaube, so bitte vergiß es!! Grüß Deine Frau und Mutter.
Dein Ludwig

Wilhelm von Kügelgen, *Lebenserinnerungen eines Alten Mannes,* Leipzig 1924:
Da kam es auch über ihn, und allgemach ward auch er von jener wunderbaren Ansteckung ergriffen, die aus tugendhaften Leuten arme Sünder macht und das Herz zu einer Liebe entzündet, die nicht von dieser Welt ist.

Dear old Blood, I'm sure you'll be interested to see me as I walk with a sister & a friend of mine in an exhibition of bloody modern houses. Don't I look enterprising?! You can gather from this picture that we had very hot weather but not that there was a terrific thunderstorm half an hour after this was taken. I am, old god, yours in bloodiness

294   Cambridge: Research Fellow, Dozent

362 In der Kundmanngasse, 1931
von links: Marguerite Respinger, die Schwester Margarete Stonborough, Primarius Foltanek, Talla Sjögren, Ludwig Wittgenstein, Georg Schönborn-Buchheim und Arvid Sjögren, photographiert von Moritz Nähr

Wittgenstein an William Eccles, 10. März 1931:
My dear E.,
I have been very busy this term and though I've very often thought of writing to you I always put it off. Just before Xmass I was elected to a research fellowship of Trinity College which means: no more financial difficulties for 5 years and that I can devote my time to the work I want to do. As a matter of fact my capacity for the particular kind of work will in all probability have left me in 2 or 3 years and then I shall probably resign my fellowship. What with lecturing and my own work I'm too busy to get away from Cambridge during termtime, I haven't even been to London once. But we could arrange to meet there some day, whereas it's impossible for me to come to Timperley. And as soon as term's over I rush home to Vienna where several people want to see me (not that they have any very good reason, but they do).

**363 Der Hochreith-Bauer Munzlinger
in Wittgensteins Photoalbum**
Aufnahmen von Moritz Nähr um 1930

Auch im Denken gibt es eine Zeit des Pflügens und eine Zeit der Ernte.

    Es ist eine Befriedigung, jeden Tag *viel* zu schreiben. Dies ist kindisch, aber so ist es.

–

Habe heute angefangen an dem großen Manuskript weiterzuschreiben. Möge es gehen! Geht es aber nicht, so soll ich nicht unglücklich werden. Ich fürchte mich davor in meinem Buch in einem geschraubten und schlechten Stil zu schreiben.

–

Ich schreibe jetzt an meinem Buch, oder versuche zu schreiben, und schreibe tropfenweise und ohne jeden Zug; von der Hand in den Mund. Es ist unmöglich, daß so etwas gutes herauskommt. Ich bin vor allem viel zu ängstlich, viel zu unfrei im Schreiben. Wenn ich *so* schreiben muß, da ist es besser, kein Buch zu schreiben, sondern mich darauf zu beschränken Bemerkungen tant bien que mal zu schreiben, die nach meinem Tode vielleicht veröffentlicht werden.
11. September 1937

364 Die Hochreith und der alte Hof des Hochreithers

Desmond Lee, Erinnerung an Wittgenstein:
He met me at a station not far from Vienna and we were driven to the house in a large car belonging to one of his sisters. The house and estate were on the hills, and at one point the road went through a tunnel which his father (who was an engineer) had built [...]

    Wittgenstein himself was not staying at the house, but in a woodman's cottage some way away. Here he had a characteristically sparsely furnished room where he was working on his book.

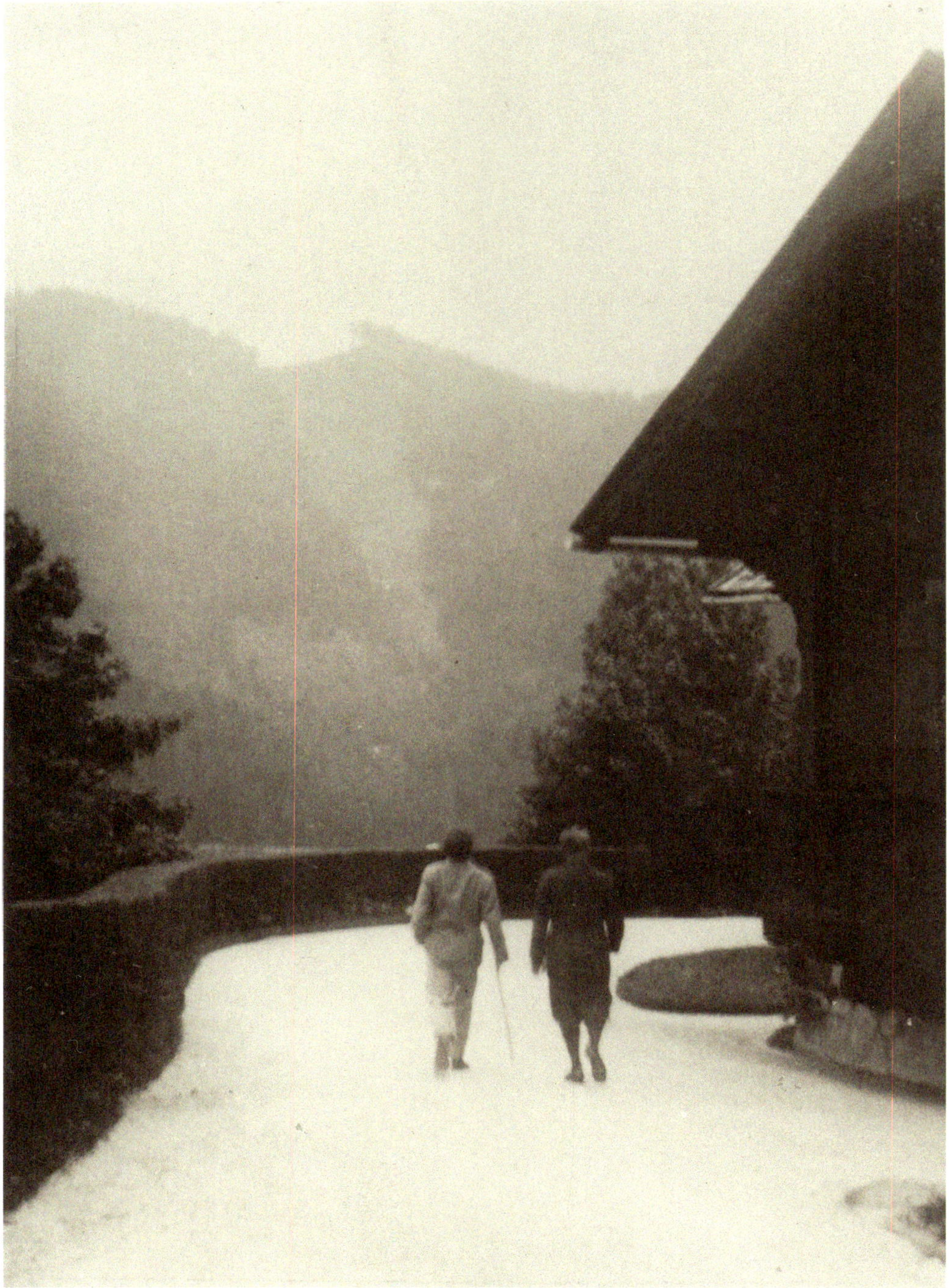

365 Auf der Hochreith mit dem Freund Rudolf Koder

366 Wittgenstein mit seinen Schwestern
auf der Terrasse des großen Steinhauses auf der Hochreith; von links: Ludwig, Margarete, Helene und Hermine, Aufnahme Moritz Nähr

Hochreith, Post Hohenberg, NÖ
8. August 1932
Lieber Herr Professor Schlick!
Ich danke Ihnen für die Zusendung des Carnap'schen Briefes und für den Ihren und Ihre Karte. Die Verspätung meiner Antwort rührt zum Teil daher, daß ich in der letzten Zeit sehr beschäftigt war (ich habe manchmal 7 Stunden im Tag diktiert); teils aber daher, daß mich die Angelegenheit, um die sich unsere Korrespondenz dreht, anwidert […]

Ich gehe aber auf die Sache nicht darum ein, weil es mir um meine Priorität bange ist; ja ich glaube, wenn mein Buch einmal erscheinen wird, wird die Autorschaft der Gedanken den Menschen, die es verstehen, nicht zweifelhaft sein. Und die Anerkennung in akademischen Kreisen strebe ich, wie Sie wissen, nicht an. —

[…]

Noch einmal: Nicht um eine akademische Prioritätsstreitigkeit handelt es sich mir, sondern um eine *persönliche* Angelegenheit. Denn im Grunde des Herzens ist mir, was die heutigen Berufsphilosophen über mich denken, gleichgültig; denn ich schreibe nicht für sie. — […]
Seien Sie bestens gegrüßt von Ihrem
Ludwig Wittgenstein

Kopie des Briefes an Carnap

Hochreit, Post Hohenberg N.Oe.
20. August 1932

Sehr geehrter Herr Professor!

Ich schreibe den folgenden langen Brief an Sie nur mit dem groessten Widerwillen. Aber ich muss eine Angelegenheit, die zwischen uns schwebt bereinigen, auch auf die Gefahr hin, als Krakeeler zu erscheinen. Und ich kann mich nur in der Form einer Darstellung des ganzen Herganges der Sache erklaeren.

Ich erhielt im April (oder Anfangs Mai) Ihren Aufsatz ueber den "Physikalismus". Beim Durchblaettern der Schrift fielen mir mehrere Stellen ins Auge, die mir durch ihren Inhalt, wie auch durch gewisse Worte und Redewendungen offenbar dem Gedankenmaterial entnommen zu sein schienen, welches ich, teils in der "Abhandlung" veroeffentlicht, teils im Laufe der letzten drei bis vier Jahre durch muendliche Mitteilungen an Schlick und Waismann diesen beiden Herren und dadurch anderen zur Verfuegung gestellt habe. Genaueres Durchlesen bestaetigte diesen Eindruck und zeigte, dass mein Name an keiner Stelle Ihrer Schrift erwaehnt war. Dies war umso auffallender, als Sie anderseits mit geflissentlicher Gewissenhaftigkeit an mehreren Stellen auf Ihre eigenen und auf Herrn Neuraths Schriften hinweisen, so dass der Leser durch die Unterlassung der Nennung Ihrer Hauptquelle irregefuehrt werden muss. Es schien mir klar, dass hier die bewusste Absicht vorlag, mich nicht zu nennen; und die Provenienz der Gedanken zu verhuellen. - Ich schrieb damals einen Brief an Prof. Schlick, in welchem ich meiner Entruestung ueber Ihr Vorgehen Ausdruck gab. Ich schrieb unter anderem, ich haette mich durch die muendliche Veroeffentlichung meiner Ergebnisse, ohne eine Sicherung durch Teilpublikationen in Zeitschriften etc., in die seltsame Lage gebracht, als Plagiator oder doch Kompilator fremder Gedanken zu

367 Wittgenstein an Carnap

368 Brief an Moritz Schlick

Wittgenstein an Schlick, 8. August 1932:

1. Carnap sagt, er halte, wie Sie und ich, die Verweisung auf andere Autoren für nicht sehr wichtig. Aber Sie sind doch darin sehr gewissenhaft, und ich habe im Vorwort zur „Abhandlung" geschrieben, ich werde keine Quellen angeben. Aber auch Carnap ist gewissenhaft, wo es sich um Zitate in seinen eigenen Werken handelt, und nur seine Hauptquelle hat er verschwiegen.

2. Daß ich mich nicht mit der Frage des „Physikalismus" befaßt hätte, ist unwahr (nur nicht unter diesem – scheußlichen – Namen) und in der Kürze, in der die ganze „Abhandlung" geschrieben ist.

3. Ich glaube nicht, daß Carnap sich nicht mehr an das Gespräch mit Waismann erinnert, worin dieser ihm meine Auffassung der hinweisenden Definitionen mitgeteilt hat.

4. Seine Auffassung der Hypothesen hat Carnap von mir (und dies habe ich wieder durch Waismann erfahren) und weder Poincaré noch Reichenbach konnten diese Auffassung haben, da sie nicht meine Auffassung der Sätze und der Grammatik hatten. Sie selbst aber haben mich in einem Aufsatz, den mir Waismann zeigte, in dieser Sache als Ihre Quelle genannt.

5. Daß Carnap, wenn er für die formale und gegen die „inhaltliche Redeweise" ist, keinen Schritt über mich hinaustut, wissen Sie wohl selbst; und ich kann mir nicht denken, daß Carnap die letzten Sätze der „Abhandlung" – und also den Grundgedanken des ganzen Buches – so ganz und gar mißverstanden haben sollte. Und ich muß Ihnen doch wohl nicht sagen, daß sich meine Kritik der Metaphysik auch auf die Metaphysik unserer Physiker und nicht nur auf die der Berufsphilosophen bezieht!

Am widerlichsten ist es mir, wenn Carnap von meiner „unhistorischen Einstellung" schreibt, und, daß es nicht sehr wichtig sei, wenn er sich seiner Abhängigkeit von mir „und Andern" vielleicht nicht ganz bewußt sei. Man müßte viel gedankenreicher sein als er, um das schreiben zu dürfen.

369 Bei der Familie auf der Hochreith
von links: Wittgensteins Schwager Max Salzer, die Mutter, Marie Fillunger, der Großneffe Lixl Salzer, Arvid Sjögrens Mutter Mima, Alois Hänisch und Louise Pollitzer; die Schwestern Helene und Mining, Fritz Stockert, der Bruder Paul und die Nichte Mariechen, verheiratet mit Fritz Stockert

Ich verstehe es vollkommen, wie Einer es *hassen* kann, wenn ihm die Priorität seiner Erfindung, oder Entdeckung streitig gemacht wird, wie/daß/ er diese Priorität with tooth and claw zu verteidigen willens sein kann./verteidigen möchte./ *Und doch* ist sie nur eine Chimaire. Es scheint mir freilich zu billig, allzuleicht, wenn *Claudius* über die Prioritätsstreitigkeiten zwischen Newton und Leibnitz spottet; aber es ist, glaube ich, doch wahr, daß dieser Streit nur üblen Schwächen entspringt und von ÜBLEN Menschen genährt wird. *Was* hätte Newton verloren, wenn er die Originalität Leibnitzens erkannt hätte? Gar nichts! Er hätte viel gewonnen. Und doch, wie schwer ist dieses Anerkennen, das Einem, der es versucht, wie ein Eingeständnis des eigenen Unvermögens vorkommt/erscheint/. Nur Menschen, die einen/Dich/ schätzen und zugleich *lieben*, können einem/Dir/ dieses Benehmen/Verhalten/ *leicht* machen.

Es handelt sich natürlich um *Neid*. Und wer ihn fühlt, müßte sich immer sagen: „Es ist ein Irrtum! Es ist ein Irrtum! —"
4. April 1947

370 Aus Wittgensteins Photoalbum
Schüler aus Trattenbach, im Bild darüber zwei von Wittgensteins Schwestern und der Bruder Paul

Bericht von der Frau des Lehrerkollegen Berger: 1933 besuchte Wittgenstein mit Pfarrer Neururer das kleine Bauernhaus wieder. Die kranke Trahtbäuerin konnte damals nicht mehr aus dem Bett aufstehen. Wie erstaunt waren alle Hausbewohner, als Wittgenstein darauf bestand, ihr kleines Enkelkind das noch kein Jahr alt war, auf den Arm zu nehmen. Für so kleine Wesen hatte er nie besonderes Interesse gezeigt und was die Frauen betraf, so galt er geradezu als Weiberfeind. Für die alte Großmutter aber fühlte er inniges Mitleid und entsetzte sich, wenn die Verwandten über ihre verworrenen Reden lächelten. „Sie kann doch nichts dafür", verteidigte er sie hartnäckig. […]

Noch ein paar Worte über Neururer. Um 1930, während der Zeit der Arbeitslosigkeit in Österreich, verpflegte Neururer 10 bis 15 Schulkinder in seinem Pfarrhof. Gelegentlich schickte er den einen oder anderen Buben zu den Bauern, wo gerade die Schuster auf der Stör waren, um sich ein Paar Schuhe anmessen zu lassen. In der Kirche hatte er die Seitenaltäre entfernt und den Hauptaltar umgedreht, um während des Messelesens zum Volk zu schauen: „Was der Papst tut, kann ich auch". Er hatte einen ganzen Chor zusammengestellt, mit dem er lateinische Gesänge einstudierte. Davon war die Bevölkerung nicht sehr begeistert. 1935 verließ er Trattenbach.

Saturday

Dear Miss Cartwright,

Thanks very much for your letter & the paper on Number. I wonder if you would allow me to discuss it next Wednesday in our class. It would come in very useful indeed. It's the only way of getting anything out of these classes to try to formulate your thoughts on a subject yourself, & then have them pulled to bits. For if they can't stand the pulling, all the better. I can't pick holes if there aren't any. In case you don't object to my discussing your paper on Wednesday, please don't bother to reply.

Yours sincerely
Ludwig Wittgenstein

371 Wittgenstein an seine Studentin Mary Cartwright

372 Dame Mary Cartwright (1900–1998)
Mathematikerin und Mitarbeiterin von John Littlewood, Fellow der Royal Society

Jeder math. Beweis stellt das math. Regelgebäude/gibt dem math. Gebäude/ einen neuen Fuß. (Ich dachte an die Füße eines Tisches.)

Ich habe mich gefragt: Ist Mathematik mit rein phantastischer Anwendung nicht auch Mathematik? — Aber es frägt sich: Nennen wir es ‚Mathematik' nicht etwa nur darum weil es hier Übergänge, Brücken gibt von der phantastischen zur nichtphantastischen Anwendung? D.h.: würden wir sagen, Leute besäßen eine Mathematik, die das Rechnen, Operieren mit Zeichen *bloß* zu okkulten Zwecken benützten?

Aber ist es dann doch nicht unrichtig zu sagen: das der Mathematik *Wesentliche* sei, daß sie Begriffe bilde? — Denn die Mathematik ist doch ein anthropologisches Phänomen. Wir können es also als das Wesentliche in einem großen Teil/Gebiet/ der Mathematik (dessen was ‚Mathematik' genannt wird) erkennen und doch sagen, es spiele keine Rolle in anderen Gebieten. Diese Einsicht allein wird freilich nicht ohne Einfluß auf die sein, die die Mathematik nun so sehen lernen. Mathematik ist also eine Familie; aber das sagt nicht, daß es uns also gleich sein wird, was alles in sie aufgenommen wird.
10. März 1944

Rush Rhees, Erinnerungen an Wittgenstein:
Als Wittgenstein 1944 gebeten wurde, sich zu einer von John Wisdom entworfenen Eintragung über seine Person in einem Nachschlagewerk zu äußern, schrieb er nur den einen Satz: „Er hat sich vornehmlich mit Fragen über die Grundlagen der Mathematik beschäftigt."

373 J. E. Littlewood (1885–1977)

374 G. H. Hardy (1877–1947)

Die Mathematiker können über die Mathematik darum nicht philosophieren, weil sie sich zu sehr davor fürchten, die Berechtigung ihrer Tätigkeit könnte angetastet werden. Sie wollen nur, so schnell wie möglich, ihr Raisonnement in Sicherheit bringen. Hätten sie mehr *Glauben*, so könnten sie sich mehr Zeit lassen.
3. Oktober 1940

Die Sätze, welche Hardy in seinem – elenden – Buch, „Apology of a Math.", als Ausdruck seiner Philosophie der Mathematik hinstellt, sind noch gar nicht Philosophie, sondern können wie alle ähnlichen Ergüsse, als Rohmaterial des Philosophierens dienen, und sollten dann nicht in der Form von Meinungen, Feststellungen, oder Axiomen, ausgesprochen werden, sondern in der Form: „Ich bin geneigt zu sagen . . . .", „Ich möchte immer sagen . . . ." worauf das Philosophieren erst beginnen soll, (um) uns diese/; uns diese/ seltsame Neigung zu erklären.
12. Juni 1941

Aber der größte Teil der Mathematik, z.B., geht doch vor sich, ohne daß philosophischer Unsinn, oder philosophische Fragen in sie eintreten. Und warum sollte man das bißchen Unsinn nicht einfach mit Stillschweigen/stillschweigend/ übergehen. Wem hat es je geschadet, daß im Vorwort oder in der Einleitung zu einem Buch über Experimentalphysik vom Satz Kausalitätsgesetz die Rede war? Oder was macht es, daß Hardy schreibt, er sei der Ansicht, daß den Sätzen der Mathematik eine objektive Realität entspricht? – Nun, das ist nicht leicht zu beantworten. – Und vor allem könnte ein gescheiter Mensch auch ganz gut an allen diesen kleinen philosophischen Nebeln vorbeigehen. Freilich gibt es dann Gebiete, wo weitere Landstrecken mit Nebel bedeckt sind. Und nun könnte man gegen die Philosophie einwenden, daß gerade dort, wo die Nebel am ausgebreitetsten sind, in der Nationalökonomie, z.B. sie nicht das Resultat/Ergebnis/ einer verfahrenen Begriffswelt sind, sondern von gewissen Interessen erzeugt werden, die sich der herkömmlichen Begriffe als eines Instruments bedient. Und man kann zweifeln, ob durch das Modifizieren der Begriffe eine weitgehende Klärung des Denkens der Menschen zu erreichen ist. Ich weiß nicht, was man darauf erwidern kann, es sei denn: daß Philosophie ein menschliches Tun ist mit einer Richtung, aber so unsicherem Erfolg, wie alles andere menschliche Tun.
3. März 1947

28.2.47.

S/ // Sowie wir hier ein Schema verwenden wollen, wie es die Ausdrucksformen unserer Sprache uns nahe legen, & nicht bloß das wirklich Gemeinsame der Begriffe notieren, machen wir uns ein falsch vereinfachtes Bild unserer Begriffswelt. Es ist, als sagten wir, alle Pflanzen im Garten hätten Blütenblätter, Blüten, Früchte, Samen //

Gso ezxzug horpu un gso ouwoin Vut. prks ozgsvozgrxzu.

// ... alle Pflanzen im Garten hätten Blüten, alle Blütenblätter, Früchte, Samen. //

S/ Wir fühlen den Schmerz, die Kälte, die Spannung in der Form des Gliedes welches schmerzt, friert, sich spannt, etc.. Was heißt das? Ist es etwas anderes, als ein Bild, das z.B. den Worten entspricht "Ich habe eine kalte Nasenspitze"?

375 Manuskriptband MS 134

Bemerkung in Wittgensteins Code:
The vacant smile of the modern English mathematician.

376 Kurt Gödel (1906–1978)

377 Gödels erste Veröffentlichung
Monatshefte für Mathematik und Physik
Nr. 37, 1930

Wittgenstein an Moritz Schlick, 31. Juli 1935:
Wenn Sie hören jemand habe bewiesen, es müsse unbeweisbare Sätze in der Mathematik geben, so ist daran vorerst gar nichts Erstaunliches, weil Sie ja noch gar keine Ahnung haben, was dieser scheinbar so klare Prosasatz sagt. Sie haben also den Beweis von A bis Z. durchzugehen, um zu sehen, was er beweist. D. h.: Ehe Sie diesen speziellen Beweis bis in sein letztes Detail durchgegangen sind, wissen Sie noch gar nichts. Z. B. wissen Sie nicht, was in der Auffassung dieses Beweises ein „mathematischer Satz" ist. Denn anderseits ist ja eine Mathematik abgrenzbar, in der es nicht unbewiesene Sätze gibt, z. B. die elementare Arithmetik. Daß der Prosasatz, der als Resultat des Beweises gilt, erstaunlich klingt, sagt gar nichts. Es ist klar, daß auch der gegenteilige Prosasatz bewiesen werden kann, daß wir geneigt sein werden den gegenteiligen Satz als das Resultat eines Beweises anzuerkennen; wie man beweisen kann, daß jede Gerade einen Kreis schneidet und auch, daß nicht jede Gerade einen Kreis schneidet. Wer sich nun wundern würde, daß beide entgegengesetzten Sätze beweisbar sind, dem würde ich sagen: Schau Dir die Beweise an, dann wirst Du sehen, „in welchem Sinn" das eine und „in welchem Sinn" das andere bewiesen ist. Und ehe Du die Beweise genau durchstudiert hast ist gar kein Grund zur Verwunderung. Alles was Sie aus „meinen Anweisungen" lernen können ist daß über so einen Beweis und sein Resultat nichts gesagt werden kann, ehe Sie nicht diesen bestimmten Beweis untersucht haben. D. h.: der Philosoph ist immer im Unrecht, der quasi etwas in der Mathematik prophezeien will und sagt „das ist unmöglich", „das kann nie bewiesen werden" [...]

Philosophie kann Ihnen nichts über einen Beweis sagen, und versucht sie es, so müssen Sie allerdings immer zittern, ob sie nicht wie ein falscher Prophet durch die Wirklichkeit lügengestraft werde.

378 Manuskriptband MS 163

Bemerkung in Wittgensteins Code:
Ist Liebe bei *so* viel Pessimismus möglich?

-

Nicht der Gödel'sche Beweis interessiert mich, sondern die Möglichkeiten, auf die Gödel durch das, was er sagt,/seine Diskussion/ uns aufmerksam macht.
    […]
    Der Gödel'sche Beweis bringt eine Schwierigkeit auf,/entwickelt eine Schwierigkeit,/ die sich auch in viel elementarerer Weise zeigen muß./die auch in viel elementarerer Weise erscheinen muß./ (Und hierin liegt, scheint es mir, zugleich Gödels großer Verdienst um die Philosophie der Mathematik, und zugleich der Grund, warum sein besonderer Beweis nicht das ist was uns interessiert.)
8. Juli 1941

Gödel zeigt uns eine Unklarheit im Begriff (der) ‚Mathematik', die darin zum Ausdruck kam, daß man die Mathematik für ein *System* gehalten hat.
28. Dezember 1938

Ich könnte sagen: Der Gödel'sche Beweis gibt uns die Anregung dazu die Perspektive zu ändern aus der wir die Mathematik sahen. *Was* er beweist, geht uns nichts an, aber wir müssen uns mit dieser mathematischen *Beweisart* auseinandersetzen.
11. Juli 1941

Das Unphilosophische an Gödels Aufsatz besteht/liegt/ darin, daß er das Verhältnis der Mathematik und ihrer Anwendung nicht sieht. Er hat hier die schleimigen Begriffe der meisten Mathematiker.
10. März 1944

379 Georg Kreisel
Photo aus Wittgensteins Besitz

Wittgenstein hatte sich 1942 mit dem damals achtzehnjährigen Mathematikstudenten Kreisel befreundet. Wittgenstein meinte, Kreisel sei der begabteste Philosoph, den er je getroffen habe, der zugleich auch Mathematiker war.

Die philosophische Klarheit wird auf das Wachstum der Mathematik den gleichen Einfluß haben, wie das Sonnenlicht auf das Wachstum der Kartoffeltriebe. (Im dunklen Keller wachsen sie meterlang.)
23. Mai 1932

380 Glosse Wittgensteins
 n Schlicks *Fragen der Ethik*, 1930

Aus Waismanns Mitschriften
30. Dezember 1929, bei Schlick:
Ich kann mir wohl denken, was Heidegger mit Sein und Angst meint. Der Mensch hat den Trieb, gegen die Grenzen der Sprache anzurennen. Denken Sie z. B. an das Erstaunen, daß etwas existiert. Das Erstaunen kann nicht in Form einer Frage ausgedrückt werden, und es gibt auch gar keine Antwort. Alles, was wir sagen mögen, kann a priori nur Unsinn sein. Trotzdem rennen wir gegen die Grenze der Sprache an. Dieses Anrennen hat auch Kierkegaard gesehen und es sogar ganz ähnlich (als Anrennen gegen das Paradoxon) bezeichnet. Dieses Anrennen gegen die Grenze der Sprache ist die *Ethik*. Ich halte es für sicher wichtig, daß man all dem Geschwätz über Ethik – ob es eine Erkenntnis gebe, ob es Werte gebe, ob sich das Gute definieren lasse etc. – ein Ende macht. In der Ethik macht man immer den Versuch, etwas zu sagen, was das Wesen der Sache nicht betrifft und nie betreffen kann. Es ist a priori gewiß: Was immer man für eine Definition zum Guten geben mag – es ist immer nur ein Mißverständnis, das Eigentliche, was man in Wirklichkeit meint, entspreche sich im Ausdruck (Moore). Aber die Tendenz, das Anrennen, *deutet auf etwas hin*. Das hat schon der heilige Augustin gewußt, wenn er sagt: Was, du Mistviech, du willst keinen Unsinn reden? Rede nur einen Unsinn, es macht nichts!

17. Dezember 1930, Neuwaldegg:
Schlick sagt, es gab in der theologischen Ethik zwei Auffassungen vom Wesen des Guten: nach der flacheren Deutung ist das Gute deshalb gut, weil Gott es will; nach der tieferen Deutung will Gott das Gute deshalb, weil es gut ist. Ich meine, daß die erste Auffassung die tiefere ist: gut ist, was Gott befiehlt. Denn sie schneidet den Weg einer jeden Erklärung, „warum" es gut ist, ab, während gerade die zweite Auffassung die flache, die rationalistische ist, die so tut, „als ob" das, was gut ist, noch begründet werden könnte.

Die erste Auffassung sagt klar, daß das Wesen des Guten nichts mit den Tatsachen zu tun hat und daher durch keinen Satz erklärt werden kann. Wenn es einen Satz gibt, der gerade das ausdrückt, was ich meine, so ist es der Satz: Gut ist, was Gott befiehlt. […]

Wenn man mir irgendetwas sagt, was eine *Theorie* ist, so würde ich sagen: Nein, nein! Das interessiert mich nicht. Auch wenn die Theorie wahr wäre, würde sie mich nicht interessieren – sie würde nie *das* sein, was ich suche.

Das Ethische kann man nicht lehren. Wenn ich einem anderen erst durch eine Theorie das Wesen des Ethischen erklären könnte, so hätte das Ethische gar keinen Wert.

Ich habe in meinem Vortrag über Ethik zum Schluß in der ersten Person gesprochen: Ich glaube, daß das etwas ganz Wesentliches ist. Hier läßt sich nichts mehr konstatieren; ich kann nur als Persönlichkeit hervortreten und in der ersten Person sprechen.

Für mich hat die Theorie keinen Wert. Eine Theorie gibt mir nichts.

381 Die Wiener Universität

Friedrich Waismann an Moritz Schlick
16. Januar 1932:
In der letzten Stunde vor den Weihnachtsferien kam Wittgenstein auf meine Einladung hin ins Proseminar und war alsbald in eine lebhafte Diskussion mit den Hörern verwickelt, denen er eine schwierige Sache durch einige Beispiele so klar zu machen wußte, daß ihm schließlich alle vollkommen zustimmten und sich nur fragten, wer denn der Unbekannte sei, der ihnen die Probleme so interessant auseinandersetzte. Als ich ihnen dann nach dem Weggehen Wittgensteins verriet, mit wem sie diskutiert hatten – da hätten Sie die Mienen sehen sollen, Herr Professor!

Ich muß noch jetzt bei der Erinnerung daran lachen. Zuerst wollte es niemand glauben, dann schauten sie sich minutenlang an, versteinert wie die Statuen! Stellen Sie sich nur das Gesicht von der Frau Feldmann vor! Es war zu köstlich – man hätte es fotografieren müssen.

382 Cambridge, 81 East Road
die gemeinsame Wohnung mit Francis Skinner, über dem Gemüseladen „Barbrooks"

Wittgenstein im Gespräch mit Drury über Francis Skinner:
"Francis is extraordinary. He is a man who is quite incapable of talking nonsense. Sometimes his silence infuriates me and I shout at him, 'say something, Francis!'. But Francis isn't a thinker. You know Rodin's statue called 'the Thinker'; it struck me the other day that I couldn't imagine Francis in that attitude."

383 Wittgenstein und Skinner in Cambridge
Aufnahme eines Straßenphotographen

Fanja Pascal, Erinnerungen an Wittgenstein:
They walked, talked, and worked together, at times sharing rooms over a small general grocer's shop. Together they came to have Russian lessons with me.

Fanja Pascal, Erinnerungen an Wittgenstein:
[Wittgenstein's] appearance has often been described: small in stature but of concentrated inner energy, neat, with a keen look as of a bird in flight. I never saw him wearing a closed collar or tie. He found it hard to sit still; it seemed as though at any minute he might take off. There was something stern and forbidding, yet naïve, in his expression, directed to others but also to himself. He might strike one as a man with a chip on his shoulder "Satanic pride" I called it, exaggerating as usual. He looked distant except when he relaxed, got absorbed in study, or told a childish joke with a grin. Once he started talking he could hold you in thrall; I don't think he was aware of this gift. The man who was later to make the famous statement: "Philosophy is the struggle against the bewitchment of our mind by means of language" had no inkling how he himself cast a spell whenever he said something, anything. He was altogether a naïve man, remarkably unselfconscious. He could be irritable in the extreme, but much (maybe most of it) he could not help – his life was made hard by excessive sensibility, a sensitivity affecting all the senses.

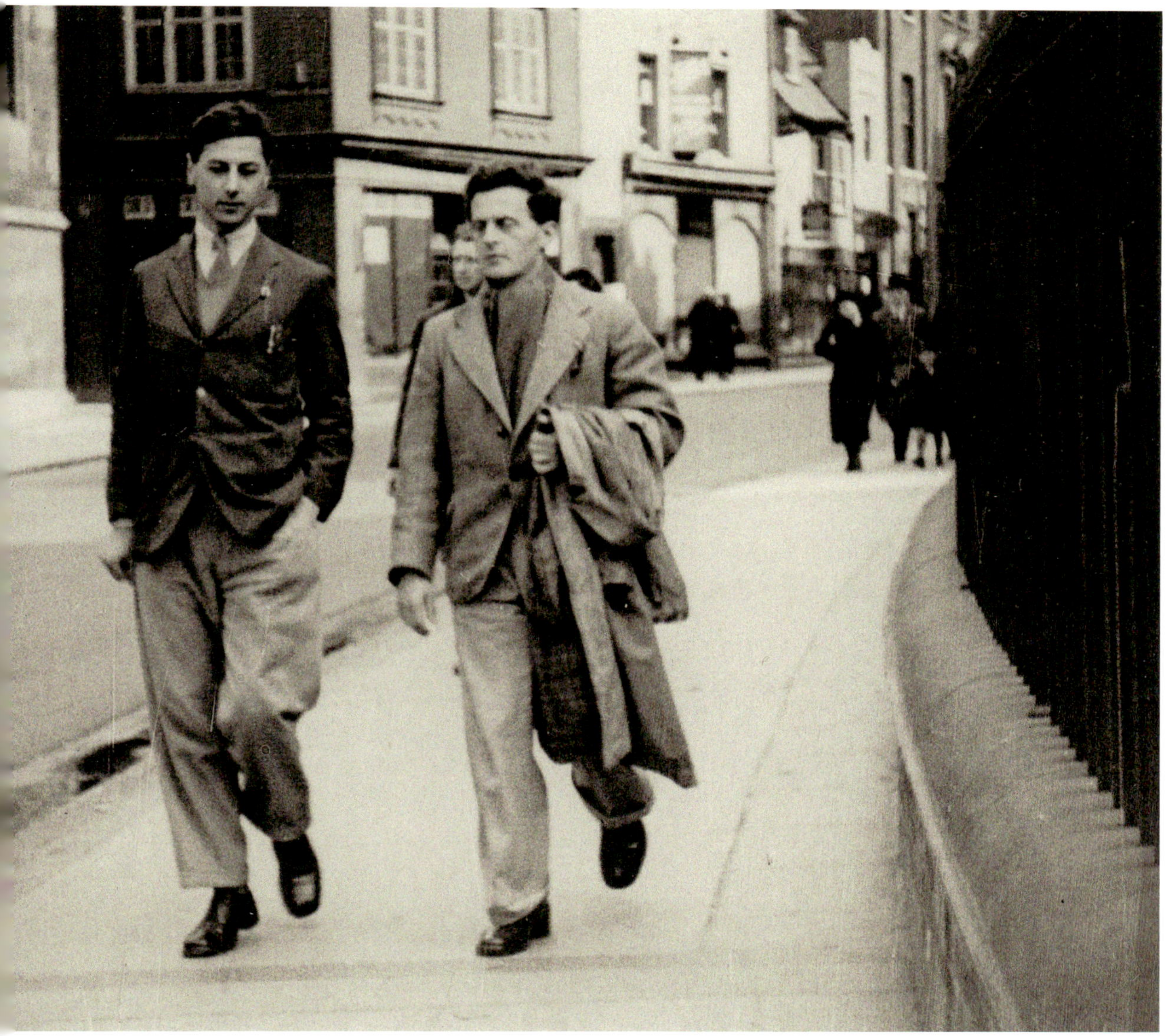

384 Nevile's Court, Trinity College
Blick auf das Bibliotheksgebäude von Christopher Wren

385 Mitglieder des Cambridge University Moral Sciences Club, 1936
im Nevile's Court, gegenüber der Wren Library; links außen: Rush Rhees; in der vorderen Reihe mit dem Regenschirm G. E. Moore, links neben ihm C. D. Broad, neben ihm John Wisdom, später Professor für Philosophie an der Universität Cambridge

Aus dem Protokoll des Cambridge University Moral Sciences Club, 31. Mai 1934:

The Society met in Mr. Braithwaite's rooms in King's. Prof. Moore was in the chair [...] Mr. Wisdom read a paper on "Moore and Wittgenstein". Moore and Wittgenstein, he said, are both concerned with difficulties which have been expressed by asking "What is the ultimate nature of so and so?", they are alike in that they try to reformulate these questions in ways which they consider less obscure; but they differ in the reformulations which they recommend. Moore recommends: – "What is the meaning of the word so and so?" "What is the analytic definition of so and so?" Wittgenstein recommends: "What is the grammar of the word so and so?" "Kindly explain how the expression so and so is used?" Both are concerned with features of our language which befuddle us: Wittgenstein tries mainly to point out expressions with a superficial likeness but hidden unlikeness of use, which when unnoticed leads to philosophical puzzle, e.g., "Measure the distance he goes", "Measure the time he takes". Moore does this to some extent, but tries mainly to point out hidden likeness of use, which when unnoticed leads to philosophic double vision, e.g., "Someone created the world" – therefore "A creator exists." Moore and Wittgenstein are both trying to find a perfectly consistent language; i.e., a language such that every difference or likeness in the signifying features of the language signifies a difference or likeness in what is signified, and vice-versa. There follow some detailed qualifications of this statement, and of the comparisons drawn between the two. People might say that Wittgenstein in his lectures spends an unconscionable time saying nothing definite, that Broad doles out dope, and that Moore pursues a will o' the wisp, but he (Mr. Wisdom) has observed that each produces a change in those who go to their lectures which, although it is different in each case, is in each case a change of a kind philosophers have sought. Discussion followed.

12th April, 1933.

To the Editor of "Mind".

Dear Sir,

I have been reading Mr. Braithwaite's article in the recently published book, *Cambridge University Studies*, with some alarm, in particular what he there represents as being my present views on questions of philosophy. I have been doing research in philosophy during the last four years, but have not published any of my work, except, at the very beginning of that period, a short (and weak) article in the *Proceedings of the Aristotelian Society*. Now had I published my thoughts in print I should not trouble you with this letter. For any serious reader could then look up what my views were in my own publication. As it is, if he is interested in what I think, his only source is Mr. Braithwaite's article. And therefore I must warn such a reader that I disclaim all responsibility for the views and thoughts which Mr. Braithwaite attributes to me. Part of his statements can be taken to be inaccurate representations of my views, others again clearly contradict them.

That which is retarding the publication of my work, the difficulty of presenting it in a clear and coherent form, *a fortiori* prevents me from stating my views within the space of a letter. So the reader must suspend his judgement about them.

Yours truly,
LUDWIG WITTGENSTEIN.

Cambridge,
27th May, 1933.

To the Editor of "Mind".

Dear Sir,

Dr. Wittgenstein has been good enough to show me his letter published above. I should be sorry if it were thought that Dr. Wittgenstein was responsible for any of the statements in my article. I had hoped that my opening paragraph would make it clear that the article stated only what impression the various Cambridge philosophers had made upon me. But, since Dr. Wittgenstein fears that there may be some doubt as to his responsibility, I now regret not having explicitly cautioned the reader against accepting uncritically my account of views which have not been published by their authors in printed form.

The extent to which I have misrepresented Dr. Wittgenstein cannot be judged until the appearance of the book which we are all eagerly awaiting.

Yours truly,
R. B. BRAITHWAITE.

King's College,
Cambridge.

386 Öffentlicher Briefwechsel
mit Richard Braithwaite in *Mind*

387 George Edward Moore
Herausgeber der Zeitschrift *Mind*, photographiert und formatiert von Wittgenstein

Saturday
Dear Moore,
Enclosed please find the proof of my letter to Mind. I have made no corrections. Please read it through and see whether there is anything to be altered. I wonder whether the comma after "*Now*" in line 8 is necessary and that after "*print*". If not I'd rather leave them out. Also the comma after "*think*" three lines below seems to me not necessary.
Yours ever
Ludwig Wittgenstein
27. Mai 1933

Wittgenstein in einem Entwurf für ein Vorwort zu den *Philosophischen Untersuchungen*
Cambridge, August 1938:
Ich hatte, bis vor kurzem, den Gedanken an ihre Veröffentlichung [meiner Arbeit] bei/zu/ meinen Lebzeiten eigentlich aufgegeben. Er wurde aber wieder rege gemacht, und zwar vielleicht/wohl/ hauptsächlich dadurch, daß ich erfahren mußte, daß die Resultate meiner Arbeit, die ich in Vorlesungen und Diskussionen mündlich weitergegeben hatte, vielfach mißverstanden und mehr oder weniger verwässert, oder verstümmelt im Umlauf waren./vielfach mißverstanden, mehr oder weniger verwässert, oder verstümmelt im Umlauf waren./ — Hierdurch wurde meine Eitelkeit aufgeregt und sie drohte, mir immer wieder die Ruhe zu rauben,/sie drohte, mich immer wieder aus der Ruhe zu bringen,//, mich immer wieder zu beunruhigen,//, mir immer wieder Unruhe zu bereiten,//, mir immer wieder Unruhe zu machen,/ wenn ich die Sache nicht (wenigstens für mich) durch eine Publikation erledigte.

388 Richard Braithwaite (1900–1990)
Fellow am King's College, Lecturer of Moral Philosophy, später Knightbridge Professor der Universität Cambridge; Aufnahme Lettice Ramsey

WITTGENSTEIN

1.

What is the meaning of a word?

Let us attack this question by asking, first, what is an explanation of the meaning of a word; what does the explanation of a word look like?

The way this question helps us is analogous to the way the question 'how do we measure a length?' helps us to understand the problem, 'what is length?'

The questions, 'What is length?', 'What is meaning?', 'What is the number one?' etc., produce in us a mental cramp. We feel that we can't point to anything in reply to them and yet ought to point to something. (We are up against one of the great sources of philosophical bewilderment: a substantive makes us look for a thing which corresponds to it.)

Asking first, "What's an explanation of meaning?" has two advantages. You in a sense bring the question "what is meaning?" down to earth. For, surely, to understand the meaning of "meaning" you ought also to understand the meaning of 'explanation of meaning'. Roughly: "let's ask what the explanation of meaning is, for whatever that explains will be the meaning." Studying the grammar of the expression "explanation of meaning" will teach you something about the grammar of the word 'meaning' and will cure you of the temptation to look about you for some object which you might call "the meaning".

What one generally calls "explanations of the meaning of

389 Die erste Seite aus dem sogenannten *Blue Book*
Skinners Kopie mit Wittgensteins Korrekturen

Dear Russell,
Two years ago, or so, I promised to send you a M.S. of mine. Now the one I'm sending you today isn't *that* M.S. I'm still pottering about with it and God knows whether I will ever publish it, or any of it. But two years ago I held some lectures in Cambridge and dictated some notes to my pupils so that they might have something to carry home with them, in their hands if not in their brains. And I had these notes duplicated. I have just now been correcting misprints and other mistakes in some of the copies and the idea came into my mind whether you might not like to have a copy. So I'm sending you one. I don't wish to suggest that you should read the lectures; but *if* you should have nothing better to do and *if* you should get some mild enjoyment out of them I would be very pleased indeed. (I think it's very difficult to understand them, as so many points are just hinted at. They are meant only for the people who heard the lectures). As I say, if you don't read them, it doesn't *matter at all*.
Yours ever
Ludwig Wittgenstein
Herbst 1935

Bei dem Manuskript, das Wittgenstein mit dem obigen Brief an Russell schickt, handelt es sich um das sogenannte *Blue Book*, eine Vorlesung, die Wittgenstein seinen Studenten während des akademischen Jahres 1933–34 diktiert hatte.

390 Francis Skinner (1912–1941)
photographiert von Wittgenstein in Irland

391 Alice Ambrose (1906–2001)
Ihr und Francis Skinner hat Wittgenstein 1934 das sogenannte *Brown Book* diktiert, den Beginn des Korpus der *Philosophischen Untersuchungen*.

392 Vorlesungsentwurf aus dem Jahr 1935, MS 148

Wittgensteins Studenten D. A. T. Gasking und A. C. Jackson in *Wittgenstein as a Teacher*:
He used to lecture two afternoons a week during term, starting usually at two. In recent years the lectures used to last for two hours, but in the thirties they went on longer – sometimes for more than four hours. Some years they were held in Wittgenstein's room, high over the gate of Whewell's Court, sometimes in a small classroom in Trinity or in someone else's rooms. When you entered his room for a lecture you found some fifteen or twenty wooden chairs and one deck chair facing the fireplace, before which stood a black iron anthracite stove. To the right below the window a trestle table with papers. On the mantelpiece a low powered bulb on a retort stand. Behind you a small bookcase with two or three books. Wittgenstein stood waiting, occasionally glancing at a watch which he pulled out of his breast pocket. A short, slightly built man in grey trousers, open-necked shirt and suede golfing jacket. His face was ruddy and very deeply lined, the eyes sharp blue and the hair (in the thirties) brown and curly. The audience would consist of all those who were taking the Moral Sciences tripos seriously, about the same number of those who had recently taken the tripos, one or two other undergraduates, a philosophy don, perhaps a maths don, one or two research students from overseas […]

Usually at the beginning of the year Wittgenstein would warn us that we would find his lectures unsatisfactory, that he would go on talking like this for hours and hours and we would get very little out of it. Plainly he was sensitive to the sort of audience he had. He wanted a small group of people who, knowing what was in store for them, were prepared to put in a full strenuous year with him learning philosophy. Visitors, even distinguished visitors, who wanted to attend a few lectures to "find out what sort of thing Wittgenstein is doing" were not welcome, but anyone was welcome who seriously wanted to learn philosophy (and not just to hear Wittgenstein). And, if we worked hard, Wittgenstein worked tremendously hard. He spoke without notes. Each lecture was obviously carefully prepared – its general strategy planned and numerous examples thought up. But in the lectures he thought it all through again, aloud.

Members of the class would chip in briefly from time to time, though usually to make a suggestion in response to some question which was posed. At times Wittgenstein would break off, saying, "Just a minute, let me think!" and would sit for minutes on end, crouched forward on the edge of a chair, staring down at his upturned palm. Or he would exclaim with vehement sincerity: "This is as difficult as hell!"

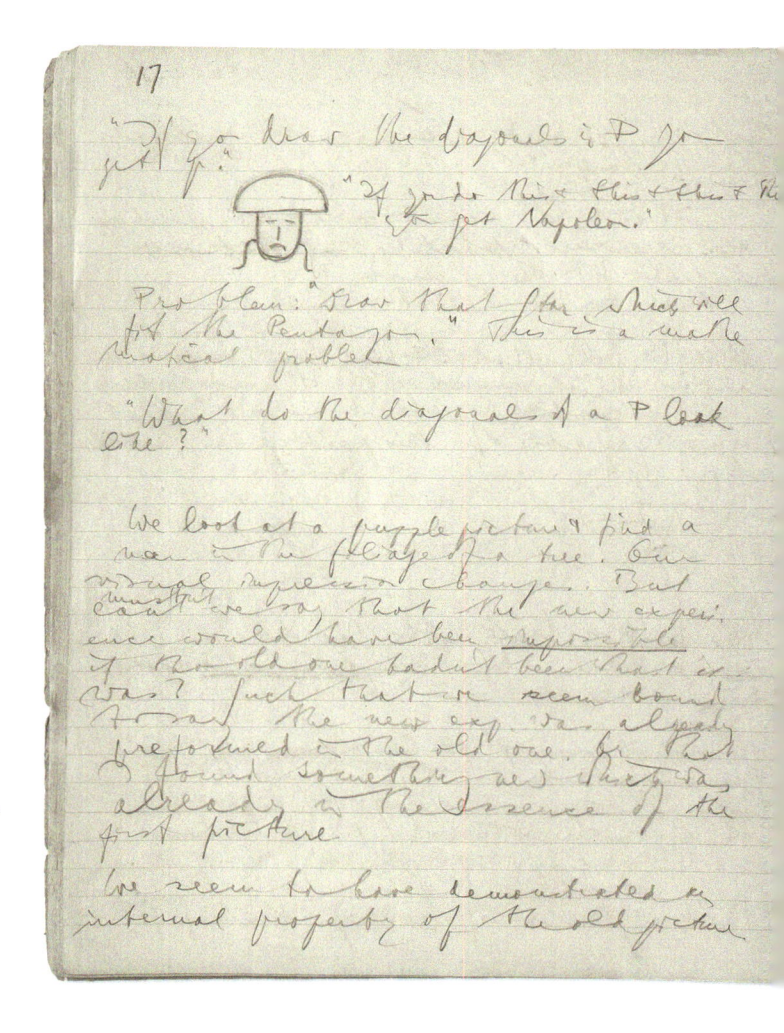

393 Wittgensteins Taschenkalender *The Cambridge Pocket Diary* für das akademische Jahr 1935–1936

Skizze frei nach Wilhelm Busch, *Anleitung zu historischen Porträts* in *Dideldum*:
Mach still und froh
Mal so
und so,
Gleich steht er do
bei Austerlitz
und Waterloo.

Aus den Vorlesungsmitschriften von Alice Ambrose, Easter Term 1935:

Consider the following: "If you draw the diagonals of a pentagon you get a pentagram", and "if you do this and this . . . you get Napoleon."

What can't be predicted when the operations are described is the character of the visual impression. An experimental factor is involved. We ought to examine what is an experiment in these cases, and in such analogous cases as

containing

,

and the puzzle picture of foliage in which the face of a man is hidden. What sort of proposition is it to say

contains

?

It may or may not be a proposition of experience. We are inclined to say that when the face of the man is seen when the foliage is looked at from a certain angle we have discovered something internally related to the foliage. One cannot draw the foliage without drawing the man's face, so that to say there is a face there is redundant. It is a geometrical proposition that in the foliage there is a man's face. And yet it is a new experience when one sees the face. [...]

What does one discover when one discovers the man's face or

in

,

or that two right isosceles triangles put together give a rectangle? A new experience is involved, an experience of a *new aspect*. We say "Oh, that has never struck me; but I now see it must be so". We do not say this in the case of a genuine experiment.

394 Wittgensteins Russisch-Vokabelheft
1934, zu Beginn seines Russischunterrichts bei Fanja Pascal

Fanja Pascal, Erinnerungen an Wittgenstein:
That summer, preparing for his trip to Russia, he came by himself for Russian conversation [...]

    The conversation lessons were excruciating. We sat in the garden. With the utmost impatience he rejected any topic I would suggest – everything verbal that a traveller or a simple mortal anywhere might need. To him they were all absurd, all non-topics. Questions that would have come naturally to me – why are you going, what are your plans, etc. – I knew I must not ask. Only if I cried out in Russian – "They could find nothing to talk about and wished each other a good morning" – would he relax and we would have started.

395 Fanja Pascal, geb. Poljanowskaja
photographiert und formatiert von Wittgenstein

396 Nicholas Bachtin (1896–1950)
Entlassungsausweis aus der französischen
Fremdenlegion, der angeführte Wohnort in
Cambridge ist Wittgensteins Adresse:
81 East Road

Fanja Pascal, Erinnerungen an Wittgenstein:
Nicholas Bachtin, an exile from the Russian Revolution but by the outbreak of the second World war a fiery communist, was an inspired teacher and lecturer. [...]

Bachtin told me years later, "Wittgenstein thinks your *teaching* is good, like this . . .", punctuating the air with thumb and forefinger joined in imitation of Wittgenstein.

Fanja Pascal, Erinnerungen an Wittgenstein:
He had bought a camera there [at Woolworth] in components each at 6d [pence], total price two shillings – an excellent instrument! It led to his offering to take some snaps of me, and he did so one sunny day in Nevile's Court in Trinity. I sat on a bench, and as he knelt on one knee to peer through the lens I had the sensation that I was a material object to him and that he might come up and absentmindedly move my elbow an inch. Francis told me that Wittgenstein would devote hours to shaving off tiny slivers from the small photos he took before he would be satisfied with some kind of balance achieved. Certainly when he gave me my copies they were much reduced from the original size; one was now smaller than an inch square.

Wittgenstein an Moritz Schlick
Cambridge, 31. Juli 1935:
Lieber Professor Schlick!
Vielen Dank für Ihren Brief. Ich werde wahrscheinlich diesen Sommer nicht nach Österreich kommen.

Anfangs September will ich nach Rußland reisen und werde entweder dort bleiben, oder nach einigen (etwa 6) Wochen nach England zurückkehren. Was ich in diesem Fall in England tun werde ist noch ganz ungewiß, aber wahrscheinlich werde ich nicht philosophieren.

397 Iwan Michailowitsch Maiski (1884–1975)
von 1932–1943 russischer Botschafter in London

Wittgenstein an John Maynard Keynes
6. Juli 1935:
I want to speak to officials at two institutions; one is the 'Institute of the North' in Leningrad, the other the 'Institute of National Minorities' in Moscow. These Institutes, as I am told, deal with people who want to go to the 'colonies' the newly colonized parts at the periphery of the U.S.S.R. I want to get information and possibly help from people in these Institutes.

Fanja Pascal, Erinnerungen an Wittgenstein:
For the summer of 1935 plans were made for the two [Wittgenstein and Skinner] to go to the Soviet Union. But at the last moment Francis had a recurrence of his illness [polio] and could not travel.

My dear Keynes,
I'm sorry I must trouble you with my affairs again. There are two things I want to ask you:

(a) I thought the other day when we talked in your room you were not disinclined to give me some sort of introduction to Maisky the Ambassador. I then said I thought he would not be the man who would give me the advice I wanted. But I've been told since that *if* he were inclined to give me a letter of introduction to some officials in Russia it would help me a lot. Therefore my first question is, would you be willing to give me an introduction to Maisky so as to make it possible for me to have a conversation with him, as the result of which he *might* give me an introduction?

(b) I have now more or less decided to go to Russia as a Tourist in September and see whether it is possible for me to get a suitable job there. If I find (which, I'm afraid is quite likely) that I can't find such a job, or get permission to work in Russia, then I should want to return to England and if possible study Medicine. Now when you told me that you would finance me during my medical training you did not know, I think, that I wanted to go to Russia and that I would try to get permission to practise medicine in Russia. I know that you are not in favour of my going there (and I think I understand you). Therefore I must ask you whether, under these circumstances, you would still be prepared to help me. I don't like to ask you this question, not because I risk a "No", but because I hate asking any questions about this matter. If you reply please just write on a P.C.:

(a) No or (a) Yes, etc.
(b) No, etc.

as the case may be. I shall not think it the least unkind of you if you answer both a and b negatively.

I left your room the other day with a sad feeling. It is only too natural that you shouldn't entirely understand what makes me do what I am doing, nor how hard it is for me.
Yours ever
Ludwig
30. Juni 1935

Aus dem Einführungsschreiben Keynes' an Maiski, 10. Juli 1935:
I must leave it to him to tell you his reasons for wanting to go to Russia. He is not a member of the Communist Party, but has strong sympathies with the way of life which he believes the new régime in Russia stands for.

398 Der Marmorpalast in Leningrad
Hier befand sich zu der Zeit die „Gesellschaft für kulturelle Beziehungen mit dem Ausland", wo sich Wittgenstein mit der Schriftstellerin und Pädagogin Anna Gurjewitsch traf, einer Mitarbeiterin des Journals *Pädagogischer Gedanke*.

In Leningrad traf sich Wittgenstein auch mit der Philosophin Tatjana Gornstein:

An einem Sonntag morgen wurde ich – auf englisch – am Telephon verlangt. Irgendwie gelang ein Gespräch obwohl ich nicht glauben konnte, daß der Anrufer Wittgenstein war. Er bestand auf einem Treffen, mehr noch auf einem sofortigen Treffen, da er nur für einen Tag nach Leningrad gekommen war. Ich lud ihn zu mir nach Hause ein ohne an die möglichen Konsequenzen zu denken. [...]

Ich hätte Wittgenstein nicht einladen dürfen, aber ich tat es: Ein gut aussehender junger Mann, ein typischer Ausländer [...] überraschend verschieden von uns, sowohl in seinem Erscheinen als auch in seinem Verhalten. Mein Mann und ich waren sofort von ihm eingenommen, von seinem unprätentiösen Wesen und von seiner Liebenswürdigkeit. Er gewann uns mit seinem ernsthaften Interesse an unserem Land, seinen Menschen, seinem intellektuellen und täglichen Leben – er wollte absolut alles wissen. [...]

Während wir diskutierten kam ihm eine Idee: „Warum sollten wir nicht einen Kursus von parallelen Vorlesungen organisieren in welchen dann jeder seine seine eigenen Vorstellungen vortragen könne."

Die Tochter Ludmila berichtet, daß Tatjana Gornstein später ihre Erinnerungen an Wittgenstein immer mit dem Satz begann: „Einst begegnete ich einem Genie..."

Sunday

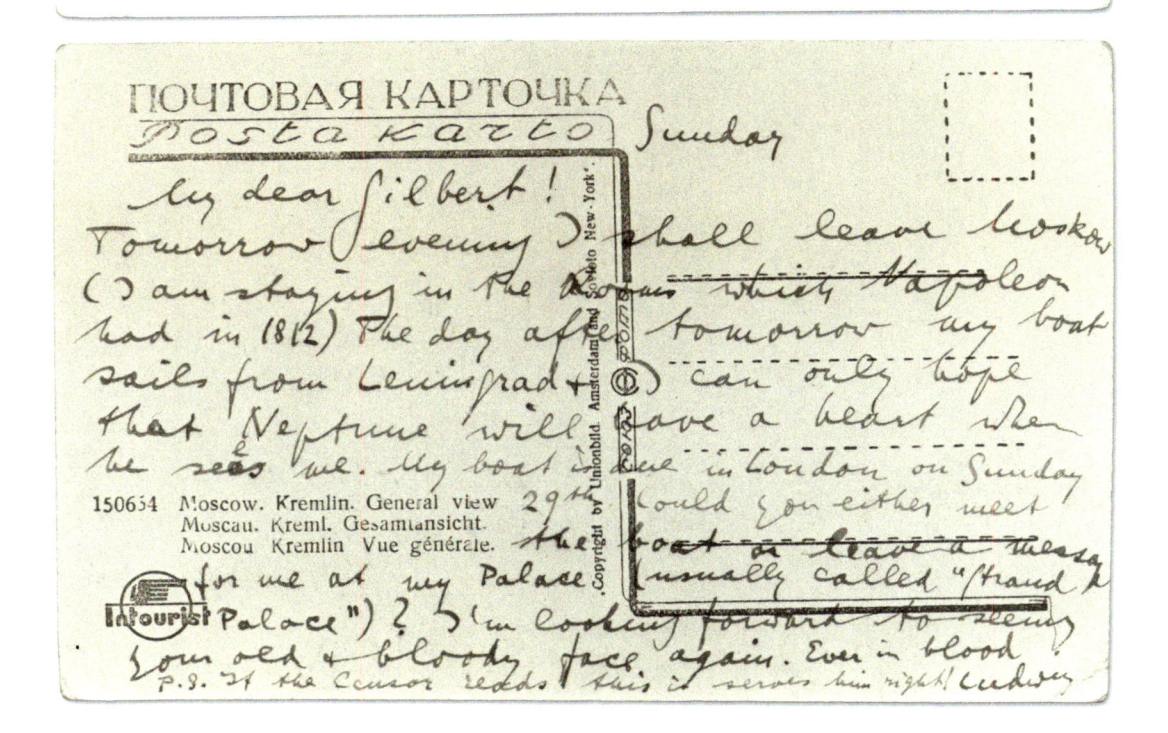

My dear Gilbert!
Tomorrow evening I shall leave Moscow (I am staying in the rooms which Napoleon had in 1812). The day after tomorrow my boat sails from Leningrad & I can only hope that Neptune will have a heart when he sees me. My boat is due in London on Sunday 29th. Could you either meet the boat or leave a message for me at my Palace (usually called "Strand Palace")? I'm looking forward to seeing your old & bloody face again. Ever in blood!
Ludwig
P.S. If the censor reads this it serves him right!

399/400 Postkarte an Gilbert Pattisson
der Kreml mit der Basilius-Kathedrale

401 Das Lenin-Mausoleum
1926 von Alexei Wiktorowitsch Schtschussew zunächst in Holz, 1930 in Stein errichtet, im Hintergrund die Kreml-Mauer mit dem Spasski-Turm von 1491

Drury im Gespräch mit Wittgenstein
Connemara, Irland, Sommer 1934:
Wittgenstein had already been to see the Russian Ambassador in London, Maisky, in order to get a visa to visit Russia. He told me that this was the only time he had worn a tie instead of his usual open neck shirt. He did this in case Maisky thought he was putting on an act in coming in unconventional dress. Maisky had asked him if he could speak any Russian and Wittgenstein had replied "well, try me". After they had been talking for some time, Maisky had said, "not bad at all". – Russian, said Wittgenstein, was a most beautiful language to listen to.

We talked for a time about Lenin.
Wittgenstein: "Lenin's writings about philosophy are of course absurd, but at least he did want to get something done. A most remarkable face, partly Mongolian in feature. Isn't it remarkable that, in spite of their professed materialism, the Russians have gone to such trouble to preserve Lenin's body in perpetuity; and to visit his tomb. You know I don't think much of modern architecture, but that tomb in the Kremlin is well designed."

1949, Phoenix Park, Dublin:
Wittgenstein: "The Cathedral of St. Basil in the Kremlin is one of the most beautiful buildings I have ever seen. There is a story – I don't know whether it is true but I hope it is – that when Ivan the Terrible saw the completed Cathedral he had the architect blinded so that he would never design anything more beautiful."
[…]
"What a *wonderful* way of showing his admiration!"

402 Die sowjetische Akademie der Wissenschaften in Moskau
Hier traf Wittgenstein den Philosophen Pawel Juschkewitsch, einen Empiriokritiker, der ar der Sorbonne studiert hatte.

403 Wittgensteins Taschenkalender
Straßenskizze zum Kasaner Bahnhof in Moskau, in Wittgensteins *Cambridge Pocket Diary 1934–1935*

404 Das Klubhaus der Arbeiter in Moskau
In den dreißiger Jahren ein Treffpunkt von westlichen Emigranten und Journalisten; hier traf Wittgenstein den Redakteur des *Daily Worker*, Pat Sloane.

Fanja Pascal, Erinnerungen an Wittgenstein:
When he returned from Russia he sent Skinner to give me a report. At least, that was what Francis said: "Dr. Wittgenstein asked me to give you a report." First came some technical details of the journey. He had been well received. He went to Moscow University to call on Mrs Yanovska, Professor of Mathematics, and sent in his name. He heard her exclaim in astonishment: "What, not the great Wittgenstein?" At this stage I conjectured that he had sent Skinner so as to report truthfully things he could not have spoken of himself. He had been offered a chair of philosophy at Kazan, the university where Tolstoy had studied. He had taken no decisions about his future.

Of Professor Yanovska, Wittgenstein told me later that she was a fine person, with a young son to bring up. Her life was hard, and she suffered from diabetes.

405 Der Hafen von London, Royal Albert und King George Dock

Am 29. September 1935 kehrt Wittgenstein zurück nach England. Gilbert Pattisson trifft ihn am Hafen von London. Wittgenstein hatte sich, wie er dem Freund berichtet, gegen ein Leben in der Sowjetunion entschieden:
One could live there, but only if one kept in mind the whole time that one could never speak one's mind […]

It is as though one were to spend the rest of one's life in an army, any army, and that is a rather difficult thing for people who are educated.

[Wittgenstein] explained: When you're in the army and you get a knife, a fork and a spoon and then someone filches your knife, it doesn't matter much. You simply filch someone else's. And this goes on and on, but the number of knives remains the same, so that no one really suffers. But someone who's been brought up like us doesn't filch someone else's knife.

406/407 Gilbert Pattisson, photographiert von Ludwig Wittgenstein

Mit dem Ende des Easter Term im Juni 1936 endet Wittgensteins Research Fellowship. Ausnahmsweise wird es bis zum September verlängert. Im Juli 1936 macht Wittgenstein Ferien in Frankreich. Im Auto reist er mit Gilbert Pattisson durch die Bretagne.

Pattisson berichtet, wie Wittgenstein, der gern amerikanische Gangsterfilme sah, ihn in diesem Stil photographierte und wie er sich der Redensarten aus diesen Filmen bediente. Als sie zum Beispiel auf der Reise einmal vor einem Hotel hielten und Wittgenstein Pattisson bat zu sehen, ob es ihnen wohl passen würde, sagte er statt dessen:
"Go and case this joint!"

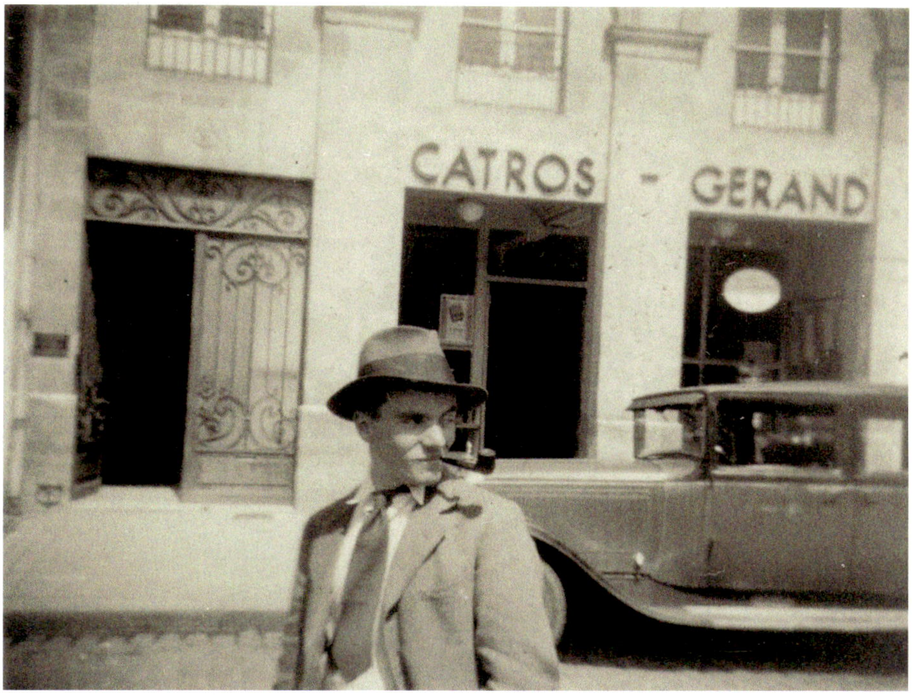
CATROS
GERAND

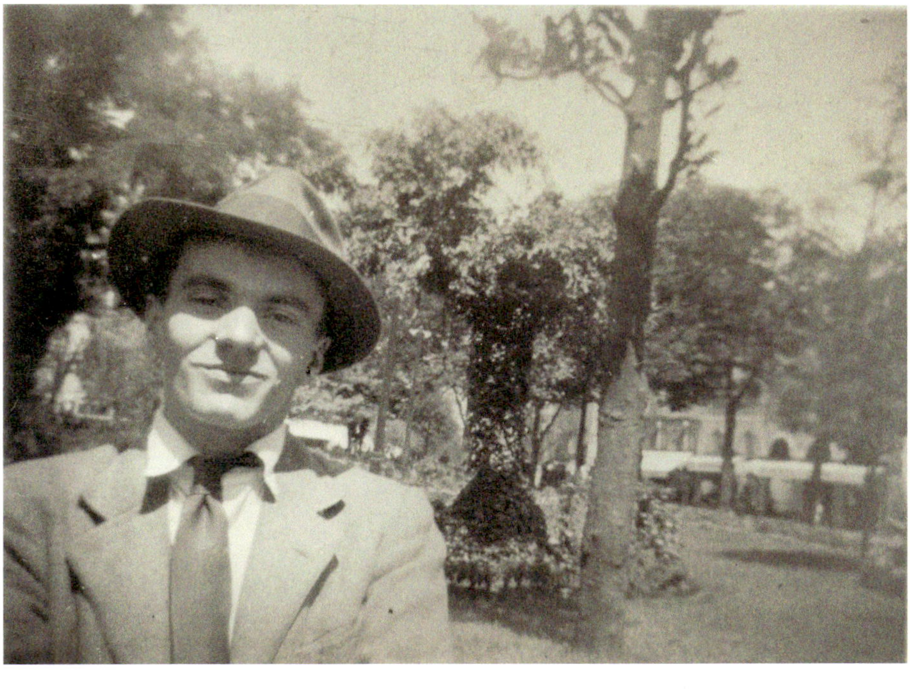

408/409 Aufnahmen von Gilbert Pattisson
während einer Frankreich-Reise im Juli 1936

Dear Moore,
Enclosed please find the photos. I don't know whether they are any d... good, but anyhow they're easily as good as I am. One – in the Botanical garden – was taken in Dublin by Drury, the other two by Pattisson in France. The one on which I look like an old prophet was taken when I was rather ill. The one with the bridge in the background was taken while I was taking a photo myself. If you don't like them throw them away and I'll send you better ones when there will be some.
November 1936

Drury über einen Besuch Wittgensteins mit Skinner in Dublin, 1936:
The next day we were in Woolworth's for some purchases. Wittgenstein noticed some cheap little cameras. – "What fun it would be to take some snaps of each other." – So he insisted on buying three cameras, one for each of us. Then he wanted to climb to the top of Nelson's Column to view the city from there. We took a lot of photographs but they didn't turn out very well!

Wittgenstein an Ludwig Hänsel
10. September 1938:
Ich werde einen Laokoon für Photographen schreiben!

410 Aufnahmen von Ludwig Wittgenstein
während der Frankreich-Reise mit Pattisson; in
den zwei rechten Spalten die Freunde Norman
Malcolm, Francis Skinner, Lettice Ramsey sowie
ein japanischer Kunsthändler aus London

411 Palmenhaus im Phoenix Park, Dublin
Wittgenstein konnte in den Glashäusern des Botanischen Gartens besonders gut arbeiten.

412 Kingsbridge Railway Station, Dublin

Aus Drurys Notizen 1936:
In the evening, walking along the quays, we saw Kingsbridge station outlined against the sky. In the distance it looked impressive. Wittgenstein wanted to go nearer and see it in more detail. But when we came close he shook his head: "No, the details are poor, that cornice, for example. What have I always said to you: night is the architect's friend!" […]

Noticing the street names in Irish, we talked about the efforts being made to revive the language.

Wittgenstein: "It is always a tragic thing when a language dies. But it doesn't follow that one can do anything to stop it doing so. It is a tragic thing when the love between a man and wife is dying; but there is nothing one can do. So it is with a dying language. Though one thing is achieved by putting these notices in Irish: it makes one realize that one is in a foreign country. Dublin is not just another English provincial town: it has the air of a real capital city."

413 Maurice O'Connor Drury (1907–1976)
photographiert von Wittgenstein in Irland

414 Sigmund Freud *Die Traumdeutung,* 1900

Aus Drurys Notizen 1936:
[In a letter Wittgenstein said] that he and Francis Skinner were seriously thinking of coming to Dublin and joining me in studying medicine, and he asked me to make enquiries about the possibility of the two of them entering the medical school. I went and asked my tutor about this, and he seemed astounded that a Fellow of Trinity Cambridge and a University lecturer should think of giving this up and starting all over again in the medical school!

Another letter from Wittgenstein, in which he suggested that if he did qualify as a doctor he and I might practise together as psychiatrists. He felt that he might have a special talent for this branch of medicine. He sent me as a birthday present a copy of Freud's Interpretation of Dreams. This, he wrote, was the most important of Freud's writings. When he first read it he said to himself, "Here at last is a psychologist who has something to say."

When we talked about this later, he said he would not want to undergo what was known as a training analysis. He did not think it right to reveal all one's thoughts to a stranger. Psychoanalysis as presented by Freud was irreligious. "It is a very dangerous procedure; I know of a case where it did infinite harm."

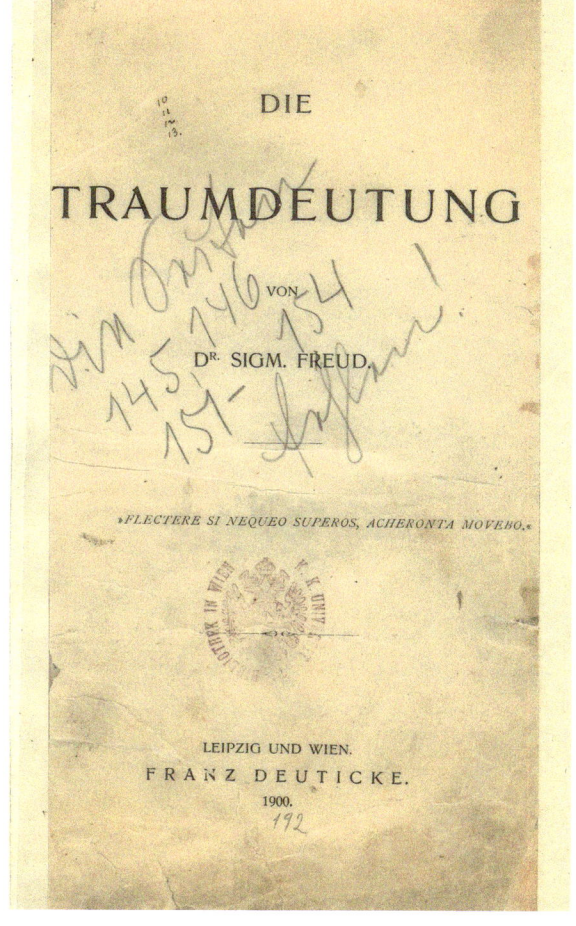

415 Treppenhaus in der Wiener Universität

416 Wittgenstein an Friedrich Waismann
Am 22. Juni 1936 wurde Moritz Schlick auf dem Weg zu seiner Vorlesung im Stiegenhaus der Wiener Universität von einem seiner ehemaligen Studenten, Johann Nelböck, ermordet.

Dienstag

Lieber Herr Waismann!

Der Tod Schlicks ist wirklich ein großes Unglück. Auch Sie & ich haben viel an Ihm verloren. Ich weiß nicht, wie ich seiner Frau & den Kindern meine Teilnahme ausdrücken soll, die ich, wie Sie wissen, wirklich fühle. Wenn es Ihnen möglich ist, so täten Sie mir einen großen Gefallen, wenn Sie seine oder Kinder, oder seine Frau schlicht, aufsuchten & ~~~~ Ihnen sagten, daß ich mit warmer Teilnahme an sie denke, daß ich aber nicht weiß, was ich ihnen schreiben soll. Sollte

417 Wittgenstein mit seiner Nichte Marie
einer Tochter der Schwester Helene Salzer

Liebe Helene!
Vielen Dank! Es enttäuscht mich, daß Mariechen nur *ein* Kind bekommen hat und ich glaube es ist nicht gründlich nachgeschaut worden. Wahrscheinlich war noch ein kleines irgendwo drin, wie oft bei Kastanien noch eine ganz kleine in irgend einem Fach sich findet. Vielleicht kann man wieder einmal nachschauen. Es muß alles durchsucht werden.
    Ich lege ein paar Marken für sie bei. Sei herzlichst gegrüßt
Dein Ludwig.
Mai 1924

418 Weihnachten in der Alleegasse

Wittgenstein an die Schwester Hermine
November 1929:

Ich will Dich und Paul um etwas bitten was unser Weihnachtsfest (ich meine das in der Alleegasse) betrifft. Du weißt gewiß, daß es, seit Mama tot ist, nicht mehr so *ganz* und gar befriedigend war und ich glaube, das ist sehr selbstverständlich; […] Nun, der Grund ist der, daß nicht einmal wir 5 Geschwister (aber noch weniger wir und unsere Neffen und Nichten) so geartet sind daß wir *alle zusammen* und ohne die Sauce der Freunde eine gute Gesellschaft geben: Du kannst mit mir oder der Gretl ein Gespräch haben, aber schon schwerer wir alle drei zusammen, Paul und Gretl noch viel weniger. Die Helene geht mit jedem von uns gut zusammen, aber es würde uns doch nie einfallen zu dritt Du, Helene und ich zusammenzukommen.

Wir sind eben alle ziemlich harte und scharfhäutige Brocken, die sich darum schwer aneinander schmiegen können. – Dagegen geht es herrlich, wenn Freunde dabei sind, die einen leichteren Ton und noch anderes was uns fehlt in unsere Gesellschaft bringen. […]

Daran ist gar nichts traurig, sondern unsere Naturen sind so und unsere ersprießlichsten Eigenschaften hängen zum Teil damit zusammen. – Unter uns taugen wir zum Gespräch d. h. zur Geselligkeit zu zweit – aber nicht eigentlich zu Spielen u. dergleichen. Und wenn man beisammen ist, muß man *Etwas* tun. Es ist ein Unding gemütlich beisammen sein zu wollen ohne daß alle etwas verbindet – (Und die Gemütlichkeit ist an sich keine Tätigkeit). Das bloße Anschauen des Baumes und der Geschenke genügt auch nicht. […]

Noch einmal: es ist nicht einzusehen wie wir das, was wir das ganze Jahr hindurch *nicht können* und *nicht wollen*, nämlich ohne Gesellschaft von Freunden alle Fünf beisammen zu sein, warum wir das an diesem einen Abend mit gutem Erfolg zusammenbringen sollten.

419 In Norwegen mit Francis Skinner, 1937
Aufnahmen Wittgensteins, links unten Anna Rebni, in deren Haus in Skjolden er immer wieder wohnte

Schreibe mehr oder weniger aus langer weile. Ich fühle: *ich treibe*. Eitel, gedankenlos, ängstlich. Ich wünsche jetzt durchaus nicht, allein zu leben. Fürchte, ich werde bedrückt sein und nicht arbeiten können. Ich möchte jetzt bei jemandem wohnen. In der Früh ein menschliches Gesicht sehen. — Anderseits bin ich jetzt wieder so VERWEICHLICHT, daß es vielleicht gut wäre allein sein zu müssen. Bin jetzt außerordentlich verächtlich. Darin daß ich das schreibe liegt natürlich eine Unwahrheit. — Haltlos.

Ich habe das Gefühl, daß ich jetzt nicht ganz ohne Ideen wäre, aber daß mich die Einsamkeit bedrücken wird, daß ich nicht arbeiten werde können. Ich fürchte mich, daß in meinem Haus alle meine Gedanken werden getötet werden. Daß dort ein Geist der Niedergeschlagenheit von mir ganz Besitz ergreifen wird. Es sei denn vielleicht, daß ich finde, daß ich dort leben *muß*, weil kein andrer Platz für mich ist. Es ist nur seltsam, daß ich mich doch auch beinahe fürchte in Skjolden und nicht in meinem Haus zu wohnen, ich fürchte mich davor, daß mein Haus wie ein drohender Gedanke hinter mir stehen wird, wie ein Vorwurf.

Denn ich wünsche mir jetzt eine gewisse Fröhlichkeit bei der Arbeit. Und gibt es die für mich? Gibt es sie für mich *hier*? Oder wo anders?

Ist mein Arbeitsgeist schon gebrochen? oder werde ich noch arbeiten können? In Cambridge könnte ich *lehren*, aber schreiben auch nicht.
16. August 1937

Bin ganz in Kleinlichkeit verstrickt. Bin irritiert, denke nur an mich und fühle, daß mein Leben elend ist, und dabei habe ich auch gar keine Ahnung, wie elend es ist. — Was ich alles in meinem Haus brauche! Welcher Apparat und wie wenig dabei herauskommt! Mein Zimmer, das mich früher entzückt hat, ist mir jetzt fremd, es sieht mich unfreundlich an, oder doch ohne jede Freundlichkeit. Ich bin ungut, unfromm.
17. August 1937

420 Wittgensteins Taschenkalender

Ich fühle mich sehr seltsam; ich weiß nicht ob ich ein Recht oder einen guten Grund habe, jetzt hier zu leben. Ich habe kein wirkliches Bedürfnis nach Einsamkeit, noch einen überwältigenden Trieb zu arbeiten. Eine Stimme sagt: warte noch, dann wird es sich zeigen. – Eine Stimme sagt: Du wirst es hier unmöglich aushalten können; Du gehörst nicht mehr hierher! – Aber was soll ich machen? Nach Cambridge? dort werde ich nicht schreiben können. Ich sehne mich nach Fr. Oder, ich fürchte, daß er sich nach mir sehnt und möchte sein, wo er ist. – Und ich möchte sein, wo ich gebraucht werde. Freilich, – vielleicht sehe ich es alles falsch an. Ich will nicht leiden. – So närrisch es scheint, so kommt es mir fast vor, als sollte ich sofort meine Sachen packen und nach Cambridge zurückfahren. — Andererseits ist auch das möglich: Ich sage mir (und meinen Freunden): ich werde hier 4–6, höchstens aber 8 Wochen bleiben, und dann nach England (bzw. Dublin) zurückkommen (D. o.). Ich kann mir vornehmen, es 4–6 Wochen hier auszuhalten und zu arbeiten und ich kann von F. verlangen, daß er es solange aushält. Dagegen kommt mir vor, als hätte ich kein Recht, bis Weihnachten hier zu bleiben; ganz abgesehen davon, daß ich mir nicht denken kann, wie ich es hier so lange würde treiben können. Eines ist klar: ich bin jetzt *hier* – wie und warum immer ich hierher gekomen bin. So laß mich mein Hiersein benützen, soweit es geht.

Ich kann mir nicht vornehmen, bis Weihnachten hier zu bleiben. (Wie ich es voriges Jahr getan habe.) Denn ich habe keinerlei Aussicht, eine solche Zeit mit Arbeit und Denken ausfüllen zu können! – Ich befinde mich jetzt ganz anders. – Wohl aber kann und soll ich mein Hiersein jetzt benützen, und denken und arbeiten: Aber nicht auf unbestimmte Zeit! Denn davor graut mir, und ich glaube, mit Recht. D. h. ich kann etwa 6 Wochen dableiben, *wie immer* meine Arbeit gehen sollte, habe ich aber nach dieser Zeit keinen *klaren* Grund anzunehmen, daß ich hier besser arbeite als anderswo, dann wird es Zeit sein zu gehen. Möge Gott geben, daß ich die Zeit, welche ich hier bin, gut benütze!
19. August 1937

421 Marguerite Respinger in Skjolden, 1937
Aufrahmen Wittgensteins in seinem Photoalbum

Mir geht in den letzten Wochen immer wieder ein Thema im Kopf herum und ich brumme oder pfeife es: es ist der Schluß der Ouvertüre zu den ‚Lustigen Weibern', manchmal auch ein anderes Stück der Ouvertüre. Es entspricht dies gar nicht besonders meiner Stimmung, noch habe ich das Stück so besonders gern und doch drängt es sich mir *immer wieder* auf. Ich möchte wissen, warum. Als ich diese Zeilen schrieb und das Wort „lustige Weiber", dachte ich: sollte da der Schlüssel liegen? Aber ich wüßte nicht, wieso. Ich glaube das Thema fiel mir damals ein als ich noch bei Anna Rebni wohnte und da konnte das damit zusammenhängen, daß dort in der Küche ein paar lustige Weiber waren, aber die machten mir keinen großen Eindruck.
4. Oktober 1937

Das Leben hier ist mir eines Teiles furchtbar, anderseits hat es etwas schönes und auch freundliches. Ich liebe in gewissem Sinn meine Stube, mein Essen; auch habe ich eine gewisse Anhänglichkeit an die Menschen, die mit mir immer gleichmäßig nett und freundlich sind. Es ist ein *gemütliches* Verhältnis zwischen mir und ihnen. Ich glaube es wäre ihnen etwas leid, wenn ich reiste. Ich *denke* daran in einem Monat oder anderthalb zu reisen. Aber ich denke nie daran ohne Furcht: werde ich es erleben? wird etwas anderes mich früher schon zur Reise zwingen etc.. Ich fürchte mich vor Krankheit und Tod, vor meinem und vor dem eines Freundes, oder einer Schwester, oder des Max, oder Paul. Und doch ist das alles falsch und schlecht und zum Teil sogar gemein; und doch fürchte ich mich. Es geht mir mit dem Leben beinahe, wie einer Dame, die in den „Don Carlos" ging, in der Meinung, es sei ein Lustspiel, und nach einigen Akten indigniert aufstand, mit den Worten: „Il me semble que c'est une tragédie!" Ich sehe das Leben falsch an, will das Schwere immer wieder /hartnäckig/ ignorieren, statt daß ich lerne, „daß mein Leben . . . . ". Ich bin wie ein Kind, das immer *nur spielen* möchte!
16. Oktober 1937

422 Skizzen Wittgensteins in seinem Taschenkalender von 1935–1936

Ziehe den ganzen Tag herum – was nicht recht ist – weil ich mich innerlich bedrückt fühle. Es ist als ob ein Gewicht in der Magengegend auf mir läge; aber ich glaube nicht, daß das vom Essen kommt. Ich möchte fliehen, aber es wäre unrecht und ich kann es gar nicht. Vielleicht aber könnte ich es auch – ich könnte morgen packen und den nächsten Tag abfahren! Aber möchte ich es? Wäre es richtig? Ist es nicht richtig, hier noch auszuhalten? Gewiß. Ich würde mit einem schlechten Gefühl morgen abfahren. ‚Halt es aus', sagt mir eine Stimme. Es ist aber auch Eitelkeit dabei, daß ich aushalten will; und auch etwas Besseres. — Der einzige triftige Grund hier früher oder gleich abzureisen wäre der, daß ich anderswo jetzt vielleicht besser arbeiten könnte. Denn es ist Tatsache, daß der Druck, der jetzt auf mir liegt mir das Arbeiten beinahe unmöglich macht und vielleicht in einigen Tagen wirklich unmöglich. Und dann verliere ich hier meine Zeit (d. h. meine Arbeitszeit). Und das ist für mich schlimm. Ist es aber nicht gerade die Reiseunruhe, die mir das Arbeiten so ungemein schwer macht? Kann ich nicht versuchen mich zu beruhigen? Schlechter Schlaf, wenig Licht, das sind Hindernisse.
22. November 1937

Der See ist nun eingefroren und ich kann nicht mehr rudern; muß über den Fluß gehen. Schlechter und langer Weg.
24. November 1937

Bin ängstlich, hier von Eis eingeschlossen zu werden. Über den Fluß kann man nicht mehr gehen, weil da das Eis weggeschwemmt ist. Die Angstgedanken hindern mich am Arbeiten.
    Hatte große körperliche Anstrengung gestern und heute um ins Dorf und zurück zu kommen. Bin dadurch so müde, daß ich gar nicht denken kann.
25. November 1937

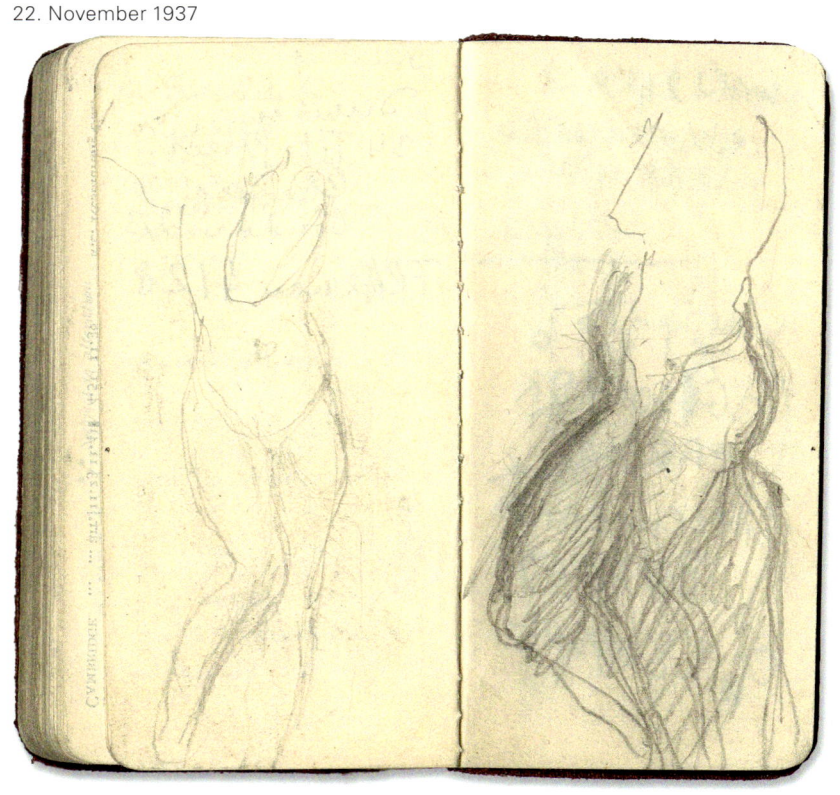

V. Zeichne bei den Skizzen von Körpern auch solche Linien und Kanten ein, die du eigentlich nicht sehen kannst, die aber das wesentliche des Körperlichen hervortreten lassen; zum Beispiel zeichne ein Prisma statt so: [Skizze] so: [Skizze] also mit lauter die eigentlich verhüllt sind; damit dir

der körperliche Zusammenhang ganz klar wird, oder einen Kegel so [Skizze] mit seiner Mittellinie etc. etc. oder so [Skizze] damit Dir z. B. klarer wird in welcher Richtung die Grundfläche liegt u.s.w. Ich hoffe, daß ich mich klar ausgedrückt habe!
Dein treuer Bruder
Rudi

423/424 Brief an die Schwester Hermine

425 Tuschzeichnung von Wilhelm Busch

Auf der Rückseite des Rahmens:
Eigentum von Dr. Ludwig Wittgenstein
(Leihgabe)

426 Hermine Wittgenstein auf der Hochreith

Wittgenstein an die Schwester Hermine,
November 1929:
Liebe Mining!
Danke für Deinen Brief und das Blatt. Ich glaube daß in dieser Zeichnung Deine *besten* malerischen Qualitäten nicht zum Ausdruck gekommen sind und zwar vielleicht darum, weil hier „Strich" nötig wäre, wie vielleicht überall, wo etwas nur angedeutet ist. Wenn der Busch z. B. einen Mist auf dem Boden zeichnet, so drückt sein Strich Mist aus und man fragt sich nicht lange: sind das Strohhalme oder alte Fetzen? Deine Blumen auf dem Grab aber sind, wenn ich mich nicht irre, weder wirkliche Blumen, noch ein Symbol für solche, sondern nur ungenau gezeichnete Blumen, Bänder etc, und der Schatten wo er in größeren Flächen auftritt, wirkt durch die gleichmäßige Schraffierung tot; er ist glaube ich auch nur ein ungenau gezeichneter Schatten, in dem man sich nicht auskennt. Nun freut mich aber das Blatt trotzdem und sogar trotz der Schrift, die ich abominabel finde. – Wessen Schrift ist das, und warum hast Du nicht Deine eigene dazu genommen, die vielleicht die einzige gewesen wäre, die zu dem übrigen gepaßt hätte? Ich habe sofort das weiße rund um die Zeichnung weggeschnitten und sie auf ein braunes Packpapier gelegt und so hat sie einen gewissen Reiz für mich; und darum nochmals vielen Dank!

Bitte vergiß nicht Tante Fine herzlichst von mir zu grüßen, oder grüßen zu lassen. Es ist herrlich, daß es ihr besser geht. Auch die Baumayer grüße, bitte, und den Geiger. Ich würde mich auch sehr freuen wenn Du etwas in der Kundmanngasse maltest. Ich bin froh, daß die Plastiken gut stehen.
Dein Ludwig

Meine Bemerkungen über Dein Blatt sind übrigens überflüssig, weil Du das alles natürlich ebensogut weißt wie ich.

427 Das Haus in Skjolden
photographiert von Wittgenstein

428 Ludwig Wittgenstein
photographiert von Moritz Nähr und beschnitten von Wittgenstein

Ich schäme mich dieses Haus zu haben und nicht darin zu wohnen. Es ist aber sonderbar, daß diese Scham ein so mächtiges Gefühl sein soll. Ich habe nämlich jetzt das Gefühl, daß ich nicht in meinem Haus werde arbeiten können. Die Einsicht bedrückt mich. Dagegen habe ich einige Hoffnung bei Anna Rebni arbeiten zu können. Aber der Gedanke ist mir unheimlich daß ich dort wohnen soll und mein Haus leer stehen lasse. Bin wieder fürchterlich *ungeduldig*.
 Bin zu Anna Rebni übersiedelt. Bin sehr müde, obwohl ich eigentlich nicht gearbeitet habe. Werde ich hier arbeiten können? Wenn Gott will, so werde ich wieder genesen und arbeiten können, und auch in meinem Haus arbeiten können. —
18. August 1937

Eine Auffassung: Wie ich aus meiner Physiognomie auf meinen Geist (Charakter, Willen) schließen kann so aus der Physiognomie jedes Dinges auf *seinen* Geist (Willen).
-
Kann ich aber aus meiner Physiognomie auf meinen Geist *schließen*?
-
Ist dies Verhältnis nicht rein empirisch?
-
Drückt mein Körper wirklich etwas aus?
 Ist er selbst der interne Ausdruck von etwas?
-
Ist etwa das böse Gesicht an sich böse oder bloß weil es empirisch mit böser Laune verbunden ist?
-
Aber es ist klar daß der Kausalnexus gar kein Nexus ist.

Ist es denn wahr, daß sich mein Charakter nach der psychophysischen Auffassung nur im Bau *meines* Körpers oder meines Gehirns und nicht ebenso im Bau der ganzen übrigen Welt ausdrückt?
1916

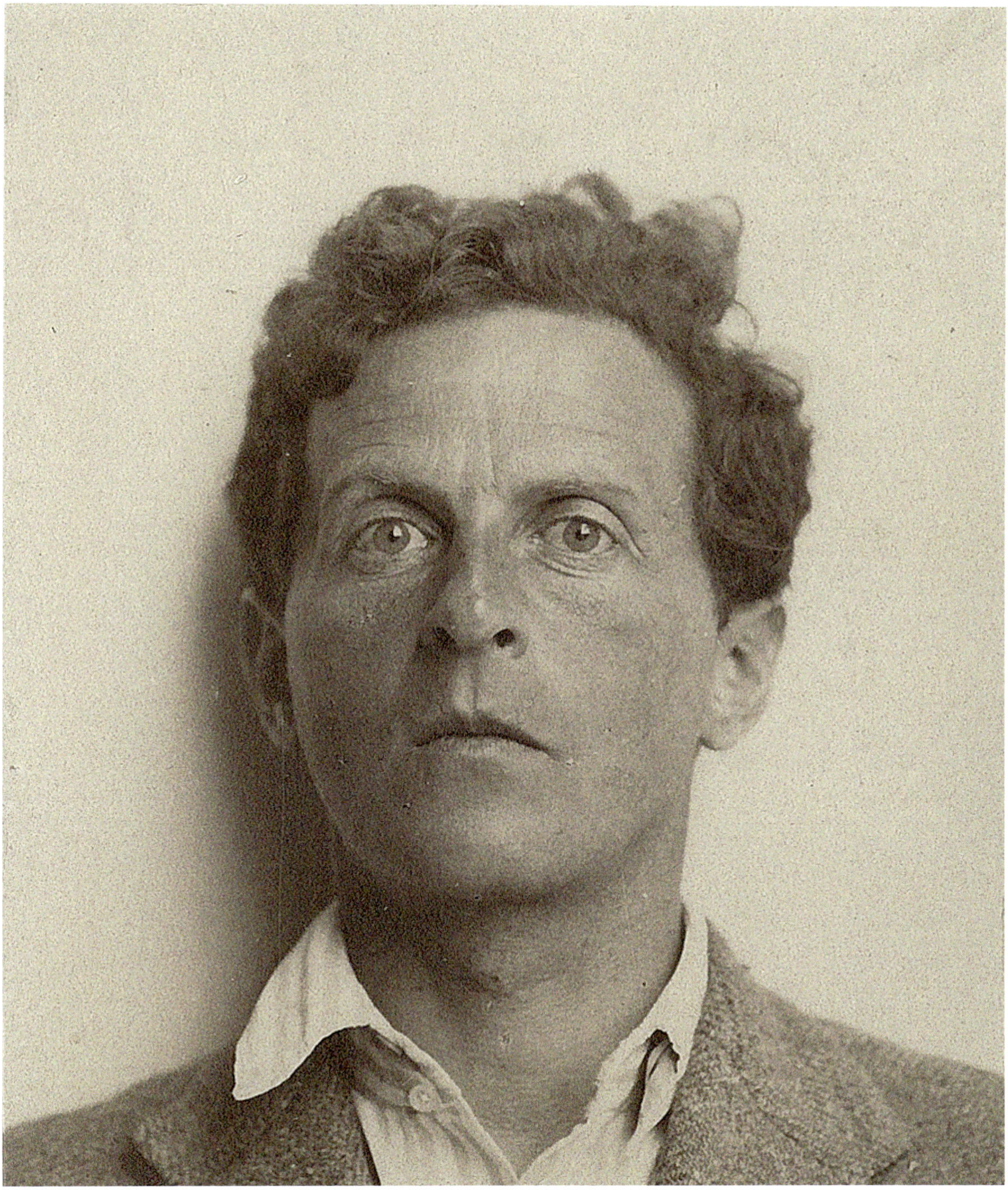

**429 Aufnahmen von Ludwig Wittgenstein,
zusammengestellt von Ben Richards**
Freunde und Familienmitglieder in Österreich: in
der Alleegasse, auf der Hochreith, in Neuwaldegg
und in Laxenburg; oben rechts der Freund Drury
in Irland

430 Marie Fillunger auf der Hochreith
mit Wittgensteins Nichten Marie und Clara,
Töchter der Schwester Helene

Liebe Helene!
Du schreibst in Deinem letzten Brief, ich
sei ein großer Philosoph. Gewiß, ich bin's,
und doch möchte ich's von Dir nicht hören.
Nenn' mich einen Wahrheitssucher und ich
will's zufrieden sein. Gewiß Du hast recht,
jede Eitelkeit ist mir fremd und selbst die
abgöttische Verehrung meiner Schüler vermag
nichts gegen die Unerbittlichkeit meiner
Selbstkritik. Freilich, ich muß es zugeben,
meine Größe setzt mich oft selbst in Staunen
und ich kann sie nicht fassen trotz der enormen
Größe meines Fassungsvermögens. Aber nun
genug der Worte, wo doch Worte nur leer sind
gegenüber der Fülle der Dinge.
Mögest Du ewig . . . .
Dein Ludwig
P.S. Ich danke Dir herzlich für das Rezept,
denn auch mein *Leib* bedarf der Pflege.
1934

Denk Dir jemanden, der eine Zeichnung oder
Photographie ungerne sähe, weil er sagt, daß
ein farbloser/unfärbiger/ Mensch häßlich sei.
Oder es könnte jemand finden daß winzige
Menschen, Häuser, etc. wie sie auf Bildern
sind, unheimlich, oder lächerlich, etc. sind.
Dies wäre gewiß ein sehr seltsames Benehmen.
(‚Du sollst Dir kein Bild machen.')

Denk an unsere Reaktion gegen eine gute
Photographie, gegen den Gesichtsausdruck der
Photographie. Es könnte Menschen geben, die
in einer Photographie höchstens eine Art von
Diagramm sähen, wie wir etwa eine Landkarte
betrachten; wir können daraus verschiedenes
über die Landschaft entnehmen, aber nicht
z. B. die Landschaft beim Ansehen der Karte
bewundern, oder ausrufen „Welche herrliche
Aussicht!".
31. Juli 1946

431/432 Arts Cinema und Kinema
zwei der vielen Kinos in Cambridge, die Wittgenstein regelmäßig besuchte

Norman Malcolm in seinen Erinnerungen an Wittgenstein:

Wittgenstein was always exhausted by his lectures. He was also revolted by them. He felt disgusted with what he had said and with himself. Often he would rush off to a cinema immediately after the class ended. As the members of the class began to move their chairs out of the room he might look imploringly at a friend and say in a low tone, "Could you go to a flick?" On the way to the cinema Wittgenstein would buy a bun or cold pork pie and munch it while he watched the film. He insisted on sitting in the very first row of seats, so that the screen would occupy his entire field of vision, and his mind would be turned away from the thoughts of the lecture and his feelings of revulsion. Once he whispered to me "This is like a shower bath!" His observation of the film was not relaxed or detached. He leaned tensely forward in his seat and rarely took his eyes off the screen. He hardly ever uttered comments on the episodes of the film and did not like his companion to do so. He wished to become totally absorbed in the film no matter how trivial or artificial it was, in order to free his mind temporarily from the philosophical thoughts that tortured and exhausted him.

Kann nicht arbeiten. Denke viel über einen eventuellen Wechsel meiner Nationalität nach. Lese in der heutigen Zeitung daß eine weitere zwangsweise Annäherung Österreichs an Deutschland erfolgt ist. — Aber ich weiß nicht was ich eigentlich machen soll.
16. Februar 1938

433 Norman Malcolm (1911–1990)
photographiert von Wittgenstein

Die Erfahrung, wenn man aus dem Kino auf die Straße tritt, und Straße und Menschen sieht, als wären sie auf dem Lichtschirm und Teil einer Filmhandlung. Woran liegt es? *Wie* sieht man die Straße und die Menschen? Ich könnte nur sagen: ich habe z. B. den flüchtigen Gedanken „Vielleicht wird *dieser* Mann eine Hauptperson im Stück sein". Aber das allein ist es nicht. Meine Einstellung ist irgendwie die zu den Vorgängen im Film/ auf der Leinwand/; etwa wie eine milde Neugierde, ein Vergnügen. — Aber das alles kann ich zuerst gar nicht sagen.
3. März 1948

„**N**ur das intendierte Bild reicht als Maßstab an die Wirklichkeit heran. Von außen betrachtet steht es gleich tot und isoliert da". Es ist als hätten wir ein Bild so angeschaut, daß wir in ihm leben und die Gegenstände in ihm uns als wirkliche umgeben, und dann träten wir zurück und wären nun außerhalb, sähen den Rahmen und das Bild wäre eine bemalte Fläche. So, wenn wir intendieren, umgeben uns die Bilder der Intention, und wir leben unter ihnen. Aber wenn wir aus der Intention heraustreten, so sind es bloße Flecke auf einer Leinwand, ohne Leben und ohne Interesse für uns. (Wir könnten auch sagen:) Wenn wir intendieren, leben wir im Raum der Intention unter den Schatten der Intention/ unter den Bildern (Schatten) der Intention/ zugleich mit den wirklichen Dingen. Denken wir, wir sitzen im verdunkelten Kino und leben im Film/im Vorgang des Films/. Der Saal werde nun erhellt aber das Lichtspiel auf der Leinwand gehe weiter. Aber jetzt sehen wir es plötzlich „von außen" als Bewegungen von lichten und dunkeln Flecken auf einer Leinwand./ Aber jetzt stehen wir es plötzlich außerhalb und sehen es als Bewegungen . . . . ./ (Im Traum geschieht es manchmal, daß wir eine Geschichte erst lesen, und auf einmal/ dann/ in ihr selbst agieren. Und nach dem Aufwachen aus einem Traum ist es manchmal als wären wir aus dem Traum heraus zurückgetreten und sehen ihn jetzt, als ein fremdes Bild, vor uns.) Und es heißt auch etwas „in den Seiten eines Buches leben".
1933

Der amerikanische, dumme und naive Film kann in aller seiner Dummheit und *durch* sie belehren. Der trottelhafte, nicht-naive/affektierte/ englische Film kann nicht belehren. Ich habe oft aus einem dummen amerikanischen Film eine Lehre gezogen.
2. April 1947

King's College,
Cambridge.
14.3.38

Dear Wittgenstein,

Before trying to discuss, probably in a confused way, I want to give a clear answer to your question. If as you say it is of "vital importance" for you to be able to leave Austria and return to England, there is no doubt — you <u>must not go to Vienna</u>. Whether you are a lecturer at Cambridge or not, now you would not be let out: the frontier of Austria is closed to the exit of Austrians. No doubt these restrictions will have been somewhat relaxed in a month's time. But there will

434 Brief von Piero Sraffa

435 Sraffa in Cambridge
Aufnahme eines Straßenphotographen

Was ich von Österreich höre, beunruhigt mich. Bin im Unklaren darüber, was ich tun soll, nach Wien fahren oder nicht. Denke hauptsächlich an Francis und daß ich ihn nicht verlassen will.
12. März 1938

Ich bin jetzt in einer außerordentlich schwierigen Lage. Durch die Einverleibung Österreichs ins Deutsche Reich bin ich deutscher Staatsbürger geworden. Dies ist für mich ein furchtbarer Zustand, denn ich bin nun abhängig von einer Macht, die ich in keinem Sinne anerkenne. Die deutsche Staatsbürgerschaft ist wie ein heißes Eisen für mich, das ich ständig halten müßte. Das heiße Eisen will ich also wegwerfen. Ich könnte dies versuchen indem ich versuchte die irische, oder britische Staatsbürgerschaft zu erwerben. Wenn mir aber das gelingt, so ist es ungemein wahrscheinlich, daß ich nicht werde Österreich betreten dürfen, d.h. meine Familie nicht werde wiedersehen können! Ich muß also das heiße Eisen halten, oder meine Familie nicht mehr wiedersehen.

Warum nun ist es ein ‚heißes Eisen'? Warum unterwirfst Du Dich nicht in aller Freundlichkeit der neuen Obrigkeit?, die Du ja nicht berufen hast? Was macht es eigentlich, daß du einen deutschen Judenpaß erhältst, statt des alten österreichischen? Warum soll Dir dieser in der Tasche brennen, wenn's der andere nicht getan hat? – Ist es wegen der Schmach, die ihm in Österreich anhaftet? In Österreich wirst Du bei Deinen Verwandten leben und von der/ihr/ nichts spüren; und im Ausland auch nicht. – Dennoch fühle ich daß diese Zugehörigkeit als ständiger Druck auf mir lasten wird. Teils, weil meine Situation dadurch nicht klar und einfach ausgesprochen ist. Aber warum willst Du sie aussprechen; jeder der Dich kennt, weiß ohnehin, wohin Du gehörst. Etwa, weil der Konflikt solange die Sache nicht klar ausgesprochen ist immer über mir schwebt. Aber ferner weil ich in Österreich nicht arbeiten könnte und arbeiten *muß*, um leben zu können, ich meine: um bei Verstande zu bleiben. Ich werde daher im Ausland leben müssen. Aber als deutscher Jude werden sie mich, wenn ich einmal in Österreich bin, nicht mehr hinauslassen.
14. März 1938

Mir geschah heute beim Aufwachen was mir so oft geschieht, wenn ich den Tag über von irgend einer Situation schwer bedrückt bin: ich erwachte in mich hinein lachend („chuckling" ist das richtige Wort). Und es ist, als ob sich die Natur einen Ersatz verschafft hätte. – Die Situation in Wien bedrückt mich *außerordentlich*. Darum besonders, weil *ich* mich für eine Handlungsweise entscheiden muss. In meinem *Kopf* und in meinem Magen bin ich dafür entschieden, meine Staatsbürgerschaft zu verlieren. D.h., das ist die mir natürliche Reaktion, und da ich seit Jahren mit dem Gedanken auszuwandern gegangen bin, so könnte es nur natürlich sein./nicht anders sein./ Aber der Gedanke, meine Leute allein zu lassen, ist schrecklich.
16. März 1938

436/437 Wittgenstein und G. E. Moore in Moores Garten
photographiert von Norman Malcolm

Wittgenstein an Keynes, 18. März 1938:
I want […] to describe to you my present situation and ask you whether you can by any chance, in some way not too difficult for you, give me some advice or help. You know that by the annexation of Austria by Germany I have become a German citizen and, by the German laws, a German Jew (as three of my grandparents were baptised only as adults). The same, of course, applies to my brother and sisters (not to their children, *they* count as aryans). As my people in Vienna are almost all retiring and very respected people who have always felt and behaved patriotically it is, on the whole, unlikely that they are at present in any *danger*. I have not yet heard from them since the invasion and there hasn't been time as they would wait in any case with giving me news until things had settled down a bit. I wrote to them a week ago saying that if they needed me I would come home any time. But I *believe* that they aren't going to call me and also that I couldn't at present do anything for them, except possibly cheering them up a little. – If however I went to Vienna now the consequences would be a) that my passport, being an Austrian one, would be taken away from me and b) that, in all likelihood, *no* passport would be given to me; as passports, except in very special cases, are not, I gather, issued to German Jews. I could therefore c) not leave Austria again and d) never again get a job.

My people, who were rich before the war, are still wealthyish and will probably, even when a lot will be taken away from them, still have enough money to keep me (and they would *gladly* do so) but I needn't say this would be the last thing that I'd wish to happen.

I also must say that the idea of becoming (or being) a German citizen, even apart from all the nasty consequences, is APPALLING to me. (This may be foolish, but it just is so.)

For all these reasons I have now decided to try 1) to get a University job at Cambridge, 2) to acquire British citizenship.

The thought of acquiring British citizenship had *occurred* to me before; but I have always rejected it on the ground: that I do not wish to become a sham-Englishman (I think you will understand what I mean). The situation has however entirely changed for me now. For now I have to choose between two new nationalities, one of which deprives me of *everything*, while the other, at least, would allow me to work in a country in which I have spent on and off the greater part of my adult life, have made my greatest friends and have done my best work.

Now if I wish to try to become naturalized here I'm afraid I have to make haste; one of the reasons being that (as Sraffa pointed out to me) it would be easier as long as I hold an Austrian passport. And this I might have to give up before so very long.

As to getting a job at Cambridge you may remember that I was an assistant faculty lecturer for 5 years, and that the regulations don't allow one to hold this job for more than 5 years. When my 5 years had expired the faculty allowed me to go on lecturing as before and they went on paying me as before. Now it is for *this* that I shall apply, for there is no other job vacant. I had, in fact, thought of doing so anyway; though not now, but perhaps next autumn. But it would be important now for me to get a job *as quickly as possible*; for a) it would help me in becoming naturalised and b) if I failed in this and had to become a German I would have more chance to be allowed out of Austria again on visiting my people if I had a JOB in England.

I have talked all this over with Sraffa yesterday. He is leaving today or tomorrow for Italy and I came here in a hurry from Dublin to see him and talk with him. He thought the right thing for me is to see a solicitor about becoming naturalized, one who is an expert in this kind of thing. Sraffa thought that you might possibly be able to tell me the right person or give me some sort of advice about the matter, or also about applying for a University job.

I want to add that I'm in no sort of financial difficulties. I shall have about 300 or 400 £ and can therefore hold out for another year or so.

Aus Drurys Gesprächsnotizen, 1938:
G. E. Moore was retiring from the Professorship of Philosophy at Cambridge. Wittgenstein was debating whether he would apply for the chair.

Wittgenstein: "I would never be elected. I am now only a 'has been'. Nobody wants a 'has been'. One of the electors is Collingwood of Oxford. Can you imagine him voting for me?"

After his election, Wittgenstein told me that Broad had said: "To refuse the chair to Wittgenstein would be like refusing Einstein a chair of Physics." Wittgenstein knew how antipathetic Broad was to anyone of Wittgenstein's temperament, and he appreciated this tribute.

438 Die Schwester Helene aus Wien
April/Mai 1945

Von Wien beruhigend *klingende* Nachrichten. Offenbar für die Zensur geschrieben.
25. März 1938

Hermine Wittgenstein:
Ich erinnere mich, wie Paul mir eines Morgens nach dem „Umbruch" (dies der offizielle Name für die Einnahme Österreichs) mit bleichem Entsetzen mitteilte, wir gälten als Juden. Ich selbst, in meiner Weltfremdheit, konnte mir nichts anderes dabei vorstellen, als daß mich vielleicht einige Leute nicht mehr grüßen würden, und mein Leben, das sich beinahe nur in meinen vier Wänden abspielte, wäre vielleicht wirklich zuerst kaum berührt worden, mit Ausnahme des Verlustes meiner Tagesheimstätte, die mir ja nicht so unbedingt ans Herz gewachsen war. Anders stand es mit meinem Bruder Paul. Er war schon vor dem ersten Weltkrieg, in dem er den rechten Arm verlor, Pianist gewesen und hatte dann mit bewundernswerter Energie sich trotz seiner Verstümmelung einen Namen als Konzertspieler und Lehrer gemacht, und diese Tätigkeit gab ihm große Befriedigung. Als Jude durfte er sie aber nach dem Umbruch nicht mehr ausüben, und niemand kann sich vorstellen, was das für ihn bedeutete. Auch litt er auf seinen täglichen ausgedehnten Spaziergängen und Wanderungen unsäglich unter den abscheulichen Judenverboten, die auf Schritt und Tritt in krassester Weise drohten, und seine Selbstachtung verwundeten. Er ging herum wie einer, dem man die Grundlagen seines Lebens zerstört hat, und sprach nur immer davon, daß er nicht in Österreich bleiben könne.

> My dear Ludwig;
> not a day passes but that Mining and I talk about you; our loving thoughts are always with you. Please do not worry about us, we are quite well really and in best spirits and ever so happy to be here. To see you again will be our greatest joy.
> lovingly yours
> Helene

439 Die Schwester Margarete Stonborough

440 Widmung an Wittgensteins Schwester
Freud am Tag seiner Abreise ins Londoner Exil:
Frau Margaret
Stonborough,
zum vorläufigen
Abschied
3.6.1938 Freud
SIGM. FREUD
DIE ZUKUNFT EINER ILLUSION

Freud aus dem Exil in London an Margarete Stonborough, 5. November 1938:
Wenn Sie mich also wieder hier besuchen, finden Sie mich in einem anderen Haus, so schön und geräumig, daß es den Unkundigen über meine Verhältnisse irre führen könnte. Mein Sohn Ernst hat es für uns gefunden und umgebaut. Das Geheimnis ist natürlich, daß es zu zwei Dritteln der Bank gehört. Immerhin, es soll die wohlfeilste Art sein, in dieser theuren Stadt zu leben. Alle unsere Sachen sind unversehrt angekommen, die Stücke meiner Sammlung haben mehr Platz und machen viel mehr Eindruck als in Wien. Freilich ist die Sammlung jetzt todt, es kommt nichts mehr dazu, und fast ebenso todt ist der Eigentümer, von dem unlängst wieder ein Stück weggekommen ist. Meine letzte Operation ist nach fachlicher Aussage voll gelungen, in ihrer Folge habe ich also seit zwei Monaten keine gute Stunde gehabt, kann noch nicht ordentlich sprechen, essen und rauchen und die unausgesetzten Schmerzen machen einen müde, dumm und boshaft. Mit neuen Arbeiten geht es darum auch nicht. Der „Moses" ist nach mehreren Ländern verkauft und wartet dort auf Übersetzung. Ich bin überzeugt, daß er großes Mißfallen erregen wird, (und ich merke es) am allgemeinen Schütteln des Kopfes wie in der Jobsiade.

Freuds Idee: Das Schloß ist im Wahnsinn nicht zerstört, nur verändert; der alte Schlüssel kann es nicht mehr aufsperren, aber ein anders gebildeter Schlüssel könnte es.
2. Januar 1938

441 Fanja Pascal
photographiert von Wittgenstein im Nevile's Court, Trinity College

Man hat manchmal gesagt daß die Heimlichkeit und Verstecktheit der Juden durch die lange Verfolgung hervorgebracht worden sei. Das ist gewiß unwahr; dagegen ist es gewiß, daß sie, trotz dieser Verfolgung, nur darum noch existieren, weil sie die Neigung zu dieser Heimlichkeit haben. Wie man sagen könnte daß das und das Tier nur darum noch nicht ausgerottet sei weil es die Möglichkeit oder Fähigkeit hat sich zu verstecken. Ich meine natürlich nicht, daß man darum diese Möglichkeit preisen soll, durchaus nicht.
1931

Fanja Pascal, Erinnerungen an Wittgenstein:
"I have come to make a confession." He had just been to Professor Moore for the same purpose. "What did Professor Moore say?" He smiled. "He said, 'You are an impatient man, Wittgenstein' . . . .", "Well, did you not know you were?" Wittgenstein, with disdain: "I did not know." I can remember two "crimes" to which he confessed: the first had to do with his being Jewish in origin, the second with a wrong he committed when he was a teacher in a village school in Austria.

On the first issue he said that he understood that most people who knew him, including his friends, took him to be three-quarters Aryan and one-quarter Jewish. In fact the proportion was the reverse, and he had done nothing to prevent this misapprehension.

442 Taschennotizbuch, MS 154

Eine Beichte muß ein Teil des neuen Lebens sein.

-

Der Titel meines Buches: "Philosophische Betrachtungen, Alphabetisch nach ihren Gegenständen geordnet/Themen aneinandergereiht." [. . . nach Stichwörten angeordnet

-

Wie kann man Vorbereitungen für die Ankunft von etwas eventuell existierenden treffen in dem Sinn in welchem Russell und Ramsey das immer getan haben [tun wollten]?
Herbst 1931

Im vorigen Jahr habe ich mich, mit Gottes Hilfe aufgerafft und ein Geständnis abgelegt. Das brachte mich in ein reineres Fahrwasser in ein besseres Verhältnis zu den Menschen und zu größerem Ernst. Nun aber ist alles das gleichsam aufgezehrt und ich bin nicht weit von dort, wo ich war. Vor allem bin ich unendlich feig. Wenn ich nichts rechtes tue, so werde ich wieder ganz in das alte Fahrwasser hineintreiben.
18. November 1937

Aus Drurys Gesprächsnotizen, 1931:
When he [Wittgenstein] returned from Norway he told me that he had done no writing there but had spent his time in prayer. He had felt it necessary to write out a confession of those things in his past life of which he was most ashamed. He insisted on me reading this. He had already shewn it to Moore, and he said that Moore had seemed very distressed that he had had to read this. –

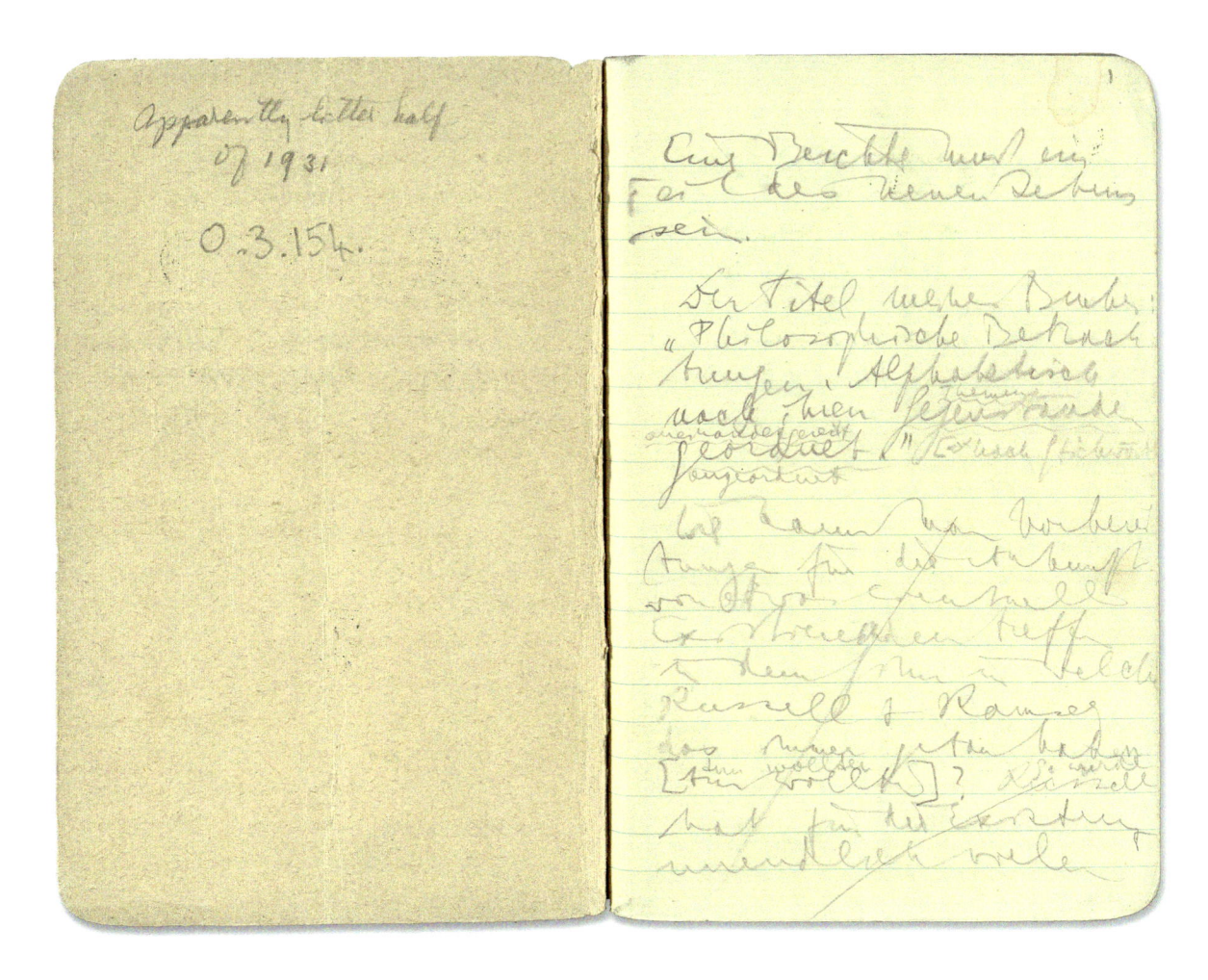

443/444 Wittgensteins Taschenkalender
Unmittelbar nach Erhalt der britischen Staatsbürgerschaft reist Wittgenstein nach Wien, von dort nach Berlin und zurück nach Wien. Im Sommer fährt er nach New York, in der Absicht, sich mit seinem Bruder Paul zu treffen, um zwischen ihm und den Schwestern, im besonderen der Schwester Margarete, zu vermitteln. Das Treffen findet nicht statt, es gibt keinen Kontakt mehr zwischen den Brüdern.

Samuel Wachtell, der Anwalt von Paul Wittgenstein, an Ludwig Wittgenstein, 14. Juni 1939:
The announcement of your trip to America was the latest of a series of efforts which had been made in order to exert pressure on your brother to yield to the demands of the Reichsbank. No doubt as a result of threats and intimidation, your sisters in Vienna have not merely supported these demands passively, but sent, through Dr. Schoene, letters and cablegrams urging compliance and intimating serious and impending dangers otherwise. I have no means of measuring the degree of pressure applied against the sisters in Vienna and through them transmitted to you and Mrs. Stonborough. But I am in a position to measure the pressure applied from all directions on Paul Wittgenstein.

Hermine Wittgenstein:
Als meine Schwester Lenka und ich uns im Jahre 1939 in einer schwierigen, nicht ungefährlichen Lage befanden, zögerte Ludwig keinen Augenblick, während seines Sommerurlaubs mit Direktor Groller, unserem Vermögensverwalter und Ratgeber nach Berlin und New York zu fahren, um die Sache für uns günstiger zu gestalten. Es handelte sich zum Teil um eine Vermögens- und Geldangelegenheit, also um eine ihm fremde Materie, und doch imponierte er dem Leiter der Reichsbank-Devisenstelle in Berlin durch seine das Wesentliche erfassende Klarheit. Auf der Überfahrt nach New York ließ er sich von Groller in alle Details einführen und arbeitete sich mit derselben Genauigkeit und Gründlichkeit in die Sache ein, mit der er seinerzeit die bewußten Radiatoren gezeichnet hatte, und wenn er in New York nicht das für uns erreichte, was er sich in den Kopf gesetzt hatte, so lag die Schuld wahrhaftig nicht an ihm.

Aus Drurys Gesprächsnotizen, 1939:
When I was seeing Wittgenstein and Francis off at the station, we talked for a time about the present war situation.

Wittgenstein: "England and France between them can't defeat Germany. But if Hitler does manage to establish a European empire, I don't believe it will last long. People have accused Stalin of having betrayed the Russian Revolution. But they have no idea of the problems that Stalin had to deal with; and the dangers he saw threatening Russia. I was looking at a picture of the British Cabinet and I thought to myself, 'a lot of wealthy old men'."

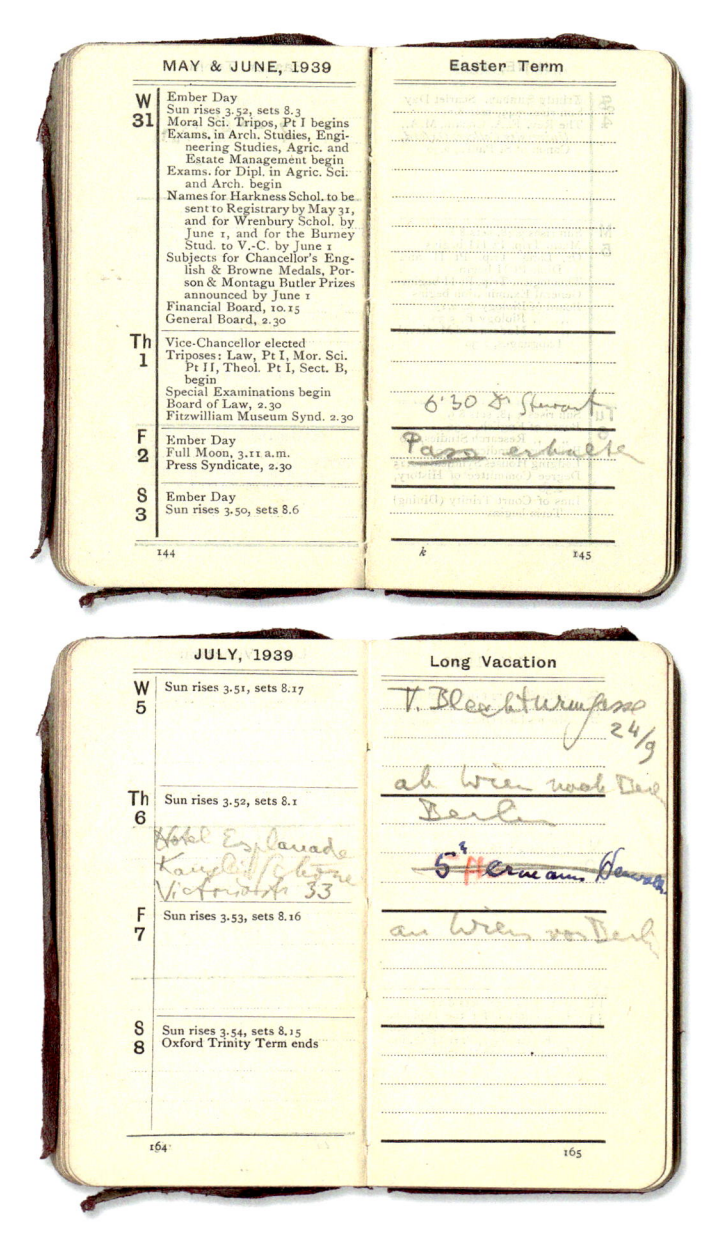

**Der Leiter
der Reichsstelle für Sippenforschung**

Nr. I¹ F 2446 (Schm.9)/Sr.

Berlin NW 7, den 10. Februar 1940
Schiffbauerdamm 26   Fernsprecher: 42 33 83
Drahtanschrift: Reichssippenforschung

Es wird gebeten, dieses Geschäftszeichen bei weiteren Schreiben anzugeben.

An das
Gauamt für Sippenforschung der NSDAP

Wien I
Am Hof 4.

Betr. Schreiben vom 12.1.40 Sippe Mi/Wu

In der Abstammungssache Wittgenstein und Nachkommen habe ich meine Entscheidung auf Weisung des Herrn Reichsministers des Innern vom 29.8.39 gefällt, die ihrerseits auf eine Anordnung des Führers und Reichskanzlers zurückgeht. Unter diesen Umständen sind die Abstammungs-Verhältnisse von hier in eigener Zuständigkeit nicht des näheren nachgeprüft worden. Die vom Führer und Reichskanzler getroffene Entscheidung betrifft zugleich ohne Einschränkung Hermann Wittgenstein (geb. Korbach 12.9.1802), der als deutschblütiger Vorfahre sämtlicher Nachkommen anzusehen ist und für dessen Enkel auch die Rechtsvermutung des § 2 Abs. 2 Satz 2 der Ersten Verordnung zum Reichsbürgergesetz nicht in Anwendung kommt.

Inzwischen sind für zahlreiche Nachkommen des Hermann Wittgenstein Abst.-Bescheide erteilt worden, so dass ihre rassische Einordnung im Sinne des Reichsbürgergesetzes keine weiteren Schwierigkeiten bereiten dürften. Erforderlichenfalls können in Zweifelsfällen bei der Reichsstelle für Sippenforschung entsprechende Abstammungsbescheide nachgesucht werden.

gez. Dr. Kurt M a y e r

NSDAP.-Gau Wien
Amt für Sippenforschung
eingelangt 13. Febr. 1940
erledigt

445 „Arisierung" des Großvaters Hermann
Christian Wittgenstein

446 Uraufführung des Klavierkonzerts für die linke Hand von Franz Schmidt
im ersten Teil eines Programms zum sechzigsten Geburtstag von Franz Schmidt im Wiener Musikverein, mit Paul Wittgenstein und den Wiener Philharmonikern, Dirigent: Franz Schmidt

Neues Wiener Tagblatt vom 12. Februar 1935, zur Uraufführung des Klavierkonzerts von Franz Schmidt am 9. Februar 1935:
Paul Wittgenstein, der seine Tragik, im Krieg einen Arm eingebüßt zu haben, durch erstaunliche Willenskraft minderte und seine linke Hand zu bewundernswerter Virtuosität trainierte, hat, wie von Richard Strauss, Ravel und Korngold nun auch von Franz Schmidt, dem er bereits ein schönes Kammermusikwerk verdankte, ein Klavierkonzert erhalten. […]
    Der Solopart wahrt sich indes sein Recht, auch durch Vituosität zur Geltung zu kommen. Schmidt teilt dem Klavier reiches Passagenwerk zu und läßt die linke Hand mit solcher Klangfülle die ganze Klaviatur beherrschen, daß man – zumal bei Wittgensteins Spiel – keineswegs das technische Problem oder gar Problematik spürt. Wittgenstein erhielt sehr viel Beifall für seine bedeutende Leistung.

447 Paul Wittgenstein in den U.S.A.

Paul Wittgenstein in einem Memorandum, 31. Januar 1945:
The following was not originally intended as an appendix to my testament or for my children, but was much more intended for my brother, who lives in England to read: [...]

    During this meeting, Schoene [Vertreter der Deutschen Reichsbank] explained that we, our family, could, at our discretion, be considered Aryans (that is to say, as half-breeds) or Jews. If we wanted to be considered Jews, we would have to emigrate; as there would be no place for Jews in the German Reich. Still, because of our merit and service, we would be left a portion of our foreign assets so that we would be able to live abroad. If, however, we wanted to be considered Aryans, then there would be no reason why my sister would have to emigrate. She would then have to, like all Aryans remaining in Germany, deliver her foreign holdings to the Reichsbank. [...]

    One must consider what that means: life or starvation was at stake for me. My German passport was practical expired. Like Kaiser Max, I could not go forward and I could not return. In America, I was constantly menaced by directives and orders, I could not return to Germany, not to speak of the fact that I had to face the charge of 'Rassenschande' there. A notice to this effect had already been made and the guardianship over my children had been taken away. Since I came to America much too late, all available positions at conservatories had long been made off with. I cannot take a position other than that of a piano teacher, for I am of no use for all others (what idiot would employ an impractical one-armed man, when the best qualified men with both arms in the hundreds are wandering about jobless?) And even if a well paid position were available, as a visitor, I would not be able to take it, since, as a visitor, I am under the obligation to earn no money.

Wittgenstein im Gespräch mit Drury, 1936:
Just think what it must mean, when the government of a country is taken over by a set of gangsters. The dark ages are coming again. I wouldn't be surprised, Drury, if you and I were to live to see such horrors as people being burnt alive as witches.

THE PHILADELPHIA ORCHESTRA
Forty-Second Season, 1941-1942

FIFTEENTH PROGRAM
Friday Afternoon, January 16, at Two-thirty } 1942
Saturday Evening, January 17, at Eight-thirty

EUGENE ORMANDY Conducting
PAUL WITTGENSTEIN, *Pianist*

BACH-O'CONNELL . . . . "Komm, süsser Tod"

SCHUMANN . . Symphony No. 1, in B flat major, Op. 38
    I. Andante un poco maestoso; allegro molto vivace
    II. Larghetto
    III. Scherzo: Molto vivace
    IV. Finale: Allegro animato e grazioso
INTERMISSION

COPLAND . . . . "El Salón México"

BRITTEN . . . . . . Diversions on a Theme, Op. 21, for
                  Pianoforte for left hand and Orchestra
                    (First Performances)

WEINBERGER . . . . Polka and Fugue from "Schwanda"

Mr. Wittgenstein uses the Baldwin Piano
The STEINWAY *is the official piano of The Philadelphia Orchestra*
VICTOR *Records*

339

364 Englischer Staatsbürger, Professor

448 Margarete Stonboroughs New Yorker Wohnung

449 Die Schwester Margarete Stonborough um 1945

Ein Traum: Mir träumte heute Nacht, meine Schwester Gretl gebe der L[ouise] Politzer ein Geschenk: eine Tasche. Ich sah die Tasche im Traum, oder vielmehr nur den stählernen Verschluß der sehr groß und viereckig war und sehr fein gearbeitet. Er sah aus wie eines von den komplizierten alten Schlössern, die man manchmal in Museen sieht. In diesem Verschluß war unter anderm ein Mechanismus durch den beim Öffnen die Worte „von deiner Gretl", oder etwas ähnliches, gesprochen wurden. Ich dachte darüber nach wie fein der Mechanismus dieser Vorrichtung sein müsse und ob es eine Art Grammophon sei und aus welchem Material die Platte bestehen könnte, ob sie möglicherweise aus Stahl sei.
16. Oktober 1942

Margarete an ihren Bruder Ludwig
Oktober/November 1929:
Mein lieber Lucki
Ich denke viel an Dich und habe mir die ganze Zeit einen lieben Brief von Dir gewünscht. Noch mehr hätte ich mir gewünscht, daß Du hier gewesen wärst. Ich war krank und ganz vertrottelt und einmal war ich nahe daran Dich telegraphisch herzubitten um mir zu helfen.
   Jerome [Stonborough, Gretls Ehemann] scheint nämlich bei dem jetzigen Börsenkrach den größten Teil meines Vermögens verloren zu haben und gerade als es mir am Miesesten ging regnete es Telegramme, daß ich Geld aufbringen möchte, daß ich meine Ausgaben sofort um die Hälfte reduzieren müsse etc. Jetzt wo es mir schon viel besser geht, sehe ich ein, daß ich auch, wenn ich gesund gewesen wäre, nicht viel anderes hätte tun können als es regnen lassen. Am Geldverlust liegt mir nicht viel; es wird schon so viel bleiben, daß wir genug zum anständig leben haben werden. Aber die Kundmanngasse und Gmunden werde ich, wie ich glaube, aufgeben müssen.

Liebe Mining!
Danke für Deinen Brief. Auch für mich ist der Gedanke sehr traurig daß Gretl ihr Haus aufgeben will. Nun Deine Frage: Vor allem bist Du im Irrtum wenn Du glaubst, daß ich Gretl *darum* nicht in die Teilung meines Vermögens einbezogen habe, weil ich schlecht mir ihr gestanden bin. Ich bin schlecht mit ihr gestanden, aber das hatte natürlich gar nichts damit zu tun.
   Gretl schien damals als Amerikanerin in sehr gesicherter Lage und meine anderen 3 Geschwister durch den Krieg in unsicherer finanzieller Lage zu sein und *nur* das war ausschlaggebend. Wäre Gretl damals Österreicherin und Du Amerikanerin gewesen, so hätte ich mein Geld unter *Gretl*, Helene und Paul verteilt, trotz meiner geringen Sympathien für Gretls damaliges Wesen. Ja, – ich halte es für richtig und gut daß Du Gretl den Teil gibst den sie damals von dem Deinen erhalten hätte, wenn sie in der gleichen Lage gewesen wäre wie Ihr anderen, *und ich glaube Gretl soll das unbedingt annehmen.*
November 1929

366　Englischer Staatsbürger, Professor

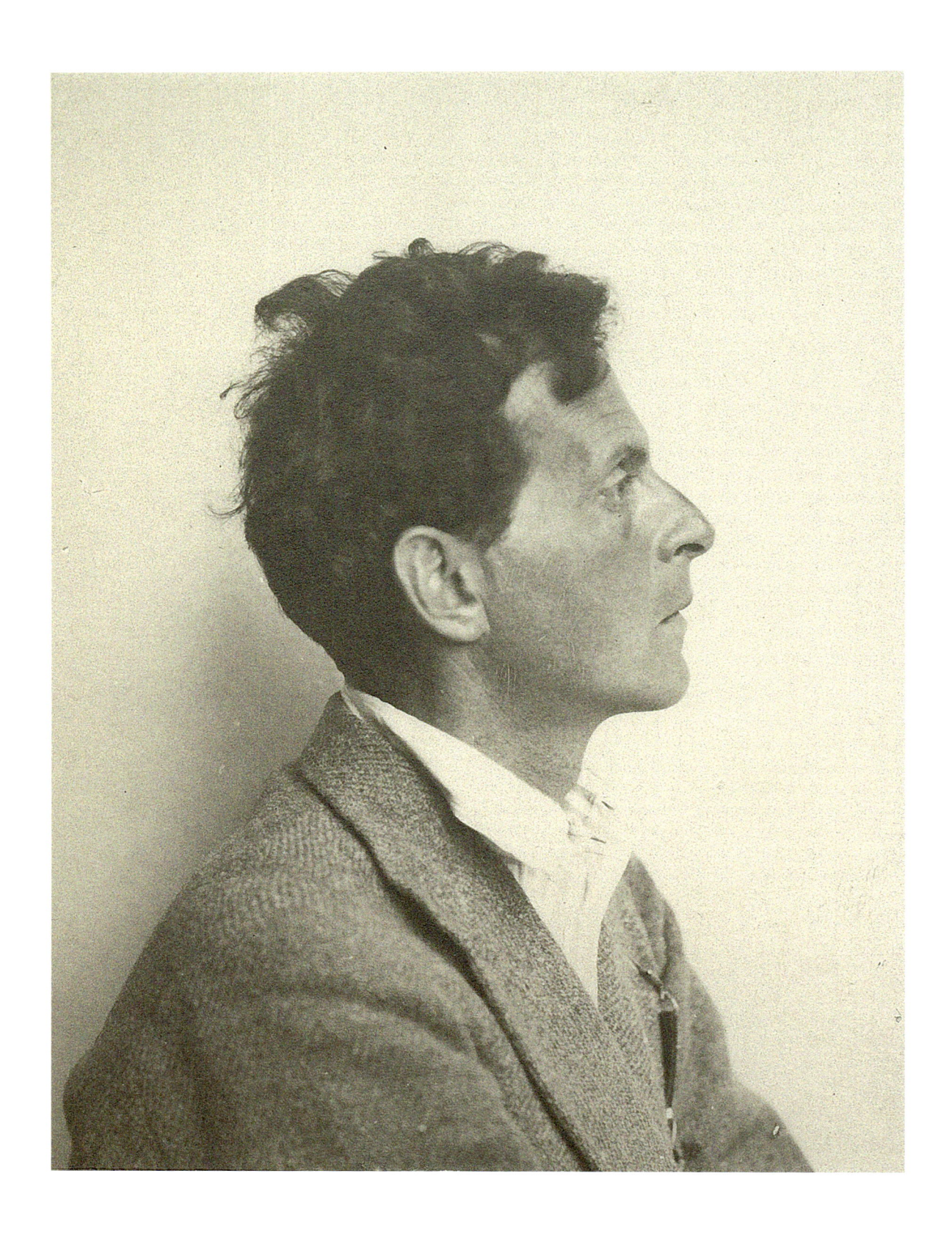

450 Ludwig Wittgenstein
photographiert von Moritz Nähr und beschnitten von Wittgenstein

451 Aus Franz Reuleaux' *Kinematik*, 1875

452 Manuskriptband *XI*, MS 115 von 1933–34

Etwas, was auf den ersten Blick aussieht wie ein Satz und keiner ist.
   Der folgende Vorschlag zur Konstruktion einer Straßenwalze wurde mir mitgeteilt und scheint mir philosophisches Interesse zu haben. – Der Irrtum des Erfinders hat mit einem philosophischen Irrtum, Verwandtschaft. – Die Erfindung besteht darin, daß der Motor sich im Inneren der hohlen Walze befindet. Die Kurbelwelle läuft durch die Mitte der Walze und ist an beiden Enden mit dem Walzenrand/mit ihr/ verbunden. Der Zylinder des Benzinmotors ist an der Innenseite der Walze befestigt. Auf den ersten Blick sieht diese Konstruktion wie eine Maschine aus. Aber sie ist/Tatsächlich aber ist sie/ ein starres System und der Kolben kann sich im Zylinder nicht aus und ein bewegen. Wir haben sie/ihn/ selbst jeder/der/ Bewegungsmöglichkeit beraubt und wissen es nicht.
14. Dezember 1933

Reuleaux, *Zwanglauflehre oder Kinematik*, 1875:
Wird sie [die Kolbendampfmaschine] als Drehungsmaschine gebraucht, so tritt uns die Beigabe des Schwungrades, die wir schon oben als wichtig erkannten, begrifflich noch bestimmter entgegen. Zu Laufwerken lassen sich die Kurbelkapselwerke, zu denen ja der gewöhnliche Kurbel-Dampfmaschinenbetrieb gehört, nicht gestalten. Durch das Schwungrad aber macht man die, der Kurbelwelle vom Hemmwerke erteilte Drehbewegung so ähnlich der eines Laufwerktriebes, dass sie ganz befriedigend statt einer Laufwerkbewegung gebraucht werden kann. Damit ist das Endziel der Suche nach dem unmöglichen statischen Dampflaufwerk aus Kurbeltrieb erreicht.

Haben wir es mit Irrtümern und Schwierigkeiten zu tun, die so alt sind, wie die Sprache? Sind es, sozusagen, Krankheiten, die an den Gebrauch der/einer/ Sprache gebunden sind, oder sind sie speziellerer Natur, unserer Zivilisation eigentümlich?
   Oder auch: Ist die Präokkupation mit den Sprachmitteln, die unsere ganze Philosophie durchdringt, ein uralter Zug alles Philosophierens/aller Philosophie/, ein *uralter* Kampf? Oder ist er neu, wie unsre Wissenschaft? Oder auch so: Schwankt das Philosophieren immer zwischen Metaphysik und Sprachkritik?
11. September 1946

'Keep a stiff upper lip!' — aber dazu muß vielleicht mancher seinen *ganzen* Körper verkrampfen; und das kann Schlimmeres zeitigen als eine weiche Oberlippe.
1939

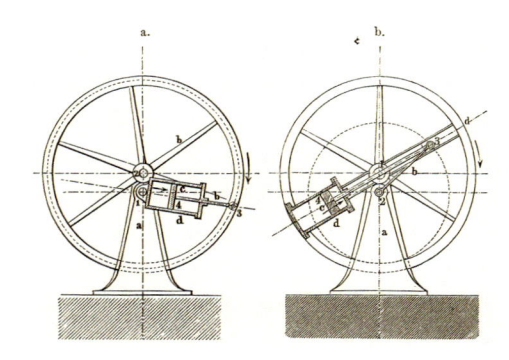

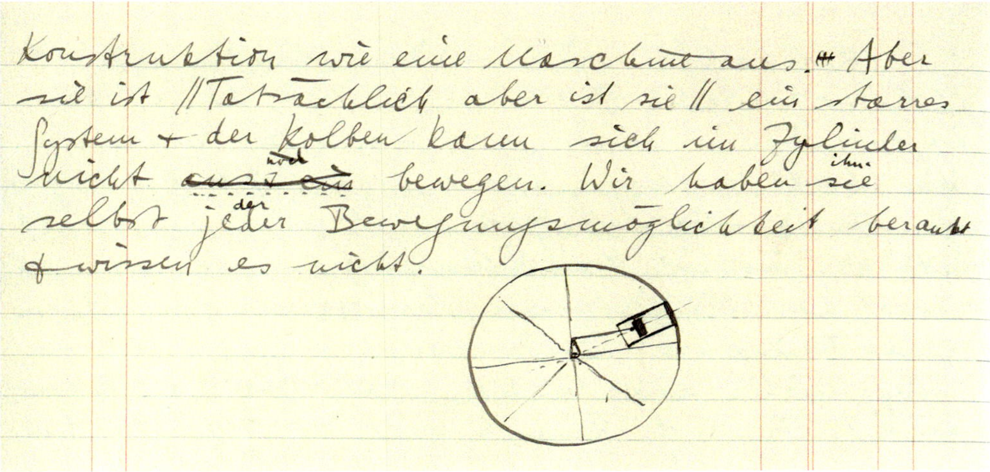

A. M. TURING.

ON COMPUTABLE NUMBERS, WITH AN
APPLICATION TO THE ENTSCHEIDUNGS-
PROBLEM.

453 Wittgensteins Exemplar von Turings berühmtem Aufsatz

454 Manuskriptband MS 135 von 1947

Turings 'Maschinen'. Diese Maschinen sind ja die *Menschen*, welche kalkulieren. Und man könnte, was er sagt, auch in der Form von *Spielen* ausdrücken. Und zwar wären die interessanten Spiele solche, bei denen man gewissen Regeln gemäß zu unsinnigen Anweisungen gelangt. Ich denke an Spiele ähnlich dem "Wettrennspiel". Man erhielte den Befehl "setze auf die gleiche Art fort"; wenn dies keinen Sinn ergibt, etwa weil man in einen Zirkel gerät; denn jeder Befehl hat eben nur an gewissen Stellen Sinn. (Watson.)
30. Juli 1947

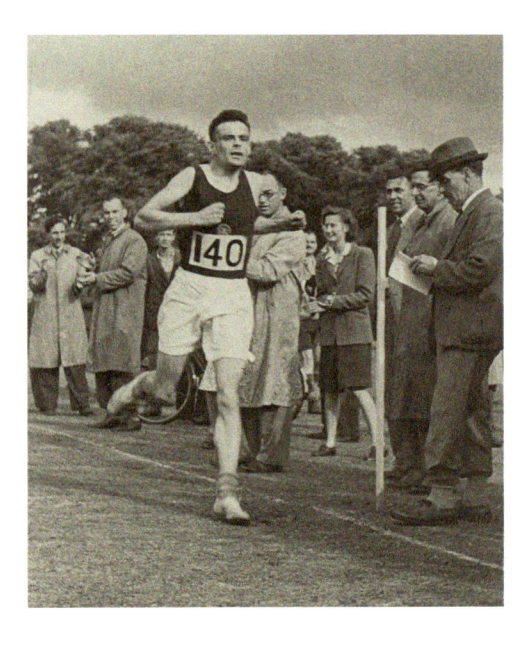

455 Alan Mathison Turing (1912–1954)
bei einer Sportveranstaltung der Universität Cambridge; Turing wurde Zweiter

Alan Turing in *The Reform of Mathematical Notation and Phraseology*, 1944–45:
It would not be advisable to let the reform take the form of a cast-iron logical system into which all the mathematics of the future are to be expressed. No democratic mathematical community would stand for such an idea, nor would it be desirable. Instead one must put forward a number of definite small suggestions for improvement, each backed up by good arguments and examples. It should be possible for each suggestion to be adopted singly.

Under these circumstances one may hope that some of these suggestions will be adopted in one quarter and done in another, and that the use of all will spread [...]

The statement of the type principle given below was suggested by lectures of Wittgenstein, but its shortcoming should not be laid at his door.

456 Aus Wittgensteins Photoalbum
Francis Skinner, photographiert von Wittgenstein
in Irland; darunter die Familie und Freunde beim
Weihnachtsfest in Wien

Fanja Pascal, Erinnerungen an Wittgenstein:
Mrs. Truscott [Francis Skinner's sister]
says that at the funeral (October 1941)
Wittgenstein looked "more desperate than
usual." Her parents, she thinks, scarcely made
contact with him; and he behaved to ordinary
people (in her words) like "a frightened wild
animal". He refused to go to the house after
the funeral, but she saw him walking round
Letchworth afterwards with Dr. Burnaby, the
tutor of Trinity, looking "quite wild".

457 Tod des Freundes Francis Skinner

Wenn Leute gestorben sind, so sehen wir ihr Leben in einem versöhnlichen Licht. Sein Leben scheint uns durch einen Dunst abgerundet. Aber für *ihn* war's nicht abgerundet, sondern zackig und unvollständig. Für ihn gab es keine Versöhnung; sein Leben ist nackt und elend.
1945

Frag dich diese Frage: Wenn du stirbst, wer wird dir nachtrauern; und *wie tief* wird die Trauer sein? Wer trauert um F., wie tief trauere *ich* um ihn, der mehr Grund zur Trauer hat als irgend jemand? Hat er *nicht* verdient, daß jemand sein ganzes Leben lang um ihn trauert? Wenn jemand, so er. Da möchte man sagen: Gott wird ihn aufheben und ihm *geben*, was ein schlechter Mensch ihm versagt.
1946

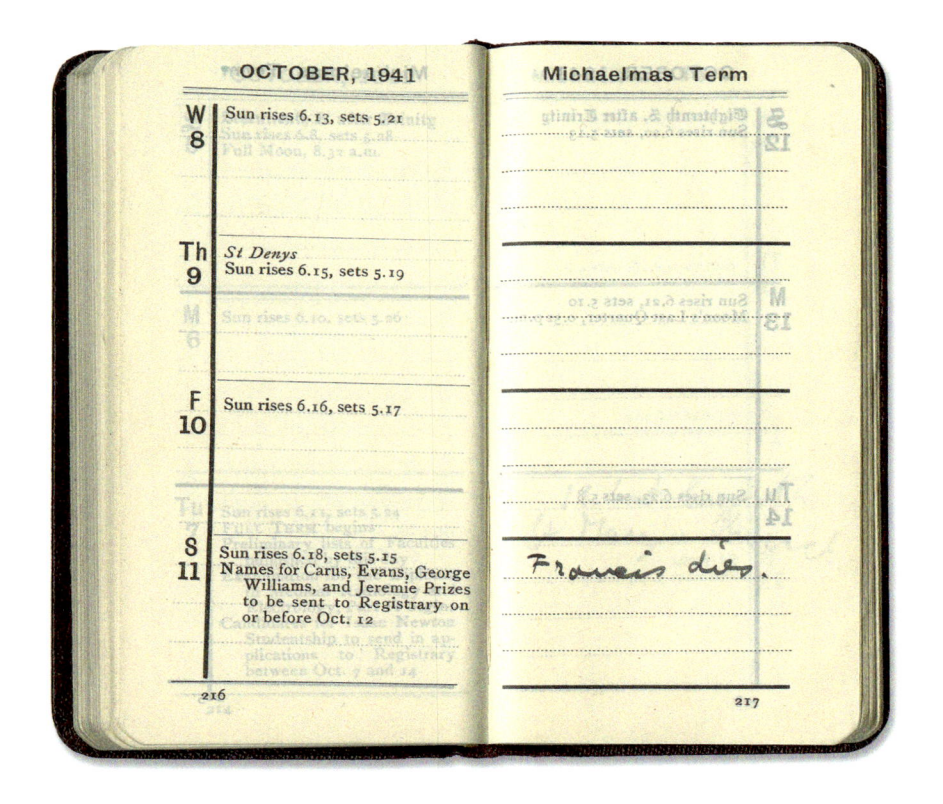

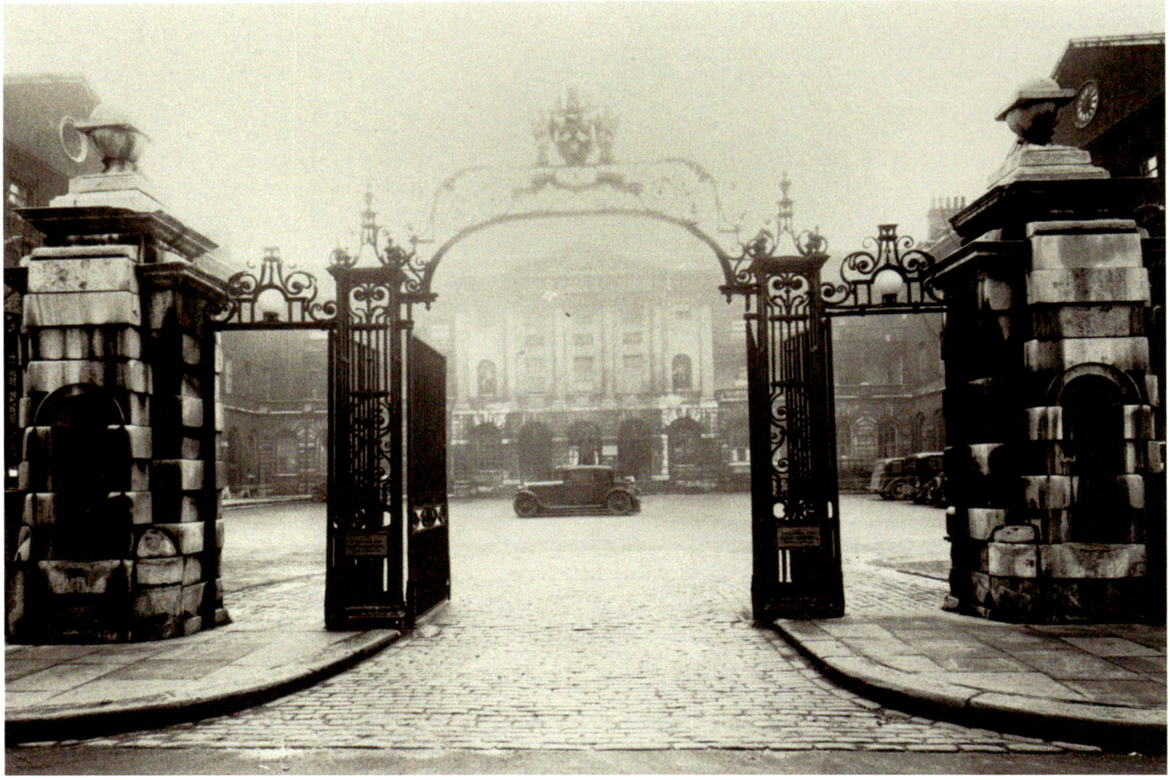

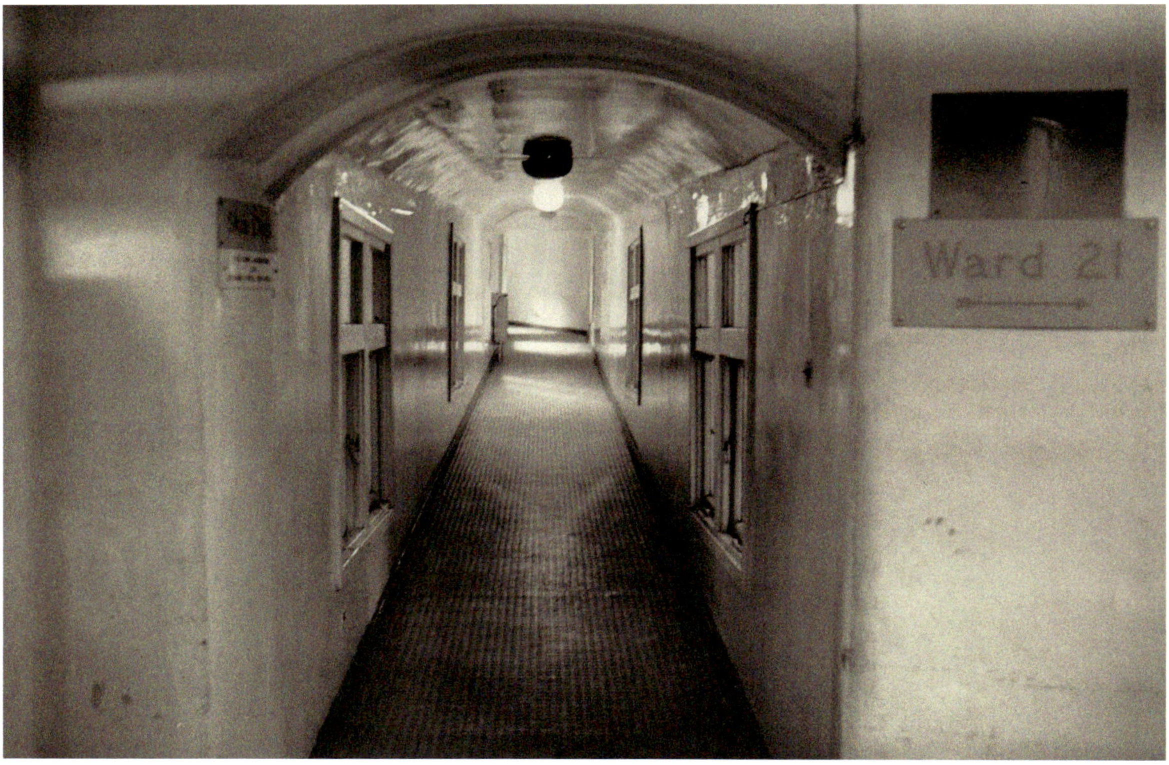
Ward 21

458 Guy's Hospital, London

459 Krankenhaus in Newcastle

460 Wittgensteins Rezeptbuch
zum Ansetzen von Medikamenten und Salben

Dr. Reginals, Arzt am Guy's Hospital:
At Guy's I used to meet Wittgenstein at dinner in the evenings. At first I found him a bit difficult; always tense, critical, never allowing one to get away with inexactitudes of expression. I can't remember details, but one learned to think twice, before making even a trivial remark to him. But he was always worth listening to, he would often throw new light on whatever subject was raised. Soon after Wittgenstein came to Guy's my colleagues and I moved to Newcastle for the purpose of pursuing our work on wound shock, Wittgenstein came with us as laboratory technician. He proved to be good with his hands and took the job seriously. For part of the time he made some observations on pulsus paradoxus. This involved making mechanical records of pulse rates etc. He soon devised his own method of pulse recording, an ingenious departure from the standard method and which worked well. But he always harked back to his own subject of philosophy and often seemed distressed at not making progress. In the evening he often took a walk with either Reeve or myself in Newcastle and he usually joined us in our longer week end walks in the country round about. He once told me he took these walks not for exercise nor to see nice country or birds or wild flowers, but to have an opportunity of talking about his ideas. But he wanted not only a listener, he required the listener to participate in the argument. Details I have forgotten, but I well remember how mentally difficult and tiring such walks could be. But often he gave one a new slant on a difficult subject and especially when that subject was the relation between philosophy and science.

Wittgenstein an Norman Malcolm
11. September 1943:
[F]or external and internal reasons I can't do philosophy, for that's the only work that's given me real satisfaction. No other work really bucks me up. I'm extremely busy now and my mind is kept occupied the whole time but at the end of the day I just feel tired and sad. – Well *perhaps* better times will come again. – […]

I very rarely come to Cambridge now, about once every three months. I've given up my rooms in College. I'm supposed, of course, to come back there as a professor after the war, but I must say I can't quite imagine how I'll be able to do it. I wonder if I'll ever be able to teach philosophy again regularly. I rather think I shan't be able.

461 Nicholas Bachtin
Der Freund, mit dem Wittgenstein im Herbst 1941 die *Logisch-Philosophische Abhandlung* las. Dabei, so erzählte Wittgenstein später Rush Rhees, erinnerte den Philologen Bachtin die Sprache der *Abhandlung* in ihrer elementaren Art an die der Vorsokratiker, insbesondere an Parmenides.

462 Entwurf eines Vorworts zu den *Philosophischen Untersuchungen*
aus dem Manuskriptband MS 129 von 1929

Nicholas Bachtin:
I always think in words, not in visual images. It seems to me that without words there is nothing – chaos, a mess. I haven't quite lost the sense that if I can find the word for a thing it will give me power over it, that a word is in fact a sort of spell. Think what a confusion the night-sky is (to me at least) and how admirable it would be if one knew the names of the stars.

Ob ich von dem typischen westlichen Wissenschaftler verstanden oder geschätzt werde ist mir gleichgültig weil er den Geist, in dem ich schreibe doch nicht versteht.

-

Unsere Zivilisation ist durch das Wort Fortschritt charakterisiert. Der Fortschritt ist ihre Form, nicht eine ihrer Eigenschaften daß sie fortschreitet. Sie ist typisch aufbauend. Ihre Tätigkeit ist es ein immer komplizierteres Gebilde zu konstruieren. Und auch die Klarheit dient doch nur wieder diesem Zweck und ist nicht Selbstzweck.
    Mir dagegen ist die Klarheit die Durchsichtigkeit Selbstzweck.
    Es interessiert mich nicht ein Gebäude aufzuführen, sondern die Grundlagen der möglichen Gebäude durchsichtig vor mir zu haben.
    Mein Ziel ist also ein anderes als das der Wissenschaftler und meine Denkbewegung von der ihrigen verschieden.
6. Dezember 1930

Diskussionen wiedergegeben hatte, vielfach missverstanden, mehr oder weniger verwässert, oder verstümmelt im Umlauf waren. Hierdurch wurde meine Eitelkeit gereizt & ich hatte immer wieder Mühe sie zu beruhigen.

Vor zwei Jahren (nun) hatte ich Veranlassung ~~einen~~ mein erstes Buch (die "L. Th. Abh.") wieder zu lesen & seine Gedanken zu erklären. Da schien es mir, daß ich jene alten Gedanken & die neuen ^(plötzlich) zusammen veröffentlichen ~~sollte~~; & daß diese nur durch den Gegensatz, & auf dem Hintergrund meiner älteren Denkweise ihre eigentliche Bedeutung ~~erhalten~~ ^(zu ihrer) ~~könnte~~ //ihre rechte Beleuchtung erhalten könnte.//

Seit ich nämlich vor 16 Jahren mich wieder mit Philosophie zu beschäftigen anfing

463 Heinrich Hertz (1857–1894)

Das ursprüngliche Motto zu den *Philosophischen Untersuchungen* aus der Einleitung zu den *Prinzipien der Mechanik* von Heinrich Hertz:
Sind diese schmerzenden Widersprüche entfernt, so ist nicht die Frage nach dem Wesen beantwortet, aber der nicht mehr gequälte Geist hört auf, die für ihn unberechtigte Frage zu stellen.

Heinrich Hertz in der Einleitung zu den *Prinzipien der Mechanik*, Leipzig, 1894:
Können wir das Wesen irgend eines Dinges durch unsere Vorstellungen, durch unsere Worte erschöpfend wiedergeben? Gewiß nicht. Ich meine, der Unterschied sei dieser: Mit den Zeichen „Geschwindigkeit" und „Gold" verbinden wir eine große Zahl von Beziehungen zu anderen Zeichen, und zwischen allen diesen Beziehungen finden sich keine uns verletzenden Widersprüche. Das genügt uns und wir fragen nicht weiter. Auf die Zeichen „Kraft" und „Elektricität" aber hat man mehr Beziehungen gehäuft, als sich völlig mit einander vertragen; dies fühlen wir dunkel, verlangen nach Aufklärung und äußern unsern unklaren Wunsch in der unklaren Frage nach dem Wesen von Kraft und Elektricität. Aber offenbar irrt die Frage in Bezug auf die Antwort, welche sie erwartet.
    Nicht durch die Erkenntnis von neuen und mehreren Beziehungen und Verknüpfungen kann sie befriedigt werden, sondern durch die Entfernung der Widersprüche unter den vorhandenen, vielleicht also durch Verminderung der vorhandenen Beziehungen. Sind diese schmerzenden Widersprüche entfernt, so ist zwar nicht die Frage nach dem Wesen beantwortet, aber der nicht mehr gequälte Geist hört auf, die für ihn unberechtigte Frage zu stellen.

464 Manuskriptband MS 128 von 1943

Wittgenstein will seine *Philosophischen Untersuchungen* zusammen mit seinem ersten Buch, der *Logisch-Philosophischen Abhandlung*, veröffentlichen, unter dem Titel:

> Philos. Untersuchungen
> ‹im Gegesatz zu›
> der Log.-Phil. Abh.
> entgegengestellt.

Mit dieser Entscheidung wählt Wittgenstein für die *Philosophischen Untersuchungen* ein neues Motto, welches die *Untersuchungen* mit der *Abhandlung* verbindet:
Motto: Überhaupt hat der Fortschritt das an sich, daß er viel größer ausschaut, als er wirklich ist. (Nestroy.)
Der Schützling
25. April 1947

465 Johann Nestroy (1801–1862)

Die Menschen heute glauben, die Wissenschaftler seien da, sie zu belehren, die Dichter und Musiker etc., sie zu erfreuen. *Daß diese sie etwas zu lehren haben*; kommt ihnen nicht in den Sinn.
1939

Philosophische Untersuchungen.

1. Augustinus, in den Confessionen I/8:
cum ipsi (majores homines) appellabant rem aliquam, et cum
secundum eam vocem corpus ad aliquid movebant, videbam,
et tenebam hoc ab eis vocari rem illam, quod sonabant, cum
eam vellent ostendere. Hoc autem eos velle ex motu corporis
aperiebatur: tamquam verbis naturalibus omnium gentium,
quae fiunt vultu et nutu oculorum, ceterorumque membrorum
actu, et sonitu vocis indicante affectionem animi in peten-
dis, habendis, rejiciendis, fugiendisve rebus. Ita verba
in variis sententiis locis suis posita, et crebro audita,
quarum rerum signa essent, paulatim colligebam, measque
jam voluntates, edomito in eis signis ore, per haec enun-
tiabam.

In diesen Worten erhalten wir – so scheint
es mir – ein bestimmtes Bild von dem Wesen der menschlichen
Sprache. Nämlich dieses: Die Wörter der Sprache benennen
Gegenstände – Sätze sind Verbindungen von solchen Benennun-
gen.

In diesem Bild von der Sprache finden wir
die Wurzeln der Idee: Jedes W o r t hat eine B e d e u -
t u n g . Diese Bedeutung ist dem Wort zugeordnet. Sie ist
der Gegenstand, für welchen das Wort steht.

Von einem Unterschied der Wortarten spricht
Augustinus nicht. Wer das Lernen der Sprache so beschreibt,

466 *Philosophische Untersuchungen*
Typoskript TS 239 von 1943–1944, von
Wittgenstein in Swansea überarbeitet

O, warum ist mir zumute, als schriebe ich ein Gedicht, wenn ich Philosophie schreibe? Es ist hier, wie wenn hier ein Kleines wäre, was eine herrliche Bedeutung hat. Wie ein Blatt, oder eine Blume.
31. Oktober 1946

467 Ludwig Wittgenstein
photographiert von Ben Richards unter Anleitung Wittgensteins, September 1947 in Swansea

Ich habe kein Recht, der Öffentlichkeit ein Buch zu geben, worin einfach die Schwierigkeiten, die ich empfinde ausgedrückt und durchgekaut sind. Denn diese Schwierigkeiten sind zwar für mich interessant, der in ihnen steckt, aber nicht notwendigerweise für die Menschheit./Andern./ Denn sie sind Eigentümlichkeiten *meines* Denkens, bedingt durch *meinen* Werdegang. Sie gehören, sozusagen, in ein Tagebuch, nicht in ein Buch. Und wenn dies Tagebuch auch einmal für jemand interessant sein könnte, so kann ich's doch nicht veröffentlichen. Nicht meine Magenbeschwerden sind interessant, sondern die Mittel – if any – die ich gegen sie gefunden habe.
24. Januar 1948

468 Küste bei Swansea, the Mumbles
täglicher Spazierweg Wittgensteins mit seinem ehemaligen Schüler und Freund Rush Rhees, während seiner häufigen Besuche in Swansea

469 Überarbeitung der *Philosophischen Untersuchungen*, 1944 in Swansea

Wittgenstein an seine Schwester, 22. Juli 1947:
Liebe Helene!
Es ist sehr, sehr lange her, seit Du von mir gehört hast, oder ich von Dir. Ich hatte viel zu tun und war oft viel zu deprimiert, um zu schreiben. Ich bin jetzt auf Ferien in Wales, wo ich mich immer viel besser fühle, als in Cambridge. Hier ist es sehr schön, ich meine das Meer und die Gegend; und die Menschen sind mir auch lieber als in England. Im September hoffe ich nach Wien fahren zu dürfen. […]
   Mögest Du im Innern und von außen nicht zu viel Unfrieden erleben.
Dein Dich liebender Bruder
Ludwig

Eine Schwierigkeit wenn man philosophieren will ist die, offen mit sich selbst zu reden. Sich daran zu gewöhnen, zu sagen, was man gerne sagen möchte, sei es auch noch so dumm. Zum Gescheiten kannst Du nur durch die *Tiefen* der Dummheit kommen.
1. Januar 1944

Friede in den Gedanken. Das ist das ersehnte Ziel dessen, der philosophiert.
4. März 1944

Der kann die Geographie einer Landschaft nicht übersehen lernen, der so langsam in ihr sich fortbewegt, daß er das eine Stück vergessen hat, wenn er zu einem andern kommt.
25. März 1944

Der Philosoph ist der, der in sich viele Krankheiten des Verstandes heilen muß, ehe er zu den Notionen des gesunden Menschenverstandes kommen kann.
19. April 1944

118 *Des phil. Problem* Ein Gleichnis, das in die Formen unserer Sprache aufgenommen ist, bewirkt einen falschen Schein; der beunruhigt uns: " Es ist doch nicht s o!"- sagen wir. " Aber es muss doch so s e i n !"

119 Denk, wie uns das Substantiv " Zeit " ein Medium vorspiegeln kann; wie es uns in die Irre führen kann, dass wir einem Phantom ~~ab~~ auf und ab nachjagen. (" Aber hier i s t doch nichts!- Aber hier ist doch nicht n i c h t s !") ~~Oder denke an das~~

120 *In der* Log.Phil.Abh. N°4.5 (54): *"Die allgemeine Form des Satzes ist: es verhält sich so + so".*

Das ist die Art *von Sätzen* ~~Satz~~, die man sich ~~unzähligemale~~ wiederholt. Man glaubt, wieder und wieder der Natur nachzufahren, und fährt nur der Form entlang, durch die wir sie betrachten.

~~Man~~ Man sagt:" Ich habe doch einen bestimmten Begriff vom Satz! Ein Satz sagt: es ist so und so."- Oder: " Ich weiss doch, was das Wort ' Satz ' bedeutet! "-- Ja, ja, ~~könnte man antworten, aber was~~ ~~heisst denn das? Ich meine~~, wie wird denn dieser Satz angewandt, dass Du weisst, was das Wort " Satz " bedeutet? Von wem sagt man ~~denn~~ das, und von wem das Gegenteil? Rufe Dir ~~auch~~ die praktische Verwendung dieser Behauptung ins Gedächtnis!

121 *Ob wir über das Wesen des Satzes, des Verstehens, des privaten Erlebens nachdenken* : " Es ist doch s o !" sagen wir uns wieder und wieder *vorausgeht*. Es ist uns, als müssten wir das Wesen der Sache erfassen, wenn wir unsern Blick nur ganz s c h a r f auf dies Faktum einstellen, es in den Brennpunkt rücken könnten. ~~Denn es scheint eben~~

4th meeting   November 15th

Y. Smythies: "Meaning".
In Mr. Braithwaite's rooms at King's

    Mr. Smythies put the question what happens in my mind when I say "draughts" and mean "chess". He thought that there must be an act of meaning "chess" which could not be identified either with possible mental accompaniments of saying "draughts", or with surrounding circumstances, such as my behaviour before & after. It did not seem to him to be a nonsensical supposition that at the time of reading his paper he meant by its sentences the sentences of a quite different paper, e.g. one on Moore's paradox, though he had no memory of this latter, and gave no signs of it at the time.

    In discussion he was criticised by Professor Wittgenstein, who asked whether this act of meaning was supposed to be a criterion or explanation of, e.g., two people meaning the same, and if so, how it could be used as such.

    Professor Wittgenstein was in the chair.

                                               G.E.M. Anscombe

470 Protokoll des Cambridge University Moral Sciences Club, 15. November 1947

471 Elizabeth Anscombe (1919–2001)
Schülerin und Freundin, eine der drei literarischen Erben Wittgensteins und später Professorin für Philosophie an der Universität Cambridge

472 Rush Rhees (1905–1989)
Schüler und Freund Wittgensteins, Testamentsvollstrecker und literarischer Erbe

Ich sitze oft, ohne zu reden, mehrere Minuten lang in meiner Klasse, und Gedanken gehen mir durch den Kopf; aber keiner meiner Hörer könnte wohl erraten, was ich bei mir gedacht habe. Es wäre aber doch auch möglich, daß sie Einer erriete und aufschriebe, so als hätte ich sie ausgesprochen. Und zeigte er mir das Geschriebene, so müßte ich sagen: „Ja, ganz das habe ich mir gedacht." — Und hier wäre z. B. die Frage unentscheidbar: ob ich mich auch nicht irre; ob ich wirklich das gedacht hatte, oder nur, von seiner Niederschrift beeinflußt, mir nun fest *einbilde*, gerade das gedacht zu haben.
   Und das Wort „unentscheidbar" bezieht sich auf's Sprachspiel./„unentscheidbar" gehört zur Beschreibung des Sprachspiels./
21. Oktober 1946

Man kann kämpfen, hoffen und auch glauben, ohne *wissenschaftlich* zu glauben.
   Die Wissenschaft: Bereicherung und Verarmung. Die *eine* Methode drängt alle andern beiseite. Mit dieser verglichen scheinen sie alle ärmlich, höchstens Vorstufen. Du mußt zu den Quellen niedersteigen um sie alle nebeneinander zu sehen, die vernachlässigten und die bevorzugten.
   […]
   Kann *ich* nur keine Schule gründen, oder kann es ein Philosoph nie? Ich kann keine Schule gründen, weil ich eigentlich nicht nachgeahmt werden will. Jedenfalls nicht von denen, die Artikel in philosophischen Zeitschriften veröffentlichen.
13. April 1947

Es ist mir durchaus nicht klar, daß ich eine Fortsetzung meiner Arbeit durch Andere mehr wünsche, als eine Veränderung der Lebensweise, die alle diese Fragen überflüssig macht. (Darum könnte ich nie eine Schule gründen).
14. April 1947

473 Universitäts-Proctor und zwei seiner Constables, genannt Bulldogs
Das Amt des Proctors – wörtlich: der, der nach den Angelegenheiten anderer schaut – geht in das 13. Jahrhundert zurück. Es repräsentiert noch heute, allerdings mit eingeschränkten Befugnissen, die Rechtsautorität der Universität Cambridge; bis ins 19. Jahrhundert war es auch die der Stadt Cambridge. Bis zur Gründung eines modernen Polizeiapparats im Jahre 1836 repräsentierten die Bulldogs des Proctors auch die Polizeigewalt der Stadt.

474 Das Senate House der Universität Cambridge

Für Leute wie mich liegt in diesem Lande nichts näher als Menschenhaß. Gerade daß man sich in all dieser Solidität auch keine Revolution denken kann macht die Lage noch viel hoffnungsloser: Es ist als hätte diese ganze grenzenlose Öde ‚come to stay'. Es ist als könnte man von diesem Land sagen, es habe ein naßkaltes geistiges Klima.
13. April 1947

Cambridge wird mir mehr und mehr verhaßt. The disintegrating and putrefying English civilization. Ein Land, in dem die Politik zwischen einem bösen Zweck und *keinem* Zweck schwankt.
23. April 1947

Wittgenstein an Piero Sraffa, 10. Oktober 1947:
As you know some years ago we were what I should have called "friends". […]
   [M]y feeling of friendship cooled off, particularly when I seemed to discover that you were no longer wishing to be *helpful* when I came to you for advice, etc. For gradually, you seemed to me to become a *Trinity Don*: stiff, standoffish and unfriendly.

386 Englischer Staatsbürger, Professor

475 Ludwig Wittgenstein, 1946
photographiert von Dorothy Moore in Moores Garten, Chesterton Road 86, Cambridge

Heute in Cambridge angekommen. Alles an dem Ort stößt mich ab. Das Steife, Künstliche, Selbstgefällige der Leute. Die Universitäts Atmosphäre ist mir ekelhaft.
30. September 1946

Gestern „Moral Science Club": ich selbst eitel und auch dumm. Die „Atmosphäre" elend. – Soll ich weiter lehren? –
1. November 1946

Ich sehe ein böses Ende für mein Leben voraus. Einsamkeit, vielleicht Wahnsinn. Meine Vorlesungen gehen gut, sie werden nie besser gehen. Aber welche Wirkung lassen sie zurück? Helfe ich irgend jemand? Gewiß nicht *mehr*, als wenn ich ein großer Schauspieler wäre, der ihnen Tragödien vorspielte. Was sie lernen, ist nicht wert gelernt zu werden; und der persönliche Eindruck nützt ihnen nichts. Das gilt für Alle, mit *vielleicht* einer, oder zwei Ausnahmen.
19. November 1947

476 G. E. Moore
photographiert von Norman Malcolm

Ich sitze mit einem Philosophen im Garten; er sagt zu wiederholten Malen „Ich weiß, daß das ein Baum ist", wobei er auf einen Baum in unsrer Nähe zeigt. Ein Dritter kommt daher und hört das, und ich sage ihm: „Dieser Mensch ist nicht verrückt./:/ Wir philosophieren nur/bloß/."
12. Dezember 1933

477 Dorothy Moore (1892–1977)
mit ihrem ersten Kind, dem später bekannten Poeten Nicholas Moore

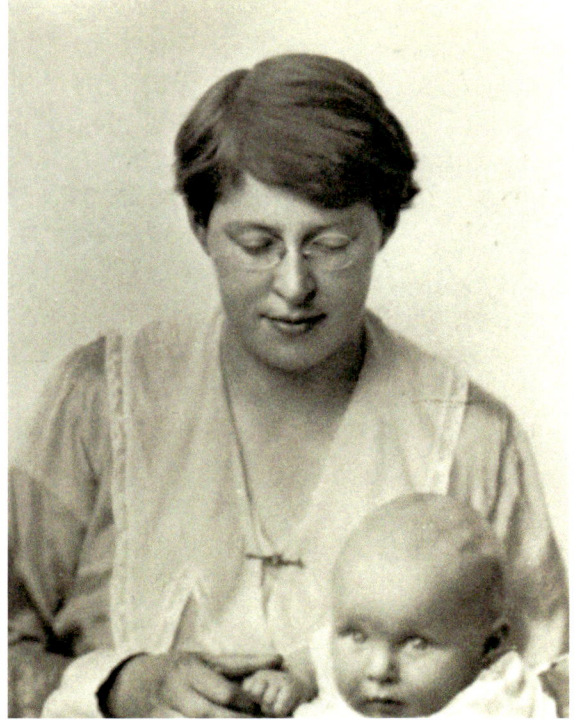

478 Der Freund Ben Richards (1924–1995)
photographiert von Wittgenstein, September 1947 in Swansea

479 Mit Ben Richards in London
Aufnahme eines Straßenphotographen

Spiele nicht mit den Tiefen des Andern!
1. Januar 1932

Zu einer *richtigen* Liebe gehört, daß man daran denkt, was der *Andre* leidet. Denn der Andre leidet auch, ist auch ein armer Teufel.
14. August 1946

Schau Dich an, und Du wirst Dich nie verstehen. Denn Du siehst Dich in einer Reihe von Bildern und am Schluß zerfließen sie alle. Denn man kann sich nicht selbst von außen ansehen, weil man sich ja wirklich nicht sieht, nur erraten kann wie man aussähe. Man kann sich wohl fragen: Was würde ich von einem Andern unter diesen Umständen sagen. Aber die Antwort ist: Ich weiß es nicht. Und wenn ich's wüßte, so wäre damit nicht gesagt, daß ich gegen diesen Andern gerecht wäre. Es ist ebenso ekelhaft, über sich selbst ein seichtes Urteil zu fällen, sich billig als die Figur dieser oder jener Komödie oder Tragödie sehen, als einen Andern.

Denke, daß, was für ein Unglück, welcher Schmerz immer dich ereilt, du es verdient hast.
16. August 1946

388 Englischer Staatsbürger, Professor

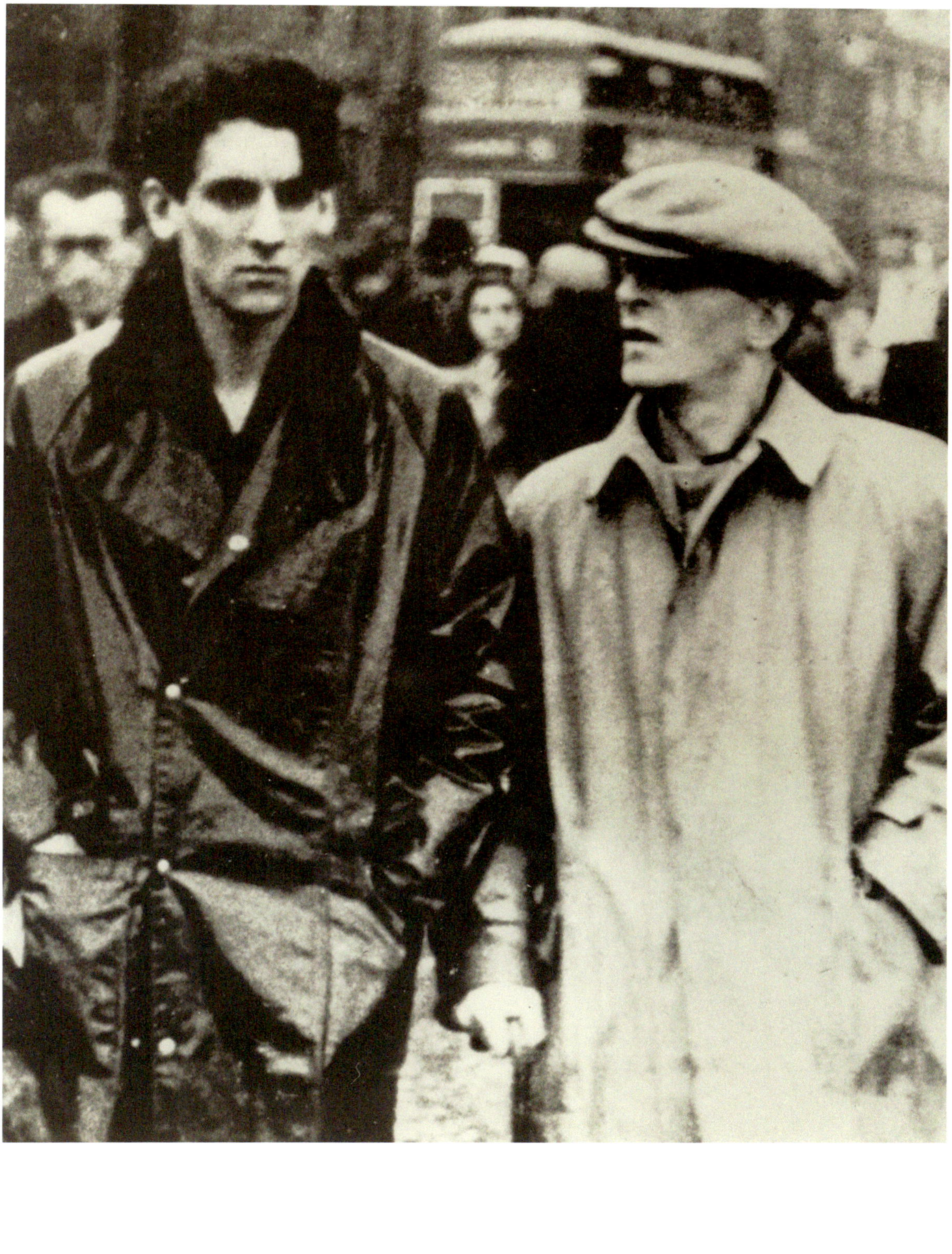

480 Kilpatrick House, Wicklow, Irland

An die Schwester Helene, Kilpatrick House,
10. Januar 1948:
Die Gegend hier würde nicht viel Anziehendes für mich haben, wenn die Farben nicht oft so wunderbar wären. Ich glaube, es muß an der Atmosphäre liegen, denn nicht nur das Gras, sondern auch alles Braune, der Himmel und das Meer sind herrlich. Ich fühle mich weit wohler, als in Cambridge.

481 Drurys Cottage in Rosro, Irland

Fühle mich nicht glücklich in Rosro. Bin ohne gute Ideen, arbeite schneckenhaft. Dies ist aber nicht aus äußeren Umständen zu erklären, da ich unter schlechteren Umständen besser gearbeitet habe. Es ist jetzt wohl eine Erscheinung des Alterns. Ich kann aber jetzt keine Consequenzen daraus ziehen. Ich *glaube*, ich muß noch immer *warten*. Ich bin nicht weise genug um unter den gegenwärtigen Umständen etwas zu entscheiden. — Habe mich dafür entschieden Verbesserungen an der Küche hier zu machen. Diese sind kostspielig und es ist ein Wahnsinn, daß ich sie machen lasse, da ich es *beinahe* sicher unmöglich finden werde hier zu überwintern. Aber ich habe mich dazu entschieden es zu *versuchen*. Der Mann von dem ich hier *ganz* abhänge ist unzuverlässig! — Ich bete viel. Aber ob im rechten Geiste weiß ich nicht. —
17. Juli 1948

482 Die Schwestern Hermine und Gretl

Hermine Wittgenstein:
Ich kann es nicht leugnen, daß ich, wenn ich über meine Schwester Gretl schreibe, sie wie von einer Kontrastfigur begleitet sehe, wodurch mir einige ihrer Eigenschaften in besonders hellem Licht erscheinen; ich selbst bin diese Kontrastfigur, und bei der Erwähnung ihrer optimistischen, selbstvertrauenden Einstellung und deren guten Folgen wird mir gerade durch den Kontrast vieles klar; während ich selbst nämlich nur von dem vagen Wunsch geleitet wurde, nicht das Unrechte zu tun, verfolgte Gretl einen bestimmten Weg auf der Suche nach dem Rechten, und besonders unbeirrt ging sie diesen Weg […]

Die Vielfältigkeit ihrer Facetten machte Gretls Persönlichkeit ja so faszinierend, es drängt sich mir bei ihrer Beschreibung immer wieder die Redewendung auf „nicht nur – sondern auch!" So war sie erstens, und ist es gewiß heute noch, nicht nur von einer ganz eigentümlichen beseelten Schönheit, sondern sie war auch durch die unbeschreibliche, so gar nicht landläufige *Eleganz ihrer Kleidung* eine wahre Augenweide.

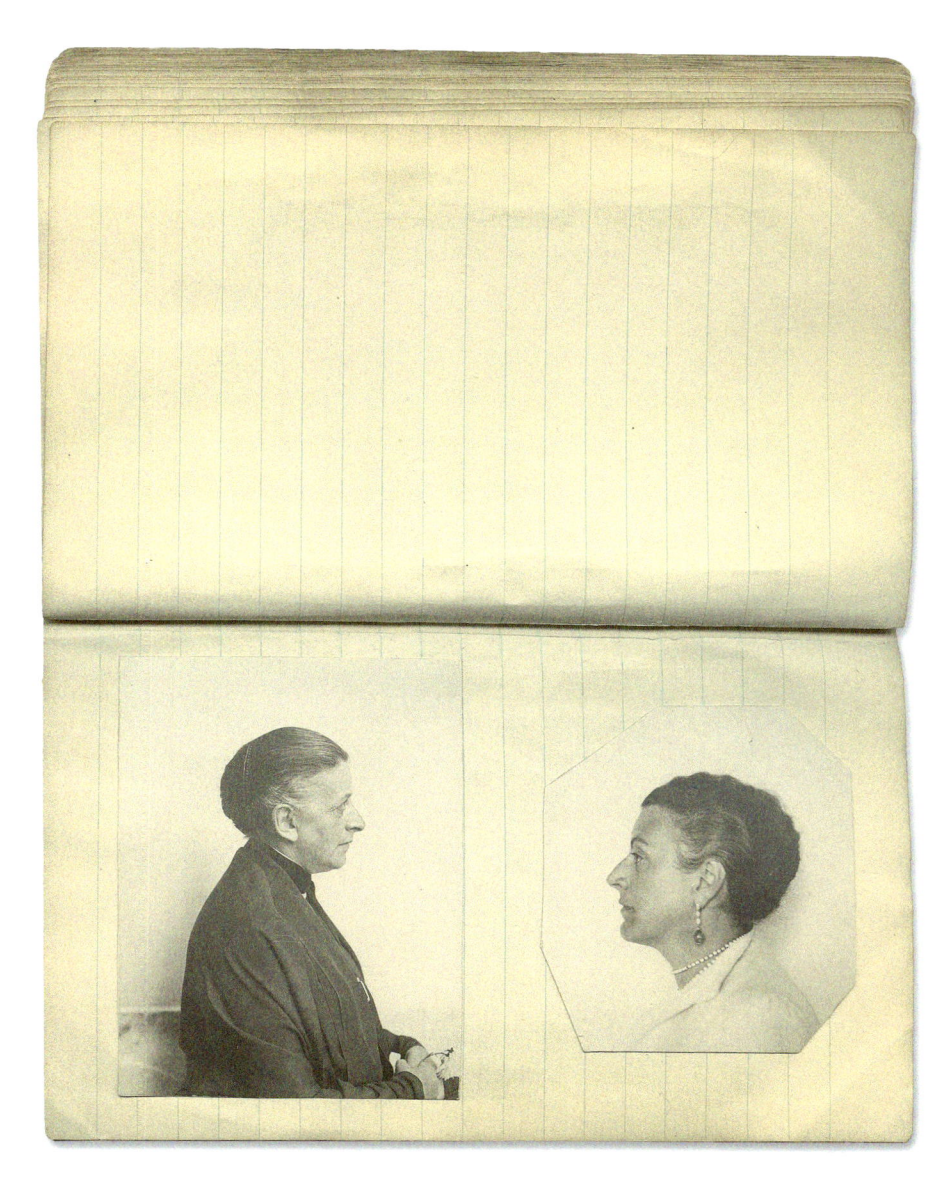

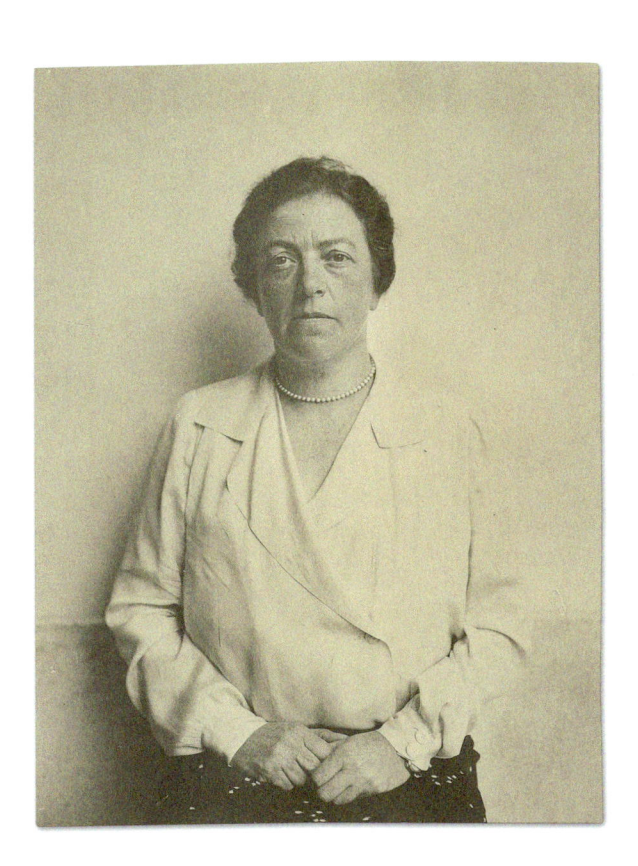

483 Die Schwester Helene

An die Schwester Helene aus Wicklow
20. Februar 1948:
Es geht mir gut und ich denke oft an Dich, und beinahe immer blödelnd. Es würde mich interessieren zu wissen, wie die Dritte von Brahms aufgeführt war (ich meine, für's Grammophon). Eigentlich der einzige Satz, der jetzt zu mir *spricht*, ist der *vierte*. Ich würde ihn sehr gerne hören. Ich glaube, er klingt viel mehr wie für's Orchester geschrieben, als die beiden Mittelsätze, besonders. Und es kommt mir vor, er hat keinen *dürren* Klang. Woran das liegt weiß ich natürlich nicht.

15. März 1948:
Es vergeht kaum ein Tag an dem ich nicht an Dich denke. Und wenn es meist in Verbindung mit dem Blödeln geschieht, so weißt Du ja, daß das mir so notwendig ist, wie nur irgend ein Vitamin. Mögest Du Dich oft daran erinnern.

Ich arbeite ziemlich viel und bin oft sehr müde. Der Winter war der mildeste, den ich erlebt habe und vor einigen Tagen war es warm wie im Sommer.

Etwas seltsames geschieht mir seit etwa 2 Monaten: Es geht mir beinahe gar keine Musik mehr durch den Kopf, außer dem Scherzo aus dem Sommernachtstraum! Es ist natürlich *sehr* schön, aber gewiß nicht eine Musik, die mir sehr nahe geht; und sie entspricht nicht meiner Stimmung. Es muß also außer-musikalische Gründe haben, daß sie mir so ständig einfällt. Freud würde vielleicht sagen, und vielleicht mit Recht, daß ich mir damit immer sagen will „Ich bin ein Esel"; weil mir besonders oft der Teil durch den Kopf geht, in welchem der Esel schreit.

Ich hoffe, daß die Gretl bald wird zu Euch fahren können. Möge es Dir halbwegs gut gehen! Grüß den Koder von mir, und Alle!
Dein Dich liebender
Bruder Ludwig

Du schreibst, daß Ihr jetzt Musik mit starken Kontrasten gewöhnt seid. Ich *glaube*, mir wäre das ungemein zuwider. Ich glaube, ich hätte das größte Mißtrauen gegen so eine Auffassung. Aber vielleicht auch nicht; und vielleicht verstehe ich auch die neuere Zeit nicht. —

484 Ross's Hotel, Dublin

Ross's Hotel, Parkgate Street, Dublin,
Eire 16.12.48
Dear Moore,
The enclosed card is to wish you as much happiness and as little unhappiness as possible. But I'm also writing you this note: for two reasons. I had a letter and Christmas card from Malcolm, and he says that he hasn't yet heard from you. When I read this I thought of your telling me that you'd write to him; that was in October in your room when I mentioned the fact that he had complained to me about not hearing from you. And at the same time I thought of something else you promised me then, i.e., putting it into your will that my typescripts, now in your possession, should, after your death, go to my executors, or to me if I should then be alive. – This letter is to remind you of both matters, in case you have forgotten. You are in a position to give a *great* deal of pleasure (in the first case) and to avert a *great* deal of distress (in the second) by comparatively simple means.

    Rhees is coming here for 10 days next week. I am well and working pretty hard. May you be well, too!
    Forgive me this lengthy letter.
Yours
Ludwig Wittgenstein

485 G.E. Moore
Aufnahme Lettice Ramsey

Dear Moore,
Thanks for your letter and for having fulfilled both promises. My executors are *Rhees* and *Burnaby of Trinity*.
    I wish you all good luck!
Yours
L. Wittgenstein
31. Dezember 1948

Wittgensteins alleiniger Testamentsvollstrecker war schließlich Rush Rhees; zusammen mit G.E.M. Anscombe und G.H. von Wright war Rhees auch einer der literarischen Erben der nachgelassenen Schriften Wittgensteins und deren Herausgeber.

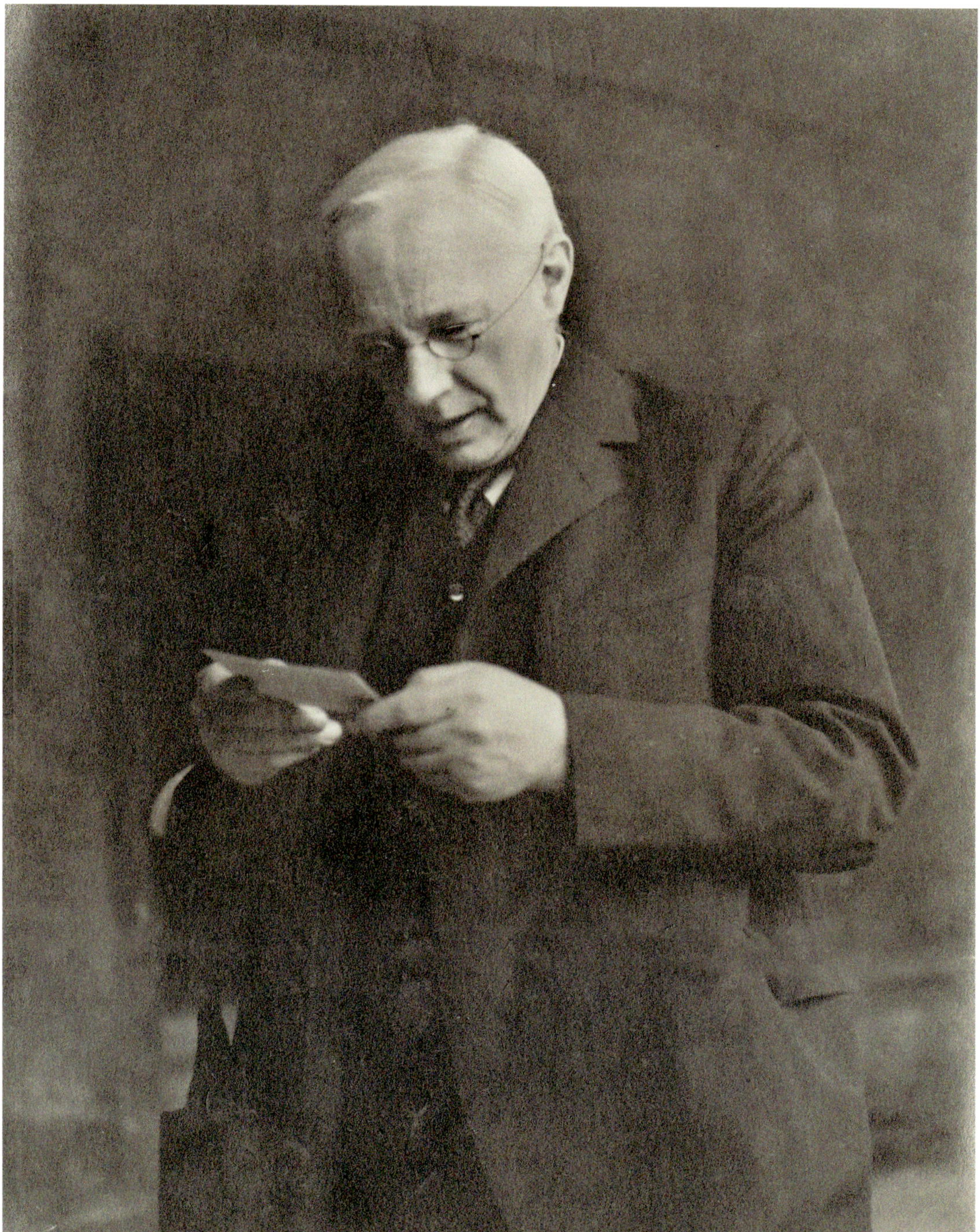

396   Irland, Amerika, Norwegen, Cambridge

486 Die Hochreith im Winter

487 Die Schwester Hermine

Große Schwäche und Schmerzen. Mining im Sterben. *Großer* Verlust für mich und Alle. *Größer* als ich geglaubt hatte.
11. Februar 1949

Telephongespräch mit Gretl (in England) Sie hat über's Telephon von Wien gehört, Mining liege im Sterben, erkenne niemand mehr, schlummere friedlich. — Ringsherum werden die Wurzeln abgeschnitten, an denen mein eigenes Leben hängt. Meine Seele ist voller Schmerzen.

-

Sie hatte vielseitiges Talent und Verstand. Aber nicht nackt zu Tage liegend, sondern verhüllt; wie die menschlichen Eingeweide liegen *sollen*.
25. Februar 1949

488 Norman Malcolm vor seinem Haus in Ithaca, N.Y.

Wittgenstein aus Irland an Norman Malcolm
5. Juni 1948:
Thanks *a lot* for inviting me. It's good to know that you won't mind taking me in once the time is ripe. But it isn't now. You see, my main source of trouble is myself and, unfortunately, that would accompany me wherever I go. I'm *much* better now than before I came here. My health is as fine as can be expected of an old codger, and the things that I'm always inclined to beef about are *necessary* evils. My work, e.g., is only so-so; but my talent is only *that* size and I'm getting a bit shop worn and nothing can help this. I often get exasperated about it but I just must (or *ought* to) learn to bear it. The solitude here is often a strain, but it's also a blessing; that I have to do all my housework is a great strain, but it's undoubtedly a great blessing, too, because it keeps me sane, it *forces* me to live a regular life and it is in general good for me *although I curse it every day*. The truth is I oughtn't to be so much an old woman and complain such a lot; but then that is also one of the things that can't be changed. — But I hope, *seriously* to come and stay with you one day when I'll be riper for it. (Of course you know that some apples never get ripe: they're hard and sour until they get soft and mushy.) — [...] I hope Fate will let me stay with you some day, and I am sure I'll enjoy it hugely, I also hope that then I might be useful in discussion (now I'm too stale).

Bericht von John Nelson:
The first time the main body of graduate students saw Wittgenstein was the philosophy-club meeting at Cornell, a most important meeting; attended by practically all the graduate students and most of the Sage School faculty. [...]

Just before the meeting was to get underway, Malcolm appeared approaching down the corridor. On his arm leaned a slight, older man, dressed in windjacket and old army trousers. If it had not been for his face, alight with intelligence, one might have taken him for some vagabond Malcolm had found along the road and decided to bring out of the cold. It was, of course, Wittgenstein. Until this moment only a few persons knew Wittgenstein was in Ithaca. [...]

I leaned over to Gass and whispered, "That's Wittgenstein". Gass thought I was making a joke and said something like: "Stop pulling my leg".

And then Malcolm and Wittgenstein entered. Black who was conducting this particular meeting, stood up and turned to his right and it became clear, to everyone's surprise that he was about to address the shabby older man Malcolm had brought to the meeting. Then came the startling words; said Black, "I wonder if you would be so kind, Professor Wittgenstein...". Well, when Black said 'Wittgenstein' a loud and instantaneous gasp went up from the assembled students. You must remember: 'Wittgenstein' was a mysterious and awesome name in the philosophical world of 1949, at Cornell in particular. The gasp that went up was just the gasp that would have gone up if Black had said "I wonder if you would be so kind, Plato..."

Bericht von O. K. Bouwsma:
(Earlier on the bench, he also said that all the years of his teaching had done more bad than good. And he compared it to Freud's teachings. The teachings, like wine, had made people drunk. They did not know how to use the teaching soberly. Did I understand? Oh yes, they had found a formula. Exactly.)

Then we rode to the top of the hill near the library and looked over the town. The moon was in the sky. "If I had planned it, I should never have made the sun at all. See! How beautiful! The sun is too bright and too hot." Later, he said "And if there were only the moon there would be no reading and writing."

1107 Hanshaw Rd.
Ithaca N.Y.
U.S.A.
22.8.49.

Liebe Helene,
Es freut mich, daß die Grammophonplatten angekommen sind. Ich hoffe, sie sind unbeschädigt & sie gefallen Dir so gut wie mir. Bitte laß mir das Geld für sie so bald als möglich hier anweisen. Ich brauche es ziemlich dringend. Die Leute, bei denen ich lebe, sind zwar sehr gut & freundlich, aber ich will mir doch von ihnen nicht Doktorrechnungen zahlen lassen.

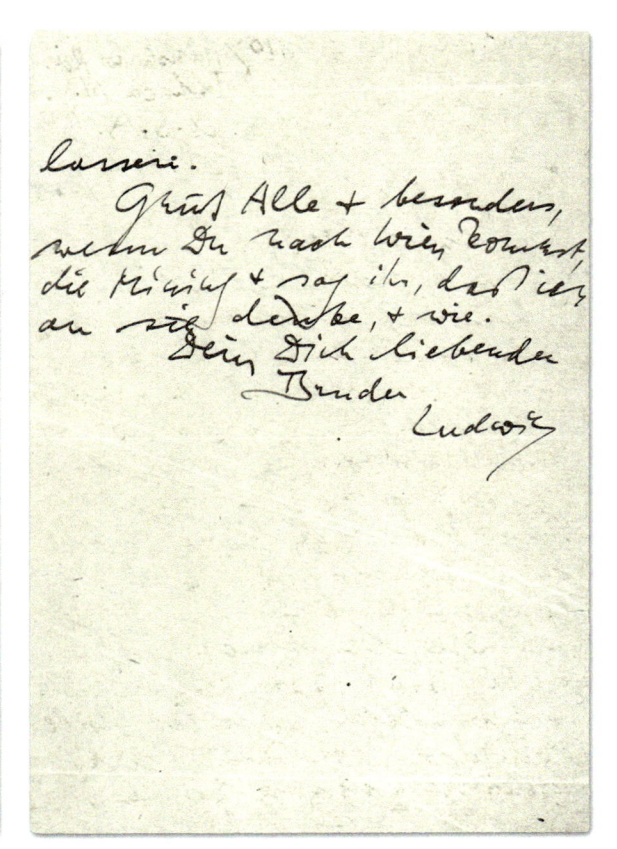

Grüß Alle & besonders, wenn Du nach Wien kommst, die Mining & sag ihr, daß ich an sie denke, & wie.
Dein Dich liebender Bruder
Ludwig

489/490 Brief an die Schwester Helene

Norman Malcolm, Erinnerungen an Wittgenstein: Wittgenstein became extremely ill during the latter part of his stay with us. […]

Wittgenstein's fear was not that he would be found to have cancer (he was quite prepared for that) but that he might be kept at the hospital for surgery. His fear of surgery came near to panic. […]

He was also very afraid that the doctors might prevent him from making the return passage to England in October, which was already booked. "I don't want to die in America. I am a European – I want to die in Europe," he murmured to me in a frenzy. And he exclaimed: "What a fool I was to come."

400 Irland, Amerika, Norwegen, Cambridge

491–493 Wittgenstein, 1950
letzte Photos mit Georg Henrik von Wright,
Freund und Nachfolger Wittgensteins auf dem
Lehrstuhl für Philosophie an der Universität
Cambridge, einer seiner drei literarischen Erben,
aufgenommen von K. E. Tranøj

Bericht von K. E. Tranøj:
In the late spring of 1950 we had tea with the von Wrights in the garden. It was a sunny day and I asked Wittgenstein if I could take a photograph of him. He said, yes, I could do that, if I would let him sit with his back to the lens. I had no objections and went to get my camera. In the meantime Wittgenstein had changed his mind. He now decided I was to take the picture in the style of a passport photograph, and von Wright was to sit next to him. Again I agreed, and Wittgenstein now walked off to get the sheet off his bed; he would not accept Elisabeth von Wright's offer of a fresh sheet from her closets. Wittgenstein draped the sheet, hanging it in front of the verandah and pulled up two chairs.

Ja, es ist seltsam. Mein Unterarm liegt jetzt horizontal und ich möchte sagen daß ich das fühle; aber nicht so, als hätte ich ein Gefühl, das immer mit dieser Lage zusammengeht (als fühlte man etwa Blutleere, oder Plethora oder dergleichen) – sondern, als wäre eben das „Körpergefühl" des Arms horizontal angeordnet oder verteilt, wie etwa ein Dunst oder Staubteilchen an der Oberfläche meines Armes so im Raume verteilt sind. Es ist also nicht wirklich, als fühlte ich die Lage meines Arms, sondern als fühlte ich meinen *Arm* und fühlte ihn in dieser Lage, in diesem Ort./meinen *Arm* und das Gefühl hätte die und die *Lage*./ Das heißt aber nur: ich *weiß* einfach, wie er liegt, ohne zu wissen,/:/ *weil* . . . . . Wie ich auch weiß, wo ich den Schmerz empfinde, es aber nicht weiß: *weil* . . . . .
2. Februar 1947

494 Maschinenraum im South Kensington Science Museum, London

Georg Henrik von Wright in seinen Erinnerungen an Ludwig Wittgenstein:
That [Wittgenstein] chose to study engineering was a consequence of his early interests and talents, rather than of his father's influence. Throughout his life he was extremely interested in machinery. While a small boy he constructed a sewing machine that aroused much admiration.

Even in his last years he would spend a whole day with his beloved steam-engines in the South Kensington Museum.

495 Manuskriptband *Mathematik und Logik*, zweiter Band, MS 127 von 1943

Denk' Dir jemand hätte vor 2000 Jahren die *Form*

🚂

erfunden und gesagt, sie werde einmal die Form eines Instruments der Fortbewegung sein.
    Oder vielleicht: es hätte jemand den vollständigen *Mechanismus* der Dampfmaschine konstruiert, ohne die geringste/irgend welche/ Ahnung, wie er als Motor benützt werden könnte./ohne irgendwelche Ahnung, daß, und wie, er als Motor zu benützen wäre./
20. Januar 1943

Die Grammatik des Wortes „wissen" ist offenbar eng verwandt der Grammatik der Worte „können", „im Stande sein". Aber auch eng verwandt der des Wortes „verstehen". Denn ich *verstehe* – schon seit Jahren – wie eine Dampfmaschine funktioniert, wie ich seit Jahren das ABC weiß, und Schachspielen kann.
November 1936

496 Dr. Edward Bevan (1907–1988) und Mrs. Joan Bevan (1915–2008)

Joan Bevan, Erinnerungen an Wittgenstein:
My husband Edward met Maurice Drury in the war and they became very friendly, and in the course of their conversations he told Edward about Professor Wittgenstein […]

Shortly after [Wittgenstein's] return from America in the autumn of 1949 where he had been staying with the Norman Malcolms and had been taken ill – he sent for my husband – and from this encounter our friendship and close contact originated […]

It was remarkable that he never discussed, or tried to discuss with me, subjects which I did not understand, so that in our relationship I never felt inferior or ignorant.

He was completely unconscious of his own appearance, he was very fussy about his personal cleanliness – but it was utterly without vanity.

He seemed to know what was going on in the world though he never ever read the papers or listened to the news on the wireless.

He was very demanding and exacting although his tastes were very simple. It was understood that his bath would be ready, his meals on time and that the events of the day would run to a regular pattern.

497 Das Gästebuch der Bevans

498 Storey's End
das Haus von Dr. und Mrs. Bevan, Storey's Way, Cambridge

Liebe Helene!
Ich überlege den Gedanken, in nicht langer Zeit nach Wien zu kommen. Meine Gesundheit ist recht schlecht und ich kann daher nicht arbeiten. In Wien hoffe ich ruhig sein zu können. Ich müßte wahrscheinlich einen Teil des Tages liegen, brauchte aber keine besondere Pflege. Wenn ich mein altes Zimmer (mit dem Oberlicht) in der Alleegasse haben könnte, so wäre das gut. Ich nehme ein Mittel, welches, wie der Arzt sagt, mir helfen wird.
Bitte schreib oder telegraphier mir, ob mein Vorhaben möglich ist, – vorausgesetzt ist, daß ich die Erlaubnis zur Einreise in London erhalte. Sei gegrüßt von Deinem Dich liebenden Bruder Ludwig
Ich kann jetzt noch nicht reisen, aber vielleicht in ein paar Wochen.
28. November 1949

Date	Name	Address
26/29 Sept 50	John Corrie	38 Chester Terrace Mews N.W.1.
30.9.50	Ulla Paulson	Grafikvägen 8. Stockholm Johannesbov letters 24 Holland road House
7th Oct. '50	Alasdair Maclead	Airds Bay House, Taynuilt, Argyll.
9/10/50	Roger Haynard.	Eastwood Radcliffe Road Both Luc.
9/10/50	Jane Howell.	The Old Rectory. Orset. Essex.
10.10.50	Dolis Goddard.	Bexhill-R-S10 Sussex. Cooder Hotel
25.10.50	John Corrie	38 Chester Terrace Mews. N.W.1.
26.10.50	Mr + Mrs W.H. Paton Bill + Gwen	S. Enodoc, Borth y Gest, Portmadoc
	Ulla Paulson	Vikhus säteri Västerås
Nov. 4	Jill Martin	10 Wimpole Street. W.1.
Nov 4	Jo Callingham	10 Wimpole Street. W.1.
Nov 7th	Roger Haynard	"Eastwood," Both. (Stayed ten days - slept one night!)
Nov. 11th	Helen Ratcliffe.	36, Hereford Rd. St. Albans.
Nov 19th	Roger V. Hayes	20, Sussex Gardens. London.
Nov. 26.	L. Wittgenstein	27 St. John Street Oxford

405

**499/500 Postkarte von der letzten Reise
nach Norwegen mit Ben Richards**
Wittgenstein hatte sein Haus Arne Bolstad
geschenkt; nach dessen Tod wird es von seinen
Söhnen abgerissen, mit dem Baumaterial
erweitern sie das Familienhaus in Skjolden.

Für den Menschen ist das Ewige, Wichtige,
oft durch einen undurchdringlichen Schleier
verdeckt. Er weiß: da drunten ist etwas, aber
er sieht es nicht. Der Schleier reflektiert das
Tageslicht.
24. Januar 1949

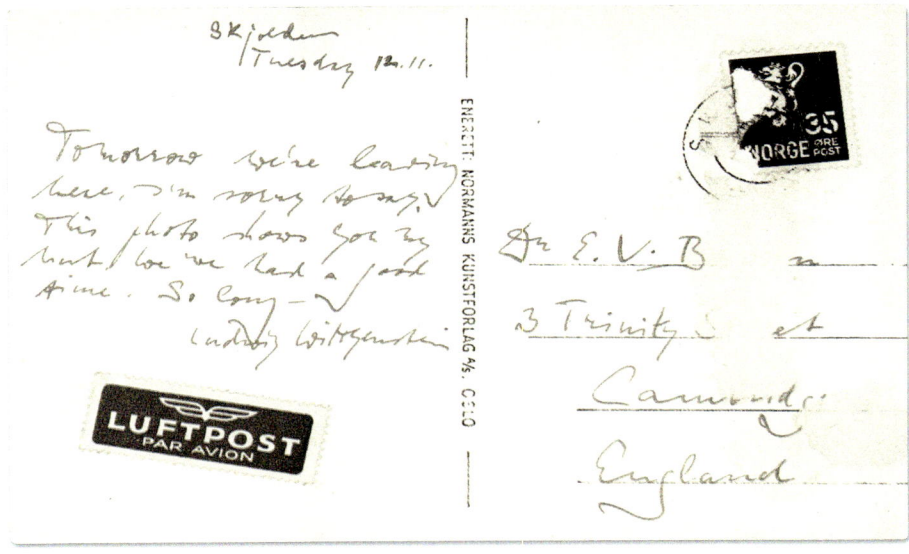

> In all + jeder Zeit
> Verknüpft sich Lust + Leid.
> Bleibt fromm in Lust + seyd
> Beim Leid mit Mut bereit.

501 Ben Richards zum Trost
Wittgenstein, im Wissen um seinen nahen Tod, notiert dem Freund das Motto aus Schumanns *Davidsbündlertänzen*

Es scheint, ich bin nicht im Stande Weisheit zu lernen. Ich habe immer die selben unweisen Gedanken. Ich kann nur für kurze Momente in die Tiefe tauchen und schwimme sonst an der Oberfläche.
25. Juli 1948

Scheue dich nicht Kindereien/kindische Gedanken/ aufzuschreiben, wenn *das* die Gedanken sind, die du denken mußt. — Bist du nicht über diese Gedanken hinaus, so magst du es nur ruhig zugeben.
4. Oktober 1948

Bist Du wirklich dumm, so mußt Du Dir's gestehen: darin liegt der Ernst dieser Untersuchung.
23. November 1948

In den Tälern der Dummheit wächst für den Philosophen noch immer mehr Gras, als auf den kahlen Höhen der Gescheitheit.
28. Januar 1949

Philosophen wie Wisdom, Ayer, u.a. Sie zeigen Dir einen Bund gestohlener Schlüssel,/Schlüssel die sie gestohlen haben,/ aber sie können keine Türen damit öffnen.
9. Februar 1949

Daß ich eines Menschen Freund sein kann, beruht darauf, daß er die gleichen oder ähnliche *Möglichkeiten* hat wie ich selbst.

-

Wäre es richtig zu sagen, in unsern Begriffen spiegelt sich unser Leben?
    Sie stehen mitten in ihm.

-

Die Regelmäßigkeit unsrer Sprache/Unsere Sprache/ durchdringt unser Leben.

-

Von wem würden wir sagen, er habe unsern Begriff des Schmerzes nicht? Ich könnte annehmen, er kenne Schmerzen nicht, aber ich will annehmen, er kenne sie; er gibt also Schmerzäußerungen von sich und man könnte ihm die Worte „Ich habe Schmerzen" beibringen. Soll er auch fähig sein sich seiner Schmerzen zu erinnern? — Soll er Schmerzäußerungen der Andern als solche erkennen; und wie zeigt sich das? Soll er Mitleid zeigen — Soll er gespielten Schmerz *als solchen* verstehen?

-

„Ich weiß nicht, *wie* ärgerlich er war." „Ich weiß nicht, ob er wirklich *ärgerlich* war." — Weiß er's selbst?
    Nun fragt man ihn, und er sagt „Ja, ich war's".

Was ist denn das: die *Unsicherheit* darüber, ob der Andre ärgerlich war? Ist es ein Zustand der Seele des Unsichern? Warum soll der uns beschäftigen? Sie liegt in dem Gebrauch der Aussage „Er ist ärgerlich".

Aber Einer ist unsicher, der Andre kann sicher sein: er ‚kennt den Gesichtsausdruck' dieses Menschen, wenn er ärgerlich ist. Wie lernt er dieses Anzeichen des Ärgers als solches kennen? Das ist nicht leicht zu sagen.

Aber nicht nur: „Was heißt es über den Zustand des Andern unsicher sein?" — sondern auch: „Was heißt es ,*Wissen*, sicher sein, daß jener sich ärgert'?"
Anfang April 1950

502 Sigmund Freud, *Der Witz und seine Beziehung zum Unbewussten*, 1905

503 Der brennende Stephansdom, Wien 1945
im Vordergrund zwei russische Soldaten

Es gibt Probleme an die ich nie herankomme, die nicht in meiner Linie oder in meiner Welt liegen. Probleme der Abendländischen Gedankenwelt an die Beethoven (und vielleicht teilweise Goethe) herangekommen ist und mit denen er gerungen hat die aber kein Philosoph je angegangen hat (vielleicht ist Nietzsche an ihnen vorbeigekommen).

Und vielleicht sind sie für die abendländische Philosophie verloren d. h. es wird niemand da sein der den Fortgang dieser Kultur als Epos empfindet also beschreiben kann. Oder richtiger sie ist eben kein Epos mehr oder doch nur für den der sie von außen betrachtet und vielleicht hat dies Beethoven vorschauend getan (wie Spengler einmal andeutet). Man könnte sagen die Zivilisation muß ihren Epiker voraushaben. Wie man den eigenen Tod nur voraussehen und vorausschauend beschreiben nicht als Gleichzeitiger von ihm berichten kann. Man könnte also sagen: Wenn Du das Epos einer ganzen Kultur beschrieben/geschrieben/ sehen willst so mußt Du es unter den Werken der Größten dieser Kultur also zu einer Zeit suchen in der das Ende dieser Kultur nur hat *voraus*gesehen werden können, denn später ist niemand mehr da es zu beschreiben. Und so ist es also kein Wunder wenn es nur in der dunklen Sprache der Voraussicht/Vorausahnung/ geschrieben ist und für die Wenigsten verständlich.
16. Januar 1931

Je weniger sich Einer selbst kennt und versteht um so weniger groß ist er, wie groß auch sein Talent sein mag. Darum sind unsre Wissenschaftler nicht groß. Darum sind Freud, Spengler, Kraus, Einstein nicht groß.
1. August 1946

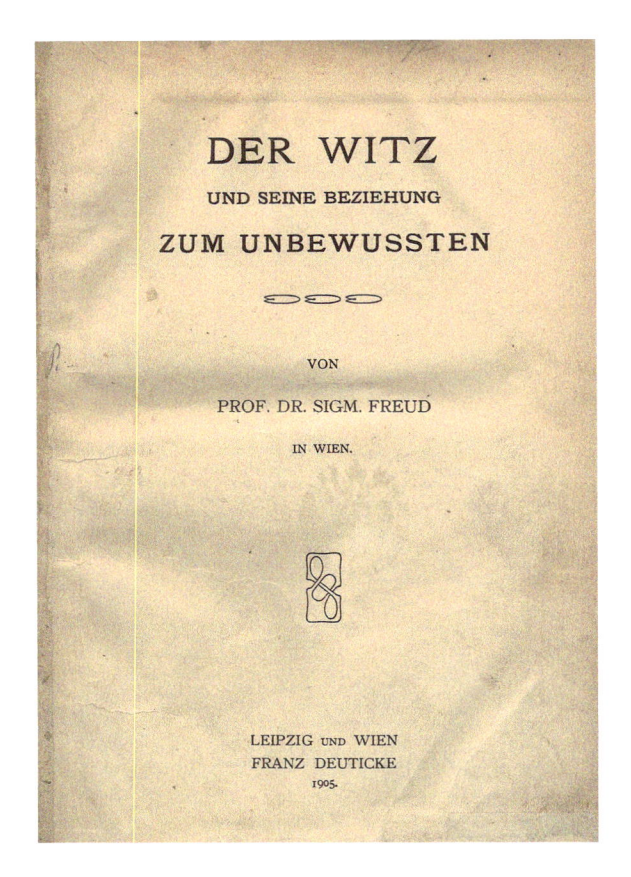

504 Letztes Weihnachten in Wien, 1950
Gabentisch auf der letzten Seite in Wittgensteins Photoalbum

Der Begriff des ‚Festes'. Für uns mit Lustbarkeit verbunden; zu einer anderen Zeit möglicherweise nur mit Furcht und Grauen. Was wir ‚Witz' und was wir ‚Humor' nennen, hat es gewiß in andern Zeiten nicht gegeben. Und diese beiden ändern sich stetig./beständig./sind in ständiger Veränderung begriffen./
1. Januar 1949

Eine Zeit mißversteht die andere; und eine *kleine* Zeit mißversteht alle andern in ihrer eigenen häßlichen Weise.
1950

Wenn man philosophische Probleme nicht *lösen* will, – warum gibt man es nicht auf, sich mit ihnen zu beschäftigen? Denn sie lösen heißt seinen Standpunkt, die alte Denkweise ändern. Und willst Du das nicht, so solltest du die Probleme unlösbar nennen./Die Probleme für unlösbar halten./
1950

505 Aus Wittgensteins Photoalbum
Wittgensteins Rückblick auf seine Lehrtätigkeit: der Schüler Oskar Fuchs, genannt Fuchsl, aus Trattenbach, photographiert von Moritz Nähr. Der Schüler und Freund Drury, den Wittgenstein überredet hatte, die Philosophie aufzugeben, und der, unterstützt von Pattisson und Wittgenstein, Medizin studiert hatte, und G. E. Moore, der Lehrer und/oder Schüler. Beide photographiert und beschnitten von Wittgenstein.

Aus Drurys Gesprächsnotizen, 1951:
On my way back from my honeymoon in Italy I went up to Cambridge to see Wittgenstein, who was now living in Dr. Bevan's house. He looked very ill, but was as alert and lively as ever.

    Wittgenstein: "It was such a relief to me when the doctors told me that there was now no use continuing the hormone and X-ray treatment; and that I could not expect to live more than a few months. You know that all my life I have been inclined to criticize doctors. But now at the end of my life I have had the good fortune to meet three really good doctors. First, the professor you introduced me to in Dublin, then the doctor Malcolm got me to see in America, and now Dr. Bevan.

    Isn't it curious that, although I know I have not long to live, I never find myself thinking about a 'future life'. All my interest is still on this life and the writing I am still able to do."

Joan Bevan, Erinnerungen an Wittgenstein:
We formed a regular habit of walking to the local pub around 6 at night which became about his limit for walking. We always ordered 2 ports, one I drank and the other one he poured with great amusement into the Aspidistra plant – this was the only dishonest act I ever knew him to do.

    He told me he had never liked having his meals in the College Hall, not caring for the conversation there, the nicest thing that ever happened to him at High Table was when a voice said to him: "If you dig a little deeper Sir, you will find the peach."

    He often referred to himself as the Bloody Man and in his letters to Edward he ended with so long B. M.

506 Rezeptformular von Doktor Bevan
mit einem Rezept Wittgensteins zur Erziehung
der Bevan-Kinder

Johann Wolfgang von Goethe, *Hermann und
Dorothea*, 1797
Und es versetzte sogleich die gute,
　　verständige Mutter:
Immer bist du doch, Vater, so ungerecht gegen
　　den Sohn! und
So wird am wenigsten dir dein Wunsch des
　　Guten erfüllet.
Denn wir können die Kinder nach unserem
　　Sinne nicht formen;
So wie Gott sie uns gab, so muß man sie
　　haben und lieben,
Sie erziehen aufs beste und jeglichen
　　lassen gewähren.
Denn der eine hat die, die anderen andere
　　Gaben;
Jeder braucht sie, und jeder ist doch nur auf
　　eigene Weise Gut und glücklich.

507 Johnny Bevan (1940–2007)

Wittgenstein zu Johnnys Mutter Joan Bevan:
I hope this boy will never grow up.

Wenn einer prophezeiht die künftige
Generation werde sich mit diesen Problemen
befassen und sie lösen so ist das meist nur eine
Art Wunschtraum in welchem er sich für das
entschuldigt was er hätte leisten sollen, und
nicht geleistet hat. Der Vater möchte daß der
Sohn das erreicht, was er nicht erreicht hat
damit die Aufgabe die er ungelöst ließ doch
eine Lösung fände. Aber der Sohn kriegt eine
neue Aufgabe. Ich meine: der Wunsch, die
Aufgabe möge nicht unfertig bleiben hüllt sich
in die Voraussicht sie werde von der nächsten
Generation weitergeführt werden.
1. Februar 1934

TEL. U 40 402 WIEN, 10.1.50.
IV. ARGENTINIERSTRASSE 16

Dear Doctor,
Thank you very much for the Vit. B., etc. I'm all stocked up with vitamines now & feeling pretty good. — If I could I'd make a provision in my will that you should be kept in sugared figs for the rest of your natural life. Give my good wishes to everybody.

Yours sincerely
Ludwig Wittgenstein

P.S. I hope that Ben Richards will make use of the opportunity

508 Wittgenstein an Dr. Edward Bevan
mit dem Stempel der Österreichischen Zensurstelle im Auftrag der russischen Besatzungsbehörde

509 Edward Bevan mit seinen Nichten

Gestern von Wien zurück. Danach kommt mir London trübselig vor. Die Ordnung selbst ist hier ekelhaft. Die Menschen sind von den Bedürfnissen selbst getötet. Jeder Schwung ist, wie durch eine ungeheure Reibung, gänzlich aufgezehrt.
24. März 1950

Zwei Menschen die zusammen, über einen Witz etwa, lachen. Einer hat gewisse, etwas ungewöhnliche Worte gebraucht und nun brechen sie beide in eine Art von Meckern aus. Das könnte Einem, der aus anderer Umgebung zu uns kommt, *sehr* sonderbar vorkommen. Während wir es ganz *vernünftig* finden.

(Ich beobachtete diese Szene neulich in einem Omnibus und konnte mich in Einen hineindenken, der das nicht gewohnt ist. Es kam mir dann ganz irrational vor und wie die Reaktionen eines uns fremden *Tiers*.)
31. Dezember 1948

Wie ist es denn wenn Leute nicht den gleichen Sinn für Humor haben? Sie reagieren nicht richtig auf einander. Es ist, als wäre es unter gewissen Menschen Sitte einem Andern einen Ball zuzuwerfen, welcher ihn auffangen und zurückwerfen soll; aber gewisse Leute würfen ihn nicht zurück sondern steckten ihn in die Tasche.

-

Oder wie ist es, wenn Einer den Geschmack des Andern gar nicht zu erraten versteht.

-

Die Idee vom Geist des Menschen, den man sieht oder nicht sieht, ist sehr ähnlich dem der Wortbedeutung, die als ein Vorgang oder Objekt beim Wort steht.

-

Ein in uns festes Bild kann man freilich dem Aberglauben vergleichen, aber doch auch sagen, daß man *immer* auf irgend einen festen Grund kommen muß, sei er nun ein Bild, oder nicht, und also sei ein Bild am Grunde alles Denkens zu respektieren und nicht als ein Aberglaube zu behandeln.
20. Mai 1949

510 Manuskriptband MS 175 von 1950/51

Wittgenstein hatte diesen Band im Herbst 1950 begonnen. Die Bemerkung vom 10. März 1951 ist eine Ergänzung zum Vorwort der *Philosophischen Untersuchungen* und damit Wittgensteins letzter Versuch, an den *Untersuchungen* selbst noch etwas zu ändern.

Aus dem Vorwort zu den *Philosophischen Untersuchungen* vom Januar 1945:
Ich hatte bis vor kurzem den Gedanken an eine Veröffentlichung meiner Arbeit bei meinen Lebzeiten eigentlich aufgegeben. Er wurde allerdings von Zeit zu Zeit rege gemacht, und zwar hauptsächlich dadurch, daß ich erfahren mußte, daß meine Ergebnisse, die ich in Vorlesungen, Skripten und Diskussionen weitergegeben hatte, vielfach mißverstanden, mehr oder weniger verwässert oder verstümmelt im Umlauf waren. Hierdurch wurde meine Eitelkeit aufgestachelt, und ich hatte Mühe, sie zu beruhigen.
[...]
Aus mehr als einem Grunde wird, was ich hier veröffentliche, sich mit dem berühren, was Andre heute schreiben – Tragen meine Bemerkungen keinen Stempel an sich, der sie als meine kennzeichnet, – so will ich sie auch nicht als mein Eigentum beanspruchen.

10. 3. 51.
.... Damit ist der Diebstahl der von manchem Universitätslehrer heute an meinen Einfällen/ an meinen Einfällen heute von manchem Universitätslehrer/ begangen wurde durchaus nicht entschuldigt.//Das soll keineswegs die entschuldigen, die mit meinen unveröffentlichten Einfällen ihre Schriften schmücken.//
-
Damit ist der Diebstahl derer nicht entschuldigt, die seit Jahren ihre Publikationen mit meinen unveröffentlichten Einfällen schmücken. Denn wenn (ich) auch, was *sie* davontragen können, gering achte/nicht wertvoll ist/, so halten sie selbst es doch für wertvoll, und es ist auch besser, als was sie selbst erdenken können.

Irland, Amerika, Norwegen, Cambridge

Wittgenstein an Rush Rhees, 14. März 1951:
The other day I saw in the New Statesman a review of a book which seems to be a collection of articles by various Logical Positivists: Wisdom, Ryle, Waismann, etc.. It particularly praised Waismann for a remark which comes *straight* from me. Whenever I see an obvious theft I very much dislike it. I wish some reviewer would debunk these humbugs. —

Wittgenstein an Norman Malcolm, 16. April 1951:
An extraordinary thing has happened to me. About a month ago I suddenly found myself in the right frame of mind for doing philosophy. I had been *absolutely* certain that I'd never again be able to do it. It's the first time after more than 2 years that the curtain in my brain has gone up. — Of course, so far I've only worked for about 5 weeks and it may be all over by tomorrow; but it bucks me up a lot now.

Joan Bevan, Erinnerungen an Wittgenstein:
At the end of February or beginning of March he said: "I am going to work now as I have never worked before."

511 *Logic and Language,* **herausgegeben von A. G. N. Flew, Oxford 1951**
eine Aufsatzsammlung; auf deren Besprechung im *New Statesman and Nation* vom 10. März 1951 bezieht sich Wittgenstein in seinem Manuskript und in seinem Brief an Rush Rhees

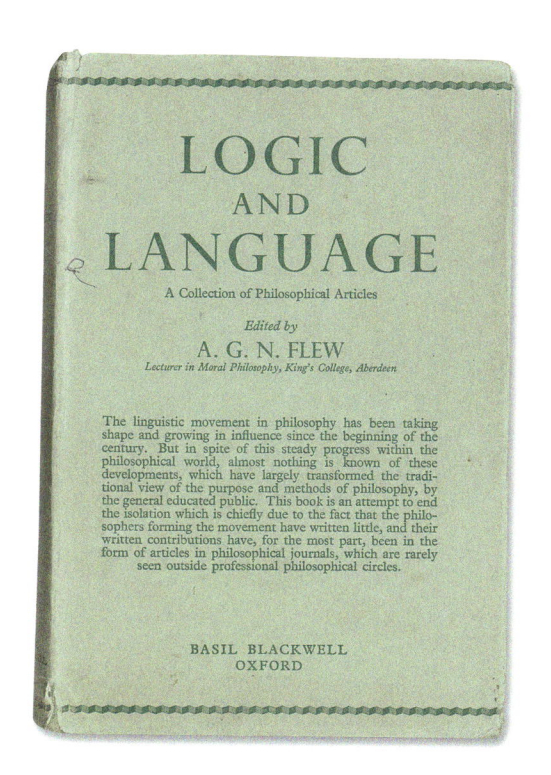

512 Josef Labor im Tod
Bleistiftzeichnung der Schwester Hermine

76 Storey's Way, Cambridge, 15. 3. 51
Liebe Helene!
Ich habe in der letzten Zeit oft an Dich gedacht, mit dem Wunsche, ich könnte wieder einmal mit Dir blödeln. Ich bin ein Jahrhundert zu früh auf die Welt gekommen, denn dann, in 100 Jahren, wird man ohne große Kosten Wien von Cambridge anrufen und ein Stündchen am Apparat blödeln können. Allerdings für Dich ist es vielleicht wieder gut, daß das heute noch nicht möglich ist.

Ich habe eine Reproduktion der Labor Zeichnung gekriegt und sie ist leider durch das glänzende Papier, eine schlecht gewählte Verkleinerung und den häßlichen Ton, den die Schwärzen auf der Photographie haben, nicht so schön, als sie sein könnte. Wenn ich sie aber durch Seidenpapier anschaue, so ist sie doch sehr eindrucksvoll. Ich will versuchen, die Reproduktion in etwas verkleinertem Maßstabe (vielleicht ca. ¾ der Reproduktion) auf anständiges Papier photographieren zu lassen. Besser wäre es freilich, man könnte vom Original anständige Reproduktionen erhalten; nur müßte man WISSEN, daß dem Original dabei nichts geschehen kann (ich meine, durch Nachlässigkeit etwa); und das ist vielleicht heute nicht leicht möglich.

Neulich las ich, es gebe jetzt eine Aufnahme des C-dur Konzerts von Bach für 3 Klaviere, ich bin nicht sicher, welches von den beiden das ist. Ich höre nur den Anfang des *einen* dreiklavierigen Konzerts in meinem innern Ohr, weiß aber nicht die Tonart. Ich will versuchen, es mir morgen in einem Geschäft anzuhören. Edwin Fischer spielt das eine Klavier und dirigiert auch.

Grüß die Betty, den Koder und den Hänsel, wenn Du sie siehst, *herzlichst* von mir. Möge es Dir erträglich gehen! Wie immer
Dein Bruder
Ludwig

513 Der letzte Manuskripteintrag vom 27. April 1951

Wenn Einer glaubt, vor wenigen Tagen von Amerika nach England geflogen zu sein, so glaube ich, daß er sich darin nicht *irren* kann.

Ebenso, wenn Einer sagt, er sitze jetzt am Tisch und schreibe.

-

„Aber wenn ich mich auch in solchen Fällen nicht irren kann, – ist es nicht möglich, daß ich in der Narkose bin?" Wenn ich es bin und wenn die Narkose mir das Bewußtsein raubt, dann rede und denke ich jetzt nicht wirklich. Ich kann nicht im Ernst annehmen ich träume jetzt. Wer träumend sagt „Ich träume", auch wenn er dabei hörbar redete, hat so wenig recht, wie wenn er im Traum sagt „Es regnet", während es tatsächlich regnet. Auch wenn sein Traum wirklich mit dem Geräusch des Regens zusammenhängt.
27. April 1951

Joan Bevan, Erinnerungen an Wittgenstein:
Throughout the stay with us he never complained or discussed his health with me – on his birthday I gave him an electric blanket saying "many happy returns". He stared hard at me and said "There will be no returns" and the fact that I had promised that he never would be taken to a nursing home or hospital were the only two references about his illness he made to me.

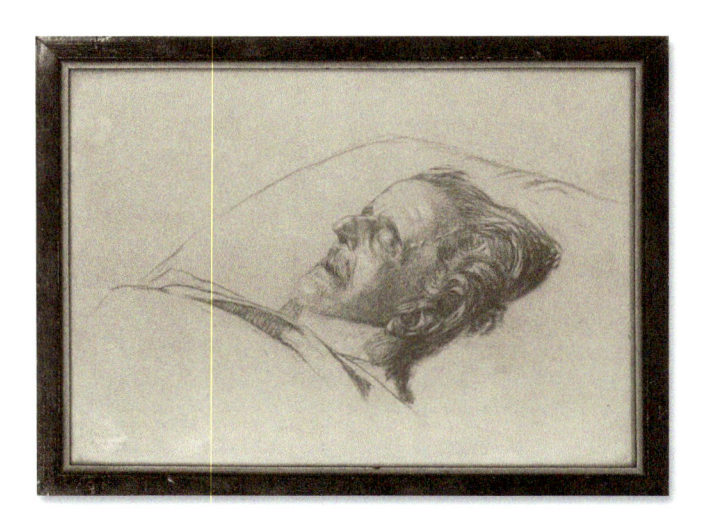

se mir das Bewußtsein raubt, dann rede und denke ich jetzt nicht wirklich. Ich kann nicht im Ernst annehmen, ich träume jetzt. Wer träumend sagt "Ich träume" hat auch wenn er dabei hörbar redet, hat sowenig recht, wie wenn er im Traum sagt "Es regnet", während es tatsächlich regnet. Auch wenn sein Traum wirklich mit dem Geräusch des Regens zusammenhängt.

514 Das Sterbezimmer

„Ich weiß, daß mein /dieses/ Zimmer auf dem zweiten Stock ist, daß hinter der Tür ein kurzer Gang zur Treppe führt, etc.." Es ließen sich Fälle denken, wo ich die Äußerung machen würde, aber es wären recht seltene Fälle. Anderseits aber zeige ich dieses Wissen tagtäglich durch meine Handlungen und auch in meinem Reden.

Was entnimmt nun der Andre aus diesen meinen Handlungen und Reden? Nicht nur, daß ich meiner Sache *sicher* bin? — Daraus, daß ich hier seit vielen Wochen gewohnt habe und täglich treppauf und -ab gegangen bin, wird er entnehmen, daß ich *weiß*, wo mein Zimmer gelegen ist. —

Die Versicherung „Ich weiß . . . ." werde ich gebrauchen, wenn er das noch *nicht* weiß, woraus er mein Wissen unbedingt schließen würde /müßte/.

26. März 1951

Joan Bevan:
On April 27th, two days before he died, we had walked to the pub, that night he was taken violently ill. As I have told you he was completely honest and never said anything that he didn't exactly mean. – The ordinary conventional trivialities of conversation were not for him, so when Edward told him he could only live a few days he exclaimed "Good". I stayed with him in his room the night of the 28th and we told him his close friends in England would be coming the next day.

Before losing consciousness that night he said: "Tell them I've had a wonderful life".

Maurice O'Connor Drury:
I had only been back in Dublin a few days when I had a telephone message from Dr. Bevan to say that Wittgenstein was dying and had asked me to come. I started at once. When I arrived at the house, Dr. Bevan met me at the door, and told me,

"Miss Anscombe, Richards and Smythies are already here. Smythies has brought with him a Dominican priest whom Wittgenstein already knew. Wittgenstein was already unconscious when they came, and no one will decide whether the priest should say the usual office for the dying and give conditional absolution."

I remembered the occasion when Wittgenstein had said he hoped his Catholic friends prayed for him, and I said at once that whatever was customary should be done. We then all went up to Wittgenstein's room, and, kneeling down, the priest recited the proper prayers. Soon after, Dr. Bevan pronounced Wittgenstein dead.

There was then much hesitation about what arrangements should be made about the funeral. No one seemed ready to speak up.

Drury: "I remember that Wittgenstein once told me of an incident in Tolstoy's life. When Tolstoy's brother died, Tolstoy, who was then a stern critic of the Russian Orthodox Church, sent for the priest and had his brother interred according to the Orthodox rite. 'Now', said Wittgenstein, 'that is exactly what I should have done in a similar case.'"

When I mentioned this, everyone agreed that all the usual Roman Catholic prayers should be said by a priest at the grave side. This was done the next morning. But I have been troubled ever since as to whether what we did then was right.

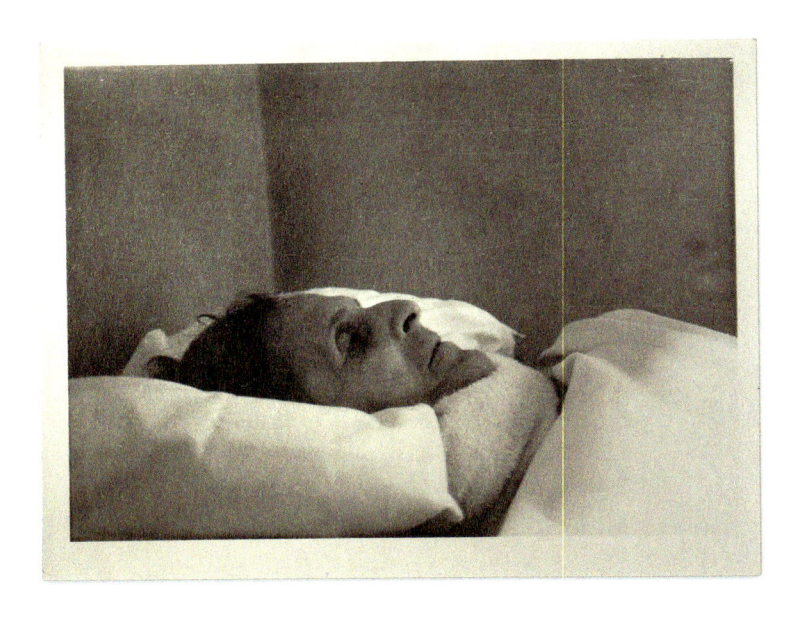

515

Der Tod ist kein Ereignis des Lebens.
Den Tod erlebt man nicht.
Logisch-Philosophische Abhandlung

516 Das Grab auf dem Friedhof von St Giles
in Cambridge

ANHANG

CHRONIK

Die Geschichte der Familie Wittgenstein läßt sich bis ins 18. Jahrhundert nach Laasphe in Westfalen zurückverfolgen. Aus diesem kleinen Dorf in der damaligen Grafschaft Sayn-Wittgenstein stammte Meyer Moses, ein Gutsverwalter des Grafen. Sein Sohn Moses Meier nahm 1808 auf Grund der Napoleonischen Dekrete den Familiennamen Wittgenstein an und baute in der nahen Handelsstadt Korbach in Hessen ein Handelsunternehmen auf. 1802 wurde sein Sohn Hermann Christian, Ludwig Wittgensteins Großvater, geboren. Als Erwachsener ließ sich Hermann Christian protestantisch taufen. Er heiratete 1839 Fanny Figdor (1814–1890), die einer bedeutenden jüdischen Handelsfamilie aus Wien entstammte, sich aber noch vor der Eheschließung auf Wunsch von Hermann Christian protestantisch taufen ließ. Wittgenstein hatte sich in Leipzig als Wollgroßhändler selbständig gemacht; später führte er das Unternehmen in Partnerschaft mit der Familie seiner Frau.

Die ersten sieben Kinder kamen in Gohlis bei Leipzig, dem Wohnsitz der Wittgensteins, zur Welt: Anna 1840, Marie 1841, Paul 1842, Bertha 1844, Louis 1845, Karl, Ludwigs Vater, 1847 und Josephine 1848.

1850 übersiedelte die Familie nach Österreich, zunächst nach Vösendorf bei Wien und 1860 nach Wien. Dort handelte Hermann Christian Wittgenstein erfolgreich mit Immobilien: Er kaufte heruntergewirtschaftete Güter, vorzugsweise im Königreich Ungarn und auf dem Balkan, um sie in revitalisiertem Zustand mit Gewinn zu veräußern. In Vösendorf wurden die vier jüngeren der elf Geschwister geboren: Clara, Ludwigs Lieblingstante, 1850, Milly 1852, Lydia 1854 und Clothilde 1855.

Karl, der stärkste Charakter unter den elf Geschwistern, war der Spaßmacher der Familie und in seiner Unternehmungslust unberechenbar. Mit elf Jahren riss er das erste Mal von zu Hause aus, mit siebzehn mußte er nach einem Consilium abeundi das Gymnasium verlassen: Er hatte in einem Aufsatz die Unsterblichkeit der Seele bezweifelt, was im katholischen Österreich bis zum Staatsgrundgesetz von 1867 ein Straftatbestand war. Ein Jahr darauf, 1865, brannte er schließlich nach Amerika durch.

Völlig mittellos in New York angekommen (sein einziger Besitz war eine Geige), schlug er sich zunächst als Kellner und als Straßen- und Barmusikant durch. Später war er als Lehrer tätig, unter anderem für Violine und Horn, sowie für Mathematik, Deutsch, Latein und Griechisch. Ein Jahr lang ließ er die Familie ohne Nachricht. Der dann einsetzende Briefwechsel, vor allem mit den Geschwistern, zeigt, wie schwer diese Zeit in Amerika für ihn war, aber auch, wie dieses Abenteuer ihm Vertrauen in seine eigenen Fähigkeiten gab. Nach mehr als zwei Jahren kehrte er Anfang 1867 zur Familie nach Wien zurück. Offenbar war sein Respekt für die elterliche Autorität gewachsen: „Auf jeden Fall werde ich das thun, was meine Eltern wollen."

In Wien absolvierte er ein kurzes Studium an der Technischen Hochschule, gefolgt von einer Reihe von Volontärstellen in verschiedenen technischen Betrieben. Seine Karriere begann 1872, zunächst als technischer Zeichner, später als Ingenieur beim Bau der Teplitzer Walzwerke in Böhmen. 1876 wurde er in den Direktionsrat gewählt, 1877 war er bereits Direktor der Teplitzer Walzwerke und bald darauf deren Hauptaktionär. Er gründete das erste Schienenkartell Österreich-Ungarns und erwarb 1884 sämtliche Aktien der Böhmischen Montangesellschaft. Neben der Übernahme und Gründung weiterer Stahlwerke (Poldihütte, Rudolfshütte etc.) vereinigte er 1886 als Zentraldirektor die Teplitzer Werke mit der Prager Eisenindustriegesellschaft zum ersten österreichischen Eisenkartell.

Grundlage dieser bemerkenswerten Karriere waren Eigenschaften, die ihm in Österreich die Bezeichnung „Amerikaner" eintrugen: Entschlußkraft, Fleiß, Zielstrebigkeit und unkonventionelles Denken, gepaart mit großer Risikobereitschaft.

Seine großen Erfolge führten bald zu Anfeindungen sowohl von seinen Konkurrenten als auch den Medien und der Politik: Man warf ihm die exzessive Ausbeutung seiner Arbeiter vor. Anfang 1898, im Alter von nur 52 Jahren, zog er sich unter massiver öffentlicher Kritik von all seinen Ämtern zurück, unter anderem vom Verwaltungsrat der Österreichischen Creditanstalt. Er transferierte sein gewaltiges Vermögen in Grundbesitz und Wertpapiere in der Schweiz, nach Holland und in die USA. So gelang es, das Vermögen nicht nur durch die Zeit des Ersten Weltkriegs zu retten, sondern es im Zusammenhang mit der Inflation nach dem Krieg noch erheblich zu vermehren.

Die Frau von Karl Wittgenstein und Mutter seiner acht Kinder war Leopoldine Kalmus, genannt Poldi, geboren am 14. 3. 1850 in Wien; er heiratete sie 1873, zu Anfang seiner erstaunlichen Karriere. Der Vater von Poldi, Jacob Kalmus, war ein erfolgreicher Wiener Geschäftsmann aus einer jüdischen Familie in Prag, dessen Mutter bereits zum katholischen Glauben übergetreten war.

Das stärkste Bindeglied in der Familie, zwischen den Eltern und den Kindern und zwischen den Kindern untereinander, war die Musik: Der Vater spielte die Geige mit Freude und großem Temperament; die Mutter war eine begabte Pianistin. Das Palais Wittgenstein galt als ein musikalisches Zentrum Wiens. Zu den vielen Künstlern, die regelmäßig zu Gast waren, gehörten Joseph Joachim, Adoptivsohn von Fanny und Hermann Christian Wittgenstein, Johannes Brahms, Clara Schumann, Josef Labor, Richard Strauss, Gustav Mahler, Bruno Walter und Pablo Casals.

1889

Ludwig Josef Johann Wittgenstein wird am Abend des 26. April 1889 im elterlichen Haus in Wien Neuwaldegg geboren.

In der Konfession der Mutter katholisch getauft, ist Ludwig das jüngste Kind unter acht Geschwistern: neben den Schwestern Hermine (Mining, 1874–1950), Helene (Lenka, verh. Salzer, 1879–1956) und Margarete (Gretl, verh. Stonborough, 1882–1958) und den Brüdern Hans (1877–1902). Kurt (1878–1918), Rudi (1881–1904) und Paul (1887–1961).

Seine Kindheit verbringt Ludwig in Wien und auf der Hochreith, dem Sommersitz der Familie unweit von Wien.

Wie seine Geschwister wird er zunächst nach einem vom strengen Vater ausgearbeiteten Plan durch Privatlehrer erzogen: „Das einzige, was ein Mensch wirklich mit Anstrengung lernen muß, ist die lateinische Sprache und die Mathematik. Diese beiden Disziplinen bilden den Geist genugsam, und alles andere, wie Geographie, Geschichte usw. fliegt einem später durch Lektüre in hinreichendem Maße zu. Es hat also gar keinen Sinn, im Gymnasium oder einer anderen Schule viele Stunden des Tages zu vergeuden, viel besser ist es, spazieren zu gehen oder Sport zu betreiben."

Nach dem vermutlichen Selbstmord des ältesten Bruders Hans, der, so eine der vielen Versionen der Geschichte, im April 1902 in seinem 26. Lebensjahr in der Bucht von Chesapeake Bay, Massachusetts, von einem Ausflugsboot verschwand, werden die beiden jüngsten Söhne an eine öffentliche Schule geschickt.

1903

Wegen mangelnder Vorbildung für ein Wiener Gymnasium besucht Ludwig ab Herbst die k. u. k. Staatsoberrealschule in Linz, wo im Unterschied zum Gymnasium weniger eine klassische als eine praktische Ausbildung vermittelt wird.

Nach dem Selbstmord des Bruders Rudi 1904 in Berlin zeigt der Vater gegenüber den beiden jüngsten Söhnen mehr Verständnis und Geduld. So darf Ludwig auf eigenen Wunsch der Schule fernbleiben. Der Vater bestimmt in einem Brief an seine Frau, daß „Lucki [...] nach Wien genommen werden soll, um sich vorläufig einmal ordentlich auszufaulenzen. Will Lucki zu Hause lernen, ist es recht; will er in eine Werkstätte für die nächsten Monate gehen, was er ja doch einmal sehen muß, so ist es auch recht. [...] Er soll sich ausfaulenzen, schlafen, essen, schwitzen, Theater gehen etc."

1906

Im Sommer beendet Ludwig die Schule in Linz mit der Matura. Sein Plan, bei Ludwig Boltzmann in Wien Physik zu studieren, wird durch dessen Selbstmord am 5. September 1906 zunichte gemacht. Statt dessen immatrikuliert er sich zum Wintersemester als Student für Maschinenbau an der Technischen Hochschule in Berlin-Charlottenburg. Es scheint, daß ihn das Studium in Berlin nicht befriedigt hat; er beschreibt diese Zeit als „verloren".

1908

Nach dem ersten Studienabschluß geht er auf Rat des Vaters nach Manchester, wo er sich im Frühjahr am College of Technology immatrikuliert. An einer Außenstelle der Universität, in Glossop, einem kleinen Ort am Rand der Moore von Derbyshire, beschäftigt er sich mit Drachenflugexperimenten. Ab Herbst beginnt er als Research-Student im Department of Engineering mit der Entwicklung eines Flugzeugantriebs: einem Propeller, der über Rückstoßdüsen an den Propellerspitzen angetrieben wird.

Bei seinen aeronautischen Studien folgt Wittgenstein konsequent den von Boltzmann in seinem Vortrag *Über Luftschiffahrt* 1894 vorgeschlagenen Weg: In Berlin studiert er die Eigenschaften von Flugkörpern am Heißluftballon, in Glossop die Stabilisierung und Steuerung von Flugkörpern, und in Manchester widmet er sich dem aus Boltzmanns Sicht zentralen Problem der Aeronautik, der Entwicklung eines Flugmotors. Hierbei galt es zwei Probleme konventioneller Antriebssysteme zu überwinden: die hohe Massebelastung durch Kurbelwelle, Getriebe und Schwungrad eines Kolbenmotors und das destabilisierende Drehmoment von Propellern, die zentral von der Propellerachse angetrieben werden. Das originelle Konstruktionsprinzip Wittgensteins löst beide Probleme und wird noch heute weiterentwickelt.

1910

Am 22. November meldet Wittgenstein seinen Flugmotor zum Patent an.

Die mit dieser Entwicklung verbundenen mathematischen Probleme interessieren ihn bald mehr als die technische Weiterentwicklung des Motors. Er beginnt mit Kollegen aus dem Engineering Laboratory Fragen der Mathematik, insbesondere der Grundlagen der Mathematik, zu diskutieren. Das 1903 erschienene Buch von Bertrand Russell, *The Principles of Mathematics*, und Gottlob Freges zweiter Band der *Grundgesetze der Arithmetik* von 1902 veranlassen ihn, an beide Autoren zu schreiben.

1911

In ihren „Familienerinnerungen" berichtet die Schwester Hermine, daß Wittgenstein bereits zu dieser Zeit an einer philosophischen Arbeit schrieb, die er im Sommer 1911 Gottlob Frege in Jena vorlegt. Frege bestärkt Wittgenstein in seinen philosophischen Studien und rät ihm, in Cambridge bei Russell zu studieren.

Im Herbst wechselt Wittgenstein zum Studium der Philosophie nach Cambridge, bleibt jedoch weiterhin in Manchester immatrikuliert.

1912

Am Ende des ersten Trimesters ist er noch immer unschlüssig, ob er sein Leben der Philosophie oder der Aeronautik widmen soll. Russell fordert ihn auf, über die Ferien einen Aufsatz zu einem Thema seiner Wahl zu schreiben. Der nicht überlieferte Text überzeugt Russell von Wittgensteins Begabung. Er rät ihm, die Aeronautik aufzugeben und sich statt dessen in Cambridge der Philosophie zu widmen.

Wittgenstein zieht am 1. Februar ins Trinity College, zunächst als „undergraduate", als Studienanfänger; bald darauf wird er jedoch als „advanced student" geführt.

Neben einem Studium der Logik und der Grundlagen der Mathematik bei Russell besucht er G. E. Moores Vorlesungen zur Psychologie. Schnell entwickelt sich eine starke Freundschaft zu Russell, für den diese Beziehung von großer Tragweite ist: „Getting to know Wittgenstein was one of the most exciting intellectual adventures of my life."

Wittgenstein befreundet sich mit dem Ökonomen John Maynard Keynes und dem Mathematiker G. H. Hardy aus dem Trinity College. Er wird Mitglied des legendären Moral Sciences Club, des Debattierclubs der Faculty of Moral Sciences, wie die Philosophische Fakultät der Universität Cambridge damals noch hieß. Auf Betreiben Wittgensteins wird Moore zum Vorsitzenden ernannt. Mit seiner Hilfe gelingt es Wittgenstein, die Gepflogenheiten des Clubs durch neue Statuten zu beeinflussen und so das Niveau der Diskussion zu heben. Im Dezember hält Wittgenstein dort sein erstes Referat zum Thema „What is Philosophy?"

Wittgenstein befreundet sich mit David Pinsent, einem Mathematikstudenten am Trinity College.

Den Sommer verbringt Wittgenstein wie fast alle Ferien bei der Familie in Österreich auf der Hochreith und in Wien. Im September reist er mit David Pinsent nach Island. Im November wird er zum Mitglied der Geheimgesellschaft The Cambridge Apostles gewählt. Diese 1820 gegründete Gesellschaft erlangte um die Wende zum 20. Jahrhundert eine besondere Bedeutung: Herausragende Persönlichkeiten Englands zählten zu ihren Mitgliedern, unter ihnen später auch die sogenannte Bloomsbury Gruppe.

Im Dezember, auf der Durchreise nach Wien, besucht Wittgenstein erneut Frege in Jena.

1913

Am 20. Januar stirbt der Vater; die Geschwister Wittgenstein erben ein gewaltiges Vermögen.

Im Trinity College übernimmt Wittgenstein die Räume von Professor Moore in einem Turm im Whewell's Court, einem der wenigen Räume im College mit einem weiten Blick.

Am 6. März erscheint Wittgensteins erste Veröffentlichung, eine Besprechung eines Buches zur wissenschaftlichen Methodik von P. Coffey, *The Science of Logic*.

Mit dem Mathematiker Philip Jourdain, einem Freund Russells, arbeitet er an einer ersten Übersetzung von Teilen aus Freges *Grundgesetzen der Arithmetik* ins Englische. Später veröffentlicht Jourdain diese Übersetzungen unter seinem Namen in der Zeitschrift *The Monist*, deren Herausgeber er war.

Im September reist Wittgenstein mit David Pinsent nach Norwegen. In der zweiten Oktoberwoche berichtet er Russell in London über seine bisherigen Arbeiten zur Logik. Wittgensteins Ausführungen werden von einem Stenographen aufgezeichnet. Dieses Typoskript mit ausführlichen handschriftlichen Korrekturen und Änderungen Wittgensteins sowie Anmerkungen Russells ist die erste erhaltene philosophische Arbeit Wittgensteins, 1979 veröffentlicht als *Notes on Logic*.

Mitte Oktober trifft Wittgenstein Vorbereitungen zur Übersiedlung nach Norwegen. Er will der in seinen Augen oberflächlich intellektualisierenden Atmosphäre von Cambridge entfliehen. Ende Oktober bezieht er zwei Zimmer in einem Gasthof in Skjolden, einem abgeschiedenen Ort nordöstlich von Bergen. Dort will er, wie er seinem Lehrer Russell und dem Freund David Pinsent erklärt, zwei Jahre bleiben, um in der Einsamkeit über Logik nachzudenken. Den Aufenthalt unterbricht er für einen kurzen Weihnachtsbesuch bei der Familie in Wien.

1914

Am 26. März besucht ihn Moore in Norwegen, um sich über den Fortgang seiner Arbeit zu informieren. Da Moore Wittgensteins Ausführungen nicht folgen kann, diktiert ihm Wittgenstein die Ergebnisse seiner Arbeit, die 1960 veröffentlichten *Notes Dictated to G. E. Moore*.

Neben den *Notes on Logic* sind sie die einzige erhaltene Arbeit Wittgensteins aus dieser Zeit. Andere Manuskripte, von denen er zum Beispiel in Briefen an Russell spricht, sowie die als B. A.-Dissertation vorgesehene Arbeit *Logik* ließ er durch Russell vernichten.

Im Frühjahr beginnt Wittgenstein den Bau eines Hauses am Steilufer des dem Fjord vorgelagerten Gletschersees bei Skjolden. Dort hofft er, die für seine Arbeit notwendige Ruhe zu finden. Erst Ende Juni verläßt er Norwegen, wo er noch vor seinem 25. Lebensjahr wichtige Fortschritte in der Logik gemacht hat: Hier hat er die logische Basis seiner Philosophie entwickelt, zum Beispiel den Symbolismus für die sogenannten Wahrheitsfunktionen, der zur Erklärung logischer Wahrheiten als Tautologien führt.

Den Sommer verbringt Wittgenstein in Wien und auf der Hochreith. Nach dem Tod des Vaters übernimmt er mit seinem Erbe auch die väterliche Verpflichtung als Mäzen. Er überweist dem Herausgeber des *Brenner*, Ludwig von Ficker, eine Spende von 100 000 Kronen (umgerechnet etwa eine halbe Million Euro), mit der Bitte, dieselbe an unbemittelte österreichische Künstler zu verteilen, unter anderen an Trakl, Rilke und Kokoschka.

Mit Beginn des Krieges, den er vorhergesehen hat, kehrt er nach Wien zurück. Er will als Soldat einrücken, wobei seine Motivation – so die Schwester Hermine in ihren „Familienerinnerungen" – nicht in erster Linie patriotischer Natur war; vielmehr wollte er etwas Schweres auf sich nehmen, etwas anderes als nur geistige Arbeit.

Am 7. August meldet er sich als Freiwilliger, da er wegen eines doppelseitigen Leistenbruchs vom Militärdienst freigestellt ist. Noch am selben Tag wird er einem Festungs-Artillerieregiment zugeteilt.

Am 9. August beginnt er den ersten erhaltenen Manuskriptband zur *Logisch-Philosophischen Abhandlung*. Wenige Tage darauf kommt er in untergeordneter Stellung auf dem Wachschiff „Goplana" auf der Weichsel an die Front. Am 30. Oktober beginnt er den zweiten Manuskriptband zur *Logisch-Philosophischen Abhandlung*. Mitte Dezember, nach dem Rückzug aus Galizien, wird er an eine Artilleriewerkstätte nach Krakau versetzt. Dort werden ihm entgegen geltenden Regeln auf Grund seiner Fähigkeiten Offizierprivilegien zugesprochen.

Noch vor Ende des ersten Kriegsjahres wird sein Bruder Paul schwer verwundet; er verliert den rechten Arm und gerät in russische Kriegsgefangenschaft. An seinem Schicksal erlebt Ludwig zum ersten Mal indirekt das Trauma seinen Beruf – seine Berufung – zu verlieren.

Paul arbeitet jedoch nach seiner Rückkehr nach Wien mit ungeheurer Willenskraft weiter an seiner Pianistenkarriere.

1915

Bei der Explosion einer Kanone in der Artilleriewerkstätte wird Wittgenstein verwundet. Nach einem kurzen Krankenhausaufenthalt in Krakau wird er Ende Juli einem Artillerie-Werkstättenzug in der Nähe von Lemberg zugeteilt.

1916

Im Frühjahr kommt Wittgenstein auf eigenen Wunsch zu einem Haubitzen-Regiment an die Front nach Galizien. Dort beginnt er am 29. März den dritten Manuskriptband zur *Abhandlung*.

Er erhält mehrere Tapferkeitsauszeichnungen. Am 1. September wird er zum Korporal befördert und anschließend an die Artillerie-Offiziersschule in Olmütz beordert. Dort begegnet er durch die Vermittlung von Adolf Loos, den er 1914 in Wien kennengelernt hatte, dessen Schüler Paul Engelmann. Dieser pflegt neben der Architektur auch literarische Interessen: Er verfaßt Gedichte und Aufsätze, die Karl Kraus zum Teil in seiner Zeitschrift *Die Fackel* veröffentlicht.

Am 1. Dezember wird Wittgenstein zum Fähnrich in der Reserve ernannt.

1917

Am 26. Januar kehrt Wittgenstein zu seinem früheren Regiment in die Bukowina zurück, wo er unter anderem im Juli in der Kerenski-Offensive, dem letzten russischen Vorstoß im Ersten Weltkrieg, kämpft und mehrfach ausgezeichnet wird. Nach dem Waffenstillstand vom 28. November verbringt er einen Urlaub in Wien.

1918

Am 1. Februar wird Wittgenstein zum Leutnant in der Reserve befördert, im Frühjahr wird er an die Südfront bei Asiago im Veneto versetzt.

Am 8. Mai verunglückt David Pinsent bei einem militärischen Testflug in England tödlich.

Am 30. Juli wird Wittgenstein für seine Tapferkeit während der letzten österreichischen Offensive an der Südfront mit dem „Band zum Militärverdienstorden mit Schwertern" ausgezeichnet, einem der höchsten österreichischen Militärorden.

Seinen letzten längeren Urlaub verbringt er im Juli und August in Wien und im Haus seines Onkels Paul Wittgenstein in Hallein bei Salzburg. Dort schreibt er das Manuskript der *Logisch-Philosophischen Abhandlung* (1971 veröffentlicht als *Prototractatus*) sowie drei darauf basierende Typoskripte (1922 in England als *Tractatus Logico-Philosophicus* veröffentlicht).

Sofort versucht Wittgenstein, allerdings ohne Erfolg, sein Buch beim Wiener Verlag Jahoda & Siegel zu veröffentlichen, dem Verleger der *Fackel* von Karl Kraus.

Ende September ist er wieder an der Front. Am 3. November gerät er in der Nähe von Trient mit dem gesamten dortigen Heeresteil in italienische Gefangenschaft und kommt in ein Lager bei Como.

1919

Im Januar wird Wittgenstein in ein Kriegsgefangenenlager nach Cassino verlegt, in der Provinz Caserta bei Neapel. Dort schließt er Freundschaft mit dem Bildhauer Michael Drobil und den Volksschullehrern Ludwig Hänsel und Franz Parak.

Mit der Fertigstellung der *Logisch-Philosophischen Abhandlung* erfährt Wittgenstein selbst den Verlust seiner Berufung: Er ist überzeugt, mit dieser Arbeit seine Fähigkeit für die Philosophie erschöpft zu haben, und beschließt, nach der Entlassung aus der Gefangenschaft wie seine Freunde Hänsel und Parak Lehrer zu werden.

Mit Hilfe des Roten Kreuzes schickt er im Juni die beiden Exemplare seines Manuskripts, welche er bei der Gefangennahme bei sich hatte, an Russell und Frege.

Im August wird er aus der Gefangenschaft entlassen und kehrt zur Familie nach Wien zurück. Als erstes entledigt er sich seiner gesamten Erbschaft, indem er sie unter die Geschwister verteilt.

Am 16. September beginnt er eine Ausbildung zum Volksschullehrer und bemüht sich erneut um die Veröffentlichung seiner Arbeit: zunächst bei Braumüller in Wien, der auf einer Beteiligung an den Druckkosten besteht, was Wittgenstein als unmoralisch ablehnt, danach mit Freges Hilfe bei der Zeitschrift *Beiträge zur Geschichte des deutschen Idealismus*, dessen Verleger Änderungen am Manuskript verlangt, was Wittgenstein verweigert.

Ludwig Ficker erscheint das finanzielle Risiko einer Veröffentlichung im *Brenner* zu hoch. Er versucht vergeblich, mit der Hilfe Rainer Maria Rilkes eine Veröffentlichung im Insel-Verlag in Leipzig zu vermitteln und später bei Otto Reichl, dem Verleger Eduard von Keyserlings, in Darmstadt.

Vom 13. bis 20. Dezember, nach mehr als fünf Jahren, trifft sich Wittgenstein in Den Haag erstmals wieder mit Russell, um ihm sein Buch zu erläutern.

1920

Russell bietet an, eine Einleitung für das Buch zu schreiben, um so die Chancen einer Veröffentlichung bei Reclam in Leipzig zu verbessern.

Anfang April erhält Wittgenstein das Manuskript von Russells Einleitung. Er ist jedoch, wie er an Russell schreibt, mit manchem darin nicht einverstanden, und nachdem er die deutsche Übersetzung gelesen hat, entscheidet er sich gegen die Veröffentlichung von Russells Einleitung in seinem Buch.

Im Juli beendet Wittgenstein die Ausbildung zum Volksschullehrer.

Der Versuch, sein Buch bei Reclam zu veröffentlichen, scheitert ebenfalls, diesmal, weil er die Veröffentlichung von Russells Einleitung ablehnt: Sie sollte, wie er Russell schreibt, dem Verleger lediglich zur Orientierung dienen. Sechs Wochen nach der Absage von Reclam, am 7. Juli, schreibt er an Russell: „Reclam hat mein Buch natürlich nicht genommen und ich werde vorläufig keine weiteren Schritte tun, um es publizieren zu lassen, so steht es Dir ganz zur Verfügung und *Du kannst damit machen, was Du willst.* (Nur wenn Du am Text etwas änderst, so *gib an, daß die Änderung von Dir ist.*)"

Im August arbeitet Wittgenstein als Hilfsgärtner im Stift Klosterneuburg in der Nähe von Wien. Im September tritt er seine erste Stelle als Volksschullehrer an, in Trattenbach, einem kleinen Dorf am Semmering in Niederösterreich.

Russell reist im Herbst für ein Jahr nach China zu einer Gastprofessur an der Universität Peking. Er beauftragt eine Schülerin, die Mathematikerin Dorothy Wrinch, sich um die Veröffentlichung von Wittgensteins Arbeit zu bemühen.

1921

Am 14. Januar lehnen die Syndics der Cambridge University Press, ein Gremium von 18 Universitätslehrern, das über das Verlagsprogramm entscheidet, die Veröffentlichung ab, da Wittgensteins Manuskript ohne Russells Einleitung angeboten wird. Im Februar übernimmt der Chemiker und Nobelpreisträger Wilhelm Ostwald die Publikation, allerdings unter der Bedingung, daß Russells Einleitung mitgedruckt wird.

Die Logisch-Philosophische Abhandlung erscheint erstmals 1921 in der letzten Nummer von Ostwalds *Annalen der Naturphilosophie*. Wittgenstein ist an der Herausgabe nicht beteiligt.

Die Sommerferien verbringt Wittgenstein mit Arvid Sjögren, einem Freund der Familie und dem späteren Ehemann seiner Nichte Clara, in Norwegen, wo er zum ersten Mal das Haus in Skjolden bewohnt, das er 1914 gebaut hatte.

Dorothy Wrinch nimmt Kontakt mit dem Linguisten C. K. Ogden auf, dem Herausgeber einer wissenschaftlichen Reihe im Verlag Kegan Paul: *The International Library of Psychology, Philosophy and Scientific Method*. Ogden zeigt mehr Verständnis für die Bedeutung von Wittgensteins Arbeit als alle zuvor angesprochenen Verleger. Er bietet Russell an, das Werk mit dessen Einleitung in der von ihm betreuten Reihe zu veröffentlichen.

1922

Im März erhält Wittgenstein von Ogden das Manuskript der englischen Übersetzung seines Buches und kurz darauf auch einen Sonderdruck von Ostwalds *Annalen* mit der ersten Veröffentlichung seiner *Abhandlung*. Er ist über die liederliche Publikation empört und bezeichnet sie als Raubdruck. Mit Ogden überarbeitet er in einer ausführlichen Korrespondenz den Text der deutschen Veröffentlichung aus Ostwalds *Annalen* und die englische Übersetzung seiner *Abhandlung* von Frank Ramsey. Am 22. Juni überträgt Wittgenstein sämtliche Veröffentlichungsrechte an seinem Buch dem Verlag Kegan Paul in London.

Im August trifft sich Wittgenstein in Innsbruck erneut mit Russell – ein unglückliches Treffen und der Beginn der endgültigen Entfremdung zwischen den beiden.

Im September wechselt Wittgenstein die Schule und kommt für kurze Zeit als Hauptschullehrer nach Haßbach bei Neunkirchen, einem kleinen Kurort am Semmering. Seine neue Umgebung mißfällt ihm, ganz besonders aber der Umstand, daß er seine Klasse jeweils nur für ein Jahr führt und nicht, wie an den kleineren Schulen üblich, durch die gesamte Schulzeit. Seinem Antrag, wieder zum Volksschullehrer zurückgestuft zu werden, wird durch eine Versetzung nach Puchberg am Schneeberg entsprochen.

Im November erhält Wittgenstein die ersten Autorenexemplare der deutsch-englischen Ausgabe der *Abhandlung* unter dem von Moore für die englische Übersetzung vorgeschlagenen Titel *Tractatus Logico-Philosophicus*.

1923

Von Ogden erfährt Wittgenstein, daß der Übersetzer seines Buches, Frank Ramsey, ein Mathematikstudent im Trinity College, ihn in Österreich besuchen will. Ramsey reist im September für zwei Wochen nach Puchberg. Wittgenstein liest mit ihm täglich mehrere

Stunden in der *Abhandlung* und erklärt seine Gedanken. Im Verlauf dieser Gespräche macht Wittgenstein in Ramseys Exemplar eine Reihe von Änderungen und Korrekturen an der englischen Übersetzung sowie einige Anmerkungen und Änderungen am deutschen Text, von denen viele in der zweiten Auflage von 1933 berücksichtigt werden.

Im Oktober veröffentlicht Ramsey in der Zeitschrift *Mind* eine erste Rezension des *Tractatus*.

Wittgenstein bittet Ramsey, sich in Cambridge nach den Möglichkeiten für einen formalen Abschluß seines dortigen Studiums zu erkundigen. Ramsey und Keynes empfehlen ihm, einen Ph.D., einen Doktorgrad, zu erwerben. Keynes spendet 50 englische Pfund (damals ein erhebliche Summe), um Wittgenstein die Reise nach England zu ermöglichen.

1924

Ramsey wird als Fellow an das King's College berufen. Vor Antritt der Stelle reist er von März bis Oktober nach Wien, um sich bei Theodor Reik einer Psychoanalyse zu unterziehen. Ramsey besucht Wittgenstein regelmäßig in Puchberg zum gemeinsamen Arbeiten.

Die Sommerferien verbringt Wittgenstein in Wien und auf der Hochreith; die geplante Reise nach England verschiebt er auf das folgende Jahr. Im Herbst wechselt er erneut die Schule: Er wird nach Otterthal versetzt, ein kleines Dorf in der Nähe von Trattenbach.

Am 25. Dezember schreibt Moritz Schlick erstmals an Wittgenstein unter dessen alter Adresse in Puchberg, die er von Ramsey erhalten hat. Er bittet Wittgenstein, ihn mit einem ausgewählten Kreis seiner Schüler und Kollegen besuchen zu dürfen: In dem losen Diskussionskreis um Schlick am Mathematischen Institut der Universität Wien, aus dem später der Wiener Kreis hervorgeht, ist man von der Bedeutung der Grundgedanken Wittgensteins in der *Abhandlung* überzeugt. Es ist ein Anliegen dieser Gruppe, Wittgensteins Ansichten zu verbreiten.

Wittgenstein erhält den Brief erst nach seiner Rückkehr aus den Weihnachtsferien in Otterthal: Er ist erfreut über die Ankündigung von Schlicks Besuch.

1925

Am 22. April schreibt Wittgenstein ein Geleitwort zu einem *Wörterbuch für Volksschulen*, an dem er seit Beginn seiner Lehrerzeit zur Verbesserung der Rechtschreibung seiner Schüler gearbeitet hat. Diese dritte Veröffentlichung Wittgensteins erscheint im folgenden Jahr beim Verlag Hölder-Pichler-Tempsky in Wien, allerdings ohne Wittgensteins Geleitwort.

Im Sommer unternimmt Wittgenstein die versprochene Reise nach England; er besucht Keynes in dessen Haus in Sussex und trifft sich mit Freunden in Cambridge und mit William Eccles in Manchester.

Am 26. Juli stirbt Frege. Wittgensteins Briefe an Frege gehen im Zweiten Weltkrieg verloren; lediglich eine Liste der von Frege aufbewahrten Briefe Wittgensteins mit knappen Inhaltsangaben ist erhalten geblieben. Die Briefe Freges an Wittgenstein sind zusammen mit ca. 400 weiteren Briefen an Wittgenstein im Frühjahr 1988 in Wien wiederaufgetaucht; sie befinden sich heute im Brenner-Archiv der Universität Innsbruck.

1926

Anfeindungen durch die Eltern seiner Schüler und Zweifel am Erfolg seiner Bemühungen lassen Wittgenstein immer häufiger daran denken, den Lehrerberuf aufzugeben. Im April kommt es zu einem Zwischenfall: Ein Schüler wird infolge einer Ohrfeige ohnmächtig. Die Schulbehörde betreibt auf Wittgensteins Wunsch ein Dienstaufsichtsverfahren. Obwohl er darin von jeglicher Schuld freigesprochen wird, bittet er am 28. April um seine Entlassung aus dem Schuldienst. So bleibt auch Schlicks Versuch, Wittgenstein im April 1926 in Otterthal zu besuchen, erfolglos. Wittgenstein wird Hilfsgärtner im Kloster der Barmherzigen Brüder in Hütteldorf.

Am 3. Juni stirbt die Mutter im Alter von 76 Jahren.

Wittgensteins Schwester Margarete beauftragt im November 1925 den Architekten und Freund Wittgensteins Paul Engelmann mit der Planung und dem Bau eines repräsentativen Stadthauses in Wien. Wittgenstein zeigt lebhaftes Interesse an dem Projekt. Seine Bemerkungen und Ratschläge überzeugen Engelmann, daß Wittgenstein die Vorstellungen seiner Schwester weit besser trifft als er selbst. Gemeinsam mit Margarete Stonborough bittet er ihn, sich als Architekt an dem Bau zu beteiligen. Nach längerem Bedenken willigt Wittgenstein ein und beginnt im Herbst mit den Arbeiten am Haus in der Kundmanngasse.

1927

Im Februar arrangiert die Schwester Margarete für Wittgenstein ein erstes Zusammentreffen mit Moritz Schlick. Nach weiteren Treffen mit Schlick allein ist Wittgenstein schließlich bereit, auch mit anderen Mitgliedern des Schlick-Kreises zu sprechen. Zu den folgenden Treffen kommen bis Ende 1928 neben Friedrich Waismann, wenn auch weniger regelmäßig, Rudolf Carnap, Hans Feigl und Marie Kaspar-Feigl. Wittgenstein spricht in dieser Zeit nur selten über Philosophie, er ist zu sehr mit der Architektur des Hauses für seine Schwester beschäftigt. Von diesen Gesprächen gibt es keine Aufzeichnungen.

Ein Brief Wittgensteins an Ramsey vom 2. Juli enthält erstmals wieder eine längere Diskussion über Logik, erschienen 1967 unter dem Titel *Über Ramseys Definition der Identität*.

Während der Arbeiten am Haus, wie schon während der Schulferien in den Jahren davor, beschäftigt sich Wittgenstein auch mit Photographie und Bildhauerei. Mit dem Photographen Moritz Nähr, einem Freund der Familie, macht er photographische Experimente und er ist häufiger Gast im Atelier des Bildhauers Michael Drobil, eines Freundes aus der Kriegsgefangenschaft. Wittgenstein modelliert die Büste einer jungen Frau, unter anderem um seine Kritik an einer Arbeit Drobils zu veranschaulichen.

1928
Im März überreden Waismann und Feigl Wittgenstein zum Besuch eines Vortrags des holländischen Logikers L. E. J. Brouwer in der Akademie der Wissenschaften. Brouwers Darstellungen zum Thema Mathematik, Wissenschaft und Sprache machen offenbar einen großen Eindruck auf Wittgenstein: Er ist angeregt und fühlt sich zu eigenen Gedanken in der Logik und Mathematik herausgefordert.

Die Arbeiten am Haus in der Kundmanngasse schließt er im Herbst ab. In einem Brief an Hermine Wittgenstein vom 9. 1. 1932 beschreibt Paul Engelmann die Zusammenarbeit mit Wittgenstein: „Trotzdem [...] befriedigt mich doch der Gedanke mit der Entstehung so schöner Dinge irgend etwas zu tun gehabt zu haben. Leider mehr negativ als positiv: Ich wollte damals etwas anderes, eigenes. Jetzt, wo die Arbeit Ihres Bruders hier in endgültiger Form zu sehen ist, ist erst sichtbar um wieviel dieses Eigene hinter diesem, damals von mir nur wenig verstandenen Besseren zurückgeblieben wäre."

Wittgenstein beschließt, in England Urlaub zu machen; aus gesundheitlichen Gründen muß er die Reise verschieben.

1929
Am 18. Januar ist Wittgenstein wieder in Cambridge. Er beschließt, wie er am 18. Februar an Schlick schreibt, „ein paar Terms hier in Cambridge zu bleiben, um den Gesichtsraum und andere Dinge zu bearbeiten".

Bereits am 2. Februar beginnt er den ersten und bald darauf den zweiten Band *Philosophische Bemerkungen*, der Anfang einer Reihe von insgesamt achtzehn Manuskriptbänden in zumeist großformatigen, fest gebundenen Kontorbüchern von je ca. 300 Seiten Umfang, an denen er bis 1940 schreibt.

Mit Ramseys Hilfe bemüht sich Wittgenstein erneut um einen Studienabschluß. Die Universität akzeptiert die englische Übersetzung der *Logisch-Philosophischen Abhandlung*, den *Tractatus Logico-Philosophicus*, als Doktorarbeit. Anfang Juni findet das Rigorosum statt, mit Moore und Russell als Prüfer. Am 18. Juni verleiht ihm die Universität Cambridge den Doktortitel.

Am 19. Juni bekommt Wittgenstein durch die Vermittlung von Moore, Russell und Ramsey ein Stipendium des Trinity College. Es soll ihm die Fortsetzung seiner Forschungsarbeiten in Cambridge ermöglichen. Am 13. Juli hält er in Nottingham einen Vortrag beim gemeinsamen Jahrestreffen der Mind Association und der Aristotelian Society, den Vereinigungen englischer Philosophen. Er spricht über Allgemeinheit und Unendlichkeit in der Mathematik.

Wittgenstein befreundet sich mit dem italienischen Ökonomen Piero Sraffa, der von Keynes als Dozent ans King's College berufen worden war. Sraffa hatte als Freund und Mitstreiter von Antonio Gramsci und wegen eines Artikels im *Manchester Guardian*, in welchem er den Kontrollmechanismus im italienischen Bankwesen kritisierte, den Zorn Mussolinis auf sich gezogen und Italien verlassen müssen.

Sraffa, inzwischen Fellow am Trinity College, ist fortan einer der wichtigsten Gesprächspartner Wittgensteins. Darüber hinaus hält er Wittgenstein, der weder Zeitung liest noch Radio hört, über das aktuelle Weltgeschehen auf dem Laufenden.

Die Sommerferien verbringt Wittgenstein wieder in Österreich. Im Oktober beginnt er den Manuskriptband *III. Philosophische Betrachtungen* und im Dezember den Band *IV. Philosophische Bemerkungen*.

Am 17. November hält er bei den Heretics, einer losen Vereinigung von Freidenkern, deren Präsident von 1911 bis 1924 C. K. Ogden war, einen Vortrag über Ethik, 1965 veröffentlicht als *Lecture on Ethics*.

Über Weihnachten ist er in Wien. Dort trifft er sich mit Schlick und Waismann, um mit ihnen über seine bisherigen Arbeiten zu sprechen.

1930
Am 19. Januar stirbt Frank Ramsey, erst 26 Jahre alt, an Gelbsucht.

Wittgenstein hält ab dem 20. Januar auf Vermittlung und Wunsch der Freunde seine ersten Lehrveranstaltungen: ein zweistündiges Seminar jeweils am Montagnachmittag und eine Diskussionsklasse donnerstags: 17.00 Uhr über Probleme der Sprache, Logik und Mathematik. Er nimmt wieder regelmäßig an den Sitzungen des Moral Sciences Club teil, dessen Vorsitzender noch immer G. E. Moore ist. Am 31. Januar hält er dort ein Referat über „Evidence for the Existence of Other Minds".

Im März und April arbeitet Wittgenstein in Wien an einer Zusammenfassung seiner bisherigen Manuskripte. Den Text bespricht er Mitte März mit Russell. Er besucht ihn in der Beacon Hill School, die Russell 1927 mit Dora Black im Telegraph House in der Nähe von Harting, West Sussex, gegründet hatte.

Nachdem Wittgenstein seine Zusammenfassung nochmals überarbeitet hat, 1967 veröffentlicht als *Philosophische Bemerkungen*, trifft er sich Ende April für eineinhalb Tage ein zweites Mal mit Russell, diesmal in Penzance, Cornwall. Mit der Arbeit bewirbt er sich um ein Fellowship des Trinity College.

Das College überträgt die Beurteilung von Wittgensteins Arbeit Bertrand Russell und den Mathematikern J. E. Littlewood und G. H. Hardy. Russell berichtet dem zuständigen College-Ausschuß: „The theories contained in this new work of Wittgenstein's are novel, very original, and indubitably important. Whether they are true, I do not know. As a logician who likes simplicity, I should wish to think that they are not, but from what I have read of them I am quite sure that he ought to have an opportunity to work them out, since when completed they may easily prove to constitute a whole new philosophy."

Am 5. Dezember wird Wittgenstein vom Council des Trinity College für fünf Jahre zum Research Fellow gewählt. Er bezieht wieder seine alten Räume im Whewell's Court, die er schon vor dem Krieg als Student bewohnt hatte.

Während der Sommerferien in Wien diktiert er am 19. Juni seine Ansichten über eine Reihe mathematischer Themen, die Waismann während der zweiten Tagung zur „Erkenntnislehre der exakten Wissenschaften" im September in Königsberg vorträgt: „Das Wesen der Mathematik: der Standpunkt Wittgensteins". Der auf der gleichen Tagung von Gödel vorgestellte Beweis der Unvollständigkeit ist jedoch das herausragende Ereignis, so daß die Ideen Wittgensteins ohne Nachhall bleiben.

Am 11. August beginnt er den Band *Bemerkungen V.* und am 10. Dezember den Band *VI. Philosophische Bemerkungen.*

Die Weihnachtsferien verbringt er wie immer bei der Familie in Wien.

1931

Wie schon in den vorangegangenen Jahren unterrichtet Wittgenstein, jetzt im Rahmen seines Research Fellowships, montags ein zweistündiges Seminar und freitags ein Kolloquium.

Am 7. Juli beginnt Wittgenstein den Manuskriptband *VII. Bemerkungen zur Philosophie,* am 5. Oktober den Band *VIII. Bemerkungen zur Philosophischen Grammatik* und am 28. November den Band *IX. Philosophische Grammatik.*

Für diese und für einige der folgenden Bände sind auch Wittgensteins Vorarbeiten in kleinformatigen Notizbüchern erhalten. Die meisten dieser Entwürfe und Vorstudien für seine Manuskriptbände hat Wittgenstein jedoch regelmäßig vernichtet bzw. vernichten lassen.

Während der Sommerferien in Österreich, zumeist auf der Hochreith, überarbeitet er seine Manuskripte und beginnt eine Zusammenfassung der Bände V bis X: ein Typoskript von 771 Seiten, das er im Sommer 1932 abschließt. Das Typoskript verarbeitet er durch Zerschneiden des Durchschlags und Neuordnung von Bemerkungen und Gruppen von Bemerkungen sowie durch handschriftliche Ergänzungen und Korrekturen in eine Zettelsammlung, der Grundlage des sogenannten *Big Typescript.*

Im Herbst verbringt Wittgenstein mit dem Freund Gilbert Pattisson und seiner Freundin Marguerite Respinger einen Urlaub in Norwegen. In dieser Zeit beginnt er den Band *Philosophische Bemerkungen XII.*

Für das akademische Jahr 1931/32 läßt sich Wittgenstein von seinen Lehrveranstaltungen beurlauben, um sich ganz auf seine eigene Arbeit konzentrieren zu können. Er ist jedoch bereit, mit interessierten Studenten private, unbezahlte Diskussionsstunden in seinen Räumen im Whewell's Court abzuhalten.

Im Moral Sciences Club kommt es zu Spannungen: Man wirft Wittgenstein vor, die Diskussionen zu dominieren, woraufhin er sich für die folgenden vier Jahre von der aktiven Mitarbeit zurückzieht.

1932

Vom 27. Mai bis zum 5. Juni schreibt Wittgenstein den Band *X. Philosophische Grammatik.*

Im Oktober des akademischen Jahres 1932/33 nimmt er seine Lehrtätigkeit wieder auf: zwei Vorlesungen über Sprache, Logik und Mathematik, im *Cambridge University Reporter* wie immer als „Philosophy" angekündigt.

Im August beginnt Wittgenstein einen Briefwechsel mit Carnap und Schlick, in dem er Carnap des Plagiats bezichtigt: „Beim Durchblättern der Schrift [Carnaps *Physikalismus*] fielen mir mehrere Stellen ins Auge, die mir durch ihren Inhalt, wie auch durch gewisse Worte und Redewendungen offenbar dem Gedankenmaterial entnommen zu sein schienen, welches ich, teils in der *Abhandlung* veröffentlicht, teils im Laufe der letzten drei Jahre durch unendliche Mitteilungen an Schlick und Waismann diesen beiden Herren und dadurch Anderen zur Verfügung gestellt habe."

1933

Am 27. Mai wehrt sich Wittgenstein in einem öffentlichen Briefwechsel mit Richard Braithwaite in der Zeitschrift *Mind*, die zu der Zeit von G. E. Moore herausgegeben wird, gegen die ungenaue und mißverstandene Verbreitung seiner Gedanken.

Im akademischen Jahr 1933/34 diktiert er seine Vorlesungen dem Freund und Schüler Francis Skinner und anderen seiner Studenten: Alice Ambrose, H. M. S. Coxeter, R. Goodstein, Helen Knight und Margaret Masterman. Das Typoskript, das heute unter dem Namen *Blue Book* bekannt ist, wird vervielfältigt, und Wittgenstein verteilt die wenigen Exemplare an seine Studenten und einige Freunde.

Während des Sommers entsteht in einem Wiener Schreibbüro auf der Basis der Zettelsammlung TS 212, der Umarbeitung der Synopse der Manuskriptbände V bis X, das sogenannte *Big Typescript*. In dieser Zeit unternimmt Wittgenstein mit Schlick eine Ferienreise nach Italien. Danach überarbeitet er auf der Hochreith das *Big Typescript*.

1934

Während der Osterferien in Wien entschließt sich Wittgenstein zu einer Zusammenarbeit mit Waismann. Sie erarbeiten ein Konzept, und Wittgenstein skizziert in Gesprächen den Anfang für das geplante Buch. Schon beim nächsten Treffen zeigen sich jedoch Schwierigkeiten, die Waismann in einem Brief an Schlick so beschreibt: „Er hat ja die wunderbare Gabe, die Dinge immer wieder wie zum erstenmal zu sehen. Aber es zeigt sich doch, meine ich, wie schwer eine gemeinsame Arbeit ist, da er eben immer wieder der Eingebung des Augenblicks folgt und das niederreißt, was er vorher entworfen hat."

Das Vorhaben wird von Wittgenstein bald aufgegeben, und mit der Ermordung Schlicks zwei Jahre später endet auch das Meister-Jünger-Verhältnis zwischen Wittgenstein und Waismann.

Im September besucht Wittgenstein seinen Freund und ehemaligen Schüler, den Arzt Maurice O'Connor Drury, in Irland.

Während des akademischen Jahres 1934/35 hält er nur eine Lehrveranstaltung und diktiert an vier Tagen in der Woche jeweils für zwei Stunden seiner Schülerin Alice Ambrose und dem Freund Francis Skinner in englischer Sprache das sogenannte *Brown Book*.

Im Gegensatz zum *Blue Book* gab es vom *Brown Book* nur drei Schreibmaschinenkopien, die gegen Wittgensteins Willen kopiert und verbreitet wurden. Seine Absicht war, dieses Material im Hinblick auf eine Veröffentlichung zu überarbeiten: Die ersten Entwürfe zum *Brown Book*, die er wie nahezu alle seine Manuskripte auf deutsch geschrieben hat, bilden den Anfang des Korpus der *Philosophischen Untersuchungen*.

Mit Ausnahme des akademischen Jahres 1934/35 besuchte G. E. Moore regelmäßig Wittgensteins Lehrveranstaltungen; seine Vorlesungsmitschriften hat er 1954 in der Zeitschrift *Mind* veröffentlicht: *Wittgenstein's Lectures in 1930–33*. Weitere Vorlesungsmitschriften und Gesprächsaufzeichnungen aus dieser Zeit gibt es von Maurice O'Connor Drury von Francis Skinner.

1935

Am 8. Oktober beginnt das letzte Jahr von Wittgensteins Research Fellowship am Trinity College. Damit steht er erneut vor dem Problem des Berufsverlusts, das heißt, er ist mit der Unmöglichkeit konfrontiert, mit seiner Berufung als Philosoph auch seinen Lebensunterhalt zu verdienen. Für ihn war dies ein zentraler Aspekt der Menschenwürde, die durch die Wirtschaftskrise so vielen Menschen geraubt worden war.

Er plant für den Sommer eine Reise in die Sowjetunion, um (wohl auch unter dem Einfluß von Tolstoi und Tschechow) zu erkunden, ob sich dort für ihn eine neue, praktische Berufung finden würde, mit der er seinen Lebensunterhalt sinnvoll verdienen könnte.

Bereits seit einem Jahr hatte er, zunächst zusammen mit Francis Skinner, Russisch-Stunden bei der Philosophin Fanja Pascal genommen. Im Juni bittet er Keynes, ihn beim sowjetischen Botschafter in London, Iwan M. Maiski, einzuführen. Er sucht Kontakt zum Institut des Nordens in Leningrad und dem Institut für nationale Minderheiten in Moskau, das Menschen in die Randgebiete der Sowjetunion vermittelt.

Im September reist Wittgenstein nach Leningrad. Dort trifft er die Schriftstellerin und Pädagogin Anna Gurjewitsch und die Philosophin Tatjana Nikolajewa Gornstein. Bereits am folgenden Abend reist er weiter nach Moskau, wo er am Morgen des 14. September ankommt. Hier hat er Kontakte mit verschiedenen Westeuropäern und Amerikanern, unter anderen mit dem Korrespondenten des *Daily Worker*, Pat Sloane. Seine hauptsächlichen Gesprächspartner sind jedoch Wissenschaftler, wie die junge Mathematikerin Sofia Janowska und der Philosoph Pawel Juschkewitsch von der Moskauer Universität, die beide dem sogenannten Machschen Marxismus und dem Wiener Kreis nahestehen. Die Philosophin Tatjana Gornstein, Mitglied der sowjetischen Akademie der Wissenschaften, lädt ihn ein, an der Leningrader Universität mit ihr gemeinsam Philosophie zu unterrichten.

Wittgenstein reist weiter nach Kasan, wo man ihm an der Universität, an der Tolstoi studiert hatte, einen Lehrstuhl anbietet.

Doch am 1. Oktober ist er wieder zurück in Cambridge. Seine Rußlandreise fiel kürzer aus als geplant; er hatte den Gedanken aufgegeben, sich in Rußland niederzulassen.

Dem Freund Gilbert Pattisson, der ihn bei der Rückkehr vom Schiff abholt, gibt er die einzig bekannte Begründung für seine Entscheidung: „One could live there, but only if one kept in mind the whole time that one could never speak one's mind. […] It is as though one were to spend the rest of one's life in an army, any army […], and that is a rather difficult thing for people who are educated."

Das Seminar „Philosophy of Psychology", als Vorarbeit zur „Philosophie der Mathematik" und zu den „Grundlagen der Mathematik", hält Wittgenstein in seinen Wohnräumen im Whewell's Court. Unter seinen Studenten sind: Rush Rhees, G. H. von Wright, Norman Malcolm, A. M. Turing, John Wisdom, D. A. T. Gasking, G. A. Paul, R. G. Bosanquet, Casimir Lewy, Alastair Watson, Max Black, Richard Braithwaite, M. Cornforth, A. C. Ewing, D. H. Guest, T. W. Hutchinson, A. D. Jones, H. P. D. Lee, Denis Lloyd, Margaret McDonald, A. R. M. Murray, Theodore Redpath, A. Shillinglaw, John Wisdom.

Weihnachten verbringt Wittgenstein wieder bei der Familie in Wien.

1936

Mit dem Ende des Easter Term im Juni geht Wittgensteins Research Fellowship zu Ende; er ist von da an ohne regelmäßiges Einkommen. Im August besucht er für einige Tage den Freund Drury in Dublin; er trägt sich mit dem Gedanken, Medizin zu studieren, um dann mit Drury in einer gemeinsamen Praxis als Psychiater zu arbeiten. In Dublin erhält er die Nachricht von der Ermordung Schlicks.

Im Juli macht er mit dem Freund Gilbert Pattisson im Auto eine Reise durch Bordeaux, ehe er zu einem längeren Aufenthalt nach Norwegen aufbricht. Am 13. August verläßt er Cambridge und reist über London,

Stavanger, Bergen und Lærdal nach Skjolden, wo er am Abend des 18. August ankommt. Tags darauf fährt er nochmals für einige Tage nach Bergen; am 27. August bezieht er sein Haus in Skjolden.

1937

Anfang Januar ist Wittgenstein für einige Wochen in Cambridge, bevor er Ende des Monats wieder nach Skjolden reist.

Anfang Mai besucht er die Familie in Wien, von wo aus er am 2. Juni zu einem für zwei Wochen geplanten Aufenthalt nach Cambridge aufbricht, der sich dann bis zum 9. August hinzieht.

Am 10. August fährt er über London, Bergen und Mjømna zurück nach Skjolden, wo er am 16. August ankommt. Er hat Angst vor dem Alleinsein und zieht zunächst in das Haus von Anna Rebni, einer Bäuerin in Skjolden, mit der er sich angefreundet hat; ab dem 25. wohnt er wieder in seinem eigenen Haus.

Die Freunde Francis Skinner, Marguerite Respinger und Ludwig Hänsel besuchen Wittgenstein während dieser äußerst fruchtbaren, aber persönlich schweren Zeit. Mitte Dezember verläßt er Skjolden und kehrt über Weihnachten zu seiner Familie nach Wien zurück.

1938

In der ersten Januarwoche ist Wittgenstein noch in Wien. Mit dem Beginn des Lent Term hält er sich nur kurz in Cambridge auf. Das angekündigte Seminar über Philosophie und philosophische Begründung der Mathematik verschiebt er auf das Easter Term.

Am 8. Februar reist er zu einem längeren Aufenthalt nach Dublin. Dort bekommt er am 12. März von Drury die Nachricht vom Anschluß Österreichs an Nazi-Deutschland. Er fährt sofort zurück nach Cambridge, wo er sich mit Sraffa trifft, um sich über die Lage zu beraten. Sraffa schreibt ihm am 14.3.1938: „Before trying to discuss, probably in a confused way, I want to give a clear answer to your question. If you say it is of 'vital importance' for you to be able to leave Austria and return to England, there is no doubt – *you must not go to Vienna*."

Die Situation in Mitteleuropa wird immer bedrohlicher. Der Anschluß Österreichs an Deutschland bedeutet für Wittgenstein den Verlust der österreichischen Staatsbürgerschaft und statt dessen einen deutschen Judenpaß. Er ist unentschlossen, ob er die englische oder die irische Staatsbürgerschaft beantragen soll, entscheidet sich jedoch aus praktischen Überlegungen für die englische. In diesem Zusammenhang bewirbt er sich auch um eine Stelle an der Universität Cambridge.

Nach dem Einmarsch der Deutschen in Österreich befinden sich die Schwestern und andere dort lebende Familienangehörige auf Grund ihrer jüdischen Abstammung in großer Gefahr.

Wittgenstein beginnt mit Hilfe der Freunde und Schüler Rush Rhees und Yorick Smythies eine Übersetzung seiner *Philosophischen Untersuchungen* ins Englische und bemüht sich um deren Veröffentlichung. Cambridge University Press ist bereit, die Publikation des Buches zu übernehmen, laut Protokoll des Verlages vom 30. September mit dem Titel „Philosophical Remarks". Schwierigkeiten bei der Übersetzung des Manuskripts führen jedoch dazu, daß Wittgenstein schließlich von einer Veröffentlichung absieht.

Die Faculty of Moral Sciences der Universität Cambridge ernennt Wittgenstein im Oktober zum ordentlichen Mitglied. Moores Emeritierung steht bevor, und Wittgenstein bewirbt sich um den frei werdenden Lehrstuhl.

1939

Am 11. Februar wählt die Universität Cambridge Wittgenstein als Nachfolger von G.E. Moore zum Professor für Philosophie.

Am 14. April erhält Wittgenstein die englische Staatsbürgerschaft und am 2. Juni seinen neuen Paß. Bereits am 22. Juni reist er über Zürich nach Wien, von dort am 5. Juli nach Berlin, und am 12. Juli über England nach New York. Er führt Verhandlungen mit den zuständigen Regierungsstellen beziehungsweise den Direktoren der Familienholding. Ein erheblicher Teil des riesigen Devisenvermögens der Wittgensteins wird schließlich in Reichsmark gewechselt, worauf die Reichsstelle für Sippenforschung „auf Weisung des Herrn Reichsministers des Inneren vom 29.8.39 [...], die ihrerseits auf eine Anordnung des Führers und Reichskanzlers zurückgeht [...]" neue Abstammungsbescheide ausstellen läßt, in denen der gemeinsame Großvater, Hermann Christian Wittgenstein, zum deutschblütigen Vorfahren erklärt wird.

Mitte August fährt Wittgenstein zurück nach Cambridge. Mit der Ernennung zum Professor wird er erneut als Fellow ans Trinity College berufen. Er zieht wieder in seine alten Räume im Whewell's Court, die er mit dem Auslaufen des Research Fellowships aufgegeben hatte.

Zu Beginn des akademischen Jahres 1939/40, am 1. Oktober, übernimmt Wittgenstein den Lehrstuhl. Seine Lehrtätigkeit als Professor beginnt er mit einem Seminar zu den *Philosophischen Untersuchungen*.

1940

Wittgenstein beteiligt sich wieder aktiv an den Sitzungen des Moral Sciences Club, dessen Vorsitz Moore noch bis zum Jahre 1944 innehat. Am 2. Februar hält Wittgenstein dort ein Referat und am 19. Februar einen Vortrag vor der Mathematical Society.

Im akademischen Jahr 1940/41 hält er Seminare über Philosophie und zu Problemen im Zusammenhang mit den *Philosophischen Untersuchungen* sowie private Diskussionen über Ästhetik und eine *jour fixe*: „Prof. Wittgenstein will be at home to his pupils on Sundays at 5 p.m. in his room in Trinity College."

1941

Am 11. Oktober stirbt der Freund Francis Skinner im Alter von 29 Jahren an Kinderlähmung.

Während der ersten Kriegsjahre war Wittgenstein unglücklich gewesen, keine Arbeit außerhalb seiner akademischen Tätigkeit finden zu können und so den Krieg als unbeteiligter Beobachter erleben zu müssen. Auf Einladung von John Ryle, dem Bruder des mit ihm befreundeten Philosophen Gilbert Ryle, arbeitet er ab November als Freiwilliger am Guy's Hospital in London, wo er zunächst Arzneien auf die Stationen bringt. Später mischt er als Laborant Salben für die Dermatologie.

Bei der Arbeit befreundet er sich mit Roy Fouracre, einem Mann aus einfachsten Verhältnissen, der 1943 als Soldat in den Fernen Osten versetzt wird. Wittgenstein bleibt ihm zeitlebens in Freundschaft verbunden.

Obwohl er im Vorlesungsverzeichnis noch immer geführt wird, hält er fortan nur noch private Kurse, jeweils Samstag nachmittags und oft zusätzlich Sonntag vormittags, zumeist zu den Grundlagen der Mathematik.

1942

Ferienaufenthalte in Österreich sind nicht mehr möglich; so besucht er den Freund und Schüler Rush Rhees in Swansea, wo er gut arbeiten und sich gleichzeitig von einer Gallenstein-Operation erholen kann.

Am 7. Juli kehrt er zu seiner Arbeit am Guy's Hospital in London zurück.

Unter seinen neuen Studenten ist der Mathematiker Georg Kreisel, den Wittgenstein als einzigen seiner Schüler für fähig hält, seine Arbeiten auf dem Gebiet der Grundlagen der Mathematik fortzuführen. Mit Kreisel führt Wittgenstein zu der Zeit eine Reihe von Gesprächen über G. H. Hardys *Course of Pure Mathematics*, eine klassische Einführung in die Differential- und Integralrechnung, die damals an den Universitäten Englands weit verbreitet war. Zwei Manuskriptbände mit dem Titel *Mathematik und Logik* basieren auf diesen Gesprächen sowie auf Randbemerkungen, die Wittgenstein mit diesen Gesprächen in seinem von Hardys Buch machte.

1943

Im Guy's Hospital lernt Wittgenstein über Basil Reeve, einen jungen, an Philosophie interessierten Arzt, Dr. R. T. Grant kennen, an dessen Arbeiten zur Wundschocktherapie er großes Interesse findet. Er wird Mitarbeiter von Grants Forschungsgruppe.

In der Einleitung zum Abschlußbericht der Forschungsarbeiten, den Grant und sein Mitarbeiter Reeve über die Wundschocktherapie herausgeben, wird die Verwendung des Begriffs Schock auf eine Weise kritisiert, die stark an Wittgensteins spätere philosophischen Arbeiten erinnert. So schreibt er am 10. Dezember 1947: „Es ist mit den psychologischen Wörtern etwa so, wie mit denen, die aus der Sprache des Alltags in die der Mediziner übergehen (,Schock')."

Die Denkweise, die dem Bericht zugrunde liegt, wurde, wie Grant und Reeve anmerken, durch Wittgenstein beeinflußt. Reeve berichtet, Wittgenstein habe während der Abfassung vorgeschlagen, das Wort Schock auf dem Kopf stehend zu drucken, um so seine Untauglichkeit für die Diagnostik der untersuchten Verletzungsfolgen anzuzeigen.

Als Grants Forschungsgruppe im April nach Newcastle versetzt wird, schließt sich Wittgenstein als Laborassistent an. In einem Gutachten schreibt Grant über Wittgensteins Mitarbeit: „[H]e has a keenly critical mind and in discussions of medical and physiological problems has proved a most helpful and stimulating colleague. He has undertaken observations on respiratory variations of blood pressure in man, devising his own experiments and apparatus. The results of his work so far are at variance with commonly accepted views and of considerable interest."

Von Newcastle fährt Wittgenstein nur noch selten nach Cambridge; er bietet keine Lehrveranstaltungen mehr an; seine Räume im Trinity College gibt er auf. Er verbringt die Ferien wieder bei Rush Rhees in Swansea, wo er die *Philosophischen Untersuchungen* erneut überarbeitet.

Mit dem Freund Nicholas Bachtin, einem russischen Philologen, hatte Wittgenstein vor einem Jahr sein erstes Buch wiedergelesen. Dabei faßte er den Entschluß, seine neue Arbeit, die *Philosophischen Untersuchungen*, zusammen mit der *Logisch-Philosophischen Abhandlung* zu veröffentlichen: „Da schien es mir plötzlich, daß ich jene alten Gedanken und die neuen zusammen veröffentlichen sollte: daß diese nur durch den Gegensatz und auf dem Hintergrund meiner älteren Denkweise ihre rechte Beleuchtung erhalten könnten."

Er wählt einen neuen Titel für das geplante Buch: „Philosophische Untersuchungen der Logisch-Philosophischen Abhandlung entgegengestellt". Außerdem ersetzt er das ursprüngliche Motto der *Untersuchungen* aus Hertz' *Prinzipien der Mechanik* durch ein neues, beide Werke verbindendes Motto von Johann Nestroy: „Überhaupt hat der Fortschritt das an sich, daß er viel größer ausschaut, als er wirklich ist."

Im September bemüht sich Wittgenstein bei der Cambridge University Press ein zweites Mal um die Veröffentlichung seiner Arbeit. Der Verlag akzeptiert Wittgensteins Wunsch, die *Philosophischen Untersuchungen* zusammen mit der *Logisch-Philosophischen Abhandlung* zu veröffentlichen. Cambridge University Press bemüht sich um die Rechte zum Abdruck der *Abhandlung* beim Verlag Routledge and Kegan Paul. Die zunächst erteilte Druckerlaubnis wird später wieder zurückgenommen.

1944

Das Forschungsteam von Grant und Reeve verläßt Newcastle im Februar 1944. Ihre Forschungsarbeiten führen sie fort an Kriegsverwundeten im Zuge des

Durchbruchs der alliierten Streitkräfte in Italien. Wittgenstein bleibt noch einige Wochen in Newcastle, wird dann aber aufgefordert, nach Cambridge zurückzukehren, um seine Forschung und seine Lehrtätigkeit wiederaufzunehmen.

Am 27. Februar fährt er nach Cambridge und kurz darauf nach Swansea, wo er bis zum September bleibt, um an seinem Buch weiterzuarbeiten.

Im Oktober, zu Beginn des akademischen Jahres 1944/45, ist Wittgenstein wieder in Cambridge, im Trinity College, in seinen alten Räumen im Whewell's Court. Mit einem vierstündigen Seminar nimmt er seine Lehrtätigkeit wieder auf: wöchentlich zwei Seminare von je zwei Stunden zu Problemen der *Philosophischen Untersuchungen*: „Was ich Leute zu lehren versuche, ist: den Übergang machen von einem nicht offenkundigen Unsinn zu einem offenkundigen."

Im November gibt Moore den Vorsitz im Moral Sciences Club auf, den er seit 1912 innehatte. Wittgenstein wird sein Nachfolger.

Unter Wittgensteins neuen Studenten sind G. E. M. Anscombe, Timothy Moore (G. E. Moores Sohn), Iris Murdoch, Stephen Toulmin, Peter Geach, W. Hijab, C. Jackson, C. A. Mace, J. N. Findlay, K. Madison, W. Mays, P. Munz, E. O'Doherty, S. Plaister, Rose Rand, K. Shah, R. Thouless und J. P. Stern.

1945

Wittgenstein arbeitet weiter an den *Philosophischen Untersuchungen* und schreibt ein neues Vorwort.

Die Ferien verbringt er in Swansea; im akademischen Jahr 1945/46 hält er zweimal in der Woche ein zweistündiges Seminar zur Philosophie der Psychologie.

1946

Wittgenstein hält zwei Seminare, eines zu den Grundlagen der Mathematik und eines zur Philosophie der Psychologie; seine Ferien verbringt er wie zuvor in Swansea.

Mitte November hält er einen Vortrag im Moral Sciences Club, wie er am 14. November an Moore schreibt: „roughly, on what I believe philosophy is, or what the method of philosophy is [...]"

1947

Den Sommer verbringt Wittgenstein in Swansea, wo ihn der Freund Ben Richards besucht. Für das folgende akademische Jahr läßt er sich beurlauben, um sich ganz auf das Schreiben konzentrieren zu können. Im Oktober entschließt er sich, sein Amt aufzugeben, am 31. Dezember legt er seine Professur nieder.

Im Winter reist Wittgenstein nach Dublin, wo er im Ross's Hotel wohnt.

1948

Wittgenstein bleibt weiter in Irland, vorerst in einem Bauernhaus in Red Cross in der Grafschaft Wicklow.

Bald wird ihm jedoch das Haus zu unruhig, und er zieht nach Rosro in Drurys einsames Ferienhaus an der Westküste Irlands. Dort bleibt er mehrere Monate und wird von einem Bediensteten der Drurys, Tommy Mulkerrins, betreut. (Drury hatte ihm gesagt, Wittgenstein erhole sich von einem Nervenzusammenbruch.)

Im Herbst fährt Wittgenstein zum ersten Mal seit Kriegsende wieder nach Österreich; seine Schwester Hermine ist an Krebs erkrankt.

Im Oktober reist er zurück nach Cambridge, dann nach Irland, wo er wieder im Ross's Hotel in Dublin wohnt. Im Dezember besuchen ihn dort seine Schüler und Freunde Elizabeth Anscombe und Rush Rhees. Wittgenstein macht ein erstes Testament, worin er, wie er am 31. Dezember an Moore schreibt, „Rhees and Burnaby of Trinity" zu seinen Testamentsvollstreckern bestimmt.

1949

Im April fährt Wittgenstein wieder nach Wien. Hermine liegt im Sterben.

Im Mai ist er für kurze Zeit in Dublin und im Juni wieder in Cambridge, als Gast bei Georg Henrik von Wright, seinem Nachfolger auf dem Lehrstuhl für Philosophie.

Im Juli und August unternimmt Wittgenstein eine Amerikareise zu Norman Malcolm, einem Freund und Schüler, in Ithaca im Staat New York. Es geht ihm gesundheitlich sehr schlecht, schon seit März kann er nicht mehr richtig arbeiten. In Ithaca muß er sich in stationäre Behandlung begeben. Er hat Angst, nicht vor der Krankheit und auch nicht vor dem Tod, aber er fürchtet, eine Operation würde ihn daran hindern, nach Europa zurückzukehren.

Die Diagnose im Krankenhaus gibt keinen Anlaß zu ernsthaften Befürchtungen, und so kehrt er im Oktober nach England zurück, wo er sich erneut in ärztliche Behandlung begibt. Die Diagnose seines Arztes, Dr. Edward Bevan, den er über Drury kennengelernt hatte, ist Krebs.

Im Dezember fährt Wittgenstein zu seiner Familie nach Wien, wo er bis Ende März bleibt.

1950

Anfang April kehrt Wittgenstein nach Cambridge zurück. Er ist wieder zu Gast bei Georg Henrik von Wright. Danach zieht er für kurze Zeit nach London zu Rush Rhees und im April nach Oxford zu seiner Schülerin Elizabeth Anscombe.

Im Herbst reist er mit Ben Richards nach Norwegen, in der Absicht, sich dort endgültig niederzulassen. Er bleibt für fünf Wochen. Am 13. November nimmt er im Wissen um seine Krankheit für immer Abschied von Skjolden; sein Haus hat er schon Jahre zuvor einem Freund in Skjolden, Arne Bolstad, geschenkt.

Am 27. November zieht er in das Haus seines Arztes Dr. Edward Bevan in Cambridge.

Weihnachten verbringt er wieder bei der Familie in Wien: In der Alleegasse, die seit 1921 Argentinierstraße heißt, von der Familie jedoch nach wie vor Alleegasse genannt.

1951

Am 29. Januar verfaßt Wittgenstein in Oxford ein neues Testament: Er bestimmt Rush Rhees zum alleinigen Testamentsvollstrecker, und zu seinen literarischen Erben die Freunde und Schüler G. E. M. Anscombe, Rush Rhees und G. H. von Wright.

Ab dem 8. Februar wohnt er wieder bei Dr. Bevan in Cambridge.

Am 25. April beginnt Wittgenstein ein letztes Manuskript. Der letzte Eintrag trägt das Datum vom 27. April.

Am Abend des 28. April verliert Wittgenstein das Bewußtsein; er stirbt am folgenden Morgen, am 29. April.

WERK

Die Nomenklatur der Texte folgt derjenigen, die G. H. von Wright 1969 in seinem Aufsatz *The Wittgenstein Papers* eingeführt hat. Wittgensteins Schriften sind unter dem Jahr aufgeführt, in dem sie begonnen wurden. Dabei bleiben die zum Teil äußerst komplexen Entstehungsgeschichten unberücksichtigt, ebenso noch immer unklare Datierungen.

Den Manuskripten, MS, gefolgt von der Ziffer 1xx, den Typoskripten, TS, gefolgt von der Ziffer 2xx, sowie den Mitschriften, TS, gefolgt von der Ziffer 3xx, folgen in *kursiv* Wittgensteins Titel der Texte sowie heute gebräuchliche Titel, eingeführt von seinen Erben und Schülern.

Die veröffentlichten Texte werden ausschließlich im bezug auf die ihnen zugrundeliegenden Haupttexte aus Wittgensteins Nachlaß aufgeführt; Überarbeitungen derselben sowie Texte, aus denen nur wenige Ausschnitte veröffentlicht sind, werden in der folgenden Aufstellung nicht berücksichtigt. Den Textnummern bzw. Titeln folgen, beginnend mit dem Erscheinungsjahr in **bold**, die Titel der Veröffentlichungen in *kursiv*.

1913

- TS 201
  1957 *Notes on Logic*

1914

- TS 301
  1960 *Notes dictated to G. E. Moore*
- MSS 101 und 102
  1960 *Tagebücher*

1916

- MS 103
  1960 *Tagebücher*

1918

- MS 104, *Logisch-Philosophische Abhandlung*
  1971 *Prototractatus*
- TSS 202, 203 und 204, *Logisch-Philosophische Abhandlung*
  1921 *Logisch-Philosophische Abhandlung*,
  1922 *Tractatus Logico-Philosophicus*

1927

- TS 205, *Geleitwort zum Wörterbuch für Volksschulen*
- TS 206
  1967 *Über Ramseys Definition der Identität*

1929

- MSS 105 und 106, *I. Band Philosophische Bemerkungen* und *II. Band*
  1994 *Wiener Ausgabe* Bd 1
- MSS 107 und 108, *III. Band Philosophische Betrachtungen* und *IV. Philosophische Bemerkungen*
  1994 *Wiener Ausgabe* Bd 2
  1929 *Some Remarks on Logical Form*
- MS 139 und TS 207, *Lecture on Ethics*
  1965 *Lecture on Ethics*

1930

- TS 208
- TS 209, *Philosophische Bemerkungen*
  1964 *Philosophische Bemerkungen*
- TS 210
- MSS 109 und 110, *Bemerkungen V.* und *VI. Philosophische Bemerkungen*
  1995 *Wiener Ausgabe* Bd 3

1931

- MSS 111 und 112, *VII. Bemerkungen zur Philosophie* und *VIII. Bemerkungen zur Philosophischen Grammatik*
  1995 *Wiener Ausgabe* Bd 4
- MS 113, *IX. Philosophische Grammatik*
  1996 *Wiener Ausgabe* Bd 5
- MSS 153a, 153b, 154 und 155

1932

- MS 114 Teil I, *X. Philosophische Grammatik*
  1996 *Wiener Ausgabe* Bd 5
- TS 211
  2000 *Wiener Ausgabe* Bd 8
- TS 212
- TS 236

1933

- TS 309, *Blue Book*
  1958 *The Blue Book*
- TS 213, *Big Typescript*,
  2000 *Wiener Ausgabe* Bd 11
- TSS 214–218
  2000 *Wiener Ausgabe* Bd 11
- Um- und Überarbeitung des *Big Typescript*:
- MS in TS 213, *Big Typescript*
- MSS 156a und 156b
- MSS C1, C2 und C3
- MSS 145 und 146
- MS 114 Teil II, *Umarbeitung/Zweite Umarbeitung im großen Format*
- MS 115 Teil I, *Philosophische Bemerkungen XI*
- MS 140, *Großes Format*
* Die komplexen Verknüpfungen und Anweisungen zwischen diesen Manuskripten und dem *Big Typescript* wurden von Rush Rhees realisiert

1969 *Philosophische Grammatik* I

1934

- MS 157a
- TS 219
- TS 310, *Brown Book*
  1958 *The Brown Book*
- MS C 4
- MS 147
- MS 148
  1968 *Notes for the Lectures on Private Experience and Sense Data*
- TSS 301 bis 308, Diktate an Schlick
  2003 *The Voices of Wittgenstein, The Vienna Circle*
- TS 311, *The Yellow Book*
  1979 *Wittgenstein's Lectures Cambridge 1932–1935*

1935

- MS 149
  1968 *Notes for the Lectures on Private Experience and Sense Data*
- MS150
- MS 181
  1968 *Notes for the Lectures on Private Experience and Sense Data*

1936

- MSS C7 und C8
- MS 151
  1968 *Notes for the Lectures on Private Experience and Sense Data*
- MS 152
- MS 166
- MS 115 Teil II, *Philosophische Untersuchungen. Versuch einer Umarbeitung*
- MS 141, *Philosophische Untersuchungen* (Umarbeitung)
- MS 142, *Philosophische Untersuchungen* (Geschenk an die Schwester Margarete Stonborough: "Ein schlechtes Geschenk")
- MS 143
  1967 *Remarks on Frazer's Golden Bough*
- MS 116 Teil I, *Philosophische Bemerkungen XII*

1937

- MS 157b
- TS 220, *Philosophische Untersuchungen*
- MS 117, *Philosophische Bemerkungen XIII*
  1956 *Bemerkungen über die Grundlagen der Mathematik* II
- MS 115, Teil II
  1969 *Eine Philosophische Betrachtung*
- MS 118, *Philosophische Bemerkungen XIV*
- MS 119, (Band) *XV*
  1976 *Ursache und Wirkung: Intuitives Erfassen*
- MS 120, (Band) *XVI*

1938

- MS 121, *Philosophische Bemerkungen XVII*
  1956 *Bemerkungen über die Grundlagen der Mathematik* II
- MSS 158, 159 und 160
- TSS 221, 222 und 223, *Philosophische Untersuchungen* (Umarbeitungen)
- TS 240 (Fragmente aus TS 221)
- TS 224
  1956 *Bemerkungen über die Grundlagen der Mathematik* I
- TS 225, Vorwort Vorkriegsversion *Philosophische Untersuchungen* (TS 220)
- TS 226, Übersetzungsversuch (Rhees, Smythies) einer Vorkriegsversion der *Philosophischen Untersuchungen* (TS 220)

1939

- MSS 161 und 162a
- MS 122, *Philosophische Bemerkungen XVIII*
  1956 *Bemerkungen über die Grundlagen der Mathematik* II

1940

- MS 162b
- MS 123, *Philosophische Bemerkungen*

1941
- MSS 163, 164 und 165
- MS 124
- MS 125
  1956 *Bemerkungen über die Grundlagen der Mathematik* IV

1942
- MS 126
  1956 *Bemerkungen über die Grundlagen der Mathematik* V
- TS 237 (Fragmente aus TS 220)
- TS 238 (Revision von Teilen von TS 220)
- TS 239 (Revision TS 220)

1943
- MS 127, *F. Mathematik und Logik*
  1956 *Bemerkungen über die Grundlagen der Mathematik* V
- MSS 179, 180a und 180b

1944
- MSS 128 und 129
- TS 227, *Philosophische Untersuchungen*
  1953 *Philosophische Untersuchungen* Teil I
- TSS 241 und 242 (Zwischenversion der *Philosophischen Untersuchungen*)

1945
- MS 116 (II)
- MS 182 (Liste von Bemerkungen aus TS 228)
- TS 243
- TS 228, *Bemerkungen I*
- TS 229
  1980 *Bemerkungen über die Philosophie der Psychologie* I
- TS 244 (Überlappung von TSS 228 und 229)
- TS 245 (Fortsetzung von TS 244 einschließlich TS 229)
- TS 230, *Bemerkungen II*
- TS 231 (Korrespondenzliste *Bemerkungen I* und *II*)

1946
- MSS 130, 131, 132 und 133

1947
- MSS 134, 135 und 136
- TS 232
  1980 *Bemerkungen über die Philosophie der Psychologie* II
- TS 233
  1967 *Zettel*
- MSS 167 und 168
- MS 136, *Band Q*

1948
- MS 137, *Band R*

1949
- MS 138, *Band S*
  1982 *Letzte Schriften über die Philosophie der Psychologie*
- MS 144 (Abschrift und Überarbeitung *Philosophische Untersuchungen* II)
- MSS 169, 170 und 171
- TS 234
  1953 *Philosophische Untersuchungen* Teil II

1950
- MSS 172, 173 und 174,
  1977 *Bemerkungen über die Farben* I

1951
- MSS 175 und 176
- MS 177 (letztes Manuskript, 25. bis 27. April 1951)
- MSS 172 bis 177
  1977 *Bemerkungen über die Farben* I
- MS 176
  1977 *Bemerkungen über die Farben* II
- MS 173
  1977 *Bemerkungen über die Farben* III
- MSS 173, 174, 176 und 177
  1969 *Über Gewißheit*
  1977 *Vermischte Bemerkungen*, eine Auswahl von Bemerkungen aus dem Gesamtwerk von 1914 bis 1951

TEXTNACHWEISE

Die Textnachweise folgen, in der Anordnung des *Albums*, den Bildnummern; für das Vorwort und das Motto sowie für die der Chronik im Anhang folgen Textnachweise den jeweiligen Seitenzahlen.

Den Textquellen folgen die jeweiligen Seitenangaben bzw. die Textnummern: Textnummern Wittgensteins wie im Teil I der *Philosophischen Untersuchungen*, Textnummern der Herausgeber der postumen Publikationen, Textnummern der *Wiener Ausgabe* (nach dem Muster: WA Band.Seite.Zeile) sowie Briefnummern in den Veröffentlichungen von Wittgensteins Korrespondenz.

Wittgensteins Manuskripte, MSS, und Typoskripte, TSS, werden entsprechend der Katalognummern in G.H. von Wrights Nachlaßkatalog *The Wittgenstein Papers* aufgeführt.

Die Textquellen sind in Kurzform dargestellt, so daß jeder Eintrag nur eine Zeile einnimmt; publizierte Texte werden in *Kursivschrift* hervorgehoben.

Im Anschluß an die Textnachweise werden die veröffentlichten Quellen in fünf Gruppen bibliographisch aufgeführt:

Wittgenstein-Texte
Mitschriften
Korrespondenz
Erinnerungen
Literatur

Zur besseren Verknüpfung der Textnachweise mit den Quellen werden letztere beginnend mit dem Titel aufgeführt, gefolgt vom Autor, dem Erscheinungsort und dem Erscheinungsjahr.

Wittgensteins Schriften werden grundsätzlich nach den Manuskripten zitiert, auch jene, die in den Textnachweisen mit ihren veröffentlichten Quellen aufgeführt sind. Im Falle von Abweichungen von den veröffentlichten Texten sind diese auf Fehler in den postumen Publikationen zurückzuführen.

Eine vollständige Wiedergabe der Texte der Faksimiles des *Albums* und Übersetzungen aller fremdsprachigen Texte, zusammen mit umfangreichen Quellenangaben, sowohl der veröffentlichten Texte als auch der unveröffentlichten Texte und der diesen zugrundeliegenden Manuskripte, sowie ein ausführlicher wissenschaftlicher Apparat werden, im besonderen im Zusammenhang mit nachfolgenden fremdsprachigen Ausgaben, elektronisch zur Verfügung gestellt.

p.9	*Philosophische Untersuchungen*, Vorwort
	TS 225 p.II
	MS 136 p.144a
p.10	*Wiener Ausgabe*, 2.156.1
	ibid. 3.305.1
p.11	MS 133, p.13r
	Familienerinnerungen, p.110
	Wiener Ausgabe, 4.214.4
	Wittgenstein's Lectures 1932–1935, p.43
	TS 225, p.II
p.12	*Philosophische Untersuchungen*, Vorwort
	MS 128, p.52
	Wiener Ausgabe, 2.45.3
p.13	MS 101, p.49v
	MS 102, p.2v
	Wiener Ausgabe, 4.178.1
p.15	*Wittgenstein und der Wiener Kreis*, p.48
1	*Über Gewißheit*, 594
	Wiener Ausgabe, 3.266.1
3	ibid. 2.69.11
4	ibid. 4.160.7
5/6	*Familienerinnerungen*, pp.9–10
7	ibid. p.10
8	ibid. pp.7–8
9	ibid. p.21
	ibid. pp.16–17
	ibid. pp.36–37
10	ibid. p.27
	ibid. pp.46–47
11	ibid. p.48
	ibid. pp.53–54
13	ibid. p.53
14	ibid. p.44
	ibid. p.52
	ibid. p.56
15	ibid. p.58
	ibid. p.64
17	ibid. pp.56–57
18	ibid. p.55
19–25	ibid. p.45
	Philosophische Untersuchungen, 66–67
26/27	*Familienerinnerungen*, pp.70–71
28	*Fackel*, Nr. 349/350, Wien 1912, p.56
	Fackel, Nr. 31, Wien 1900, p.3
	Culture and Value, p.14
29	*Familienerinnerungen*, p.94
	ibid. p.102
30/31	ibid. pp.99–101
32	ibid. p.82
33	*Wiener Ausgabe*, 3.109.1
34	ibid. 2.42.3
35	*Familienerinnerungen*, p.96
	MS 174, p.8r
36	MS 102, p.102
	ibid. p.105
	Über Gewißheit, 144
	ibid. 159

37	*Die Groszstadt,* Wien 1911, p.17	**96**	*Perspectives on the Philosophy of W.*, p.7
39	*Wiener Ausgabe,* 3.111.1		*The Principles of Mathematics,* p.2
40	Familienerinnerungen, p.71		*Wiener Ausgabe,* 4.204.3
42	ibid. pp.80–81	**98**	*The Life of Bertrand Russell,* vol.2, p.170
43	ibid. p.78		ibid. p.170
44	ibid. p.34		ibid. p.170
	Wittgenstein Familienbriefe, 159		ibid. p.170
45	*Culture and Value,* p.18		ibid. p.170
	Wiener Ausgabe, 2.43.3		ibid. p.170
46	Familienerinnerungen, p.10		ibid. p.171
	ibid. pp.11–13		ibid. p.170
47	ibid. p.79		*Bertrand Russell Autobiography,* pp.98–99
	Wiener Ausgabe, 4.98.3	**99**	*Perspectives on the Philosophy of W.*, p.12
	Culture and Value, p.29		*L.W. – Personal Recollections,* pp.206–207
	Wiener Ausgabe, 2.107.4	**100**	Familienerinnerungen, p.108
48	*Culture and Value,* pp.43–44	**101**	Hayek Papers, Wittgenstein Archive
	ibid. p.71	**103**	*Moore and the Cambridge Apostles,* p.266
51	ibid. p.77	**104**	*Ludwig Wittgenstein Briefe,* 17
	MS 137, p.96b		*L.W. – Personal Recollections,* p.75
	Wiener Ausgabe, 3.309.3	**105**	*Strachey, A Critical Biography,* vol.2, pp.71–72
	ibid. 3.309.12	**106**	Hayek Papers, Wittgenstein Archive
	MS 103, pp.50r–51r		*Philosophie der Psychologie,* II, 290
	MS 119, pp.140–142		*Lectures on Philosophy of Psychology,* p.3
53	*Philosophische Untersuchungen,* 522		*Diary of David Hume Pinsent,* p.3
55	Familienerinnerungen, pp.95–96		ibid. p.3
	ibid. p.96	**107**	ibid. p.4
57	ibid. p.76		ibid. pp.5–6
59	*Neue Freie Presse,* Wien 21. Januar 1913, p.10	**109/110**	ibid. p.5
60	Familienerinnerungen, pp.77–78		ibid. p.17
61/62	ibid. p.124		ibid. p.66
	ibid. p.128		ibid. p.6
63	*Wiener Ausgabe,* 2.72.3	**111**	Hayek Papers, Wittgenstein Archive
	Familienerinnerungen, pp.122–123	**112**	*Wiener Ausgabe,* 4.112.5
66	ibid. p.106	**113**	*L.W. – Personal Recollections,* p.125
67/68	ibid. pp.96–97		*Grundlagen der Mathematik,* p.378
	ibid. pp.102–103		ibid. p.378
	ibid. pp.106–107		ibid. p.378
69	ibid. pp.101–102	**115**	Familienerinnerungen, pp.94–95
70	*Jahrbuch sexuelle Zwischenstufen,* VI p.724		ibid. pp.90–91
71	MS 101, pp.10r–11r		ibid. p.92
73	*Wiener Ausgabe,* 4.61.2		Hayek Papers, Wittgenstein Archive
74	*Culture and Value,* p.16	**119**	Wittgenstein Archive
75	Familienerinnerungen, p.107	**120**	Familienerinnerungen, pp.83–84
76	*Logisch-Philosophische Abhandlung,* 6.52	**121–123**	ibid. p.198
79	Familienerinnerungen, p.201	**124**	*Ludwig Wittgenstein Briefe,* 8
	Wiener Ausgabe, 2.166.2		ibid. 12
80	*L.W. – Personal Recollections,* p.150	**125**	Familienerinnerungen, p.93
81	Familienerinnerungen, pp.102–103	**126**	*Neue Freie Presse,* Wien 21. Januar 1913, p.16
82	*L.W. – Personal Recollections,* p.12	**127**	*Über Sinn und Bedeutung,* p.28
83/84	*Culture and Value,* pp.61–62		*Tagebücher 1914–1916,* p.89
85–88	*Wiener Ausgabe,* 3.278.5		*Diary of David Hume Pinsent,* p.37
89/90	*L.W.: The Man and His Philosophy,* p.86		*Ludwig Wittgenstein Briefe,* 8
	ibid. p.88	**128**	*Diary of David Hume Pinsent,* p.45
91	*Populäre Schriften,* (iv) p.90	**129**	*Grundgesetze der Arithmetik,* pp.xxv–xxvi
	Ludwig Wittgenstein Briefe, 87	**130**	*Dear Russell, Dear Jourdain,* p.3
92	*Goethe, Münchner Ausgabe,* Bd 6,1 p.92		*Frege – Briefwechsel,* pp.124–126
93	Familienerinnerungen, pp.107–108		ibid. pp.124–126
	Three Philosophers, pp.129–130		ibid. pp.124–126

131–136	*Diary of David Hume Pinsent,* p.61	**186**	MS 103, p.9v
	ibid. pp.64–65		ibid. p.13v
	Ludwig Wittgenstein Briefe, 24		ibid. p.16v
137	*Culture and Value,* p.35		ibid. p.17v
140	ibid. p.17		ibid. pp.18v–19v
141	*Ludwig Wittgenstein Briefe,* 27	**187**	ibid. p.88r
	ibid. p.30		ibid. pp.88r–89r
144	*Ludwig Wittgenstein Briefe,* 32		*Ludwig Wittgenstein Briefe,* 81
	ibid. p.34		*Wittgenstein Familienbriefe,* 14
	Culture and Value, pp.48–49	**189**	*Diary of David Hume Pinsent,* pp.108–109
145	Hayek Papers, Wittgenstein Archive		ibid. pp.110–111
147	*Ludwig Wittgenstein Briefe,* 44	**190**	Hayek Papers, Wittgenstein Archive
148/149	ibid. p.45	**191/192**	*Familienerinnerungen,* p.103
150	ibid. p.234	**193**	*Moore and the Cambridge Apostles,* p.274
152/153	ibid. p.46		*Wittgenstein Familienbriefe,* 37
	Familienerinnerungen, p.108		ibid. 39
155	*Ludwig Wittgenstein Briefe,* 48	**194**	*Ludwig Wittgenstein Briefe,* 95
	ibid. p.49	**195**	*Am anderen Ufer,* pp.136–137
	Briefe an Ludwig von Ficker, p.47		*Ludwig Wittgenstein Briefe,* 96
160	*Ludwig Wittgenstein Briefe,* 50	**196/197**	*Wittgenstein Familienbriefe,* 41
161	MS 101, pp.1r–2r		*Frege – Briefe an Wittgenstein,* p.21
	ibid. p.5r		*Familienerinnerungen,* pp.117–118
163	MS 102, pp.2v–3v	**198**	ibid. p.227
	ibid. pp.5v–6v	**199**	*Wittgenstein Conversations,* pp.48–49
	ibid. p.6v	**200**	*Bertrand Russell Autobiography,* vol. II, p.57
165	MS 101, pp.22v–23v		*Ludwig Wittgenstein Briefe,* 106
	ibid. pp.33v–34v	**203**	ibid. 107
	Wittgenstein in Cambridge, 48	**204**	*Familienerinnerungen,* pp.109–110
166	MS 101, p.49v		*L.W. – Personal Recollections,* p.25
	ibid. p.50v		*Wiener Ausgabe,* 4.98.8
	MS 103, pp.91r–92r		MS 154, p.16v
167	*Familienerinnerungen,* p.109	**205–208**	*Culture and Value,* p.18
	ibid. p.112	**210**	*Familienerinnerungen,* p.110
169	MS 101, p.12r		*Ludwig Wittgenstein Briefe,* 112
	ibid. p.17v		ibid. 105
	ibid. pp.20v–21v		ibid. 108
	ibid. p.35v	**212/213**	*Letters to Russell Keynes and Moore,* p.82
171	*Ludwig Wittgenstein Briefe,* 71	**216**	*Ludwig Wittgenstein Briefe,* 131
172/173	MS 101, p.7r		ibid. 135
174	MS 102, p.6v		*Culture and Value,* pp.16–17
	MS 103, pp.9v–10v		ibid. p.56
176	ibid. pp.8v–9v		ibid. p.89
	ibid. pp.15v–16r	**217**	*Ludwig Wittgenstein Briefe,* 126
	ibid. p.16r		ibid. 129
177	*Ludwig Wittgenstein Briefe,* 80	**218**	ibid. 139
	ibid. 86		Wittgenstein Archive
179	*Zettel,* 650	**219**	*Ludwig Wittgenstein Briefe,* 148
180	*Ludwig Wittgenstein Briefe,* 70		ibid. 147
	ibid. p.74		*W. Sources and Perspectives,* p.126
181	*Familienerinnerungen,* p.190	**220**	Wittgenstein Archive
	Logisch-Philosophische Abhandlung, p.28	**221**	*Wittgenstein und der Wiener Kreis,* p.13
185	*Denkmalsetzen in der Opposition,* p.339	**223**	*The Philosophy of Rudolf Carnap,* p.33
	MS 103, pp.38–39		*Logik, Sprache, Philosophie,* p.20
	ibid. pp.39–40	**226**	Wittgenstein Archive
	Ludwig Wittgenstein Briefe, 92		*Ludwig Wittgenstein Briefe,* 148
	ibid. 93	**228**	Wittgenstein Archive
			Culture and Value, pp.38–39
		229	Wittgenstein Archive

230	ibid.
	Wiener Ausgabe, 3.265.8
	Culture and Value, p.86
	Hayek Papers, Wittgenstein Archive
233	Wittgenstein Archive
234	ibid.
237	*Wittgenstein Familienbriefe,* 63
	Ludwig Wittgenstein Briefe, 144
240	*L.W. Letters to C.K. Ogden,* p.46
	Ludwig Wittgenstein Briefe, 149
	ibid. 127
242	ibid. 138
244	ibid. 150
	ibid. 153
245	*The Tamarisk Tree,* pp.159–160
248	Wittgenstein Archive
251	Familienerinnerungen, p.111
252	*Ludwig Wittgenstein Briefe,* 132
	ibid. 140
255	Wittgenstein Archive
	Familienerinnerungen, p.117
257	Wittgenstein Archive
258	ibid.
259	*Wiener Ausgabe,* 2.90.1
260/261	Wittgenstein Archive
262	*Ludwig Wittgenstein Briefe,* 155
264	Cambridge University Library
267	*L.W. Letters to C.K. Ogden,* pp.77–78
	Wittgenstein Archive
269	ibid.
	King's College Cambridge
270	*Culture and Value,* p.84
271	*Wittgenstein in Cambridge,* 103
272	Wittgenstein Archive
273	*Wittgenstein Familienbriefe,* 76
	Wiener Ausgabe, 4.172.7
274/275	*Wittgenstein und der Wiener Kreis,* p.13
	Hayek Papers, Wittgenstein Archive
276	*Ludwig Wittgenstein Briefe,* 176
277	Familienerinnerungen, p.103
278/279	*Wittgenstein Familienbriefe,* 77
280	Wittgenstein Archive
	ibid.
281	ibid.
	Über Gewißheit, 263
	ibid. 310
282	*Philosophische Untersuchungen,* p.540
	Culture and Value, p.43
	ibid. 81
284	*Wörterbuch für Volksschulen,* pp.xxv–xxvi
	Culture and Value, p.94
285	*Ludwig Wittgenstein Briefe,* 184
286	*Wiener Ausgabe,* 2.234.10
	ibid. 3.256.8
287	*Trotzdem, Mein erstes Haus,* p.293
	Ludwig Wittgenstein Briefe, 186
288	Hayek Papers, Wittgenstein Archive
289	*Fackel,* Wien 1910, p.5
	ibid. 1913, p.37
	Wiener Ausgabe, 2.166.1
290	*Trotzdem* Vorwort, p.19
	Ludwig Wittgenstein Briefe, 103
291	*Trotzdem, Die moderne Siedlung,* pp.185–186
	Trotzdem, Die Potemkinsche Stadt, p.156
292	Hayek Papers, Wittgenstein Archive
293–296	ibid.
	Ludwig Wittgenstein Briefe, 185
	ibid. 191
299	Familienerinnerungen, pp.116–117
301	ibid. p.115
	Wiener Ausgabe, 4.124.10
	Culture and Value, p.39
	Wiener Ausgabe, 4.67.8
302	*Wittgenstein und der Wiener Kreis,* p.14
303	*L.W. – Briefe und Begegnungen,* p.97
305	Familienerinnerungen, p.118
	ibid. p.117
306	*Wittgenstein Familienbriefe,* 68
	ibid. 79
	ibid. 82
308	*Culture and Value,* p.29
	Familienerinnerungen, p.122
	Culture and Value, p.43
	ibid. p.43
311	Familienerinnerungen, pp.115–116
	Wittgenstein Familienbriefe, 157
312	*Ludwig Wittgenstein Briefe,* 192
	King's College Cambridge
	Ludwig Wittgenstein Briefe, 194
314	*Wiener Ausgabe,* 1.155.7
	Wissenschaftliche Weltauffassung, p.21
315	*The Philosophy of Wittgenstein,* p.8
317	*Wiener Ausgabe,* 1.3.1
319	King's College Cambridge
	ibid.
320	*Wiener Ausgabe,* 1.3.4
	ibid. 1.3.5
321	*L.W. – Personal Recollections,* pp.63–64
	MS 131, pp.32–33
322	*Ludwig Wittgenstein Briefe,* 197
	Philosophical Papers p.254
323	*The Life of Bertrand Russell,* p.438
	Wiener Ausgabe, 5.45.2
	L.W. – Personal Recollections, p.25
	The Life of Bertrand Russell, p.438
324	*Wiener Ausgabe,* 1.37.1
	ibid. 1.37.2
	ibid. 1.37.3
	ibid. 1.37.4
325	*Ludwig Wittgenstein Briefe,* 203
	L.W. – Personal Recollections, pp.73–74
327/328	MS 139, pp.1–19
329	ibid. pp.3–4
	Philosophische Untersuchungen, 66–67, 71

334	Cambridge University Library	**378**	MS 163, pp.37r–37v
	ibid.		ibid. p.37v
	ibid.		ibid. pp.39v–40r
336	King's College Cambridge		MS 121, p.76r
337	MS 129, pp.3v–4r		MS 163, p.40r
	Wittgenstein Archive		MS 124, p.115
338	*Russell Autobiography*, vol.II, pp.196–198	**379**	*Wiener Ausgabe*, 5.157.3
	ibid. pp.196–198	**380**	*Wittgenstein und der Wiener Kreis*, pp.68–69
	ibid. pp.196–198		ibid. pp.115–117
340	*Wiener Ausgabe*, 2.174.7	**381**	Wittgenstein Archive
	Wittgenstein's Lectures 1930–32, p.XII	**382**	*L.W. – Personal Recollections*, p.142
	L.W. – Personal Recollections, pp.121–122	**383**	ibid. p.27
342	*Wiener Ausgabe*, 5.126.1		ibid. pp.31–32
	Russell, Autobiography, vol.II, p.118	**385**	Cambridge University Library
344	*Wittgenstein Familienbriefe*, 99	**387**	*Ludwig Wittgenstein Briefe*, 216
345	TS 223a, p.31		MS 117, p.124
	L.W. – Personal Recollections, p.115	**389**	*Ludwig Wittgenstein Briefe*, 227
346	MS 114, p.1	**392**	*L.W.: The Man and his Philosophy*, pp.50–51
347	MS 120, p.72v	**393**	*Wilhelm Busch Werke*, Bd.IV, pp.194–195
	Culture and Value, p.43		*Wittgenstein's Lectures 1932–1935*, pp.179–180
348	MS 154, p.25r	**394**	*L.W. – Personal Recollections*, pp.42–43
350	*Wiener Ausgabe*, 2.90.2	**396**	ibid. p.28
	ibid. 2.90.6		ibid. p.32
	ibid. 3.104.1		ibid. p.42
	ibid. 3.105.2		Wittgenstein Archive
	Culture and Value, p.45	**397**	*Ludwig Wittgenstein Briefe*, 223
352	Wittgenstein Archive		*L.W. – Personal Recollections*, p.39
353	ibid.		Ludwig Wittgenstein Briefe 222
	Wiener Ausgabe, 4.25.2		*Wittgenstein in Cambridge*, 192
354	*Wittgenstein und der Wiener Kreis*, pp.182–183	**398**	*Obshchestvennye Nauki*, pp.191–192
	Wiener Ausgabe, 2.68.5	**401**	*L.W. – Personal Recollections*, p.141
355	Wittgenstein Archive		ibid. p.178
356/357	*Ludwig Wittgenstein Briefe*, 204		ibid. p.189
358	ibid. 213	**404**	ibid. p.43
360/361	Wittgenstein Archive	**405**	Wittgenstein Archive
	Erinnerungen eines alten Mannes, p.157	**406/407**	ibid.
362	*Ludwig Wittgenstein Briefe*, 212	**408/409**	*Ludwig Wittgenstein Briefe*, 235
363	MS 118, pp.87r–87v		*L.W. – Personal Recollections*, p.152
	ibid. p.89v		*Hänsel–L.W. Eine Freundschaft* p.244
	ibid. p.89v	**412**	*L.W. – Personal Recollections*, p.152
364	*Wittgenstein 1929–1931*, pp.213–214	**414**	ibid. p.151
366	Wittgenstein Archive	**417**	*Wittgenstein Familienbriefe*, 78
368	ibid.	**418**	ibid. 92
369	MS 134, pp.100–101	**419**	MS 118, pp.ii–1v
370	Wittgenstein Archive		ibid. pp.1v–2r
372	*Grundlagen der Mathematik*, Teil VII 31–33	**420**	ibid. pp.5r–6v
	Wittgenstein Archive	**421**	MS 119, pp.68–69
374	MS 123, p.7v		ibid. pp.130–132
	MS 124, pp.35–36	**422**	MS 120, pp.9v–10r
	MS 134, pp.3–5		ibid. pp.10v
375	ibid. p.1		ibid. pp.11r
377	Schlick Nachlaß, Amsterdam	**426**	*Wittgenstein Familienbriefe*, 90
		428	MS 118, pp.2r–2v
			MS 103, pp.60r–61r
		430	*Wittgenstein Familienbriefe*, 116
			Philosophie der Psychologie, Bd.I, 170

431/432	*L.W. – A Memoir*, p.26	**474**	ibid. pp.140–141
	MS 120, pp.70r–70v		ibid. p.152
433	*Philosophie der Psychologie*, II, 493		*Wittgenstein in Cambridge*, 372
	Zettel, 233	**475**	MS 132, p.85
	Culture and Value, pp.65–66		MS 133, pp.13r–13v
435	MS 120, p.121v		ibid. pp.41r–41v
	ibid. pp.123r–124v	**476**	*Über Gewißheit*, 467
	ibid. pp.128r–128v	**479**	*Culture and Value*, p.26
436/437	*Ludwig Wittgenstein Briefe*, 242		MS 131, pp.41–42
	L.W. – Personal Recollections, p.156		ibid. pp.57–58
438	MS 120, p.130v	**480**	*Wittgenstein Familienbriefe*, 164
	Familienerinnerungen, p.156	**481**	MS 137 pp.72b–73a
440	*Freud-Museum*, Katalog p.75	**482**	Familienerinnerungen, pp.126–127
	Culture and Value, p.39		ibid. p.128
441	MS 154, pp.25v–26r	**483**	*Wittgenstein Familienbriefe*, 165
	L.W. – Personal Recollections, p.48		ibid. p.166
442	MS 154, p.1	**484**	*Ludwig Wittgenstein Briefe*, 272
	MS 119, pp.140r–140v	**485**	ibid. 273
	L.W. – Personal Recollections, p.135	**487**	MS 138, p.18a
443/444	Wittgenstein Archive		ibid. p.27a
	Familienerinnerungen, p.120	**488**	*L.W. – A Memoir,* Brief 30
	L.W. – Personal Recollections, p.158		Wittgenstein Archive
446	*Neues Wiener Tagblatt*, 12. Februar 1935		*Wittgenstein Conversations*, pp.11–12
447	Wittgenstein Archive	**489/490**	*L.W. – A Memoir*, pp.76–77
	L.W. – Personal Recollections, p.152	**491–493**	*Wittgenstein in Cambridge 1949–1951*, p.17
449	MS 125, pp.75v–76r		*Zettel*, 481
	Wittgenstein Familienbriefe, 89	**494**	*Wittgenstein, G.H. von Wright*, p.17
	ibid. 95	**495**	MS 127, pp.27–28
452	*Philosophische Grammatik*, p.194		MS 142, p.134
	Theoretische Kinematik, p.650	**496**	Wittgenstein Archive
	MS 132, pp.7–8	**498**	*Wittgenstein Familienbriefe*, 174
	MS 161, p.70r	**499/500**	MS 138, p.9a
454	King's College Cambridge	**501**	*Davidsbündlertänze, Robert Schumann*, p.1
455	*Philosophie der Psychologie,* I 1096		MS 137, p.73b
456	*L.W. – Personal Recollections*, p.40		ibid. p.88a
457	*Culture and Value*, p.53		ibid. p.106a
	MS 133 p.32v		MS 138, p.11a
460	Wittgenstein Archive		ibid. p.17a
	L.W. – A Memoir Brief 7		*Bemerkungen über Farben*, 301
461	*Nicholas Bachtin. Letters and Essays* p.9		ibid. 302
	Wiener Ausgabe, 3.112.2		ibid. 303
463	*Prinzipien der Mechanik* p.9		ibid. 304
	ibid. p.9		ibid. 305
464	MS 128, p.51		ibid. 306
	Philosophische Untersuchungen, Motto		ibid. 307
465	MS 162b, p.60v		ibid. 308
466	MS 133, p.13r	**503**	*Wiener Ausgabe*, 3.154.2
467	MS 136, p.144a		*Culture and Value*, p.53
469	*Wittgenstein Familienbriefe*, 160	**504**	ibid. p.89
	MS 165, p.67		ibid. p.98
	MS 127, p.82		MS 174, p.6r
	MS 124, pp.177–178	**505**	*L.W. – Personal Recollections*, pp.182–183
	ibid. p.198		Wittgenstein Archive
472	*Philosophie der Psychologie,* I 568	**506**	*Goethe, Münchner Ausgabe,* Bd 4,1 p.571
	MS 134, pp.142–143	**507**	Wittgenstein Archive
	ibid. p.146		*Culture and Value*, p.29
		509	MS 173, p.ii
			Culture and Value, p.88
			ibid. p.95

510	*Philosophische Untersuchungen,* Vorwort
	MS, 175 pp.34v–36r
	Wittgenstein in Cambridge, 435
	ibid. 438
	Wittgenstein Archive
512	*Wittgenstein Familienbriefe,* 176
513	*Über Gewißheit,* 675
	ibid. 676
	Wittgenstein Archive
514	*Über Gewißheit,* 431
	Wittgenstein Archive
	L.W. – Personal Recollections, p.184
515	*Logisch-Philosophische Abhandlung* 6.4311
p.425	*Familienerinnerungen,* p.41
p.426	*Familienerinnerungen,* p.97
	Wittgenstein Archive
p.427	*Orbituary: Ludwig Wittgenstein,* pp.297–298
p.429	*Ludwig Wittgenstein Briefe,* 133
p.431	Wittgenstein Archive
	Bertrand Russell Autobiography, vol.2, p.200
p.432	Wittgenstein Archive
	Wittgenstein in Cambridge, 217
p.434	Wittgenstein Archive
	Cambridge University Reporter 1940/41
p.435	*Philosophie der Psychologie* Bd. II, 21
	Wittgenstein Archive
	Philosophische Untersuchungen, Vorwort
	MS 128, p.51
	Philosophische Untersuchungen, Motto
p.436	MS 129, p.202 (f.114)
	Ludwig Wittgenstein Briefe, 265

QUELLEN

Wittgenstein-Texte
Bemerkungen über die Grundlagen der Mathematik, Frankfurt 1974
Bemerkungen über die Philosophie der Psychologie, Frankfurt 1982
Bemerkungen über Farben, Oxford 1977
Culture and Value, G. H. von Wright, ed., Oxford 1977
Logisch-Philosophische Abhandlung, London 1922
Philosophie der Psychologie, Frankfurt 1982
Philosophische Grammatik, Frankfurt 1969
Philosophische Untersuchungen, Frankfurt 1969
Über Gewißheit, Frankfurt 1967
Tagebücher 1914–1916, Frankfurt 1984
Wiener Ausgabe, Wien New York 1983
Wörterbuch für Volksschulen, Wien 1977
Zettel, Frankfurt 1970

Mitschriften
Lectures on Philosophy of Psychology 1946–47, P. T. Geach, ed., Chicago 1989
Wittgenstein's Lectures: Cambridge 1930–32, Desmond Lee, ed., Oxford 1980
Wittgenstein's Lectures 1932–1935, Alice Ambrose, ed., Oxford 1979
Wittgenstein und der Wiener Kreis, B. F. McGuinness, ed., Frankfurt 1967

Korrespondenz
Wittgenstein Briefe, B. F. McGuinness G. H. von Wright, ed., Frankfurt 1980
Wittgenstein Familienbriefe, B. F. McGuinness, M. C. Ascher und O. Pfersmann, ed., Wien 1996
Briefe an Ludwig von Ficker, G. H. von Wright, ed., Salzburg 1969
Frege–Briefe an Ludwig Wittgenstein, A. Janik ed., Graz 1989
Hänsel–Wittgenstein. Eine Freundschaft, C. P. Berger, ed., Wien 1994
Letters to Russell, Keynes and Moore, G. H. von Wright, ed., Oxford 1974
L.W. – Briefe und Begegnungen, B. F. McGuinness, ed., Wien 1970
L.W. Letters to C. K. Ogden, G. H. von Wright, ed., Oxford 1973
L.W. in Cambridge – Letters and Documents 1911–1951, B. F. McGuinness, ed., Oxford 2008

Erinnerungen
Diary of David Hume Pinsent 1912–1914, G. H. von Wright, ed., Oxford 1990
Familienerinnerungen, Hermine Wittgenstein, Wien 1944
L.W. – A Memoir, Norman Malcolm, ed., Oxford 1984
L.W. – Personal Recollections, Rush Rhees, ed., Oxford 1981
Wittgenstein 1929–1931, Desmond Lee, Cambridge 1979
Wittgenstein Conversations 1949–1951, O. K. Bouwsma, ed., Indianapolis 1986
Wittgenstein, G. H. von Wright, Oxford 1982
Wittgenstein in Cambridge 1949–1951, K. E. Tranøy, Amsterdam 1976

Literatur
Am anderen Ufer, Franz Parak, Wien 1969
Cambridge University Reporter, Cambridge 1929–1947
Davidsbündlertänze, Robert Schumann, Leipzig 1881–1912
Dear Russell, dear Jourdain, Ivor Grattan-Guinness, London 1977
Denkmalsetzen in der Opposition, Ferdinand Kürnberger, Wien 1877
Die Fackel, Karl Kraus, Wien 1899–1936
Die Groszstadt, Otto Wagner, Wien 1911
Freud-Museum, Inge Scholz-Strasser, Harald Leupold-Löwenthal, Hans Lobner, ed., Wien 1975
Goethe, Münchner Ausgabe, München 1985–1998
Gottlob Frege – Wissenschaftlicher Briefwechsel, Gottfried Gabriel, Friedrich Kambartel und Christian Thiel, ed., Hamburg 1969
Grundgesetze der Arithmetik, Gottlob Frege, Jena 1893
Jahrbuch für sexuelle Zwischenstufen VI, Berlin 1904
Lebenserinnerungen eines Alten Mannes Wilhelm von Kügelgen, Leipzig, 1. Bd. 1802–1820, 2. Teil, 5. Kapitel, 1924
Logik, Sprache, Philosophie Friedrich Waismann, Stuttgart 1976
L.W.: The Man and his Philosophy, K. T. Fann, New York 1978
Moore and the Cambridge Apostles, Paul Levy, London 1979
Neue Freie Presse, Wien 1913
Neues Wiener Tagblatt, Wien 1935
Nicholas Bachtin. Lectures and Essays, A. E. Duncan-Jones, ed., Birmingham 1963
Orbituary: Ludwig Wittgenstein, Bertrand Russell, Oxford 1951
Obshchestvennye Nauki i Sovremennost, No. 2, Moskau 2001
Perspectives on the Philosophy of Wittgenstein, Irvin Block, ed., Oxford 1981
Philosophical Papers, G. E. Moore, London 1959
Populäre Schriften, Ludwig Boltzmann, Leipzig 1905
Principles of Mathematics, Bertrand Russell, London 1903
Prinzipien der Mechanik, Heinrich Hertz, Leipzig 1894
Strachey: A Critical Biography, vol. 2, Michael Holroyd, London 1968
The Autobiography of Bertrand Russell, London 1971
The Life of Bertrand Russell, Ronald Clark, London 1978
The Philosophy of Rudolf Carnap, P. A. Schilpp, ed., La Salle, Illinois 1963
The Philosophy of Wittgenstein, George Pitcher, New York 1964
The Tamarisk Tree, Dora Russell, London 1975
Theoretische Kinematik, Franz Reuleaux, Braunschweig 1875
Three Philosophers, G. E. M. Anscombe und P. T. Geach, Oxford 1961
Trotzdem. Gesammelte Schriften 1900–1930, Adolf Loos, Innsbruck 1931
Über Sinn und Bedeutung, Gottlob Frege, Leipzig 1892
Wilhelm Busch – Sämtliche Werke, München 1943
Wissenschaftliche Weltauffassung: Der Wiener Kreis, Wien 1929
Wittgenstein, G. H. von Wright, Oxford 1982
Wittgenstein, Sources and Perspectives, C. G. Luckhardt, Ithaca 1979

BILDNACHWEISE

Die meisten Bildvorlagen für diesen Band, viele davon Originale, befinden sich heute im Wittgenstein Archive in Cambridge. Sie wurden im Laufe der Zeit von ihren ursprünglichen Besitzern dem Direktor des Archivs, Michael Nedo, übereignet bzw. von diesem erworben.

Die Rechte an allen zum Zeitpunkt von Wittgensteins Tod unveröffentlichten Schriften, Manuskripten und Briefen Wittgensteins lagen beim Erscheinen des Vorläufers zu diesem Band (*Ludwig Wittgenstein – Sein Leben in Bildern und Texten*, Frankfurt 1983) bei Wittgensteins Erben G.E.M. Anscombe, Rush Rhees und G.H. von Wright. Diese Rechte sowie die Manuskripte aus dem Eigentum von Wittgensteins Erben sind heute im Besitz des Trinity College, Cambridge.

Die abgebildeten Photos, Dokumente und Gegenstände sind im Folgenden unter den Namen ihrer ursprünglichen Besitzer nachgewiesen.

Alice Ambrose-Lazerowitz, Conway, Mass.: 391
G.E.M. Anscombe, Cambridge: 95, 129, 214, 253, 327, 328, 340, 344, 393, 403, 420, 422, 434, 443, 444, 457, 471
Ordinariat der Barmherzigen Brüder, Wien: 285
Dr Bevan, Cambridge: 496, 497, 499, 500, 506, 507, 508, 509
Basil Blackwell, Publishers, Oxford: 239
The Bodleian Library, Oxford: 182, 183
Clive Boursnell, London: 384, 431, 432, 516
Brenner-Archiv, Innsbruck: 169, 201, 203, 211, 244
British Library, London: 89, 90
Cambridge University, Department of Psychology: 106
Dame Mary Cartwright, Cambridge: 371, 372
City Collection, Cambridge: 93, 94, 100, 382, 473, 474
Archiv der Donau-Dampfschiffahrtsgesellschaft, Wien: 246
Deutsches Literaturarchiv, Marbach: 158
Frau Fuchs, Trattenbach, NÖ: 260, 261
Greater London Record Office, London: 137, 458
Ludwig Hänsel, Wien: 233, 284, 306
Lady Keynes, Cambridge: 108, 109, 110, 139, 189
Milo Keynes, Cambridge: 99
King's College, Cambridge: 103, 104, 455
Rudolf Koder, Wien: 286
Georg Kreisel, Stanford, California: 376
Norman Malcolm, London: 436, 437, 476, 488
McMaster University, Ontario, Canada: 138, 141
Dorothy Moore, Cambridge: 145, 146, 147, 150, 475, 477
National Portrait Gallery, London: 98
Michael Nedo, Cambridge: 111, 199, 209, 222, 224, 226, 229, 254, 255, 257, 258, 259, 316, 323, 339, 350, 498, 514
Marie Neurath, London: 221
North Holland Publishing Co., Amsterdam: 314
Österreichische Nationalbibliothek, Bildarchiv, Wien: 18, 73, 113, 127, 163, 185, 202, 210, 220, 283, 287, 302, 313, 351, 352, 355, 358, 381, 463, 465, 503
ÖNB, Handschriftensammlung, Wien: 184, 194, 324
Österreichisches Staatsarchiv, Kriegs-Archiv, Wien: 162, 168, 171, 174, 175, 176, 186, 187
Fanja Pascal, Northwood: 394, 395, 396, 441, 461
Gilbert Pattisson, Maldon: 360, 361, 399, 400, 406, 407, 408, 409
Hotel Pomona, Den Haag: 212, 213
Ferry Radax, Wien: 82, 131, 132, 133, 134, 135, 136, 218, 225, 228, 230, 240, 265, 269, 281, 325, 405, 411, 412, 415, 459, 480, 481, 484
Lettice Ramsey, Cambridge: 262, 263, 266, 267, 272, 273, 317, 318, 319, 320, 321, 335, 388, 485
Michele Ranchetti, Florenz: 154, 155, 193, 216, 245, 315, 353, 377
Rush Rhees, Swansea: 74, 380, 453, 468, 472, 511
Ben Richards, Hemel Hempstead: 11, 107, 148, 149, 198, 231, 256, 270, 277, 330, 331, 332, 336, 356, 357, 362, 363, 364, 365, 366, 369, 370, 379, 387, 390, 410, 413, 419, 421, 425, 426, 427, 428, 429, 430, 433, 439, 449, 450, 456, 460, 467, 478, 479, 482, 483, 486, 487, 501, 504, 505, 512, 515
Clara Sjögren, Wien: 1, 2, 3, 5, 6, 7, 8, 9, 10, 12, 13, 14, 16, 17, 19, 20, 21, 22, 23, 24, 25, 26, 27, 28, 29, 30, 31, 32, 33, 34, 35, 36, 37, 39, 40, 41, 42, 43, 44, 45, 46, 47, 48, 49, 50, 51, 52, 53, 54, 55, 56, 58, 59, 60, 65, 66, 67, 68, 69, 70, 71, 77, 78, 79, 80, 81, 85, 86, 87, 88, 114, 115, 116, 117, 118, 119, 120, 121, 122, 123, 124, 125, 126, 142, 143, 144, 151, 152, 153, 156, 159, 164, 165, 166, 167, 170, 172, 173, 178, 179, 181, 188, 191, 192, 196, 197, 204, 205, 206, 207, 208, 215, 217, 227, 232, 234, 238, 249, 250, 252, 268, 276, 278, 279, 280, 288, 300, 304, 305, 312, 326, 343, 345, 347, 354, 359, 414, 417, 418, 423, 424, 438, 445, 451, 489, 490, 502
Piero Sraffa, Cambridge: 337, 389, 435
Thomas Stonborough, Wien: 4, 15, 61, 62, 63, 64, 83, 84, 91, 92, 140, 157, 160, 177, 235, 236, 237, 271, 274, 275, 289, 290, 291, 292, 293, 294, 295, 296, 297, 298, 299, 303, 307, 308, 309, 310, 311, 329, 349, 367, 368, 383, 416, 440, 448
Science Museum, London: 494
Secession, Wien: 38, 57
Tate Gallery, London: 105, 200
Technische Hochschule Berlin-Charlottenburg, Berlin: 75, 76
Elsie Timbey Collection, London: 397, 398, 401, 402, 404
K.E. Tranøj, Bergen: 491, 492, 493
Trinity College, Cambridge: 96, 97, 130, 190, 242, 243, 322, 334, 338, 341, 342, 373, 374, 385
Universitätsbibliothek, Hamburg: 241
Universitätsbibliothek, Wien: 219
University Library, Cambridge: 101, 102, 112, 128, 223, 264, 333, 386, 470
Studio Hubert Urban, Wien: 301
Fritz Wittgenstein, Wien: 180
Johanna Wittgenstein, Charlottesville, Virginia: 446, 447
Wittgenstein-Dokumentation Kirchberg a.W., NÖ: 72, 195, 247, 248, 251, 282
Wittgenstein-Nachlaß, Trinity College, Cambridge: 161, 346, 348, 375, 378, 392, 442, 452, 454, 462, 464, 466, 469, 495, 510, 513

INDEX

Der Index besteht aus zwei Teilen: einem Personenregister und einem Orts- und Sachregister.

Den Bildnummern in der Fettschrift **Univers Bold** folgen in Univers Light die Nummern der Zitate beziehungsweise deren Ergänzungstexte, in denen der jeweilige Eigenname vorkommt. Die Zitate werden im *Biographischen Album* nach den jeweiligen Bildnummern mit 1 beginnend gezählt. Bei Bildnummern von Bildgruppen, zum Beispiel **1–5** bzw. **1/2**, wird jeweils nur die erste Zahl aufgeführt.

Ist die Person, der Ort beziehungsweise die Institution im Bild dargestellt, erscheint die Bildnummer *kursiv*. Erscheint allein die Bildnummer, kommt der jeweilige Eigenname im Bildtitel beziehungsweise in dem dazugehörigen Ergänzungstext vor oder in einem eigenständigen Ergänzungstext.

PERSONENREGISTER

Alt, Rudolf von
   57 1   **60** 1

Altenberg, Peter
   156

Ambrose, Alice
   391   **393** 2

Anscombe, Elizabeth, G. E. M.
   471   **485**   **514** 3

Bachtin, Nicholas
   396 1   *461* 1

Beethoven, Ludwig van
   43 1   **44** 2   **46** 3   **47** 3   **89** 1
   257 1   **503** 1

Békássy, Ferenc
   105 1   **107** 1

Bevan, Edward, Doktor
   496 1   **497**   **498**   **505** 1   **506**
   508   *509*   **514** 3

Bevan, Joan
   496 1   **497**   **498**   **505** 2   **507** 1
   510 5   **513** 2   **514** 2

Bevan, Johnny
   507

Black, Dora
   242   **245** 1

Black, Max
   488 2

Boltzmann, Ludwig
   73 1   *74* 1   **91** 1   **96** 2   **353** 1

Bouwsma, Oets Kolk, O. K.
   199 1   **488** 3

Brahms, Johannes
   42 1   *44* 1   **45** 1   *47* 1,3   **89** 1
   187 3   **257** 1   **277** 1   **483** 1

Braithwaite, Richard
   264 1   **269** 1   **322** 1   **358** 1   **385** 1
   386   *388*

Breuer, Josef
   74 1

Broad, Charlie Dunbar, C. D.
   322 1   *385* 1   **436** 2

Brouwer, Luitzen Egbertus, Jan, L. E. J.
   314 1,2   **315** 1

Bruckner, Anton
   47 3,4

Busch, Wilhelm
   393   **425**   **426** 1

Carnap, Rudolf
   223 1   **314** 2   **352** 1   **353** 1   **354** 1
   366 1   **367**   **368** 1

Cartwright, Mary
   371   *372*

Czeschka, Carl Otto, „Czeck"
   119 1

Däubler, Theodor
   160

Dallago, Carl
   157   **160** 1

Drobil, Michael
   196 3   *198*   **304**   **305** 1,2   *306* 1–3

Drury, Maurice O'Connor, „Con"
   80 1   **113** 1   **340** 3   **345** 2   **382** 1
   401 1   **408** 1,2   **412** 1   *413*   **414** 1
   429   **436** 2   **442** 3   **443** 3   **447** 2
   481   **496** 1   **505** 1   **514** 3

Eccles, William
   83 1   **89** 1   **92**   **140**   **235**
   274   **362** 1

Engelmann, Paul
   91 2   **177** 1,2   **185** 3   **187** 3   **190** 1
   193 3   **216** 1   **218** 1   **230** 4   **237** 2
   240 2   **244** 1,2   **252** 1,2   **287** 2   **288** 1
   290 2   **292** 1   **293** 1,2   **303** 1   **306** 1

Esterle, Max von
   155 3   **160**   **203**

Feilchenfeld, Max
   126 1

Ficker, Ludwig von
   155 1,3   **160** 1   **163** 3   **171** 1   **200** 2
   201   **203** 1   **211**   **237** 2   *244* 1

Fillunger, Marie, „Fil(l)u"
   107   **277** 1   **278**   *369*   *430*

Frege, Gottlob
   74 1   *93* 1,2   **94**   **96** 2   **112** 1
   113 1,3,4   *127* 1–4   **129**   **130** 2–4   **193** 3
   196 1,2   **210** 3   **252** 2   **253**

Freud, Sigmund
   74 1   *271* 1   **342** 1   **414** 1   **440** 1–3
   483 2   **488** 3   **502**   **503** 2

Fuchs, Oskar, „Fuchsl"
   260 1   *505*

Geach, Peter
  93 2   106 3

Gödel, Kurt
  376   377   378 1–4

Goethe, Johann Wolfgang von
  92 2   177 1   503 1   506 1

Gornstein, Tatjana
  398 1

Goya, Francisco
  60 1

Grillparzer, Franz
  47 4

Gurjewitsch, Anna
  398

Haecker, Theodor
  160

Hänsel, Ludwig
  195 1   *233* 1   408 3   512 1

Hardy, Godfrey Harold, G. H.
  105 1   321 2   *341*   374 2,3

Hauer, Karl
  160

Hayek, Friedrich August, F. A.
  101 1   106 1   111 1   115 2   145 1
  190 1   230 4   274 2   288 1   292 1
  293 1

Hebel, Johann Peter
  234 1

Heinrich, Borromäus
  160

Heron von Alexandrien
  67

Herrmann, Rosalie
  71

Hertz, Heinrich
  74 1   *463* 1,2

Hörmann, Theodor
  57 1

Hoffmann, Josef
  38   116   *119* 1   180   181 1

Janowska, Sophia (Yanovska)
  404 1

Joachim, Joseph
  43 1   44 1   *46* 1,2

Johnson, William Ernest, W. E.
  101 1   *104* 1,2   165 2   180 2   195 2
  210 3   271 1   285 1

Jourdain, Philip
  130 1,2,4

Kalmus, Leopoldine
  siehe: Wittgenstein, Leopoldine, geb. Kalmus

Kalmus, Marie, geb. Stallner
  17   18 1   *71*

Keynes, John Maynard
  99   *103* 1   104 1   105 1   139
  165 2   *190*   269 2   271 1   276 1
  285 1   293 3   312 1–3   *319* 1,2   336 1
  337   397 1,3,4   436 1

Klimt, Gustav
  56   *59* 1   63   65   196 3

Klinger, Max
  56   60 1   65

Koder, Rudolf, „Koderl", „Koch"
  255 1   *256*   257 1   269 1   278 1
  280 1   286   *365*   483 2   512 1

König, Franz
  49

Kokoschka, Oskar
  154   155   160

Korngold, Erich
  446 1

Kranewitter, Franz
  160

Kraus, Karl
  28 1–3   74 1   *154*   155 2   185 4
  288 1   *289* 1,2   292 1   503 2

Kreisel, Georg
  379

Kügelgen, Wilhelm von
  360 1,2

Kürnberger, Ferdinand
  185 1

Kupelwieser, Paul
  14 1   15 1

Labor, Josef
  44 2   47 4   *48* 1,2   257 1   *512* 1

Lasker-Schüler, Else
  159   160

Leavis, Frank Raymond, F. R.
  104 2   321 1   *325* 2

Lee, Desmond
340 2   **364** 1

Lenau, Nikolaus
47 4

Lenin, Wladimir Iljitsch
401 1

Littlewood, John Edensor, J. E.
341   **342** 2   **372**   *373*

Loos, Adolf
74 1   **155**   *156*   **160** 1   **185** 4
287 1   **288** 1   **289** 1,2   **290** 1,2   *291* 1,2
292 1

Lopokova, Lydia
312 2   *318*   **319** 1,2   **336** 1

Mahler, Gustav
347 1,2

Maiski, Iwan Michailowitsch
397 3,4   **401** 1

Malcolm, Norman
410   **431** 1   *433*   **436**   **460** 2
476   **484** 1   *488* 1,2   **496** 1   **505** 1
510 4

Mayer, Bernardine, geb. Simon
6

Mayer, Moses
5 1

Mays, Wolfe
89 1

Mendelssohn, Felix
45 1,2   **46** 2,3   **48** 1   **308** 4

Meštrović, Ivan
60 1

Moore, Dorothy
475   *477*

Moore, George Edward, G. E.
101 1   **105** 1   **106** 1   **111** 1   **115** 2
141 1   *145* 1   **146**   **147** 1   **148** 1
150 1   **152** 1   **180** 1   **193** 1   **199** 1
264 1   **271** 1   **272** 1   **322** 2   **323** 1,3,4
329 1   *334*   **338** 1–3   **340** 2   **342** 1
350 1   **356** 1   **358** 1   **380** 1   *385* 1
387 1   **408** 1   *437* 2   **441** 2   **442** 3
475   **476**   **484** 1   **485** 1   *505*

Morrell, Ottoline
96 1   **98** 1–8   **190**   **200** 1   **212** 1

Moser, Koloman
38   **56**

Munzlinger, Hochreith-Bauer
363

Muscio, Bernard
106 1

Musil, Robert
209   *210*

Nähr, Moritz
56   **156**   *232*   **233** 1   **300**
311   **312**   **329**   **330**   **331**
332   **343**   **347**   **362**   **363**
364   **365**   **366**   **369**   **428**
450   **505**

Napoleon
5   **393** 1,2

Nelböck, Johann
416

Nestroy, Johann
28   **464** 2   *465*

Neugebauer, Hugo
160

Neururer, Alois
228 1   **370** 1

Oberkofler, Georg
160

Ogden, Charles Kay, C. K.
107 1   **239**   *240* 1   **262** 1

Ostwald, Wilhelm
219 1,3   *220* 1   **223**   **240** 2

Parak, Franz
195 1

Pascal, Fanja, geb. Poljanowskaja
383 1,2   **394** 1   *395*   **396** 1,2   **397** 2
404 1   **441** 2   **456** 1

Pattisson, Gilbert
356   **360**   **399**   **405** 1   *406*
407 1   **408** 1   **410**   **505**

Pinsent, David Hume
106 4   **107** 1,2   **108**   **109** 1–3   **127** 3
128 1   **131** 1,2   **180** 2   *189* 1,2   **217** 1

Pinsent, Ellen Frances
188   **189** 1,2

Ramsey, Frank Plumpton
239   *262* 1   **264**   **266**   *267* 1
269 1,2   **271** 1   **272** 1   *273* 1,2   **316**
317   *320* 1   **321** 1   **322** 1,2   **324**
325 2   **336** 1   **337** 1,2   **442** 1

Ramsey, Lettice
    262   *263*   *317*   319 2   *336* 1
    388   *410*   485

Ravel, Maurice
    446 1

Rebni, Anna
    419   *421* 1   *428* 1

Reidemeister, Kurt
    221 1   222

Respinger, Marguerite
    362   *421*

Reuleaux, Franz
    67   *451*   452 2

Rhees, Rush
    82 1   99 2   204 2   220 1   323 3
    372 2   *385*   461   468   *472*
    484 1   485 1   510 3   511

Richards, Ben
    429   467   *478*   *479*   499
    501   514 3

Rilke, Rainer Maria
    158   160

Rodin, Auguste
    60 1   382 1

Röck, Karl
    201

Russell, Bertrand
    74 1   93 1   94   96 1–3   *97*
    98 1–9   99 1   100 1   *101* 1   103 1
    105 1   106 4   107 1,2   109 2   124 1,2
    127 3,4   130 1,2   131 2,3   137 1   138
    141 1,2   144 1,2   148 1   164   165 2,3
    180 1,2   181 2   *190* 1   194 1   195 2
    199 1   200 1,2   210 2–4   212 1   217 1,2
    219 1–3   226 2   240 3   241   *242* 1
    243   244 1   271 1   272 1   314 2
    323 1–4   325 1   338 1–3   341   *342* 2
    356 1   389 1   442 1

Salzer, Helene, „Lenka", geb. Wittgenstein
    3   *19*   *30*   *31*   *36*
    44 2   *46* 1   *53*   *115*   *143*
    152   *166*   *179*   205   227
    232   278 1   311 2   *331*   345
    354   *359*   *366*   *369*   417 1
    418 1   430 1   438   443 2   449 3
    469 1   480 1   *483* 1,2   489   498 1
    512 1

Salzer, Lixl
    369

Salzer, Max
    53   126 1   *179*   345   *369*
    421 2

Schlick, Moritz
    221 1   222   223 2   274 1,2   *302* 1
    303 1   349   *351*   353 1   354
    355 1   366 1   368 1   377 1   380 1,2
    381 1   396 3   416

Schmidt, Franz
    446 1

Schopenhauer, Arthur
    74 1   185 2

Schumann, Robert
    44 2   277 1   501 1

Segantini, Giovanni
    60 1

Sjögren, Arvid
    231   *234*   *237* 1   238   *359*
    360 1   *362*   369

Sjögren, Clara, „Clärchen", geb. Salzer
    231   *234*   *359* 1   360 1   *430*

Sjögren, Mima, geb. Bacher
    231   *234*   *369*

Sjögren, Talla
    362

Skinner, Francis
    346 1   382 1   *383* 1   389   *390*
    391   397 2   404 1   408 2   *410*
    414 1   *419*   456 1   457

Sloane, Pat
    404

Smythies, Yorick
    514 3

Spengler, Oswald
    74 1   503 1,2

Spinoza, Baruch de
    165 1

Sraffa, Piero
    74 1   *337* 1   434   *435*   *436* 1
    474 3

Stockert, Fritz
    369

Stockert, Marie, „Mariechen", geb. Salzer
    53   *369*   417 1   *430*

Stonborough, Jerome
    126 1   449 2

Stonborough, Margarete, „Gretl", geb. Wittgenstein
19 28 *30* *31* 36
42 1 *61* 1,2 *63* 2 *64* 65
71 115 143 181 1 184
196 3 204 1 207 232 293
297 *298* 301 1 302 1 305 2
308 2,3 311 2 *330* 360 1 362
366 418 1 439 2 440 1,2 443
448 *449* 1–3 *482* 1 483 2 487 2

Stonborough, Thomas
83 1 297

Strachey, Lytton
105 1 *190*

Strauss, Richard
107 2 446 1

Tesar, Ludwig Erik
160

Tolstoi, Lew Nikolajewitsch
169 1,3 *171* 1 204 1

Trakl, Georg
160 *163* 1–3 201

Tranøj, Knut Erik, K. E.
491 1

Turing, Alan Mathison, A. M.
453 454 1 455 1

Uhland, Ludwig
187 3

Wachtell, Samuel
443 1

Wärndorfer, Fritz
38 119 1

Wagner, Hermann
160

Wagner, Otto
37 1 38

Wagner, Richard
47 3 89 1 308 4

Waismann, Friedrich
315 1 *352* 1 353 1 354 1 355 1
368 1 380 1 381 1 416 510 3

Weininger, Otto
74 1 200 2 358 1

Weiss, Richard
160

Whitehead, Alfred North, A. N.
96 3 130 2 141 1 195 2 199 1
210 3 314 2

Wisdom, John
372 2 385 1 501 6 510 3

Wittgenstein, Clara, „Tante Clara"
9 1 10 1 *11* 1 198 1 232

Wittgenstein, Franziska, „Fanny", geb. Figdor
7 1 *8* 1 10 1 13 1 19 1
46 2

Wittgenstein, Hans
17 1 *19* 30 1 *31* 35 1
67 2 *69* 1

Wittgenstein, Helene, „Lenka"
siehe: Salzer, Helene, „Lenka", geb. Wittgenstein

Wittgenstein, Hermann Christian
5 1 *7* 9 2 11 2 46 2,3
445

Wittgenstein, Hermine, „Mining"
5 1 7 1 9 1 10 1 15 2
16 17 1 18 1 19 1 26 1
29 1 *30* 1 *31* 32 1 35 1
36 40 1 *42* 1 43 1 44 1
46 2 47 1 49 54 55 1,2
57 1 60 1 61 1 63 1 66 1
67 1,2 69 1 *71* 75 1 79 1
81 1 85 93 1 100 1 115 1
120 1 *121* 1 *122* *123* 125 1
126 1 152 2 167 1 179 181 1
187 4 188 191 1 193 2,3 196 1,3
198 1 204 1 *208* 210 1 231
237 1 250 251 1 255 2 273 1
277 1 299 1 301 1 305 1,2 306 1–3
307 308 2 311 1 *330* 344 1
359 *366* 369 418 1 423
426 1 438 2 443 2 449 3 *482* 1
487 1,2 512

Wittgenstein, Karl, der Vater
9 1,3 11 1 *13* 1 14 1 15 1
17 1 18 1 19 1 26 1 27
28 2 29 1 30 1 39 40 1
42 1 47 1 *53* 57 1 *58*
59 1 60 1 67 1,2 81 1 82 1
115 1 118 120 1 *121* 1 *122*
123 124 1,2 125 1 126 1 155 3
230 4 231

Wittgenstein, Kurt
17 1 *19* 30 *31* 50
81 167 1 179 191 1 192

Wittgenstein, Leopoldine, „Poldy", geb. Kalmus, die Mutter
10 1 11 1,2 *12* 13 1 *16*
17 1 18 1 29 1 35 1 42 1
53 55 1,2 *58* 107 114

115 1	**121** 1	**122**	**123**	**125** 1
126 1	**144** 1	164	**165**	179
277 1	**369**			

Wittgenstein, Ludwig senior, „Onkel Louis"
    9 1   **79** 1

Wittgenstein, Margarete, „Getl"
siehe: Margarete Stonborough, geb. Wittgenstein

Wittgenstein, Paul, der Bruder

19	*30*	*31*	*35*	*36*
66 1	67 2	71	80 1	152
166 1	*167* 1	*179*	*206*	*293* 1
369	*370*	*418* 1	*421* 2	*438* 2
443 1	*446* 1	*447* 1	*449* 3	

Wittgenstein, Paul, „Onkel Paul"

8	**9** 1	**10** 1	**42** 1	180
181 1,2	*198* 1	*204* 1		

Wittgenstein, Rudolf, „Rudi"

19	*30*	*31*	33	51
55 2	67 2	*70* 1		

Woolf, Virginia
    99 2

Wright, Elisabeth von
    491 1

Wright, Georg Henrik, G. H. von
    485   **491** 1   492   **494** 1

ORTS- UND SACHREGISTER

Asiago, Veneto
    187

Berlin

70 1	73	*75* 1	76	82 1
98 1	119 1	360 2	443 2	

Der Brenner, Innsbruck

160	201	*202*	237 2

Cambridge, Arts Cinema
    431

Cambridge, Emmanuel College
    321 1

Cambridge, Kinema
    432

Cambridge, King's College

104 1	199 1	*263*	264 1	321
335	336	337	*385* 1	388

Cambridge, Rose Crescent
    100   **111** 1

Cambridge, St Giles Cemetery
    516

Cambridge, Storey's Way
    498

Cambridge, Trinity College

94	100 1	101	*111*	321
337	*338* 1	339	340 2,4	341
344	346 1	362 1	*384*	385
392 1	396 2	414 1	441	456 1
460 1	474 3	485 1	505 2	

Cambridge, Universitätskirche
    93

Cambridge Apostles
    103 1   105 1

Cambridge University Constable (Bulldog)
    473

Cambridge Heretics
    240   327 1

Cambridge Magazine
    240

Cambridge University Moral Sciences Board
    322 1

Cambridge University Moral Sciences Club, CUMSC

101 1	102	112	264 1	333
334 1	*385* 1	470	475 2	

Cambridge University Moral Sciences Tripos
  107 2   *392* 1

Cambridge University Proctor
  473

Cambridge University, Psychological Laboratory
  106 1,3,5   *109* 1

Cambridge University, Senate House
  474

Daily Worker
  404

Dampfmaschine
  229 1   *230* 1   234 1   251 1   *259*
  452 2   *494* 1   *495* 1

Den Haag, Hotel Pomona
  210 3   *212* 1   *213*

Dunajez, Westkarpaten
  165 1

Die Fackel, Wien
  28 1,2   *155* 2   *177* 1   *288* 1   *289* 1,2
  292 1

Film
  47 3   *406* 1   *431* 1   *433* 1–3

Frege, *Grundgesetze der Arithmetik*
  96 2   *129* 1   130 2,3   193 3   252 2
  253

Freud, *Traumdeutung*
  414 1

Freud, *Der Witz und seine Beziehung zum Unbewußten*
  502

Freud, *Die Zukunft einer Illusion*
  440 1

Garsington, Oxfordshire
  190

Gloggnitz, Niederösterreich
  248 1   *280* 2

Glossop, Derbyshire
  82 1   *83* 1

Gmunden, Niederösterreich
  293 2   *449* 2

Goplana, Wachschiff, Erster Weltkrieg
  161 2   *162*   *165* 1   *168*

Hallein, Salzburg
  180

Haßbach, Niederösterreich
  217   *244* 2

Hochreith
  32   *33*   *35*   *49*   *51*
  59 1   *71*   *77*   *107*   *116*
  117   *119* 1   *120* 1   *121* 1   *126* 1
  151   *152*   *155*   *165*   *166*
  217   *230* 4   *235*   *354*   *363*
  364   *365*   *366* 1   *369*   *426*
  429   *430*   *486*

Hohenberg, Niederösterreich
  126 1   *155* 1   *366* 1

Innsbruck
  244 1   *245* 1

Irland
  390   *411*   *412*   *413*   *429*
  456   *480*   *481*   *484*   *488*

Island
  109 1,2   *110*

Kant, *Kritik der reinen Vernunft*
  217 2

Katzenskelett
  258 1

Kasan, Tatarstan, Rußland
  403   *404* 1

Korbach, Nordhessen
  5 1

Krakau
  163 1–3   *168*   *171* 1

Laasphe, Westfalen
  5

Laxenburg, Niederösterreich
  10 1   *198* 1

Leningrad
  397 1   *398* 1

Linz
  67 2   *71* 1   *72*

London
  46 3   *89*   *115* 2   *131* 3   *137*
  152   *240* 2   *262* 1   *397*   *401* 1
  405 1   *410*   *440* 1,2   *458*   *460*
  479   *494* 1   *498* 1   *509* 1

Manchester
  82 1   *85*   *89*   *93* 1   *94*
  96 2   *259* 1   *276* 1

Materialismus
  187 4

Mendelssohn, *Ein Sommernachtstraum*
  177 1   *483* 2

Molière, *Der eingebildete Kranke*
  177 1

Monte Cassino, Kriegsgefangenschaft
  189 2   194 1   195 1   196 3

Moore, *Principia Ethica*
  329 1

Moskau
  399   *401* 1,2   *402*   403   *404* 1

Neue Freie Presse, Wien
  59 1   126 1

Neuwaldegg, Wien
  52   53   177 2   *178*   *179*
  293 1   *354* 1   429

New York
  9 3   443 2   448   488 2

Nicolai, *Die lustigen Weiber von Windsor*
  421 1

Norwegen
  28   *131* 3   *132*   *133*   *134*
  135   *136*   *139*   140 1   141 1
  145 1   165 2   210 4   237 1   238
  292 1   *356*   *419*   *421*   *499*

österreichisches Eisenkartell
  126 1

Ogden, *International Library of Psychology, Philosophy and Scientific Method*
  240

Ostwald, *Annalen der Naturphilosophie*
  219 3   223   240 2

Peking
  219   241   242 1

Puchberg am Schneeberg, Niederösterreich
  217   *249*   *250*   *257*   *265*
  267 1,2   *269*   *272* 1   *274* 1

Reclam, Leipzig
  177 1   216 1

Reichsstelle für Sippenforschung
  445

Russell, *Principia Mathematica*
  95   96 2   130 2   271 1   272 1

Russell, *Principles of Mathematics*
  96 2

Rußland
  244 2   293 3   383 1   394 1   396 1,3
  397 1–3   *398*   399   401 1   402
  404 1   443 3   514 3

Schiller, *Don Karlos*
  421 2

Selbstmord, Freitod
  69   73   166 1,2   204 2   252 1

Skjolden, Norwegen
  140   *141* 1   *144* 1   *145* 1   *147* 1
  148 1   *149*   *152* 1   *237* 1,2   *238* 1
  419 1   *421*   *427*   *499*

St. Aegyd, Niederösterreich
  217

Swansea, Wales
  466   467   *468*   478

Tarnów, Galizien
  169

Teplitzer Walzwerk, Niederösterreich
  14 1   15 1

The Cambridge Review
  128

Trattenbach, Niederösterreich
  217   *218* 1   219 2   *224*   *225*
  226 1,2   *227*   *228*   *229* 1   *230*
  242 1   *248* 1   *260*   *274* 2   *280* 1,2
  281 1   *370* 1   *505*

Weichsel, Galizien
  162

wendische Ammen
  19 1   *20*   *21*   *22*   *25*
  54

Wien, Alleegasse, Argentinierstraße
  39   *40* 1   *41*   *43*   *47* 1
  59 1   *65*   *104* 1   *114*   *126* 1
  144 2   *293* 1   *418* 1   *429*   *498* 1

Wien, Donaukanal
  246

Wien, Karlskirche
  37   *39*

Wien, Karlsplatz
  37

Wien, Lehrerbildungsanstalt
  210 3   214   312

Wien, Mozartplatz
  144

Wien, Rasumofskygasse
  209

Wien, Stephansdom
  503

Wien, Universität
  59 1   222   302   *381*   *415*
  416

Wien, Werkbundsiedlung
  360

Wien, Westbahnhof
  355

Wien-Schönbrunn, XAIPE-Villa
  17 1   *18*

Wiener Werkstätte
  38   *116*   *117*   119 1

Wisłoka, Galizien
  169 4

Wittgenstein, B.A., Bachelor of Arts
  147 1

Wittgenstein, Beichte
  441 2   442 1,2

Wittgenstein, *Blue Book*
  389 1

Wittgenstein, *Brown Book*
  391

Wittgenstein, Flugmotor
  67   *89*   *90*   *91*   *94*

Wittgenstein Haus in Skjolden, Norwegen
  145 1   *148* 1   *149*   150 1   238
  419 1,2   427   *428* 1   499

Wittgenstein Haus, Wien 3. Bezirk, Kundmanngasse
  232   293 1   *297*   *299*   *300*
  301   *307*   *309*   311 1,2   312 1,2
  362   426 1   449 2

Wittgenstein, *Logik*
  147 1

Wittgenstein, *Logisch-Philosophische Abhandlung, Tractatus Logico-Philosophicus*
  147   161   180 2   181 1,2   *182*
  183   *184*   194   195 1,2   201
  219   221 1   *223* 1,2   *239*   240 3
  241   262 1   264 1   *272*   273 1
  322   323   353   461   464 1,2
  515 1

Wittgenstein, *Notes Dictated to G. E. Moore*
  145 1   *146*   *147*

Wittgenstein, *Notes on Logic*
  137   *138*   147

Wittgenstein, *Philosophische Untersuchungen*
  28   329 2   337 1   387 2   391
  462   463 1   *464* 1,2   *466*   *469*
  510 1

Wittgenstein, Photoalbum
  11   107   198   277   330
  363   *364*   370   *421*   456
  504   505

Wittgenstein, Russisch-Vokabelheft
  394

Wittgenstein, Taschenkalender
  327   *428*   *393*   403   420
  422   443   444

Wittgenstein, Volksschullehrer
  181 1   195 1   209   210 1   *214*
  215   217   218 1,2   219 2   226 1,2
  228 1   229 1   230 1,4   233 1   234 1
  242 1   244 2   247   248 1   *249*
  251 1   *252*   254   255 2   256
  257   258 1   259   260 1   267 1,2
  269 1   273 1   *274*   *276*   *280* 1
  281 1   284 1   285 1   293 1   329
  505